ED-4513 마이크로프로세서
콤보II를 이용한

AVR ATmega128 프로그래밍 기초실습

김세찬, 이한석 공저

D.B.Info

| PREFACE |

Atmel사의 ATmega128은 현재 산업체에서 제어용으로 많이 사용되고 있는 8비트 고성능 마이크로프로세서이다. 마이크로프로세서를 처음 공부하는 초보자의 경우 ATmega128이 약간 어렵게 느껴질 수도 있으나 모든 마이크로프로세서의 구동원리가 거의 유사하므로 이 책을 통하여 마이크로프로세서의 기본적인 구조와 동작을 익히게 된다면, 다른 고급 마이크로프로세서 또한 쉽게 다룰 수 있을 것으로 생각된다. 이 책은 ㈜ED사의 ED-4513 마이크로프로세서 콤보 II 트레이닝 키트를 기반으로 하고 있다. ED-4513 마이크로프로세서 콤보 II는 다양한 마이크로프로세서를 학습하기 위하여 만들어진 마이크로프로세서 및 응용장치 복합 실습 트레이닝 키트이다. 이 트레이닝 키트는 AT89C51ED2, ATmega128, STM32F103xx, PIC16F874 등 다양한 마이크로프로세서를 학습 할 수 있을 뿐만 아니라 그래픽 LCD, TEXT LCD, FND, KEY MATRIX, DOTMATRIX, DIGITAL I/O, SOUND, DC MOTOR, STEPPING MOTOR, RELAY, ADC, RS232, USB, ETHERNET, 외부 EEPROM 등의 외부 장치들도 실습 할 수 있도록 구성되어 있다. 뿐만 아니라 8개의 별도 센서 모듈이 제공되어 각종 센서들을 실습을 통하여 이해 할 수 있도록 하고 있다.

이 책은 모두 12개의 장으로 구성되어 있다. 제1장에서는 마이크로프로세서의 기초적인 이해와 ATmega128의 구조 및 기능을 설명하고 있고, 제2장에서는 ED-4513 마이크로프로세서 콤보 II 트레이닝 키트의 구조 및 기능에 대하여 설명한다. 제3장에서는 ATmega128 개발 도구에 대하여 설명하고 있다. 여기서 사용된 컴파일러는 산업체에서 가장 많이 사용하고 있는 IAR 컴파일러이고, 다운로드는 Atmel사에서 무료로 제공하는 ATMEL STUDIO 6.x를 사용하였다. 그리고 PC에서 컴파일된 실행 파일을 마이크로프로세서로 다운로드하기 위해서 다운로드 케이블은 NEWTC사의 AD-USBISPv03.6을 사용하였다. 제4장~제11장까지는 ATmega128의 내부 기능을 설명하고 간단한 예제를 통하여 마이크로프로세서 내부 기능 및 동작을 이해 할 수 있도록 하였다. 마지막으로 제12장에서는 ED-4513 마이크로프로세서 콤보 II를 이용하여 ATmega128의 디지털 입출력 실습, 외부 인터럽트 실습, 타이머 실습, 직렬 통신 실습, ADC 실습 등을 해 볼 수 있는 프로그램을 직접 작성하고 실행해 볼 수 있도록 예제 중심으로 구성되어 있다.

이 책은 C-언어의 기초적인 지식이 있는 일반인 및 전문대 학생 그리고 1~2학년 학부생이 ATmega128을 C-언어를 통하여 프로그래밍 하는 방법을 학습하기 위한 책으로 활용될 수 있을 것으로 생각된다. 마지막으로 이 책이 ATmega128을 공부하고자 하는 학생들에게 도움이 되어 좋은 결과를 얻을 수 있기를 바라며, 저자가 노력하였으나 다소 미진한 부분에 대해서는 독자 여러분들의 기탄없는 조언을 부탁드리는 바이다. 이 책이 출판되기까지 애써주신 출판사 관계자 여러분께 깊이 감사드린다.

2015년 8월 한길관에서

저자 씀

| CONTENTS |

CHAPTER 04 ▸ 범용 입출력 포트

CHAPTER 05 ▸ 인터럽트

CHAPTER 06 ▸ 타이머/카운터

CHAPTER 07 ▸ USART 직렬 통신 포트(범용동기, 비동기송수신 장치)

CHAPTER 08 ▸ A/D 변환기

CHAPTER 09 ▸ 아날로그 비교기

CHAPTER 01

AVR ATmega128의 구조와 기능

1.1 ATmega128의 특징

ATmega128은 ATMEL사에서 개발한 고성능 8비트 원칩 마이크로컨트롤러이다. 다양한 기능을 내장하고 있으며, 처리 속도가 빠르고 가격이 저렴하며 사용하기 쉬워 제어를 포함한 여러 분야에서 응용되고 있다. 내부구조가 프로그램 메모리 버스와 데이터 메모리 버스가 분리되어 있는 하버드 아키텍처로 구성되어 있어 단일 사이클에서 하나의 명령어 처리가 가능하다. 또한 별도의 어큐뮬레이터(ACC)가 없으며 어큐뮬레이터의 기능은 32개의 8비트 범용 레지스터(R0~R31)가 대신하고 있다. 즉, 기본적인 연산기능을 어큐뮬레이터가 하는 것이 아니라 32개의 8비트 범용 레지스터가 담당하고 있다. AVR은 데이터 메모리의 일부를 레지스터로 취급하며, 이러한 레지스터를 레지스터 파일이라고 한다.

AVR의 특징을 정리하면 다음과 같다.

① 고성능, 저전력, 8비트 마이크로컨트롤러

② 개선된 RISC 구조

- 대부분 단일 클럭 사이클에서 수행되는 133개의 강력한 명령어
- 32×8 범용 레지스터와 주변장치 제어 레지스터
- 16MHz에서 16MIPS의 명령 처리속도
- 2사이클에 실행되는 곱셈기 내장

③ 고성능 프로그램 메모리와 데이터 메모리 내장

- ISP가 지원되는 128K 바이트의 플래시 메모리
- 4K 바이트 내부 EEPROM
- 4K 바이트 내부 SRAM
- 별도의 잠금 비트를 가진 선택 가능한 부트 코드 영역
  - 실질적인 읽기/쓰기 동시 동작
  - 내장된 부트 프로그램에 의한 ISP 기능
- 64K 바이트 외부 메모리 확장영역
- 소프트웨어 보안을 위한 프로그래밍 LOCK 기능
- ISP(In-System Programming)를 위한 SPI 인터페이스

④ JTAG(IEEE std. 1149.1 Compliant) 인터페이스

- 표준 JTAG을 통한 Boundary-Scan Capabilities
- 확장된 내장 디버그 기능 지원
- JTAG 인터페이스를 통한 플래시 메모리, EEPROM, 퓨즈, 잠금 비트의 설정

⑤ 주변장치

- 독립된 프리스케일러와 비교 모드를 가진 2개의 8비트 타이머/카운터
- 독립된 프리스케일러, 비교모드, 캡처모드를 가진 두 개의 16비트 타이머/카운터
- 독립된 오실레이터를 가진 실시간 카운터
- 두 개의 8비트 PWM 채널
- 2~16비트까지 해상도 조절이 가능한 6개의 PWM 채널
- 출력비교 모듈레이터
- 8채널/10비트 A/D 변환장치
  - 8개의 단극 채널
  - 7개의 차동 채널
  - 1x, 10x, 200x의 프로그램 가능한 이득을 가진 2개의 차동 채널
- 바이트 지향형 2선 직렬 인터페이스(TWI)

- 2개의 USART 직렬 통신포트
- 마스터/슬레이브 SPI 직렬 인터페이스
- 내장 오실레이터를 가진 와치독 타이머
- 아날로그 비교장치
- 32개의 범용 입출력 포트

⑥ 특수 기능

- 파워 온 리셋과 Brown-out 검출기능
- Internal Calibrated RC 오실레이터
- 내부 및 외부 인터럽트 소스
- 6개의 슬립 모드(아이들 모드, ADC 노이즈 저감 모드, 파워세이브 모드, 파워 다운모드, 스탠바이 모드, 확장스탠바이 모드)
- 소프트웨어적으로 선택 가능한 클럭 주파수
- 퓨즈 비트 의해 선택 가능한 ATMEGA103과의 호환 모드
- 전체 풀-업 비활성화 기능

⑦ 입/출력과 패키지

- 53개의 프로그램 가능한 입출력
- 64-lead TQFP과 64-pad QFN/MLF형 패키지

⑧ 동작 전압

- 2.7~5.5V(ATmega128L)
- 4.5~5.5V(ATmega128)

⑨ 클럭 주파수

- 0~8 MHz(ATmega128L)
- 0~16 MHz(ATmega128)

그 외에도 JTAG를 이용한 디버깅과 ISP 다운로드 기능을 제공한다.

1.2 ATmega128의 핀 구조와 기능

그림 1.1은 AVR ATmega128의 핀 배치를 보여준다. 그림에서와 같이 8비트 병렬 입출력 포트 7개(A, B, C, D, E, F, G), 전원핀, 클럭 입력 핀, 리셋 핀, 프로그램 관련 핀, ADC 관련 핀 등 모두 64개의 핀으로 구성되어 있다.

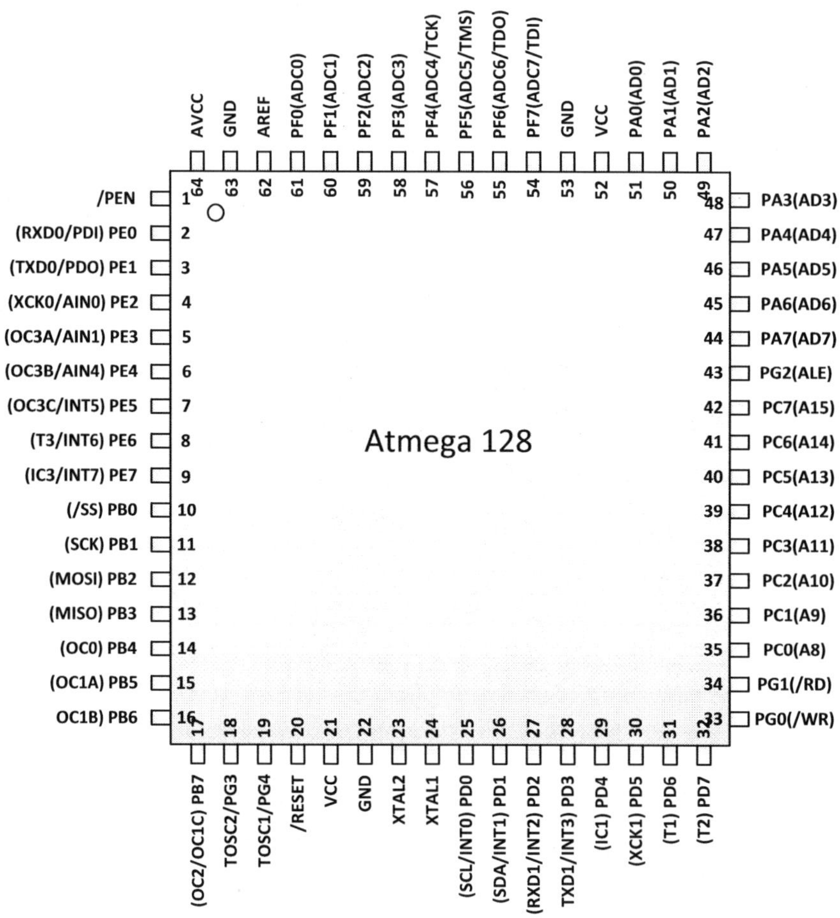

그림 1.1 AVR ATmega128의 핀 배치

AVR ATmega128의 핀 기능은 다음과 같다.

- **포트 A (핀 44~51) :**

  포트 A는 각 비트 별 선택이 가능한 내부 풀-업 레지스터를 가지고 있는 8비트 양 방향 범용 입출력 포트이다. 포트 A가 입력으로 사용될 때, 풀-업 레지스터가 활성화되어 있는 상태에서 외부에서 포트를 풀-다운 시키면 포트는 소스 전류를 흘리게 된다. 즉 포트 핀은 CPU로부터 외부로 전류를 흘리게 된다. 리셋 조건일 때, 포트 A 핀은 클럭이 동작하지 않아도 "tri-state" 상태가 된다. 그리고 외부 메모리를 연결하는 경우, 포트 A는 하위 어드레스 버스(A7~A0) 또는 데이터 버스(D7~D0)로 사용된다.

- **포트 B(핀 10~17) :**
  양방향 범용 입출력 포트로 사용되는 경우 포트 A와 동일한 특징을 가진다. 그러나 각 비트마다 서로 다른 부가기능을 보유하고 있다.

- **포트 C(핀 35~42) :**
  양방향 범용 입출력 포트로 사용되는 경우 A, B와 동일한 특징을 가진다.
  그러나 외부 메모리를 연결할 경우 상위 어드레스(A15~A8) 버스로 동작한다.

- **포트 D(핀 25~32) :**
  내부 풀-업 저항이 있는 8비트 양방향성 입출력 포트로, 여러 가지 별도 기능을 가진다.

- **포트 E(핀 2~9) :**
  내부 풀-업 저항이 있는 8비트 양방향성 입출력 포트로, 여러 가지 별도 기능을 가진다.

- **포트 F(핀 54~61) :**
  내부 풀-업 저항이 있는 8비트 양방향성 입출력 포트이며, 부가적으로 ADC를 위한 아날로그 입력 기능을 가진다.

- **포트 G(핀 18, 10, 33, 34, 43) :**
  내부 풀-업 저항이 있는 5비트 양방향성 입출력 포트로 여러 가지 별도 기능을 가진다.

- /RESET(핀 20) : 리셋 핀(LOW ACTIVE)

- XTAL1(핀 24) : 반전 발진 증폭기 및 내부 클록 회로에 대한 입력

- XTAL2(핀 23) : 반전 발진 증폭기로부터의 출력

- TOSC1(핀 19) : 반전 타이머/카운터 발진 증폭기에 대한 입력

- TOSC2(핀 18) : 반전 타이머/카운터 발진 증폭기에 대한 출력

- /WR(핀 33) : 외부 메모리 쓰기 핀
- /RD(핀 34) : 외부 메모리 읽기 핀
- ALE(핀 43) : 외부 메모리 사용시 어드레스 래치 인에이블
- /PEN(핀 1) :
  - 저전압 직렬 프로그래밍 모드에 대한 프로그래밍 인에이블 핀
  - 프로그램 스트로보 인에이블 핀
  - 외부 메모리 디코딩시 사용
- Vcc(핀 21, 52) : 전원 핀
- GND(핀 22, 53) : 전원 접지 핀
- AGND(핀 63) : 아날로그 접지 핀
- AVcc(핀 64) :
  - ADC 및 포트 F에 대한 전압 공급 핀
  - ADC를 사용하지 않더라도 외부에서 Vcc에 연결 되어야 한다. 만약 ADC가 사용된다면 저역 통과 필터를 통하여 Vcc에 연결되어야 한다.
- AREF(핀 62) : ADC 기준 전압

1.3 ATmega128의 내부구조

AVR ATmega128은 RISC 구조로 만들어진 8비트 CMOS형 마이크로컨트롤러이다. 하버드 아키텍처로 설계되어 내부의 프로그램 버스와 데이터 버스가 서로 분리되어 있고, 2단계 파이프라인 처리방식, 1주기의 시스템 클럭에 평균적으로 1개의 명령 실행, 클럭 주파수 1MHz당 1MIPS의 명령어 처리 등의 특징을 가지고 있다. 또한 64Kb의 플래시 롬, 4Kb의 SRAM, 4Kb EEPROM 등의 내부 메모리와 각종 I/O장치를 내장하고 있다. 그림 1.2는 ATmega128의 내부구조를 보여준다. 그리고 그림 1.2에서 핵심부를 별도로 그리면 그림 1.3과 같다.

ATmega128의 CPU 핵심부는 크게 프로그램 카운트가 지시하는 플래시 메모리로부터 명령

어를 인출하여 해독하는 부분, 산술연산이 이루어지는 ALU와 32개의 레지스터 파일, 상태 레지스터 등의 명령어 처리 관련 부분과 데이터 메모리, 인터럽트 처리 부분, 각종 I/O 모듈 등으로 구성되어 있다. 프로그램 메모리는 8비트씩 2개가 합해져서 기본적으로 1개의 번지가 16비트 단위로 구성되어 있어 마치 16비트 마이크로프로세스처럼 동작하며 모든 명령어는 16비트 또는 32비트 길이로 구성되어 있다. 플래시 메모리로 되어 있는 내부 프로그램 메모리는 부트로더 영역과 응용 프로그램 영역으로 나누어져 있으며 각각의 영역은 잠금 비트(LOCK BIT)를 사용하여 쓰기 동작을 금지시킬 수 있다.

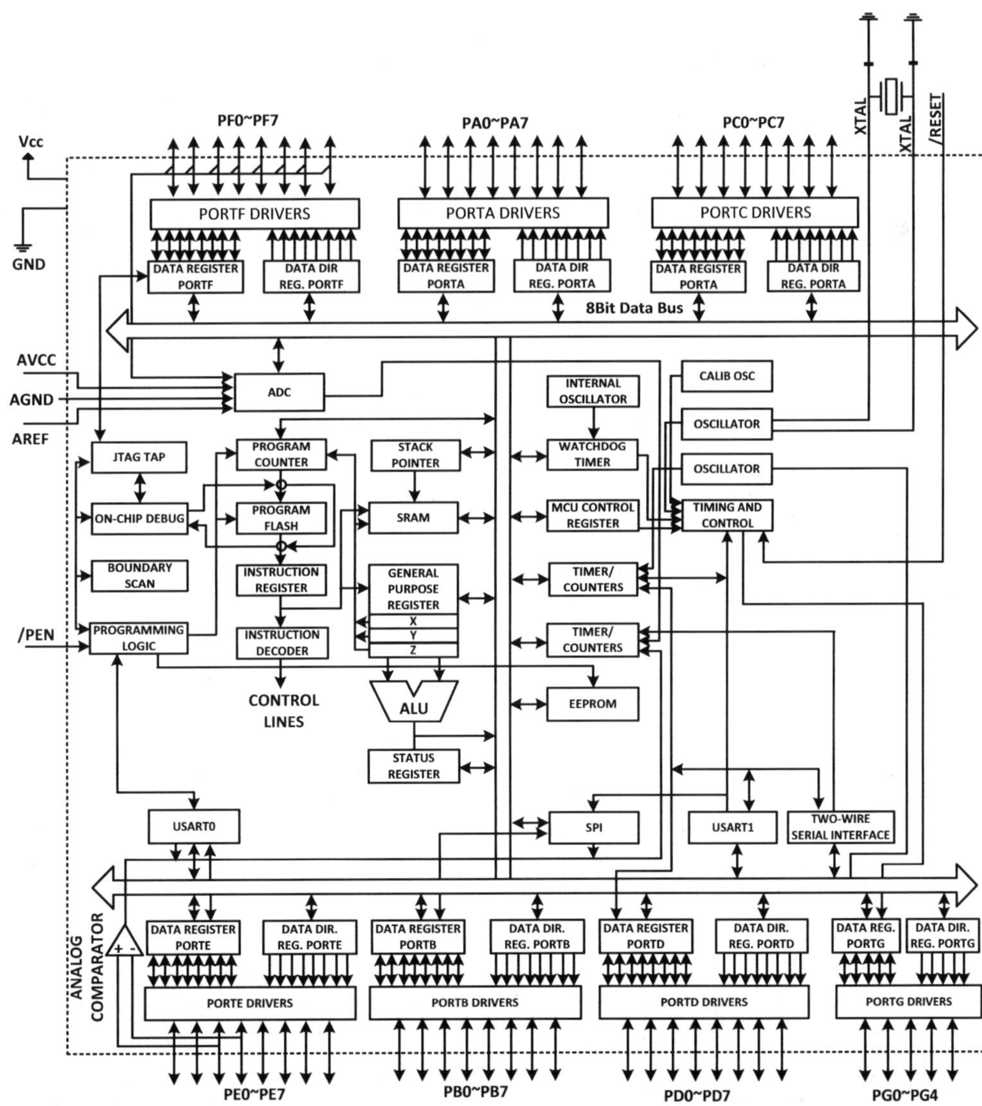

그림 1.2 ATmega128의 내부구조

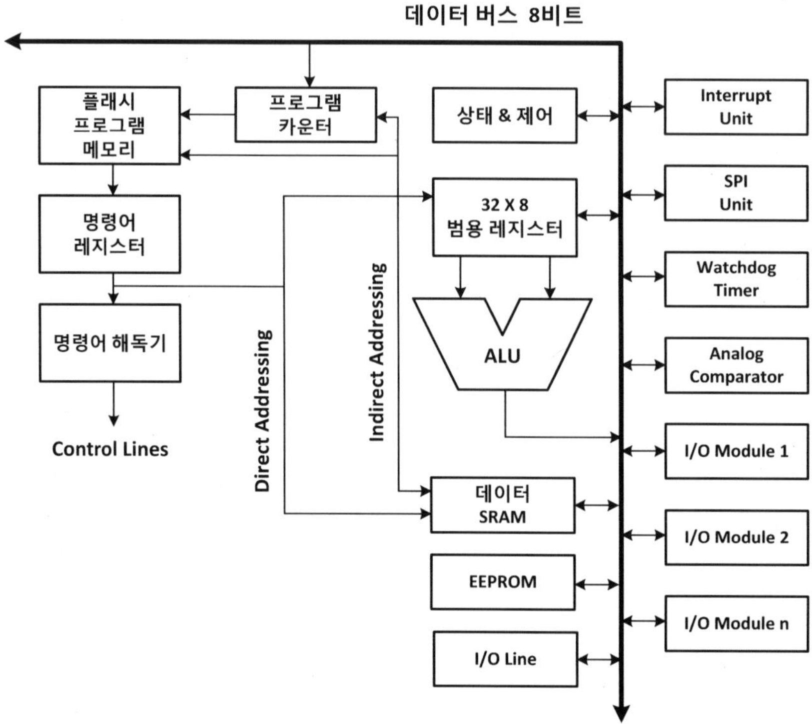

그림 1.3 ATmega128의 CPU 핵심부 개략도

(1) 상태 레지스터(Status Register) - SREG

상태 레지스터는 ALU가 가장 최근에 실행한 산술 연산 명령의 결과 상태를 표시하는 레지스터이다.

Bit	7	6	5	4	3	2	1	0
	I	T	H	S	V	N	Z	C
Read/Write	R/W	R/W	R/W	R/W	R/W	R/W	R/W	R/W
초기값	0	0	0	0	0	0	0	0

여기에 나타난 상태 비트는 조건부 처리 명령에 의하여 프로그램의 흐름을 변경하는데 사용될 수 있으나 인터럽트를 실행 할 때 자동으로 PUSH 되거나 POP되지 않으므로 소프트웨어적으로 처리되어야 한다.

각 비트별 기능은 다음과 같다.

- **Bit 7 : I (전체 인터럽트 인에이블)**

  이 비트가 '1'이면 전체 인터럽트가 인에이블 되고, '0'이면 전체 인터럽트가 디스에이블 된다. 각 개별 인터럽트 인에이블 제어는 별도의 제어 레지스터를 통하여 수행된다. 만약 전체 인터럽트 인에이블 비트가 '0'이 되면 개별 인터럽트가 인에이블 되어도 해당 인터럽트는 인에이블 되지 않는다. 이 비트는 인터럽트가 발생되면 하드웨어적으로 클리어 되고 인터럽트 서비스 루틴의 RETI 명령에 의하여 다시 '1'이 되어 후속 인터럽트를 인에이블 할 수 있게 된다. 한편, 이 비트는 프로그램을 통하여 소프트웨어적으로 '1' 또는 '0'으로 설정될 수 있다.

- **Bit 6 : T (비트 복사 저장)**

  BLD, BST 명령은 소스 또는 목적지 레지스터로 T 비트를 이용한다. 즉, BST 명령에 의하여 하나의 비트가 레지스터 파일 내에 있는 어떤 레지스터로부터 T 비트로 복사될 수 있고, T 비트에 있는 하나의 비트는 BLD 명령에 의하여 레지스터 파일 내에 있는 레지스터의 한 비트로 복사 될 수 있다.

- **Bit 5 : H (Half Carry 플래그)**

  산술연산에서 "half Carry"가 발생하면 '1'이 된다.

- **Bit 4 : S (부호 비트)**

  플래그 N과 플래그 V의 배타적 OR로 결정되는 값을 저장하며 이것은 부호 없는 정수 및 부호 있는 정수들의 크기를 판단할 때 자주 사용된다.

- **Bit 3 : V (2의 보수 오버플로우 플래그)**

  2의 보수 연산에서 오버플로우가 발생하면 '1'이 된다.

- **Bit 2 : N (음수 플래그)**

  산술연산 및 논리 연산 결과가 음수이면 '1'이 된다.

- **Bit 1 : Z (제로 플래그)**

  산술 연산 결과 또는 논리연산 결과가 '0'이면 '1'이 된다.

- **Bit 0 : C (캐리 플래그)**

  산술연산 또는 논리 연산 결과 캐리가 발생하면 '1'이 된다.

(2) 범용 레지스터 파일(R0~R31)

ATmega128은 레지스터 중심 구조의 RISC형 마이크로컨트롤러로서 어큐뮬레이터(ACC)가 존재하지 않으며, 그림 1.4에서와 같이 32개의 8비트 범용 레지스터(R0~R31)를 가지고 있다.

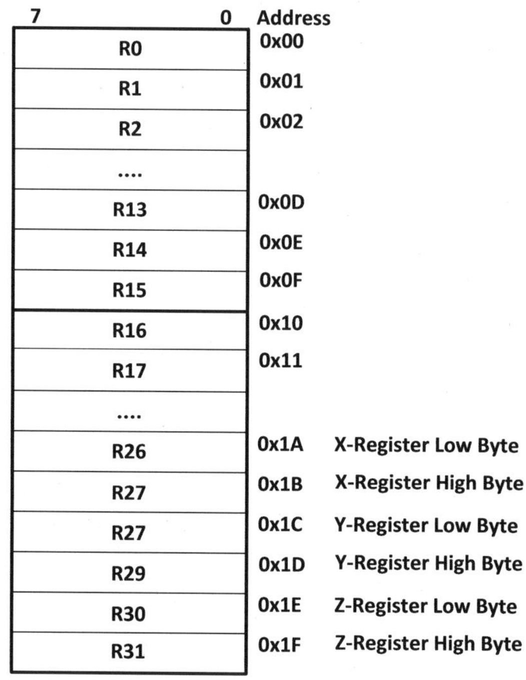

그림 1.4 범용 레지스터(R0~R31)

이들 레지스터는 모두 동일한 자격으로 기본적인 사칙연산을 수행하며, 즉치 데이터를 사용하는 일부 연산명령은 R16~R31에서만 수행된다.

(3) X, Y, Z 레지스터

32개의 범용 레지스터 중 R26~R31은 각각 2개씩 합해져서 3개의 16비트 레지스터인 X 레지스터, Y 레지스터, Z 레지스터로 사용된다. 이 16비트 레지스터들은 주로 데이터 메모리의 간접번지지정을 위한 16비트 어드레스 포인터로 사용된다. 또한 Z 레지스터는 LPM, ELPM, SPM 명령에서 프로그램 메모리 영역의 상수를 액세스하는데 사용되기도 한다.

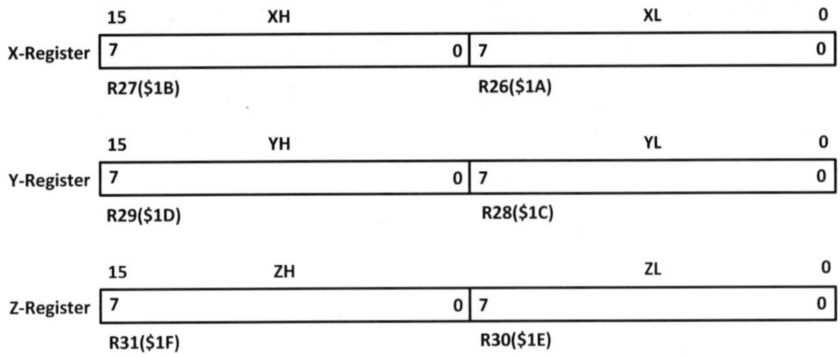

그림 1.5 X, Y, Z 레지스터

(4) 스택 포인터(SP)

스택은 서브루틴 호출이나 인터럽트가 발생하였을 때 복귀 주소를 저장하며 C-언어의 지역변수 및 어셈블리의 임시 데이터를 저장하는 용도로 사용된다. 스택은 LIFO(Last input First Output)의 구조를 가지는 메모리이다.

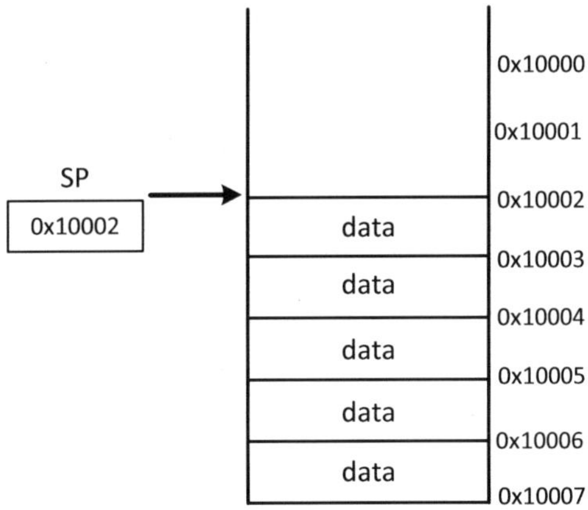

그림 1.6 스택 메모리 구조

이러한 구조를 가지는 메모리에 데이터를 저장하고 인출하기 위해서는 데이터가 저장되어 있는 최상위 번지를 지시하는 지시자가 필요한데 이 지시자를 스택 포인터라고 한다. 이러한 스택 메모리의 구조는 그림 1.6에서 보여준다.

스택 포인터는 16비트 레지스터로서 데이터 저장이 가능한 스택의 번지를 가지고 있다. PUSH 명령을 이용하면 1바이트의 데이터를 SP가 가리키는 스택 메모리 번지에 저장하고 나서

SP의 값을 '1'만큼 감소하고 반대로 POP 명령을 사용하면 먼저 SP의 값을 '1' 증가시킨 후 SP가 가리키는 스택 메모리 번지에서 1바이트의 데이터를 인출한다. 그러나 서브루틴을 호출하거나 인터럽트 발생 시에는 16비트의 복귀주소를 저장해야 하므로 SP 레지스터의 값이 2바이트만큼 감소하며, RET 또는 RETI 명령을 수행하면 SP 레지스터의 값이 2바이트만큼 증가한다. ATMEGA128에서 SP의 초기값은 적어도 60H 번지 이상의 값으로 설정하여야 한다.

(5) RAM 페이지 Z 선택 레지스터 – RAMPZ

RAMPZ 레지스터는 Z 포인터에 의해 접근 가능한 64Kb 램 페이지를 선택할 때 사용된다. ATmega128은 64Kb 이상의 외부 메모리를 지원하지 않기 때문에 ELPM/SPM 명령어가 사용될 때, 액세스할 프로그램 메모리의 페이지를 결정하는데 사용된다.

Bit	7	6	5	4	3	2	1	0
	-	-	-	-	-	-	-	RAMPZ0
Read/Write	R	R	R	R	R	R	R	R/W
초기값	0	0	0	0	0	0	0	0

- Bit 7~1 : 예약
- Bit 0 : RAMPZ0, 확장 RAM 페이지 Z-포인터
  0 : 하위 64Kb(0000H~7FFFH)액세스 가능
  1 : 상위 64Kb(8000H~FFFFH로)액세스 가능

(6) 명령어 실행 타이밍

그림 1.7은 하버드 구조와 고속 액세스 레지스터 파일 개념에서의 병렬 명령 패치와 명령 실행을 보여준다. 이것은 MHZ당 1MIPS의 처리 속도를 얻기 위한 기본적인 파이프라인 개념이다. 그리고 그림 1.8은 단일 클럭 사이클 동안 2개의 오퍼랜드를 가지는 1개의 명령이 연산을 수행하고 그 결과를 다시 목적지 레지스터에 저장하는 처리과정을 나타내는 동작 타이밍도이다.

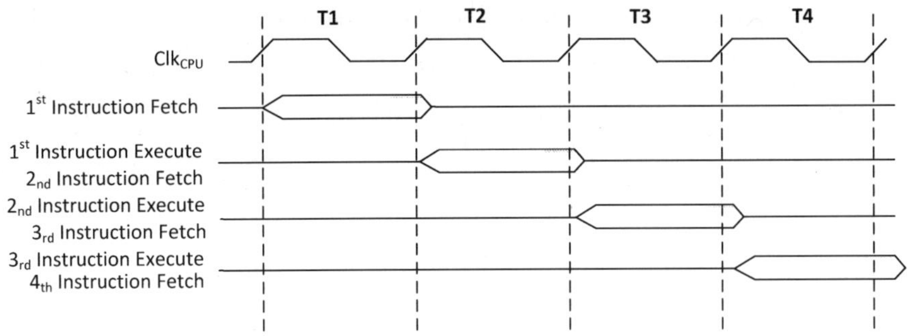

그림 1.7 병렬 명령어 페치와 명령어 실행

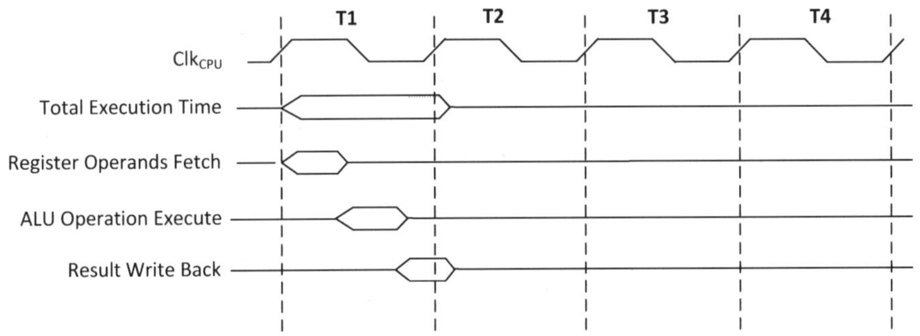

그림 1.8 단일 사이클 ALU 동작

1.4 ATmega128의 메모리 구조

AVR의 메모리는 내부 메모리 영역과 외부 메모리 영역으로 구성 될 수 있다. 내부 메모리 영역은 크게 데이터 메모리 영역, 프로그램 메모리 영역 그리고 EEPROM 메모리 영역으로 구분되며, 외부 메모리로 프로그램 메모리와 데이터 메모리가 외부 어드레스 버스와 데이터 버스를 이용하여 구성될 수 있으나 프로그램 메모리로는 내부 플래시 메모리가 사용되므로 외부에 구성되는 메모리는 일반적으로 데이터 메모리가 된다.

(1) 내부 메모리 영역

1) 내부 프로그램 메모리(내부 플래시 메모리)

ATmega128은 내부 프로그램 메모리로 128Kb의 플래시 메모리를 가지고 있다. 그리고 AVR

은 16/32비트의 명령어를 가지므로 이 플래시 메모리는 64Kb×16 으로 구성되어 있다. 플래시 프로그램 메모리 영역은 소프트웨어 보호를 위하여 두 개의 부분(부트 프로그램 영역과 응용 프로그램 영역)으로 나누어져 있으며 ISP 기능을 이용하면 쉽게 프로그램을 다운로드 할 수 있다. 플래시 메모리는 10,000회 쓰기/지우기가 가능 하다. 플래시 메모리에 프로그램을 다운로드 하는 방법은 ISP 이외에도 JTAG 에뮬레이터를 사용하는 방법과 병렬 프로그래밍 모드를 이용하는 방법도 있다. 그림 1.9는 프로그램 메모리 맵을 보여준다.

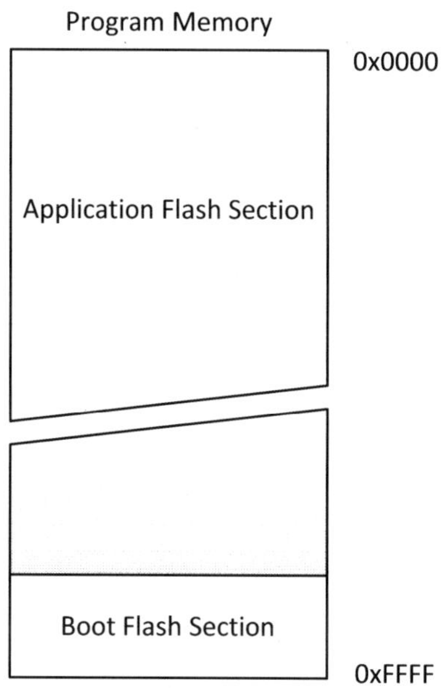

그림 1.9 ATmega128 내부 프로그램 메모리 맵

2) 내부 데이터 메모리(내부 SRAM)

ATmega128은 표 1.1과 같이 SRAM을 두 가지의 서로 다른 모드로 설정할 수 있다. 그러나 여기서는 일반 모드에 대해서만 설명한다.

표 1.1 메모리 설정

모 드	내부 SRAM 데이터 메모리
일반모드	4096 바이트
ATmega103 호환모드	4000 바이트

일반모드에서 4352 바이트의 내부 데이터 메모리 영역은 표 1.2와 같다.

표 1.2 내부 데이터 메모리 영역

구 분	메모리 영역
레지스터 파일영역(32 바이트)	0x00 ~ 0x1F
입출력 메모리영역(64 바이트)	0x20 ~ 0x5F
확장된 입출력영역(160 바이트)	0x60 ~ 0xFF
내부 데이터 SRAM 영역(4096 바이트)	0x100 ~ 0x10FF

그리고 데이터 메모리에 대한 번지지정 방법은 다음과 같이 5개의 번지지정 방법을 사용할 수 있다.

- 직접번지지정
- 변위를 가진 간접번지지정
- 간접번지지정
- 선 감소 간접번지지정
- 후 증가 간접번지지정

레지스터 파일에서 R26~R31은 간접 주소지정을 위한 포인터 레지스터로 사용된다. 직접 주소지정방식은 전체 주소영역을 지정할 수 있으며, 변위를 가진 간접 번지지정모드는 Y 또는 Z 레지스터를 이용하여 베이스 주소로부터 63 바이트의 변위 주소 위치를 지정할 수 있다. 자동 선 감소와 후 증가를 가지는 레지스터 간접 번지지정 모드를 사용할 때 주소 레지스터 X, Y, Z는 증가 되거나 감소된다. 32 바이트의 범용 레지스터, 64 바이트의 입출력 레지스터, 4096 바이트의 내부 SRAM은 모두 이들 번지지정 모드를 이용하여 액세스 가능하다.

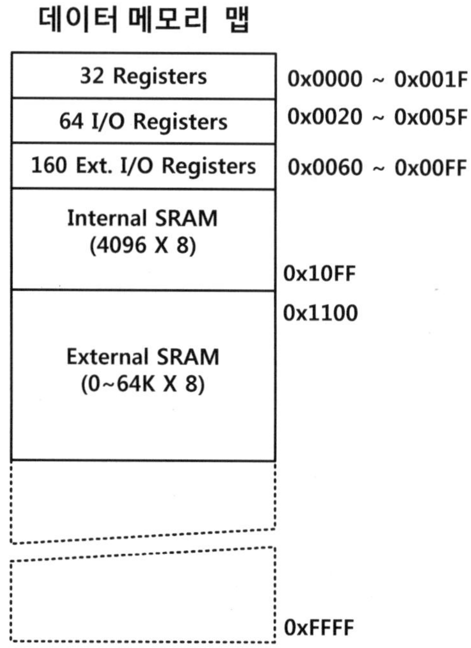

그림 1.10 ATmega128 데이터 메모리 맵

① 내부 SRAM 데이터 메모리 액세스

내부 SRAM 데이터 메모리를 액세스하는데 필요한 시간은 그림 1.11과 같이 2개의 clk_{CPU}이다.

② I/O 메모리

I/O 메모리는 내부 데이터 메모리의 일부로서, ATmega128에 내장된 각종 I/O 장치들을 제어하기 위한 특수한 기능을 수행하는 레지스터이다. 이 레지스터를 액세스하기 위해서는 전용 입출력 명령어인 IN/OUT 명령어와 데이터 영역 액세스 명령어인 LD/LDS/LDD와 ST/STS/STD 명령을 이용할 수 있다. 입출력 전용 명령어인 IN/OUT을 사용할 때, 입출력 주소영역은 0x20~0x5F가 아니라 반드시 0x00~0x3F가 되어야 한다는 점을 주의하여야 한다.

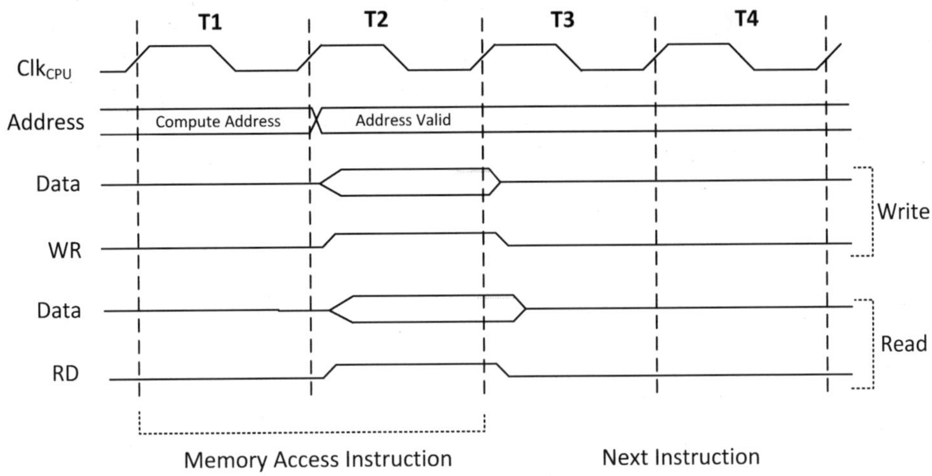

그림 1.11 내부 데이터 메모리 액세스 시간

반면 LD, ST 등의 명령을 이용하여 데이터 영역으로서 입출력 레지스터를 주소 지정할 때는 주소영역이 0x00~0x3F가 아니라 0x20~0x5F가 된다. 예를 들어, 0x20 번지에 있는 PINF 레지스터를 R0 레지스터로 읽어 들이기 위해서는 IN R0,0x20 이라고 하지 않고 IN R0,0x00이라고 해야 한다는 것이다. 이들 I/O 레지스터 중에서 아래쪽의 0x00~0x1F에 위치하는 32개는 CBI/SBI 명령 및 SBIC/SBIS 명령을 사용하여 비트 주소지정이 가능하다. 그러나 이들 32개의 I/O 레지스터를 제외하고는 비트 주소지정이 사용될 수 없다.

64개의 I/O 레지스터를 정리하면 표 1.3, 표 1.4와 같다.

③ 확장 I/O 메모리

확장 I/O 레지스터는 ATmega128에 새롭게 추가된 각종 I/O 장치들을 제어하기 위한 레지스터로서 0x60~0xFF의 160개 번지에 존재하며 이들을 액세스하기 위해서는 IN/OUT 명령을 사용할 수 없고, 외부 메모리처럼 ST/STS/STD와 LD/LDS/LDD만 사용될 수 있다. 상태 플래그의 일부는 해당 플래그에 '1'을 써넣음으로서 클리어 될 수 있다. CBI와 SBI 명령은 I/O 레지스터의 모든 비트를 동작시키며, '1'로 읽혀졌던 플래그 비트에 '1'을 다시 써넣으면 그 플래그 비트는 '0' 된다. CBI와 SBI 명령은 0x00~0x1F 사이의 번지에서만 동작한다.

표 1.3 ATmega128의 I/O 레지스터

*실제 물리적 번지는 표의 주소값에 0x20을 더한다.

주소	이름	비트7	비트6	비트5	비트4	비트3	비트2	비트1	비트0
0x00	PINF	PINF7	PINF6	PINF5	PINF4	PINF3	PINF2	PINF1	PINF0
0x01	PINE	PINE7	PINE6	PINE5	PINE4	PINE3	PINE2	PINE1	PINE0
0x02	DDRE	DDE7	DDE6	DDE5	DDE4	DDE3	DDE2	DDE1	DDE0
0x03	PORTE	PORTE7	PORTE6	PORTE5	PORTE4	PORTE3	PORTE2	PORTE1	PORTE0
0x04	ADCL	ADC Data Register Low Byte							
0x05	ADCH	ADC Data Register High Byte							
0x06	ADCSRA	ADEN	ADSC	ADFR	ADIF	ADIE	ADPS2	ADPS1	ADPS0
0x07	ADMUX	REFS1	REFS0	ADLAR	MUX4	MUX3	MUX2	MUX1	MUX0
0x08	ACSR	ACD	ACBG	ACO	ACI	ACIE	ACIC	ACIS1	ACIS0
0x09	UBRR0L	USART Baud Rate Register Low							
0x0A	UCSR0B								
0x0B	UCSR0A								
0x0C	UDR0								
0x0D	SPCR								
0x0E	SPSR								
0x0F	SPDR								
0x10	PIND								
0x11	DDRD								
0x12	PORTD								
0x13	PINC								
0x14	DDRC								
0x15	PORTC								
0x16	PINB								
0x17	DDRB								
0x18	PORTB								
0x19	PINA								
0x1A	DDRA								
0x1B	PORTA								
0x1C	EECR								
0x1D	EEDR								
0x1E	EEARL								
0x1F	EEARH								

표 1.4 ATmega128 확장 I/O 레지스터

주소	이름	비트7	비트6	비트5	비트4	비트3	비트2	비트1	비트0
0x60	reserved								
0x61	DDRF	DDF7	DDF6	DDF5	DDF4	DDF3	DDF2	DDF1	DDF0
0x62	PORTF	PORTF7	PORTF6	PORTF5	PORTF4	PORTF3	PORTF2	PORTF1	PORTF0
0x63	PING				PING4	PING3	PING2	PING1	PING0
0x64	DDRG				DDG4	DDG3	DDG2	DDG1	DDG0
0x65	PORTG				PORTG4	PORTG3	PORTG2	PORTG1	PORTG0
0x66	Reserved								
0x67	Reserved								
0x68	SPMCSR	SPMIE	RWWSB		RWWSRE	BLBSET	PGWRT	PGERS	SPMEN
0x69	Reserved								
0x6A	EICRA	ISC31	ISC30	ISC21	ISC20	ISC11	ISC10	ISC01	ISC00
0x6B	Reserved								
0x6C	XMCRB	XMBK					XMM2	XMM1	XMM0
0x6D	XMCRA	TWA6	TWA5	TWA4	TWA3	TWA2	TWA1	TWA0	TWGCE
0x6E	Reserved								
0x6F	OSCCAL	Oscillator Calibration Register							
0x70	TWBR	TWO-Wire Serial Interface Bit Rate Register							
0x71	TWSR	TWS7	TWS6	TWS5	TWS4	TWS3		TWPS1	TWPS0
0x72	TWAR	TWA6	TWA5	TWA4	TWA3	TWA2	TWA1	TWA0	TWGCE
0x73	TWDR	Two-Wire Serial Interface Data Register							
0x74	TWCR	TWINT	TWEA	TWSTA	TWSTO	TWWC	TWEN	–	TWIE
0x75	Reserved								
0x76	Reserved								
0x77	Reserved								
0x78	OCR1CL	Timer/Counter1 –Output Compare Register C Low Byte							
0x79	OCR1CH	Timer/Counter1 –Output Compare Register C High Byte							
0x7A	TCCR1C	FOC1A	FOC1B	FOC1C					
0x7B	reserved								
0x7C	ETIFR			ICF3	OCF3A	OCF3B	TOV3	OCF3C	OCF1C
0x7D	ETIMSK			TICIE3	OCIE3A	OCIE3B	TOIE3	OCIE3C	OCIE1C
0x7E	Reserved								
0x7F	Reserved								

주소	이름	비트7	비트6	비트5	비트4	비트3	비트2	비트1	비트0
0x20	SFIOR								
0x21	WDTCR								
0x22	OCDR								
0x23	OCR2								
0x24	TCNT2								
0x25	TCCR2								
0x26	ICR1L								
0x27	ICR1H								
0x28	OCR1BL								
0x29	OCR1BH								
0x2A	OCR1AL								
0x2B	OCR1AH								
0x2C	TCNT1L								
0x2D	TCNT1H								
0x2E	TCCR1B								
0x2F	TCCR1A								
0x30	ASSR	–	–	–	–				
0x31	OCR0								
0x32	TCNT0								
0x33	TCCR0								
0x34	MCUCSR								
0x35	MCUCR								
0x36	TIFR								
0x37	TIMSK								
0x38	TIFR								
0x39	TIMSK								
0x3A	EICRB								
0x3B	RAMPZ								
0x3C	XDIV								
0x3D	SPL								
0x3E	SPH								
0x3F	SREG								

주소	이름	비트7	비트6	비트5	비트4	비트3	비트2	비트1	비트0
0x80	ICR3L	Timer/Counter3 – input Capture register Low Byte							
0x81	ICR3H	Timer/Counter3 – input Capture register High Byte							
0x82	OCR3CL	Timer/Counter3 – Output Compare Register C Low Byte							
0x83	OCR3CH	Timer/Counter3 – Output Compare Register C High Byte							
0x84	OCR3BL	Timer/Counter3 – Output Compare Register B Low Byte							
0x85	OCR3BH	Timer/Counter3 – Output Compare Register B High Byte							
0x86	OCR3AL	Timer/Counter3 – Output Compare Register A Low Byte							
0x87	OCR3AH	Timer/Counter3 – Output Compare Register A High Byte							
0x88	TCNT3L	Timer/Counter3 – Counter Register Low Byte							
0x89	TCNT3H	Timer/Counter3 – Counter Register High Byte							
0x8A	TCCR3B	COM3A1	COM3A0	–	WGM33	WGM32	CS32	CS31	CS30
0x8B	TCCR3A	COM3A1	COM3A0	COM3B1	COM3B0	COM3C1	COM3C0	WGM31	WGM30
0x8C	TCCR3C	FOC3A	FOC3B	FOC3C					
0x8D	Reserved								
0x8E	Reserved								
0x8F	Reserved								
0x90	UBRR0H					USART0 Baud Rate High			
0x91	Reserved								
0x92	Reserved								
0x93	Reserved								
0x94	Reserved								
0x95	UCSR0C		UMSEL0	UPM01	UPM00	USBS0	UCSZ01	UCSZ00	UCPOL0
0x96	Reserved								
0x97	Reserved								
0x98	UBRR1H					USART Baud Rate Register High			
0x99	UBRR1L	USART Baud Rate Register Low							
0x9A	UCSR1B	RXCIE1	TXCIE1	UDRIE1	RXEN1	TXEN1	UCSZ12	RXB81	TXB81
0x9B	UCSR1A	RXC1	RXC1	UDRE1	FE1	DOR1	UPE1	U2X1	MPCM1
0x9C	UDR1	USART1 I/O Data register							
0x9D	UCSR1C		UMSEL1	UPM11	UPM10	USBS1	UCSZ11	UCSZ10	UCPOL1
0x9E~0xFF	Reserved								

3) 내부 EEPROM 메모리

ATmega128은 데이터 메모리 영역과는 별도로 비휘발성 데이터 메모리인 EEPROM이 4Kb 내장되어 있다. 이 EEPROM은 100,000회까지 쓰기/지우기가 가능하며, EEPROM 어드레스 레지스터, EEPROM 데이터 레지스터, EEPROM 제어 레지스터 등을 이용하여 1 바이트씩 읽고 쓸 수 있다.

① EEPROM 읽기/쓰기 액세스

EEPROM 액세스 레지스터는 I/O 레지스터 영역에 존재하며, EEPROM의 쓰기 액세스 시간은 표 1.5와 같이 주어진다.

표 1.5 EEPROM 쓰기 액세스 시간

심 볼	Calibrated RC 오실레이터 사이클 수(1)	표준 프로그래밍 시간
EEPROM 쓰기	8448	8.5ms

주의 (1) 1MHz 클럭을 이용, CKSEL 퓨즈 설정과는 무관

셀프 타이밍 기능은 사용자 소프트웨어가 다음 바이트를 쓸 수 있을 때를 검출할 수 있도록 해준다. 만약 사용자 코드가 EEPROM에 값을 써넣는 명령을 포함하고 있다면 몇 가지 주의가 필요하다. 예를 들어, 필터회로가 내장된 전원 공급 장치를 통하여 전원이 공급되고 있을 때 전원을 온/오프 하면 Vcc 전압값은 필터 회로 때문에 전압의 상승시간 또는 전압의 하강 시간이 상당히 늦어지게 된다. 이로 인하여 상당히 긴 시간동안 클럭 주파수 안정 동작 전압보다 낮은 전압에서 동작 시간이 유지된다. 이러한 이유로 EEPROM에 데이터를 쓰거나 읽는 동작이 실패할 수 있는데 이것은 매우 주의하여야 한다. 또한 의도하지 않은 EEPROM 쓰기 동작을 방지하기 위해서는 특별한 쓰기 과정이 필요한데, 이것은 EEPROM 제어 레지스터의 설명에서 상세히 설명하기로 한다. EEPROM을 읽을 때, CPU는 4 클럭 사이클 동안 잠시 정지했다가 다음 명령을 수행하고, EEPROM에 쓰기 동작을 할 때, CPU는 2클럭 동안 잠시 정지했다가 다음 명령을 수행한다. 이러한 내용들은 사용자가 EEPROM에 데이터를 저장하거나 읽는 프로그램을 작성하는데 있어서 특별히 고려되어야 하는 특징들이다.

② EEPROM 관련 레지스터

- EEARH/EEARL(EEPROM 주소 레지스터)

Bit	15	14	13	12	11	10	9	8
EEARH	-	-	-	-	EEAR11	EEAR10	EEAR0	EEAR8
EEARL	EEAR7	EEAR6	EEAR5	EEAR4	EEAR3	EEAR2	EEAR1	EEAR0
	7	6	5	4	3	2	1	0
Read/Write	R	R	R	R	R/W	R/W	R/W	R/W
	R/W	R/W	R/W	R/W	R/W	R/W	R/W	R/W
초기값	0	0	0	0	X	X	X	X
	X	X	X	X	X	X	X	X

- Bit 15~12 : 예약 비트

- Bit 11~0 : EEPROM 번지

  4K 바이트의 내부 EEPROM 영역을 나타내는 주소이며 이 레지스터의 초기값은 정의되지 않는다.

  - EEDR(EEPROM 데이터 레지스터)

Bit	7	6	5	4	3	2	1	0
	MSB							LSB
Read/Write	R/W	R/W	R/W	R/W	R/W	R/W	R/W	R/W
초기값	0	0	0	0	0	0	0	0

- Bit 7~0 : EEPROM 데이터

  내부 EEPROM에 데이터를 쓰고 읽을 때 사용되는 8비트 데이터 레지스터

  - EECR(EEPROM 제어 레지스터)

Bit	7	6	5	4	3	2	1	0
	-	-	-	-	EERIE	EEMWE	EEWE	EERE
Read/Write	R	R	R	R	R/W	R/W	R/W	R/W
초기값	0	0	0	0	0	0	X	0

- Bit 7~4 : 예약 비트

- Bit 3 : EERIE(EEPROM 읽기 인터럽트 인에이블)

  이 비트가 '1'이고 SREG 레지스터의 'I' 비트가 1이면 "EEPROM Ready" 인터럽트가 활성화 되고, 이 비트가 '0'이 되면 인터럽트는 비활성화 된다. EEWE 비트가 클리어되면 "EEPROM Ready" 인터럽트는 지속적으로 발생된다.

- **Bit 2 : EEMWE(EEPROM 마스트 쓰기 인에이블)**

이 비트는 EEWE가 '1'일 때, "EEPROM에 쓰기"가 가능하도록 허용할지를 결정한다. 이 비트에 1을 써넣고 난 후, 4 클럭 사이클 이내에 EEWE에 '1'을 써넣으면 선택된 주소의 EEPROM에 데이터가 써넣어지게 된다. 그러나 만약 EEMWE가 '0'이면, EEWE가 '1'이어도 영향을 미치지 않는다. 소프트웨어를 이용하여 EEMWE에 '1'을 써넣으면 4클럭 사이클이 지난 후 하드웨어가 자동으로 EEMWE 비트를 '0'으로 클리어 한다.

- **Bit 1 : EERE(EEPROM 쓰기 인에이블)**

EEPROM 쓰기 인에이블 신호인 EEWE는 EEPROM 쓰기 스트로보 신호이다. 주소와 데이터를 정상적으로 설정한 후, EEWE=1이 되면 EEPROM에 값을 써 넣는 동작이 정상적으로 수행된다. EEWE=1이 될 때, EEMWE 비트는 '1'이 되어 있어야 한다. 그렇지 않으면 EEPROM 쓰기는 발생하지 않는다.

다음 과정은 EEPROM 쓰기 과정이다.(단계 ㉢, ㉣번의 순서는 중요하지 않다.)

㉠ 이전의 쓰기 동작이 완료되어 EEWE=0이 될 때까지 기다린다.
㉡ SPMCSR 레지스터의 SPMEN 비트가 '0'이 될 때까지 기다린다.
㉢ 새로운 EEPROM 주소를 EEAR에 쓴다(선택).
㉣ 새로운 EEPROM 데이터를 EEDR에 쓴다(선택).
㉤ EECR 레지스터의 EEMWE 비트에 '1', EEWE 비트에 '0'을 써넣는다.
㉥ EEMWE 설정 후 4사이클 이내에 EEWE에 '1'을 써넣는다.

한편 CPU가 "플래시 메모리에 쓰기 동작"을 하는 동안에는 "EEPROM에 쓰기 동작"은 수행되지 않는다. 따라서 EEPROM에 쓰기를 시작하기 전, 플래시 메모리 프로그래밍이 완료되었는지 반드시 소프트웨어적으로 검사하여야 한다. 그리고 만약 소프트웨어에, CPU가 플래시 메모리에 프로그램 하도록 허용하는 부트로더가 포함되어 있다면, 단계 ㉡만이 필요하다. 또한 플래시 메모리가 CPU에 의하여 업데이트 되지 않는다면 단계 ㉡는 생략될 수 있다.

주의 단계 ㉤와 단계 ㉥ 사이에 인터럽트가 발생하면 쓰기 동작 사이클이 발생하지 않을 수 있다. 이것은 EEPROM 쓰기 인에이블(EEWE)의 동작 제한 시간이 초과되기 때문이다. 만약 EEPROM을 액세스하는 인터럽트 루틴이 다른 EEPROM 액세스를 인터럽트 하면 EEAR 또는 EEDR 레지스터가 변경된다. 따라서 EEPROM 액세스가 인터럽트 되면 이 액세스는 실패하므로, 이러한 문제를 피하기 위하여 마지막 4단계(㉢~㉥) 동안은 SREG 레지스터의 전체 인터럽트 플래그 비트 'I'를 클리어 하여야 한다. 쓰기 액세스 시간이 초과되면, EEWE 비트는 하드웨어적으로 자동으로 클리어 된다. 사용자는 소프트웨어적으로 이 비트를 감시하여 다음 바이트를 쓰기 전에

이 비트가 '0'이 될 때 까지 기다려야 한다. EEWE가 '1'이 되면 CPU는 2 사이클 동안 정지하였다가 다음 명령을 수행한다.

- **Bit 0 : EEPROM 읽기 인에이블**

EERE는 EEPROM을 읽기 위한 스트로브 신호이다. 즉, 정상적인 주소가 EEAR에 지정되고, EERE 비트가 '1' 되면, EEPROM 읽기가 시작된다. EEPROM 읽기는 하나의 명령으로 구성되며 읽어진 데이터는 즉시 사용가능하다. 그리고 EEPROM 읽기 동작이 수행된 후, CPU는 다음 명령을 수행하기 전에 4 사이클 동안 잠시 정지된다. 한편, 사용자는 읽기 동작을 수행하기 전에 EEWE 비트를 검사하여야 한다. 왜냐하면 만약 쓰기 동작이 진행중에 있다면 EEPROM을 읽거나 EEAR 레지스터를 변경할 수 없기 때문이다.

EEPROM 액세스 시간으로는 "Calibrated Oscillator"가 사용된다. 다음은 CPU가 EEPROM을 액세스하는데 필요한 표준 프로그래밍 시간을 보여 준다.

심 볼	Calibrated Oscillator 사이클 수 (1)	표준 프로그래밍 시간
EEPROM 쓰기	8448	8.5ms

주의 (1) 1MHz 클럭을 이용. CKSEL 퓨즈 설정과는 무관

EEPROM 읽기 동작을 요약하면 다음과 같다.

㉠ 선행 쓰기 동작이 완료되어 EEWE가 '0'이 될 때까지 기다린다.
㉡ 읽기 할 EEPROM 주소를 EEAR 레지스터에 저장한다.
㉢ EECR 레지스터의 EERE를 '1'로 설정한다.
㉣ EEPROM 데이터를 EEDR 레지스터로부터 읽는다.

다음 예제는 EEPROM에 데이터를 쓰는 동작을 하는 함수 예이다.

EEPROM 쓰기 함수 예

```
void EEPROM_write(unsigned int uiAddress, unsigned char ucData)
{
/* Wait for completion of previous write*/
while(EECR & (1<<(EEWE));
/* Set up address and data registers */
EEAR = uiAddress;
```

```
EEDR = ucData;
/* Write logical one to EEMWE*/
EECR |= (1<<EEMWE);
/*Start eeprom write by setting EEWE*/
EECR |= (1<<EEWE);
}
```

다음 예제는 EEPROM 데이터를 읽는 동작을 하는 함수 예이다.

EEPROM 읽기 함수 예

```
unsigned char EEPROM_read(unsigned int uiAddress)
{
/*Wait for completion of previous write*/
while(EECR & (1<<EEWE));
/* Set up address register */
EEAR = uiAddress;
/* Start eeprom read by writing EERE*/
EECR |= (1<<EERE);
/*Return data from data register*/
return EEDR;
```

③ 파워다운 모드 동안에 EEPROM에 데이터 쓰기

EEPROM 쓰기 동작을 하는 동안 파워다운 모드에 들어가면, EEPROM 쓰기 동작은 계속되고, 쓰기 액세스 시간이 경과하기 전에 완료된다. 하지만 쓰기 동작이 완료되었을 때 오실레이터는 동작을 계속한다. 즉, CPU가 파워다운 모드에 완전히 들어가지 못한다. 그래서 파워다운 모드에 들어가기 전에는 반드시 EEPROM 쓰기 동작이 완료 되었는지를 확인하는 것이 중요하다.

④ EEPROM 데이터 파괴 방지

정격보다 낮은 Vcc가 공급되는 동안 EEPROM 데이터는 파괴될 수 있다. 왜냐하면 공급전압이 CUP와 EEPROM이 정상적으로 동작하기에 너무 낮기 때문이다. 이러한 문제는 EEPROM을 사용하는 보드 수준의 시스템에 대해서도 동일하다. 그리고 동일한 설계 해법이 적용된다. 전압이 너무 낮을 때 EEPROM 데이터 파괴는 다음과 같은 2가지 경우에 의하여 발생할 수 있다.

- EEPROM에 쓰기가 정상적으로 동작하기 위해서 필요한 최소전압보다 낮은 전압이 인가되고 있는 경우
- CPU가 명령어를 정상적으로 수행하기 위하여 필요한 최소전압보다 낮은 전압이 인가되고 있는 경우

EEPROM 데이터 파괴는 다음과 같은 설계 기준을 지키면 쉽게 방지할 수 있다.

즉, 내부 Brown-out 검출장치(BOD)를 활성화하여 충분하지 않은 전원 전압이 공급되는 동안에는 AVR 리셋 상태를 유지한다. 만약 EEPROM에 쓰기 동작을 수행하는 동안 리셋이 발생한다면, 그 쓰기 동작은 전원전압이 충분히 공급되는 동안에만 수행된다.

(3) 외부 메모리

외부 데이터 메모리(SRAM)는 64Kb까지 선택적으로 추가하여 사용 할 수 있다. 이 영역은 내부 SRAM의 마지막 번지 이후에 연속적으로 존재할 수 있다. 레지스터 파일, 입출력, 확장 입출력, 그리고 내부 SRAM 영역은 일반적으로 4352 바이트의 크기를 가진다. 그래서 64Kb의 외부 메모리를 사용할 때 실제 사용 가능한 외부 메모리는 61,184 바이트뿐이다. 내부 SRAM 메모리 영역을 액세스할 때와 외부 SRAM을 액세스할 때는 동일한 명령어가 사용된다. 그리고 내부 데이터 메모리가 액세스되면 RD/WR 핀(PG0, PG1)은 전체 액세스 사이클 동안 비활성화 된다. 외부 SRAM 동작은 MCUCR 레지스터의 SRE 비트를 '1'로 하여야 활성화 된다. 외부 SRAM을 액세스하기 위해서는, 내부 SRAM을 액세스할 때와 비교하여, 바이트 당 하나의 클럭 사이클이 추가된다. 이것은 LD, ST, LDS, STS, LDD, STD, PUSH, POP 명령이 하나의 부가적인 클럭 사이클을 필요로 한다는 것을 의미한다.

만약 스택이 내부 SRAM에 존재한다면, 인터럽트 서브루틴 호출, 리턴 등은 3개의 부가적이 클럭을 필요로 한다. 왜냐하면 2 바이트의 프로그램 카운트가 PUSH, POP 되기 때문이다. 그리고 외부 메모리를 액세스 할 때는 내부 파이프라인 메모리 액세스의 장점을 가지지 못한다. 외부 SRAM이 "wait-state"를 가지고 인터페이스 되고 있을 때, 1 바이트 외부 액세스는 1, 2, 3 wait-state에 대하여 각각 2, 3, 4개의 부가적인 클럭 사이클이 필요하다. 인터럽트, 서브루틴 호출 그리고 리턴은 1,2,3, "wait-state"에 대해서 명령어 설명서에서 지정된 것보다 5, 7, 또는 9개의 클럭 사이클이 더 필요하다.

1.5 ATmega128의 외부 장치 인터페이스

ATMEGA128은 어드레스 버스와 데이터 버스를 이용하여 외부에 SRAM, LCD, A/D, D/A 등을 장착할 수 있다. 즉 외부 메모리가 활성화되면 내부 메모리 영역 이외에 0x1100~0xFFFF까지 약 60Kb의 외부 주소 영역을 사용할 수 있고 이 주소 영역은 메모리 외에도 여러 가지 입출력 장치들을 연결할 수 있다.

외부 장치 인터페이스의 주요 특징은 다음과 같다.

- 4개의 다른 "wait-state" 설정 ("no wait-state" 포함)
- 외부 메모리 영역에 따라 독립적인 "wait-state" 설정(영역 크기 설정 가능)
- 어드레스 상위 바이트로 사용되는 비트 수를 선택할 수 있다.
- 전류 소모를 최소화하기 위한 데이터 버스의 버스 키퍼 기능(선택 사양)

그림 1.12는 외부 메모리 설정을 보여준다.

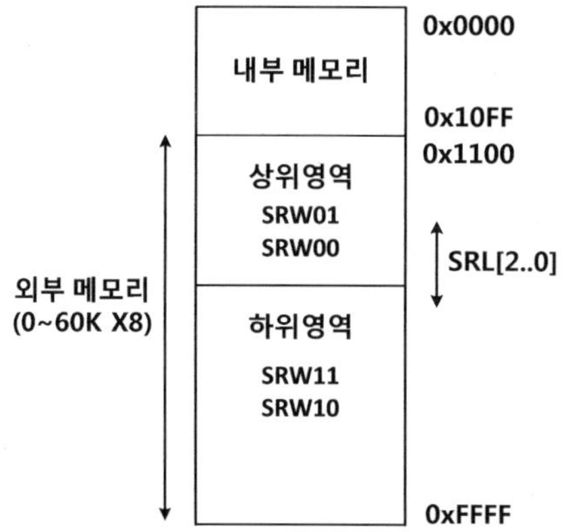

그림 1.12 ATmega128 외부 메모리 설정

(1) 외부 장치 인터페이스 구성

외부 장치를 인터페이스하기 위하여 사용되는 신호선은 다음과 같다.

- AD7~0 : 하위 어드레스 버스/데이터 버스
- A15~8 : 상위 어드레스 버스

- ALE : 어드레스 래치 인에이블
- RD : 읽기 신호
- WR : 쓰기 신호

외부 장치 인터페이스를 위한 제어 비트는 다음과 같이 3개의 레지스터로 구성된다.

- MCUCR(MCU 제어 레지스터)
- XMCRA(외부 메모리 제어 레지스터 A)
- XMCRB(외부 메모리 제어 레지스터 B)

외부 메모리가 활성화 되면 일반 포트(포트 A, B)는 어드레스 버스와 데이터 버스로 동작되며, CPU는 외부 메모리인지 내부 메모리인지 자동으로 판단한다. 만약 외부 메모리가 액세스되면 각 버스에 어드레스 신호와 데이터 버스 신호, 그리고 제어 신호가 출력된다. "ALE"의 하강 에지에서 유효 어드레스가 어드레스 버스(AD0 ~ AD7)에 출력된다. 그리고 데이터가 전송되는 동안 "ALE"는 "Low" 상태를 유지한다. 외부 메모리가 활성화 되었을 때, 내부 메모리가 액세스되면 어드레스 버스와 데이터 버스, 그리고 "ALE" 신호는 출력되지만 RD, WR 신호는 출력되지 않는다. 외부 메모리 인터페이스가 비활성화 되면 일반 핀과 데이터 방향 설정치가 사용된다. 그리고 외부 메모리가 비활성화 되면 내부 SRAM 영역 보다 상위 어드레스 영역은 내부 SRAM에 매핑되지 않는다. 그림 1.13은 래치("74x573" 등)를 사용하여 외부 SRAM을 AVR에 연결하는 방법을 보여준다. 여기서 'G'핀이 "High"면 신호가 전달된다.

1) 어드레스 래치의 조건

외부 램의 고속 동작을 위하여 데이터 래치는 시스템 주파수를 고려하여 주의 깊게 선택되어야 한다. 8MHz를 사용하는 경우 외부 메모리 인터페이스는 일반적인 74HC 시리즈 래치의 사용은 권장되지 않으며, 74AHC 래치를 사용하여 설계하는 것이 좋다. 하지만 설계자가 다음과 같은 주요 타이밍 파라미터들을 그대로 수용한다면 대부분의 래치는 그대로 사용할 수 있다.

데이터 래치의 주요 타이밍 파라미터

- t_{PD} (D → Q 로의 전달 지연시간)
- t_{SU} (G가 "Low"로 되기 전 데이터 셋업 시간)
- T_H (G가 "Low"로 된 후 데이터(어드레스) 유지시간)

외부 메모리 인터페이스는 'G' 신호가 "Low"가 된 후 최소 어드레스 유지 시간(th=5ns)이 보장 되도록 설계된다. 그리고 외부 장치 액세스 시간을 계산할 때는 t_{PD}(D→Q 전달 지연시간)이 반드시 고려되어야 한다. 또한 t_{SU}(G가 "Low"로 되기 전 데이터(어드레스) 셋업 시간)는 "(t_{AVLLC}(address valid to ALE low)-PCB 선로 지연시간(이것은 용량성 부하에 따라 변한다.))"을 넘지 않아야 한다.

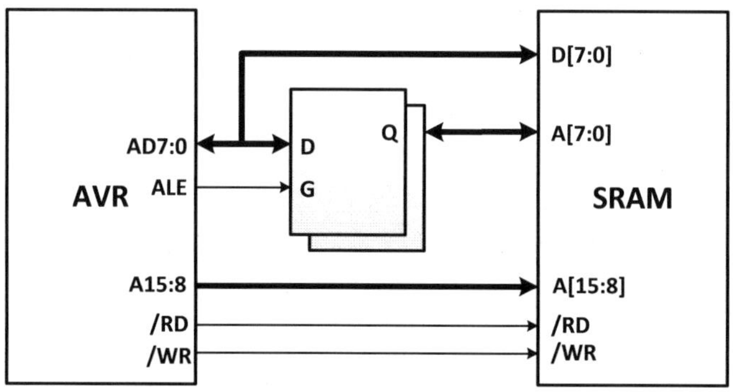

그림 1.13 외부 메모리 연결

(2) 풀-업과 버스 키퍼

해당 포트 레지스터에 '1'을 써넣으면 AD7~0 포트의 풀-업이 활성화 된다. 그러나 슬립 모드에서의 전력 소모를 줄이고자 한다면 슬립모드에 들어가기 전에 포트 레지스터를 '0'으로 하여 풀-업을 비활성화 하는 것이 좋다. 한편, 외부 메모리 인터페이스는 AD7~AD0의 버스 키퍼 기능을 제공한다. 버스 키퍼는 "XMCRB"(외부 메모리 제어 레지스터 B)레지스터를 이용하여 소프트웨어적으로 활성화 되거나 비활성화 될 수 있다. 버스 키퍼가 활성화 되면, 리드 동작시 이 버스가 "tri-state" 상태로 들어가야 하는 순간에 이전의 상태값을 그대로 출력하게 된다.

(3) 타이밍

외부 장치는 서로 다른 타이밍을 가지고 있다. 따라서 ATmega128 외부 메모리 인터페이스는, 이들 요구 조건을 충족시키기 위하여, 4가지의 "wait-state"를 제공한다. 그러므로 사용자는 "wait-state"를 설정하기 전에 먼저 외부 장치의 타이밍 사양을 고려하여야 한다. 가장 중요한 파라미터는 ATmega128의 셋-업 필요조건 대비 외부 메모리 액세스 시간이다. 외부 메모리의 액세스 시간은 "chip select" 신호와 주소를 전달 받은 때부터 그 주소의 데이터가 실제 버스를 구동할 때까지의 시간으로 정의된다. 여기서 액세스 시간은 읽기 동작 동안 데이터가 안정화될 때까지 유지되는 "ALE"의 "Low" 펄스 길이 보다 길 수 없다.

"wait-state"는 소프트웨어적으로 설정 가능하며, 외부 메모리 영역을 두 영역으로 구분하여 "wait-state"을 서로 다르게 설정할 수도 있다. 이것은 외부 메모리 영역에서 서로 다른 타이밍을 가지는 두 개의 다른 메모리 장치를 연결하는 것이 가능하게 해준다. 외부 메모리 인터페이스는 비동기식이며, 그림 1.14 ~ 그림 1.17과 같은 특징의 파형들은 내부 시스템 클럭과 관련이 있다.

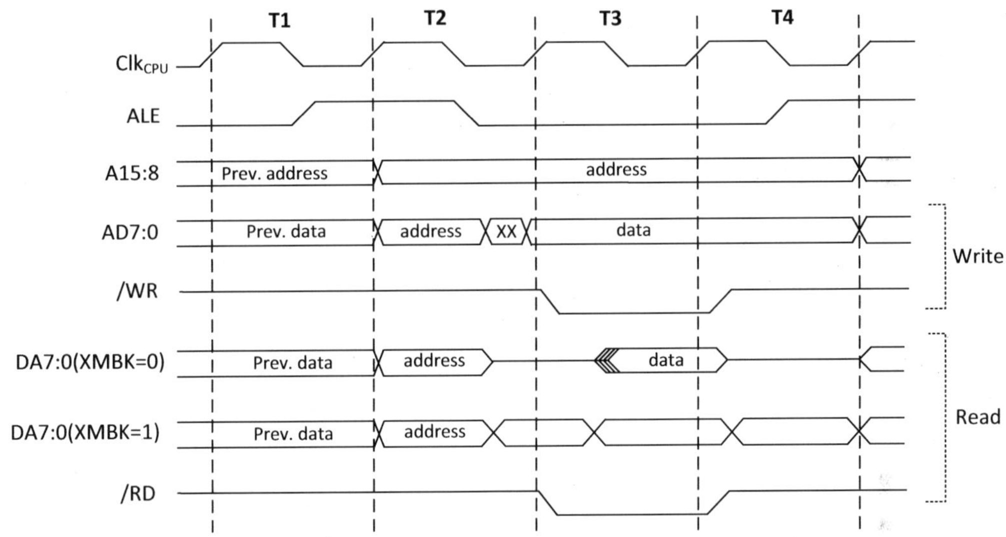

그림 1.14 zero wait-state의 외부 데이터 메모리 사이클($SRW_{n1}=0,\ SRW_{n0}=0$)

주의 (1) SRWn1 = SRW11(상위영역) 또는 SRW01(하위 영역), SRWn0 = SRW10(상위영역) 또는 SRW00(하위 영역). 주기 T4에 있는 ALE 펄스는 단지 다음 명령이 램(외부 또는 내부)을 액세스할 때만 나타난다.

내부 클럭과 외부 클럭의 시간 차이(동기의 어긋난 정도)는 일정하지 않다. 이것은 장치의 온도나 공급 전압에 따라 변한다. 결론적으로 외부 메모리 인터페이스는 동기식 동작에는 적당하지 않다.

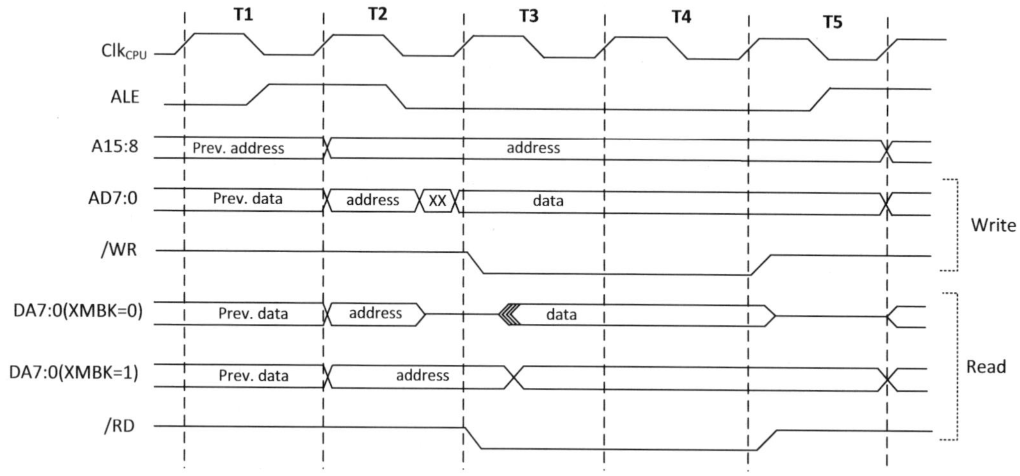

그림 1.15 외부 데이터 메모리 사이클($SRW_{n1}=0$, $SRW_{n0}=1$)

주의 (1) SRWn1 = SRW11(상위 영역) 또는 SRW01(하위 영역), SRWn0 = SRW10(상위 영역) 또는 SRW00(하위 영역). 주기 T5의 ALE 펄스는 단지 다음 명령이 램(외부 또는 내부)을 액세스 할 때만 나타난다.

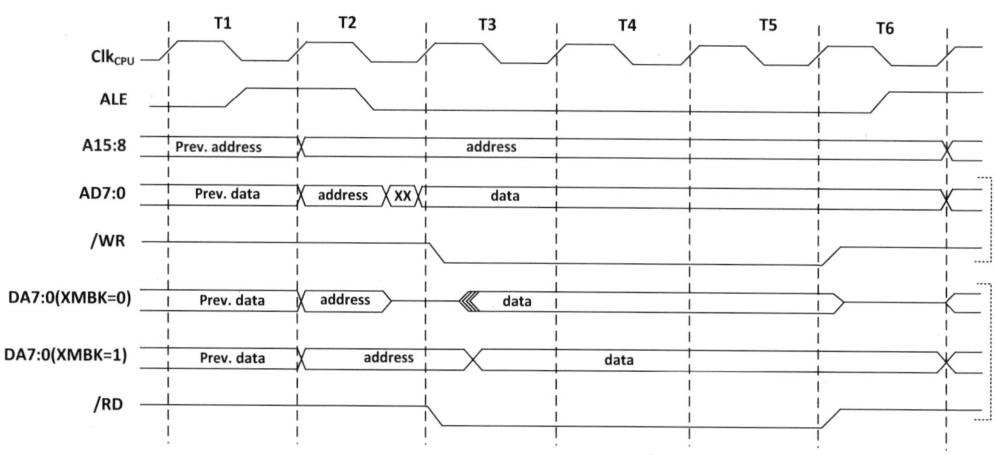

그림 1.16 외부 데이터 메모리 사이클($SRW_{n1}=1$, $SRW_{n0}=0$)

주의 (1) SRWn1 = SRW11(상위 영역) 또는 SRW01(하위 영역), SRWn0 = SRW10(상위 영역) 또는 SRW00(하위 영역). 주기 T6의 ALE 펄스는 단지 다음 명령이 램(외부 또는 내부)을 액세스 할 때만 나타난다.

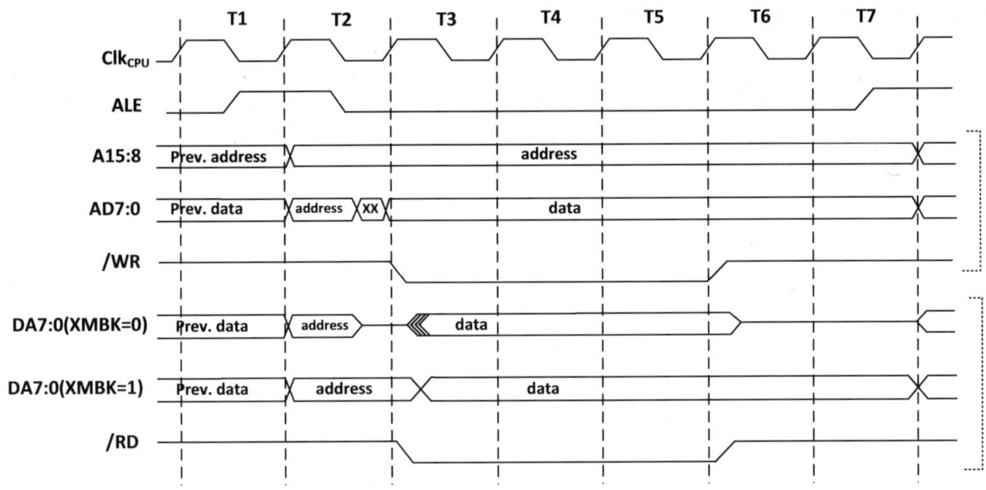

그림 1.17 외부 데이터 메모리 사이클($SRW_{n1}=1,\ SRW_{n0}=1$)

주의 (1) SRWn1 = SRW11(상위 영역) 또는 SRW01(하위 영역), SRWn0 = SRW10(상위 영역) 또는 SRW00(하위 영역). 주기 T7의 ALE펄스는 단지 다음 명령이 램(외부 또는 내부)을 액세스 할 때만 나타난다.

(4) XMEM 관련 레지스터

1) MCUCR(MCU 제어 레지스터)

Bit	7	6	5	4	3	2	1	0
	SER	SRW10	SE	SM1	SM0	SM2	IVSEL	IVCE
Read/Write	R/W	R/W	R/W	R/W	R/W	R/W	R/W	R/W
초기값	0	0	0	0	0	0	0	0

- Bit 7 : SRE(외부 SRAM/XMEM 인에이블)

  SRE 비트가 '1'이면 외부 메모리 인터페이스가 가능하며, AD7~0, A15~8, ALE, WR 그리고 RD 핀 기능이 활성화 된다. SRE 비트가 '0'이면 외부 메모리 인터페이스는 비활성화 되고 범용 핀 기능과 데이터 방향 설정이 사용된다.

- Bit 6 : SRW10(Wait-state 선택 비트)

  XMCRA 레지스터의 SRWn 비트와 조합하여 "wait-state" 상태를 결정한다.

2) XMCRA(외부 메모리 제어 레지스터A)

Bit	7	6	5	4	3	2	1	0
	-	SRL2	SRL1	SRL0	SRW01	SRW00	SRW11	-
Read/Write	R	R/W	R/W	R/W	R/W	R/W	R/W	R
초기값	0	0	0	0	0	0	0	0

- Bit 7 : 예약 비트

- Bit 6~4 : SRL2~SRL0 ("Wait-state") 영역 구분

외부 메모리를 인터페이스 할 경우 두 개의 영역으로 구분하여 "wait-state"를 다르게 설정할 수 있다. 표 1.6에서와 같이 SRL0, SRL1, SRL2 비트는 분리된 영역을 선택하는데 사용된다. 기본적으로는 SRL0, SRL1, SRL2 비트가 0으로 설정되어 외부 메모리 전체 영역이 하나의 영역으로 취급된다. 전체 SRAM 주소 영역이 하나의 영역으로 설정되었을 때, "Wait-state"는 SRW11과 SRW10 비트에 의하여 결정된다.

표 1.6 SRL2~SRL0의 설정에 따른 영역 구분

SRL2	SRL1	SRL0	영역 선택
0	0	0	하위영역 = N/A 상위영역 = 0x1100 ~ 0xFFFF
0	0	1	하위영역 = 0x1100 ~ 0x1FFF 상위영역 = 0x2000 ~ 0xFFFF
0	1	0	하위영역 = 0x1100 ~ 0x3FFF 상위영역 = 0x4000 ~ 0xFFFF
0	1	1	하위영역 = 0x1100 ~ 0x5FFF 상위영역 = 0x6000 ~ 0xFFFF
1	0	0	하위영역 = 0x1100 ~ 0x7FFF 상위영역 = 0x8000 ~ 0xFFFF
1	0	1	하위영역 = 0x1100 ~ 0x9FFF 상위영역 = 0xA000 ~ 0xFFFF
1	1	0	하위영역 = 0x1100 ~ 0xBFFF 상위영역 = 0xC000 ~ 0xFFFF
1	1	1	하위영역 = 0x1100 ~ 0xDFFF 상위영역 = 0xE000 ~ 0xFFFF

- **MCUCR의 비트6과 XMCRA의 비트1 : SRW10, SRW11 ("Wait-state" 상위영역 선택 비트)**

  표 1.7에서와 같이 SRW11과 SRW10은 외부 메모리의 상위 영역의 "wait-state"를 결정한다.

- **Bit 3~2 : SRW01~SRW00 (Wait-state 하위 영역 선택 비트)**

  표 1.7에서와 같이 SRW01과 SRW00은 외부 메모리 하위 영역의 "wait-state"를 결정한다.

- **Bit 0 : 예약 비트**

표 1.7 Wait States [1]

SRWn1	SRWn0	Wait States
0	0	No wait-states
0	1	읽기/쓰기 스트로보 기간 동안 1사이클 wait
1	0	읽기/쓰기 스트로보 기간 동안 2사이클 wait
1	1	읽기/쓰기 스트로보 기간 동안 2사이클 wait, 그리고 새로운 주소가 출력되기 전에 1사이클 wait, 전체 3사이클 wait

주의 (1) n = 0 또는 1(하위/상위 영역)

3) XMCRB(외부 메모리 제어 레지스터 B)

Bit	7	6	5	4	3	2	1	0
	XMBK	-	-	-	-	XMM2	XMM1	XMM0
Read/Write	R/W	R	R	R	R	R/W	R/W	R/W
초기값	0	0	0	0	0	0	0	0

- **Bit 7 : XMBK(외부 메모리 버스키퍼 인에이블)**

  XMBK 비트가 '1'이면 AD7~AD0 버스의 버스키퍼가 활성화 된다. 버스키퍼가 활성화 되면 AD7~AD0가 "tri-state" 상태가 되어야 될 때에도 AD7~AD0가 정의된 논리 레벨('0' 또는 '1')이 되도록 해준다. XMBK를 '0'으로 하면 버스키퍼 기능은 비활성화 된다. XMBK는 SRE를 이용하여 그 기능을 제어 할 수 없다. 그래서 외부 메모리 인터페이스가 비활성화 되어 있어도 버스키퍼는 XMBK가 '1'인 동안은 여전히 활성화 상태를 유지한다.

- **Bit 6~3 : 예약 비트**

- **Bit 2~0 : XMM2~XMM0 (외부 메모리 상위 번지 마스크)**

외부 메모리 인터페이스가 활성화 되면 포트 C의 모든 핀은 상위 어드레스 버스로 사용된다. 만약 60Kb 주소영역 전체가 외부 메모리로 사용되지 않는다면 표 1.8에서와 같이 포트 C의 일부는 범용 핀으로 사용할 수 있다.

표 1.8 외부 메모리 활성화 때 범용 포트로 사용되는 포트 C 핀

XMM2	XMM1	XMM0	어드레스 버스	범용포트 C
0	0	0	A15 ~ A8(전체 60KB 영역)	-
0	0	1	A14 ~ A8	PC7
0	1	0	A13 ~ A8	PC7 ~ PC6
0	1	1	A12 ~ A8	PC7 ~ PC5
1	0	0	A11 ~ A8	PC7 ~ PC4
1	0	1	A10 ~ A8	PC7 ~ PC3
1	1	0	A19 ~ A8	PC7 ~ PC2
1	1	1	-	포트 C 전체

(5) 64Kb 보다 작은 외부 메모리 영역 사용

외부 메모리는 내부 메모리와 연속적으로 매핑되어 있다. 외부 메모리는 첫 번째 4,352 바이트 메모리 영역이 액세스될 때는 주소 지정되지 않는다. 그래서 외부 메모리의 4,352 바이트(0x0000~0x10FF)가 액세스 불가능한 것처럼 보일지도 모른다. 하지만 외부 메모리가 64Kb 보다 작게 연결되어 있을 때(예를 들면 32Kb), 이 메모리는 0x8000~0x90FF를 액세스함으로서 쉽고 간단하게 액세스될 수 있다. 이때 외부 메모리 어드레스 비트 A15는 외부 메모리에 연결되지 않기 때문에 어드레스 0x8000~0x90FF는 외부메모리 0x0000~0x10FF인 것처럼 보인다. 그러나 0x90FF 이상 상위 주소를 어드레싱 하는 것은 권장되지 않는다. 왜냐하면 이것은 다른(하위)주소에 의하여 이미 액세스된 외부 메모리 영역을 어드레싱 하기 때문이다. 응용 프로그램에서 외부 32Kb 메모리는 0x1100~0x90FF 까지 연속된 32Kb의 주소 영역으로 나타난다. 이것은 그림 1.18에서 보여준다.

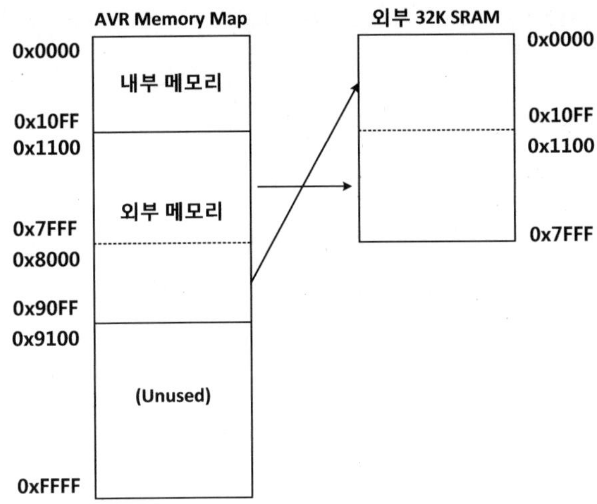

그림 1.18 32KB의 외부 메모리를 가진 주소 맵

(6) 64Kb 외부 메모리 사용

외부 메모리는 내부 메모리 이후에 연속적으로 매핑 되므로, 단지 60Kb의 외부 메모리만 사용 가능하다.(주소영역 0x0000~0x10FF 영역은 내부 메모리 영역) 하지만 상위 어드레스 비트를 '0'으로 마스킹 함으로서 외부 메모리 전체를 사용할 수 있다. 이것은 XMMn 비트를 사용하고 소프트웨어적으로 어드레스의 최상위 비트를 제어함으로서 이루어진다. 포트 C를 출력 0x00으로 설정하고 포트의 상위 핀들을 일반 범용 핀으로 설정하면 메모리 인터페이스의 주소 영역은 0x0000 ~ 0x1FFF가 된다. 다음은 예제코드이다.

```
#define OFFSET 0x2000
void XRAM_example(void)
{
unsigned char *p = (unsigned char *) (OFFSET + 1);
DDRC = 0xFF;
PORTC = 0x00;
XMCRB = (1<<XMM1) | (1<<XMM0);
*p = 0xaa;
XMCRB = 0x00;
*p = 0x55;
}
```

하지만 대부분의 메모리가 마스크 되어 있을 때는 이 옵션을 사용하는데 있어서 주의를 기울여야 한다.

1.6 시스템 클럭 및 클럭 옵션

(1) 클럭 시스템과 분배

그림 1.19는 AVR의 주요 클럭 시스템과 그 분배를 보여준다. 여기서 모든 클럭이 동시에 활성화 될 필요는 없으며 전력소모를 줄이기 위하여 사용되지 않는 모듈에 대한 클럭은 슬립모드를 사용하여 정지 시킬 수 있다.

1) CPU 클럭(CLK_{CPU})

CPU 클럭은 AVR 코어 동작에 관련된 시스템 부분, 즉 범용 레지스터 파일, 상태 레지스터 그리고 스택 포인터를 가지고 있는 데이터 메모리 등에 분배된다. CPU 클럭이 정지되면 CPU는 일반 동작과 연산 수행을 하지 못한다.

2) I/O 클럭($CLK_{I/O}$)

I/O 클럭은 타이머/카운터, SPI, USART 등과 같은 입출력 모듈과 외부 인터럽트 모듈에 의하여 사용된다. 그러나 일부 외부 인터럽트는 비동기 로직에 의하여 검출된다. 비동기 로직을 사용하는 경우에는, I/O 클럭이 정지 된다고 하더라도 이러한 인터럽트들이 검출되어질 수 있다. 또한 클럭 $clk_{I/O}$이 정지되고, 모든 슬립모드에서의 TWI 어드레스 인식이 활성화 되었을 때는, TWI 모듈에서의 어드레스 인식은 비동기적으로 수행된다.

3) 플래시 클럭(CLK_{FLASH})

플래시 클럭은 플래시 메모리 인터페이스 동작을 제어하며 일반적으로 CPU 클럭과 동시에 활성화 된다.

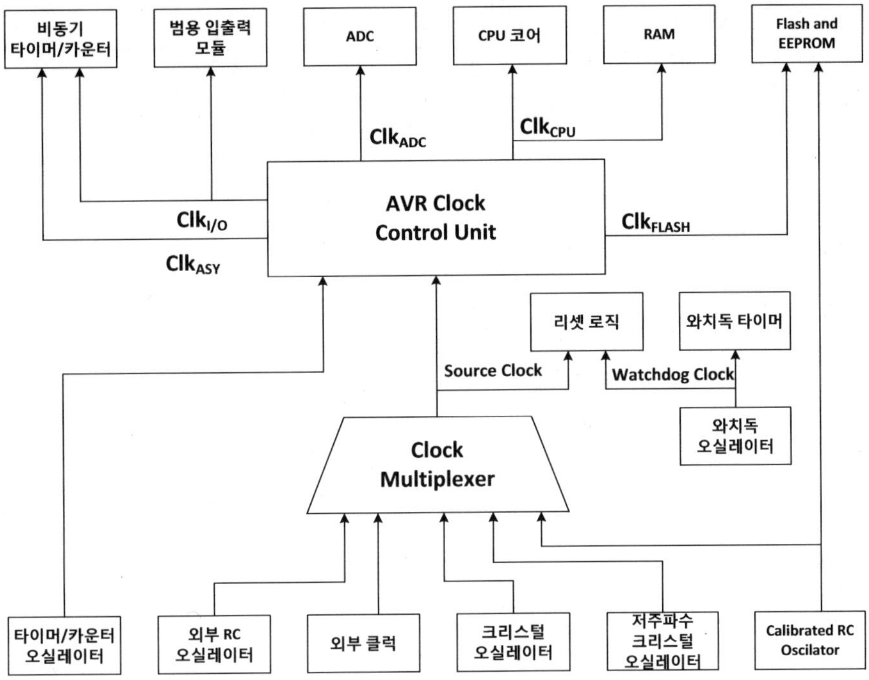

그림 1.19 클럭 분배

4) 비동기 타이머 클럭(CLK_{ASY})

비동기 타이머 클럭은 비동기 타이머/카운터가 외부 32KHz의 클럭 크리스털로부터 클럭을 직접 인가 받을 수 있도록 해준다. 인가된 클럭은 마이크로프로세서가 슬립모드에 있을 때에도 이 타이머/카운터를 실시간 카운터로 사용할 수 있도록 해준다.

5) ADC 클럭(CLK_{ADC})

ADC는 전용 클럭을 가진다. 이것은 디지털 회로에 의하여 발생된 노이즈를 줄이기 위하여 CPU와 입출력 클럭이 정지되는 것이 가능하도록 해준다. 따라서 ADC 전용 클럭을 사용하는 경우 ADC 동작 결과는 보다 정확하게 된다.

(2) 분주 관련 레지스터

1) XDIV(XTAL 분주제어 레지스터)

XTAL 분주 제어 레지스터는 클럭 소스 주파수를 2~129 사이의 값으로 분주하는데 사용된다. 이 특징은 소비전력을 낮추어야 하는 경우 전력 소모를 줄이는데 사용될 수 있다.

Bit	7	6	5	4	3	2	1	0
	XDIVEN	XDIV6	XDIV5	XDIV4	XDIV3	XDIV2	XDIV1	XDIV0
Read/Write	R/W	R/W	R/W	R/W	R/W	R/W	R/W	R/W
초기값	0	0	0	0	0	0	0	0

- Bit 7 : XDIVEN(XTAL 분주 인에이블)

  이 비트가 '1'이면 CPU 클럭 주파수(clk_{CPU})와 모든 주변장치 클럭 주파수($clk_{I/O}$, clk_{ADC} , clk_{FLASH})는 XDIV6 ~ XDIV0의 설정값에 의하여 분주된다. 이 비트는 응용에 맞게 클럭 주파수를 변경시키기 위하여 동작 중에 써넣을 수 있다.

- Bit 6~0 : XDIV6~XDIV0(XTAL 분주 선택 비트 6~0)

  이 비트는 XDIVEN 비트가 '1'일 때 분주비를 결정한다. 만약 이들 비트들의 값을 d라고 한다면 다음 공식에 의하여 CPU와 주변장치 클럭 주파수 f_{CLK}가 결정된다.

$$f_{CLK} = \frac{source\ \ clock}{129 - d}$$

이들 비트들의 값은 XDIVEN가 '0'일 때에만 변경될 수 있으며, 변경된 XDIV6~ XDIV0 값은 XDIVEN 비트가 '1'일 때 분주비로서 처리된다. XDIVEN가 '0'이면, XDIV6~XDIV0 값은 무시되고, 분주기가 MCU로 입력되는 주 클럭을 분주하면 모든 주변장치의 속도는 감소된다. 시스템 클럭이 분주 되었을 때, 타이머/카운터0는 비동기 클럭만 사용할 수 있다. 그리고 사용된 비동기 클럭 주파수는 스케일 다운된 소스 클럭 주파수의 1/4 이하가 되어야 한다. 그렇지 않으면 인터럽트가 발생되지 않거나 타이머/카운터0 레지스터를 액세스할 수 없게 될 수도 있다.

(3) 클럭 소스

ATMEGA128은 표 1.9에서 처럼 플래시 퓨즈 비트에 의하여 선택 가능한 클럭 소스 옵션을 가진다. 선택된 소스로부터 입력된 클럭은 AVR 클럭 발생장치의 입력이 된다. 그리고 적절한 모듈로 분배된다.

각 클럭 옵션의 선택에 관한 상세한 내용은 다음에 설명 된다. 선택된 클럭 소스는 CPU가 파워 다운모드나 파워 세이브 모드로부터 탈출할 때, 기동 클럭으로 사용된다. 한편, CPU에서 명령이 수행되기 위해서는 오실레이터가 안정적으로 동작이 되고 있어야 한다.

표 1.9 디바이스 클럭 옵션 선택

디바이스 클럭 옵션	SKSEL3..0 (1)
외부 크리스털/세라믹 레조네이트	1111 ~ 1010
외부 저주파수 크리스털	1001
외부 RC 오실레이터	1000 ~ 0101
조정된 내부 RC 오실레이터	0100 ~ 0001
외부 클럭	0000

주의 (1) 모든 퓨즈에서 '1'은 프로그램 되지 않은 것을, '0'은 프로그램된 것을 의미한다.

표 1.10 워치독 오실레이터 사이클 수

타임아웃시간(Vcc=5.0V)	타임아웃시간(Vcc=3.0V)	사이클 수
4.1ms	4.3ms	4K(4096)
65ms	69ms	64K(65536)

CPU가 리셋 상태로부터 다시 기동할 때는 부가적인 시간지연이 발생하는데 이러한 시간지연 발생은 CPU가 어떤 동작을 수행하기 전에 전원이 안정 동작 범위에 도달할 수 있도록 해준다. 워치독 오실레이터는 이 기동 시간의 실제 타이밍 표기를 위하여 사용된다. 즉, 표 1.10에서 보여준 WDT 오실레이터 사이클 수는 각 타임아웃 시간을 나타낸다. 여기서 워치독 오실레이터의 주파수는 전기적 특성에서 보여주는 것처럼 인가 전원전압에 따라 그 값이 변한다는 사실에 주의하여야 한다.

1) 기본 클럭 소스

ATMEGA128은 CKSEL = "0001", SUT = "10"의 초기값을 가진다. 따라서 기본 클럭 소스는 가장 긴 기동 시간을 가지는 내부 RC 오실레이터로 설정된다. 이 기본 설정값은 프로그래밍 장치를 통하여 사용자가 원하는 클럭소스로 설정을 변경할 수 있다.

2) 외부 크리스털 오실레이터

XTAL1와 XTAL2는 내장 오실레이터를 사용하도록 설정될 수 있는 반전 증폭기의 입력과 출력이다. 그림 1.20처럼 석영 크리스털 또는 세라믹 레조네이터가 사용될 수 있다. CKOPT 퓨즈를 이용하면 두 개의 다른 오실레이터 앰프 모드 중 하나를 선택할 수 있다. 즉, CKOPT이 프로그램 되면 오실레이터 출력이 최고 진폭크기로 진동하는 모드가 선택되며, 이 모드는 노이즈가 심한 환경에서 동작하거나 또는 XTAL2로부터의 출력이 두 번째 클럭 버퍼를 구동하기 위하여 사용될 때 적당하다. 그리고 이 모드는 넓은 주파수 범위를 가진다.

CKOPT가 프로그램 되지 않으면 오실레이터의 출력 진폭은 최대 진폭크기보다 작은 출력 진폭을 가진다. 이것은 전력소모를 상당히 줄여주기는 하지만 제한된 주파수 영역을 가진다. 그리고 다른 클럭 버퍼를 구동하기 위하여 사용될 수 없다. 레조네이터를 사용하는 경우, 최대 주파수는 CKOPT가 프로그램 되면 16MHz이고 프로그램 되지 않으면 8MHz가 된다. C1과 C2값은 크리스털과 레조네이터의 경우 모두 동일하다.

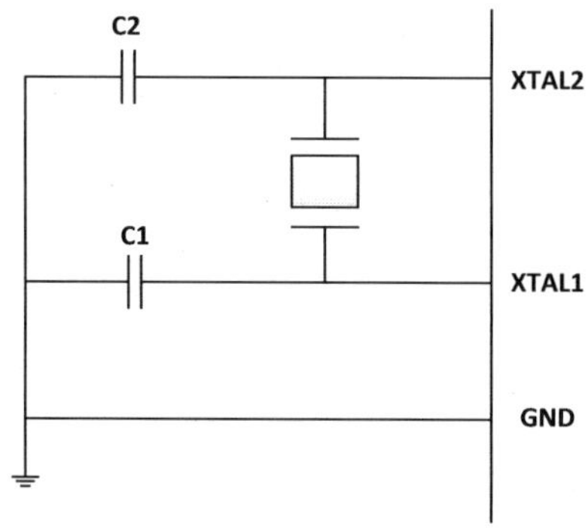

그림 1.20 크리스털 오실레이터 연결

콘덴서의 최적값은 사용하는 크리스털 또는 레조네이터, 기생 콘덴서 성분의 크기와, 사용 환경의 전자기적인 노이즈에 따라 달라진다.

표 1.11 크리스털 오실레이터 동작 모드

CKOPT	CKSEL3~1	주파수 범위 (MHz)	크리스털과 함께 사용될 콘덴서 C1,C2 값의 범위
1	101[(1)]	0.4 ~ 0.9	-
1	110	0.0 ~ 3.0	12pF ~ 22pF
1	111	3.0 ~ 8.0	12pF ~ 22pF
0	101,110,111	1.0 ~	12pF ~ 22pF

주의 (1) 이 옵션은 크러스털에서는 사용되지 않고 세라믹 레조네이터에서만 사용된다.

표 1.11은 콘덴서 선택을 위한 가이드라인을 보여준다. 세라믹 레조네이터의 경우, 제조회사가 제시하는 콘덴서 값을 사용하면 된다. 오실레이터는 세 개의 서로 다른 모드에서 동작

할 수 있는데, 각 모드는 특정 주파수 영역에서 최적화 된다. 각 동작 모드는 표 1.11에서와 같이 퓨즈 CKSEL3~ CKSEL1에 의하여 선택된다. CKSEL0와 SUT1~SUT0 퓨즈는 표 1.12에서 보는 바와 같이 CPU의 기동시간을 결정하는데 사용된다.

표 1.12 크리스털 오실레이터 클럭 사용시 기동시간

CKSEL0	SUT1~0	파워 다운 모드와 파워 세이브 모드로부터의 기동시간	리셋시 부가 지연시간($V_{cc}=5V$)	권장 사용
0	00	258 CK(1)	4.1ms	세라믹 레조네이터, fast rising power
0	01	258 CK(1)	65ms	세라믹 레조네이터, slowly rising power
0	10	1K CK(2)	-	세라믹 레조네이터, BOD enabled
0	11	1K CK(2)	4.1ms	세라믹 레조네이터, fast rising power
1	00	1K CK(2)	65ms	세라믹 레조네이터, slowly rising power
1	01	16K CK	-	세라믹 레조네이터, BOD enabled
1	10	16K CK	4.1ms	크리스털 오실레이터, fast rising power
1	11	16K CK	65ms	크리스털 오실레이터, slowly rising power

주의 (1) 디바이스 최대 주파수에 가깝게 사용하지 않을 때만 이들 옵션이 사용될 수 있다. 응용회로에서 기동 주파수 안정도가 중요하지 않을 때에도 사용 가능하다. 그러나 이들 옵션은 크리스털에는 적당하지 않다.

(2) 이들 옵션은 세라믹 레조네이터를 사용하고, 기동 주파수 안정도가 보장될 때만 사용된다. 이들은 또한 디바이스의 최대주파수에 근접하지 않는 주파수를 사용하는 크리스털을 이용할 때에도 사용 가능하다. 그리고 응용회로에서 기동 주파수 안정도가 중요하지 않을 때에도 사용 가능하다.

표 1.13 저주파수 크리스털 오실레이터 클럭 사용시 기동시간

SUT1~0	파워다운 모드와 파워세이브 모드로부터의 기동시간	리셋시 부가 지연시간($V_{cc} = 5\,V$)	권장 사용
00	1K CK(1)	4.1ms	Fast rising power or BOD enabled
01	1K CK(1)	65ms	Slowly rising power
10	32K CK	65ms	Stable frequendy at start-up
11	예약		

주의 (1) 이들 옵션은 응용 회로에서, 기동 주파수 안정도가 중요하지 않을 경우에만 사용될 수 있다.

3) 저주파수 크리스털 오실레이터

클럭 소스로서 32.768 kHz 시계 크리스털을 사용하기 위해서는, CKSEL3~0 퓨즈를 "1001"로 설정하여 저주파 크리스털 오실레이터를 선택하여야 한다. 크리스털은 그림 1.20과 같이 연결된다. 이때 사용자는 CKOPT 퓨즈를 프로그래밍 하여 XTAL1 과 XTAL2의 내부 콘덴서를 활성화 할 수 있다. 그러면 외부 콘덴서를 사용할 필요가 없어진다. 내부 콘덴서는 36pF의 공칭값을 가진다. 이 오실레이터가 선택되면 기동시간은 표 1.13에서와 같이 SUT 퓨즈에 의하여 결정된다.

4) 외부 RC 오실레이터

응용회로에서 타이밍이 중요하지 않은 경우에는 그림 1.21에서와 같은 외부 RC 설정이 사용될 수 있다.

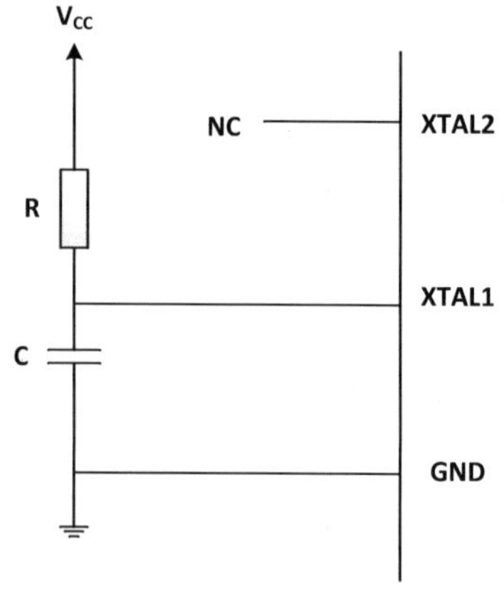

그림 1.21 외부 RC 오실레이터

주파수는 대충 f = 1/(3RC) 식에 의하여 추정된다. 이때 콘덴서는 적어도 22pF이 되어야 한다. 사용자가 CKOPT 퓨즈를 프로그래밍 하여 XTAL1와 GND 사이의 내부 36pF 콘덴서를 활성화 한다면 외부 콘덴서를 사용할 필요가 없다. 오실레이터는 4가지 모드로 동작 가능하며 각각은 특정 주파수에 최적화되어 있다. 동작 모드는 표 1.14에서와 같이 CKSEL3~0에 의하여 결정된다. 이 오실레이터가 선택되면 기동시간은 표 1.15에서와 같이 SUT 퓨즈에 의하여 결정된다.

표 1.14 외부 RC 오실레이터 동작 모드

CKSEL3~0	공칭 주파수(MHz)
0101	0.1 ~ 0.9
0110	0.9 ~ 3.0
0111	3.0 ~ 8.0
1000	8.0 ~ 12.0

표 1.15 외부 RC 오실레이터 클럭 선택시 기동시간

SUT1~0	파워다운 모드와 파워세이브 모드로부터의 기동시간	리셋시 부가 지연시간($V_{cc} = 5\,V$)	권장 사용
00	18CK	-	BOD enabled
01	18CK	4.1ms	Fast rising power
10	18CK	65ms	Slowly rising power
11	6CK(1)	4.1	Fast rising power or BOD enabled

주의 (1) 이 옵션은 디바이스의 최대 주파수에 근접한 동작 주파수를 사용하는 경우는 사용되지 않는다.

5) 캘리브레이션된 내부 RC 오실레이터

내부 RC 오실레이터는 고정된 1.0, 2.0, 4.0, 8.0 MHz 클럭을 제공한다. 모든 주파수는 5V/25 ℃에서의 공칭값이다. 이 주파수는 표 1.16에서 보여준 것과 같이 CKSEL 퓨즈를 프로그램 함으로서 시스템 클럭으로 선택될 수 있다. 내부 RC 오실레이터가 선택되면 외부 부품이 없어도 동작한다. 이 클럭 옵션을 사용할 때 CKOPT 퓨즈는 항상 프로그래밍 되지 않아야 한다.

리셋 동안 하드웨어는 1MHz 오실레이터를 위한 캘리브레이션 바이트를 OSCCAL에 저장하고 자동으로 RC 오실레이터를 조정한다. 5V/25 ℃, 1.0MHz 오실레이터 주파수에서, 이 캘리브레이션은 ±3%의 공칭 주파수 오차를 가진다. 응용 노트에서 설명된 것과 같은 조정방법을 사용하면 주어진 Vcc와 온도에서 ±1% 정확도를 구현할 수 있다. 이 오실레이터가 칩 클럭으로 사용되더라도, 워치독 오실레이터는 워치독 타이머와 리셋 타임아웃을 위하여 사용될 수 있다. 미리 정의된 캘리브레이션 값에 대한 보다 상세한 내용은 데이터 시트를 참고하기 바란다. 이 오실레이터가 선택되면 기동시간은 표 1.17에서와 같이 SUT 퓨즈에 의하여 결정된다. 그리고 XTAL1과 XTAL2에는 아무것도 연결되지 않은 상태(NC)로 남겨 놓아야 한다.

표 1.16 내부 RC 오실레이터 동작모드

CKSEL3~0	공칭 주파수(MHz)
0001[(1)]	1.0
0010	2.0
0011	4.0
0100	8.0

주의 (1) 출하상태에서의 초기값

표 1.17 내부 RC 오실레이터 선택과 기동시간

SUT1~0	파워다운 모드와 파워세이브 모드로부터의 기동시간	리셋시 부가 지연시간($V_{cc}=5V$)	권장 사용
00	6CK	-	BOD enabled
01	6CK	4.1ms	Fast rising power
10[(1)]	6CK	65ms	Slowly rising power
11	예약		

주의 (1) 출하상태에서의 초기값

6) 오실레이터 조정 레지스터 – OSCCAL

Bit	7	6	5	4	3	2	1	0
	CAL7	CAL6	CAL5	CAL4	CAL3	CAL2	CAL1	CAL0
Read/Write	R/W	R/W	R/W	R/W	R/W	R/W	R/W	R/W
초기값	Device Specific Calibration Value							

- Bits 7~0 : CAL7~CAL0(오실레이터 조정값)

이 비트에 조정값을 써넣으면 오실레이터 주파수로 인한 프로세서 변동이 제거 되도록 내부 오실레이터를 조정한다. 리셋 기간 동안, 0x00 번지에 있는 1 MHz 캘리브레이션 값이 OSCCAL 레지스터에 자동으로 저장된다. 만약 내부 RC가 다른 주파수에서 사용된다면 캘리브레이션 값은 수동으로 저장되어야 한다. 이것은 프로그래머가 "signature row"를 처음 읽으면 수행된다. 그러면 캘리브레이션 값이 플래시 메모리나 EEPROM에 저장된다. 이 값은 소프트웨어적으로 읽을 수 있고, OSCCAL 레지스터에 저장할 수도 있다. OSCCAL이 0이면 최저 유효 주파수가 선택된다. 이 레지스터에 '0'이 아닌 값을 써넣으면 내부 오실레이터의 주파수는 증가된다. 이 레지스터에 "0xFF"를 써넣으면 가장 높은 유효 주파수가 만들어진다. 조정된 오실레이터는 EEPROM과 플래시 메모리 액세스 시간을 나타내기 위하여 사용될 수 있다.

만약 EEPROM 또는 플래시 메모리에 어떤 데이터를 써넣기를 원한다면 공칭 주파수보다 10% 이상 높은 값으로 조정하지 않아야 한다. 그렇지 않으면 EEPROM 또는 플래시 메모리에 써넣기는 실패할 것이다. 오실레이터가 1.0, 2.0, 4.0, 8.0 MHz로 조정 되도록 한다는 사실에 주의하여야 한다. 다른 값에 대한 조정은 보장되지 않는다.(표 1.18 참조)

표 1.18 내부 RC 오실레이터 주파수 범위

OSCCAL	공칭주파수 대비 최소주파수비(%)	공칭주파수 대비 최대주파수비(%)
0x00	50	100
0x7F	75	150
0xFF	100	200

7) 외부 클럭

외부 클럭 소스를 사용할 때, XTAL1은 그림 1.21과 같이 구동되어야 한다. 외부 클럭으로 디바이스를 구동 할 때, CKSEL 퓨즈 비트는 반드시 "0000"으로 프로그램 되어야 한다.

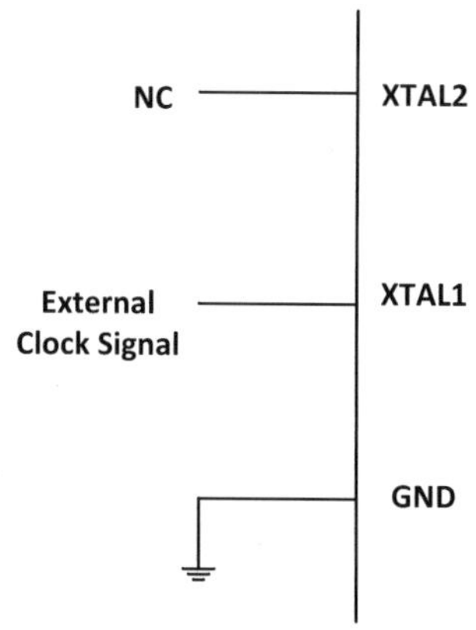

그림 1.22 외부 클럭 구동

CKOPT 퓨즈가 프로그램 되면 사용자는 XTAL1과 GND 사이에 존재하는 내부 36pF의 콘덴서를 인에이블 할 수 있다.

표 1.19 외부 클럭 선택시 기동시간

SUT1~0	파워다운 모드와 파워세이브 모드로부터의 기동시간	리셋시 부가 지연시간($V_{cc} = 5\,V$)	권장 사용
00	6CK	-	BOD enabled
01	6CK	4.1ms	Fast rising power
10	6CK	65ms	Slowly rising power
11	예약		

이 클럭 소스가 선택되면 기동시간은 표 1.19와 같이 SUT 퓨즈에 의하여 결정된다. 외부 클럭을 인가할 때는 MCU의 안정 동작을 위하여 인가된 클럭 주파수의 급속한 변동은 피해야 한다. 왜냐하면 한 클럭 사이클로부터 다음 클럭 사이클까지 주파수가 2%이상 변하면 예측할 수 없는 동작이 발생하기 때문이다. 그러한 클럭 주파수의 변동이 발생하는 동안에는 반드시 MCU가 리셋 상태에 있어야 한다.

8) 타이머/카운터 오실레이터

타이머/카운터 오실레이터 핀(TOSC1, TOSC2)을 가진 AVR 마이크로컨트롤러에서 크리스털은 이들 핀에 직접 연결되며 외부 콘덴서는 필요하지 않다. 오실레이터는 32.768 kHz 시계 크리스털에 적합하도록 최적화 되어 있으며, TOSC1에 외부 클럭 소스를 인가하는 것은 권장되지 않는다.

주의 타이머/카운터 오실레이터는 저주파 오실레이터와 동일한 형태의 크리스털 오실레이터를 사용한다. 그리고 내부 콘덴서는 36pF의 공칭값을 사용한다.

1.7 전원 운용과 슬립모드

슬립모드는 MCU에서 사용하지 않는 모듈의 기능을 정지시켜 전력을 절약하기 위하여 사용된다. AVR에서는 소비전력을 절약하기 위하여 다음과 같은 6가지의 슬립모드를 제공한다.

- 아이들 모드
- ADC 잡음 저감 모드
- 파워다운 모드
- 전력절감 모드
- 대기모드
- 확장대기 모드

이 중 하나에 진입하기 위해서는 MCUCR 레지스터의 SE 비트를 '1'로 하고 SLEEP 명령을 실행하면 된다. 이때 MCUCR 레지스터의 SM0~SM3 비트를 이용하면 6가지의 슬립모드 중 하나를 선택할 수 있다. MCU가 슬립모드에 있을 때, 인터럽트가 발생되면 MCU는 슬립모드로부터 탈출한다. 슬립모드로부터 탈출하면 MCU는 기동시간+4사이클 동안 정지된다. 그 후 MCU는 인터럽트 루틴을 수행하고, SLEEP 명령 다음에 오는 명령부터 실행을 재개하게 된다.

슬립모드로부터 탈출할 때, 레지스터 파일의 내용과 SRAM의 내용은 변경되지 않는다. 만약, 슬립모드에 있는 동안 리셋이 발생한다면, MCU는 슬립모드로부터 탈출 한 후 리셋 벡터를 실행한다. 그림 1.19는 ATMEGA128의 서로 다른 클럭 시스템과 그 분배를 보여준다.

(1) 아이들 모드

SM2~SM0 비트가 "000"이고 슬립명령이 실행되면 MCU는 아이들 모드로 진입한다. 아이들 모드에 진입하면 CPU는 정지되지만, SPI, USART, 아날로그 비교장치, ADC, TWI, 타이머/카운터, 워치독 타이머, 인터럽트 시스템은 동작을 유지한다. 아이들 모드에서는 기본적으로

clk_{CPU}, clk_{FLASH}는 정지되지만 다른 클럭들은 동작을 유지한다. 아이들 모드 상태에서 타이머 오버플로, USART 송신 완료 인터럽트와 같은 내부 인터럽트와 외부 인터럽트가 발생하면 아이들 모드로부터 탈출할 수 있다. 만약 아날로그 비교장치 인터럽트가 아이들 모드 탈출 신호로 사용되지 않는다면 ACSR 레지스터의 ACD 비트를 '1'로 하여 아날로그 비교장치를 비활성화 시킬 수 있다. 이것은 아이들 모드에서의 전력 손실을 줄여준다. 만약 ADC가 활성화 상태라면, 아이들 모드에 진입할 때 ADC 변환이 자동적으로 시작된다.

(2) ADC 잡음 저감 모드

SM2~SM0가 "001"이고, 슬립 명령이 실행되면 MCU는 ADC 잡음 저감 모드에 진입한다. ADC 잡음 저감 모드는 ADC, 외부 인터럽트, TWI 주소 감시, 타이머/카운터0, 워치독 타이머 동작을 제외한 나머지 MCU 기능을 정지시킨다. ADC 잡음 저감 모드는 기본적으로 $clk_{I/O}$, clk_{CPU}, clk_{FLASH}를 정지시키며, 다른 클럭은 동작을 유지한다. 이것은 ADC에 대한 잡음 환경을 개선시켜 해상도 높은 측정을 가능하게 한다. ADC 잡음 저감 모드에 들어갔을 때, 만약 ADC가 활성화 상태이면 ADC 변환은 자동적으로 시작된다. ADC 잡음 저감 모드의 탈출은 ADC 변환 완료 인터럽트가 아니라, 외부 리셋, 워치독 리셋, 브라운 아웃리셋, 2선 직렬 인터페이스 주소 일치 인터럽트, 타이머/카운터0 인터럽트, SPM/EEPROM 준비완료 인터럽트, 외부 인터럽트(INT7:4), 외부 인터럽트(INT3~INT0)에 의하여 이루어진다.

(3) 파워다운 모드

SM2~SM0가 "010"일 때 슬립명령이 실행되면 MCU는 파워다운 모드에 진입한다. 이 모드에서 외부 오실레이터는 정지되지만, 외부 인터럽트, TWI 주소 감시, 워치독 타이머는 동작 상태를 그대로 유지한다. 파워다운 모드로부터의 탈출은 외부 리셋, 워치독 리셋, 브라운 아웃 리셋, 2선 직렬 인터페이스 주소 일치 인터럽트, 레벨 모드로 설정된 INT7~4의 외부 인터럽트, INT3~0의 외부 인터럽트에 의하여 이루어진다. 기본적으로 파워다운 모드는 모든 클럭을 정지시키며, 단지 비동기 모듈의 동작만을 허용한다. 만약 파워다운 모드로부터 탈출하기 위하여 레벨 트리거 인터럽트가 사용된다면, 변화된 레벨은 MCU가 파워다운 모드로부터 탈출을 완료할 때까지 충분한 시간동안 유지되어야 한다. 왜냐하면 파워다운 모드로부터 탈출할 때, 탈출 조건이 발생한 때로부터 탈출이 완료될 때까지는 시간지연 현상이 발생하기 때문이다. 이러한 지연시간은 정지 되었던 클럭이 재시작하여 안정상태 되기 위하여 필요한 시간이다. 탈출 시간은 재시작 타임아웃을 정의하는 CKSEL 퓨즈 비트에 의하여 결정된다.

표 1.20 서로 다른 슬립모드에서의 활성 클럭과 탈출 소스

슬립모드	활성 클럭					오실레이터		탈출 소스					
	clk_{CPU}	clk_{FLAS}	clk_{IO}	clk_{ADC}	clk_{ASY}	활성화된 메인 클럭 소스	활성화된 타이머 오실레이터	INT7:0	TWI Address Match	타이머0	SPM/EEPROM/Ready	ADC	다른 I/O
아이들 모드			X	X	X	X	X[2]	X	X	X	X	X	X
ADC 잡음 저감 모드				X	X	X	X[2]	X[3]	X	X	X	X	
파워 다운 모드								X[3]					
전력절감 모드					X[2]		X[2]	X[3]	X	X[2]			
대기 모드[1]						X		X[3]	X				
확장대기 모드[1]					X[2]	X	X[2]	X[3]	X	X[2]			

주의 (1) 외부 크리스털 또는 레조네이터가 클럭 소스로 선택된다.
(2) 만약 AS0가 1이면
(3) 단지 INT3~0 또는 인터럽트 INT7:4

(4) 전력절감 모드

SM2~SM0 비트가 "011"이고, 슬립 명령이 실행되면, MCU는 "전력절감 모드"에 진입한다. 이 모드는 다음의 한 가지만 제외하면 파워다운 모드와 동일하다.

만약 타이머/카운터 0가 비동기 클럭을 사용한다면 즉, AS0 비트(ASSR)가 '1'이라면, 타이머/카운터 0는 전력절감 모드 동안에도 동작을 계속한다. 따라서 TIMSK 레지스터의 해당 타이머 0 인터럽트 인에이블 비트가 '1'이고, SREG 레지스터의 전체 인터럽트 비트('I')가 인에이블 상태이면, 타이머/카운터 0의 타이머 오버플로 또는 출력 비교 사건이 발생했을 때, CPU는 전력절감 모드로부터 탈출 할 수 있다. 만약 비동기 타이머가 비동기 클럭을 입력 받지 않는다면, 전력절감 모드 대신 파워다운 모드를 사용하는 것이 좋다. 왜냐하면, AS0가 '0'인 경우, 전력절감 모드에서 탈출한 이후, 비동기 타이머 레지스터의 내용이 정의되지 않기 때문이다. 전력절감 모드는 기본적으로 clk_{ASY}를 제외한 모든 클럭을 정지시킨다. 즉 비동기 클럭을 입력 받는 타이머/카운터 0를 포함한 비동기 모듈만 동작상태를 유지한다.

(5) 대기 모드

SM2~0 비트가 "110"이고, 외부 크리스털/레조네이터 클럭 옵션이 선택된 상태에서, 슬립 명령이 실행되면, MCU는 대기 모드에 진입한다. 이 모드는 오실레이터의 동작이 지속된다는 점을 제외하면 파워다운 모드와 동일하다. 대기모드에서 탈출하는 시간은 6 클럭 사이클이 걸린다.

(6) 확장대기 모드

SM2~SM0 비트가 "111"이고 외부 크리스털/레조네이터 클럭 옵션이 선택된 상태에서 슬립 명령이 실행되면 MCU는 "확장대기 모드"에 진입한다. 이 모드는 오실레이터가 동작을 유지한다는 점을 제외하면 파워세이브 모드와 동일하다. 확장 대기 모드에서 탈출하는 시간은 6사이클이 걸린다.

(7) 슬립모드 관련 레지스터

1) MCUCR(MCU 제어 레지스터)

MCU 제어 레지스터(MCUCR)는 전원운용을 위한 제어 비트를 포함하고 있다.

Bit	7	6	5	4	3	2	1	0
	SER	SRW10	SE	SM1	SM0	SM2	IVSEL	IVCE
Read/Write	R/W	R/W	R/W	R/W	R/W	R/W	R/W	R/W
초기값	0	0	0	0	0	0	0	0

- Bit 5 : SE(슬립 인에이블)

  이 비트가 '1'이면 슬립명령이 수행 되었을 때 MCU가 슬립 모드로 진입한다. 의도 하지 않게 MCU가 슬립모드로 진입하는 것을 피하기 위하여 SE 비트는 슬립명령이 실행되기 바로 직전에 '1'이 되는 것이 좋다. 그리고 슬립모드로부터 탈출한 직후 즉시 클리어 되어야 한다.

- Bit 4~2 : SM2~SM0(슬립 모드 선택 비트2~0)

  이 비트는 6가지(표 1.21)의 슬립모드를 선택 하는데 사용된다.

표 1.21 슬립모드 선택

SM2	SM1	SM0	슬립모드
0	0	0	아이들 모드
0	0	1	ADC 잡음저감 모드
0	1	0	파워다운 모드
0	1	1	전력절감 모드
1	0	0	예약
1	0	1	예약
1	1	0	대기 모드(1)
1	1	1	확장대기 모드(1)

주의 (1) 대기모드와 확장대기 모드는 외부 크리스털 또는 레조네이터를 사용할 때만 사용 할 수 있다.

1.8 시스템 제어와 리셋

(1) AVR 리셋

리셋 기간 동안 입출력 레지스터는 모두 초기값으로 설정되고 프로그램은 리셋 벡터로부터 실행된다. 따라서 리셋 벡터에 있는 명령어는 리셋 처리 루틴이 있는 곳으로 분기하는 jmp (absolute jump)명령어이어야 한다. 만약 프로그램이 인터럽트 소스를 사용하지 않는다면, 인터럽트 벡터는 사용되지 않는다. 그리고 일반 프로그램이 이들 메모리 위치에 배치될 수 있다. 그림 1.23은 리셋 논리회로를 보여준다. 그리고 표 1.22는 리셋 회로의 전기적 특성을 정의 한다. 리셋 소스가 활성화되면 AVR의 입출력 포트는 즉시 초기 상태로 리셋 된다. 그러나 리셋동작을 위한 별도의 클럭은 필요 없다. 모든 리셋 소스가 비활성화 되면, 즉시 시간지연 카운터가 시작되어 리셋상태가 조금 더 지속되도록 한다. 이러한 일련의 동작들은 정상적인 동작을 시작하기 전에 전원이 안정 상태에 도달 할 수 있도록 해준다. 시간지연 카운터의 타임아웃 주기는 CKSEL 퓨즈를 통하여 사용자가 정의하면 된다.

(2) 리셋소스

ATmega128은 다음과 같은 5가지의 리셋 소스를 가지고 있으며 그림 1.23은 리셋회로를 보여준다.

- 파워 온 리셋
- 외부 리셋
- 워치독 리셋
- 브라운 아웃 리셋
- JTAG AVR 리셋

표 1.22 리셋회로의 전기적 특성

심볼	파라미터	조건	최소값	표준값	최대값	단위
V_{POT}	파워다운 리셋 스레시홀드전압(rising)(1)			1.4	2.3	V
	파워다운 리셋 스레시홀드전압(falling)(2)			1.3	2.3	V
V_{RST}	/Reset 핀 스레시홀드전압		0.2 V_{cc}		0.85 V_{cc}	V
t_{RST}	/Reset 핀의 펄스 폭		1.5			us
V_{BOT}	브라운아웃 스레시홀드전압(2)	BODEVEL =1	2.4	2.6	2.9	V
		BODEVEL =0	3.7	4.0	4.5	
t_{BOD}	브라운 아웃 검출을 위한 최소 "LOW"전압주기	BODEVEL =1		2		us
		BODEVEL =0		2		
V_{HYST}	브라운 아웃 검출장치 히스테리시스			100		mV

주의 (1) 만약 공급 전압이 V_{POT} 전압보다 낮지 않으면 파워 온 리셋은 동작하지 않는다.
(2) 몇몇 디바이스에서는 V_{BOT}가 공칭 최소 동작전압보다 낮다. 이러한 경우, 디바이스는 생산 테스트에서 $V_{CC} = V_{BOT}$로 테스트 된다.

이것은 마이크로컨트롤러의 정상 동작이 더 이상 보장되지 않는 전압으로 V_{CC}가 낮아지기 전 브라운 아웃 리셋이 발생하는 것을 보장한다.

이 실험은 ATmega128L에서 BODLEVEL=1을 사용하여 수행되며, ATmega128에서는

BODLEVEL=0를 사용하여 수행된다.

BODLEVEL=1은 ATmega128에서 사용할 수 없다.

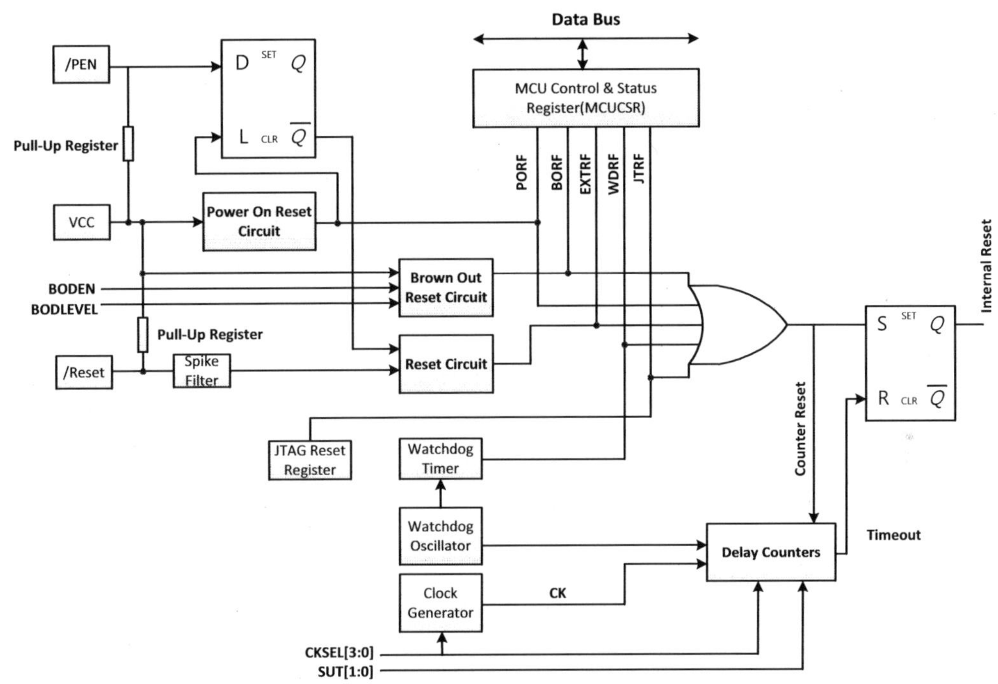

그림 1.23 리셋 회로

1) 파워 온 리셋

파워 온 리셋(POR) 펄스는 내장된 검출회로에 의하여 발생된다. 검출 레벨은 표 1.22에서 정의된다. POR는 V_{CC}가 검출 레벨 보다 낮을 때 동작된다. POR 회로는 기동 리셋 신호를 만들기 위하여, 또는 전원이상 상태를 검출하기 위하여 사용될 수 있다. 파워 온 리셋(POR) 회로는 마이크로프로세서가 전원을 켤 때 리셋이 되도록 해준다. 파워 온 리셋 스레시홀드 전압에 도달하면 시간지연 카운트가 동작한다. 이것은 V_{CC}가 상승한 후 얼마나 긴 시간동안 리셋 상태를 유지 할 것인가를 결정해준다. 리셋 신호는 V_{CC}가 검출 수준 아래로 감소하면 어떤 시간 지연 없이 다시 동작한다.

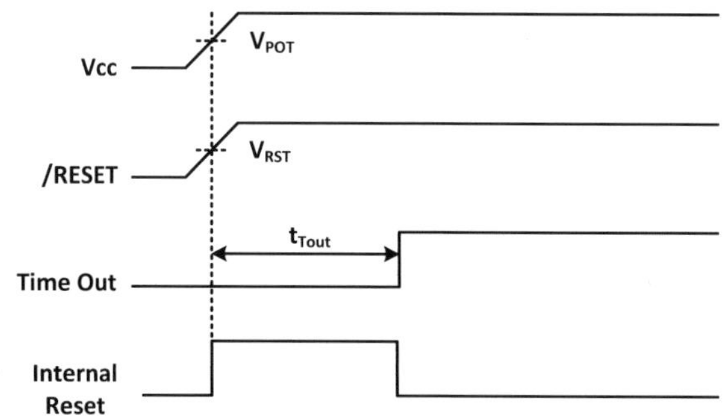

그림 1.24 Vcc와 /RESET을 연결하고 MCU 기동

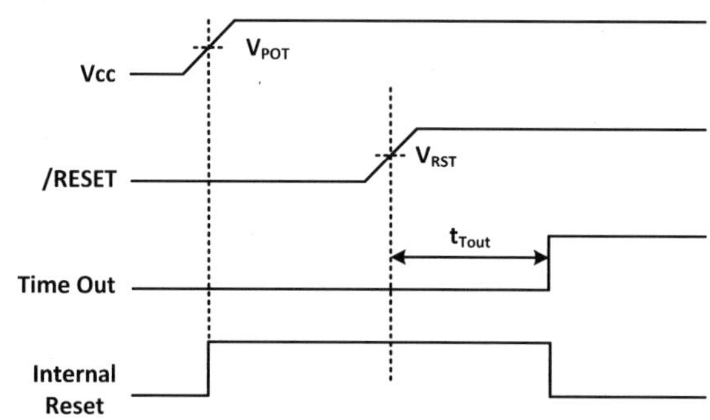

그림 1.25 외부에서 /RESET 신호를 길게 주고 MCU 기동

2) 외부 리셋

외부 리셋은 리셋 핀에 "Low" 전압을 인가하면 발생된다. 최소 펄스 폭 보다 긴 리셋 펄스가 인가되면 클럭이 동작 중이 아니더라도 리셋을 발생시킨다. 그러나 최소 펄스 폭 보다 짧은 리셋 신호는 리셋을 발생시킬 수 없다. 인가된 리셋 신호의 상승 에지가 리셋핀 스레시홀드 전압(V_{RST})에 도달하면, 타임아웃 주기(t_{TOUT})가 종료된 후, 시간 지연 카운터는 MCU를 기동시킨다.

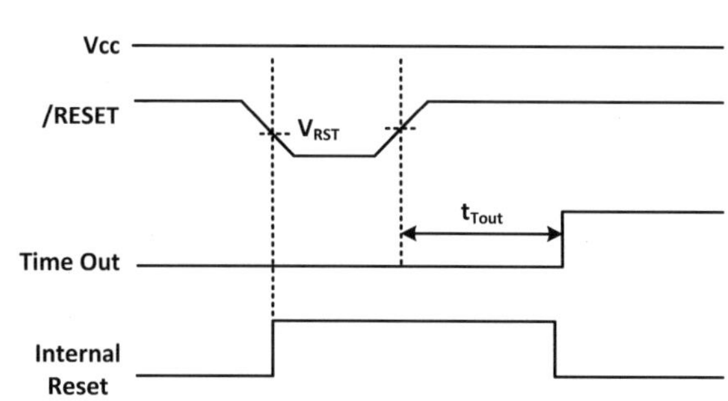

그림 1.26 동작 중 외부 리셋

3) 브라운 아웃 검출 리셋

ATmega128은 동작 중 Vcc를 감시하기 위한 브라운 아웃 검출(BOD) 회로를 내장하고 있다. BOD 동작 전압은 BODLEVEL 퓨즈를 이용하여 2.7V(BODLEVEL이 프로그램 되지 않았을 때) 또는 4.0V(BODLEVEL이 프로그램 되었을 때)로 선택할 수 있다. 동작 전압은 브라운 아웃 검출 회로가 노이즈의 영향을 받지 않도록 하기 위하여 히스테리시스 기능을 가지고 있다. 검출 회로의 히스테리시스 기능은 다음과 같이 해석될 수 있다.

- $V_{BOT+} = V_{BOT} + V_{HYST}/2$
- $V_{BOT-} = V_{BOT} - V_{HYST}/2$

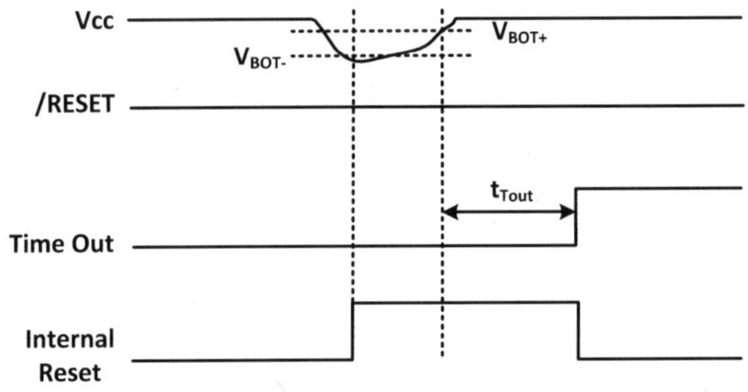

그림 1.27 동작 중 Brown-out 리셋

BOD 회로는 퓨즈 BODEN를 이용하여 활성화/비활성화 시킬 수 있다. BOD가 활성화(BODEN이 프로그램된)되고 Vcc가 트리거 전압(V_{BOT+}) 아래로 내려가면 브라운 아웃 리셋 기능이 즉시 동작한다. Vcc가 트리거 전압(V_{BOT+})보다 커지면, 시간 지연 카운터의 타임아웃 주기(t_{TOUT}) 이후 MCU가 동작된다.

만약 Vcc 전압이 표 1.22의 t_{BOD} 보다 긴 시간 동안 트리거 전압 아래에서 머문다면, BOD 회로는 Vcc의 전압 강하를 검출한다.

4) 와치 독 리셋

워치독 타임아웃이 발생하면 1 클럭 사이클 동안 리셋 펄스를 발생시킨다. 이 펄스의 하강 에지에서 시간 지연 타이머가 타임아웃 주기(t_{TOUT})를 카운팅하기 시작한다.

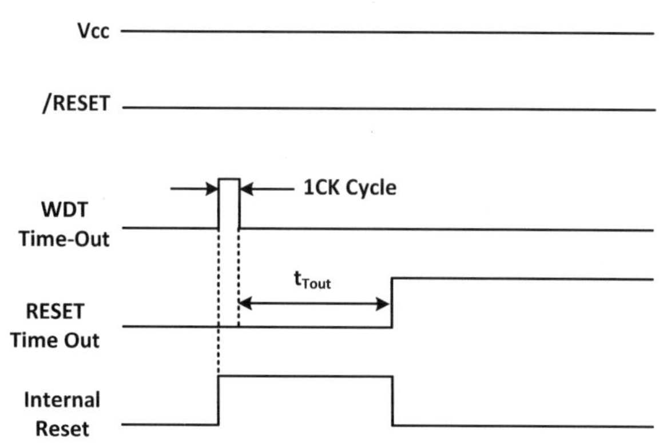

그림 1.28 동작 중 워치독 리셋

(3) 리셋 관련 레지스터

1) MCUCSR(MCU 제어 상태 레지스터)

MCU 상태 제어 레지스터는 MCU 리셋을 발생시킨 리셋 소스에 대한 정보를 제공한다.

Bit	7	6	5	4	3	2	1	0
	JTD	-	-	JTRF	WDRF	BORF	EXTRF	PORF
Read/Write	R/W	R	R	R/W	R/W	R/W	R/W	R/W
초기값	0	0	0	See Bit Description				

- Bit 4 : JTRF(JTAG 리셋 플래그)

  만약 JTAG 명령(AVR_RESET)에 의하여 선택된 JTAG 리셋 레지스터가 '1'이 되면 이 비트는 '1'이 된다. 이 비트는 파워 온 리셋에 의하여 리셋 되거나 또는 플래그 비트에 '0'를 써넣으면 클리어 된다.

- Bit 3 : WDRF(워치독 리셋 플래그)

  워치독 리셋이 발생하면 이 비트는 '1'이 된다. 이 비트는 파워 온 리셋이 발생하거나 또는 플래그 비트에 '0'을 써넣으면 클리어 된다.

- Bit 2 : BORF(Brown-out 리셋 플래그)

  Brown-out 리셋이 발생하면 이 비트는 '1'이 된다. 이 비트는 파워 온 리셋이 발생하거나 또는 플래그 비트에 '0'을 써넣으면 클리어 된다.

- Bit 1 : EXTRF(외부 리셋 플래그)

이 비트는 외부 리셋이 발생하면 '1'이 된다. 이 비트는 파워 온 리셋이 발생하거나 또는 플래그 비트에 '0'을 써넣으면 클리어 된다.

- Bit 0 : PORF(Power-On 리셋 플래그)
  이 비트는 파워 온 리셋이 발생하면 '1'이 된다. 이 비트에 '0'을 쓰면 리셋 된다.

리셋 조건을 확인하기 위하여 리셋 플래그를 사용할 때, 사용자는 프로그램에서 플래그를 읽고 나서 가능한 빠르게 MCUCSR을 리셋 시켜야 한다. 만약 다른 리셋이 발생하기 전에 이 레지스터가 클리어 된다면, 새롭게 발생된 리셋 소스는 리셋 플래그를 검사함으로서 확인될 수 있다.

1.9 내부 기준전압

ATmega128은 내부 밴드갭 기준전압을 가지고 있다. 이 기준전압은 브라운 아웃검출을 위하여 사용될 수도 있고, 아날로그 비교장치 또는 ADC에서 사용될 수도 있다. ADC의 2.56V 기준전압은 내부 밴드갭 기준전압으로부터 만들어진다.

(1) 기준전압 활성화 신호와 기동 시간

기준 전압은 사용 방법에 영향을 미치는 기동시간을 가지고 있다. 표 1.23은 기동시간을 보여준다. 소비 전력을 절약하기 위하여 기준전압은 필요 할 때만 턴 온 된다.
즉, 기준전압은 다음 상황에서만 턴-온 된다.

- BOD가 활성화 될 때(BODEN 퓨즈를 프로그램)
- ACSR 레지스터의 ACBG 비트를 '1'로 하여, 밴드갭 기준 전압이 아날로그 비교기에 연결될 때
- ADC가 활성화 될 때

그래서 BOD가 활성화 되지 않았을 때, 그리고 ACBG 비트가 셋 되거나 또는 ADC가 인에이블된 후, 사용자는 항상 아날로그 비교기 출력이 되기 전에 또는 ADC가 사용되기 전에, 기준전

압이 먼저 기동 할 수 있도록 하여야 한다.

표 1.23 내부 기준전압 특성

심볼	파라메터	최소값	표준값	최대값	단위
V_{BG}	밴더갭 기준전압	1.15	1.23	1.40	V
t_{BG}	밴더갭 기준 시작 시간		40	70	us
I_{BG}	밴더갭 기준 소비 전류		10		uA

파워다운 모드에서 전력 소모를 줄이기 위하여, 사용자는 파워다운 모드에 진입하기 전에 기준전압이 턴-오프 되었는가를 확인함으로서 위의 3가지 조건을 피할 수 있다.

1.10 . 워치독 타이머

워치독(watchdog)의 의미는 감시견을 말한다. 마이크로컴퓨터에서 워치독이란 시스템이 고장 나서 중단되거나 소프트웨어 오류로 무한 루프에 빠지는 상태를 감시하는 것을 의미한다. 그리고 타이머는 일정시간이 지나면 특정 동작을 하는 장치를 말하는데, 여기서는 설정시간 경과시 시스템을 리셋한다. 결국 워치독 타이머란 시스템 감시 타이머를 말한다. 즉 미리 설정된 일정한 시간동안 시스템을 감시하다가 시스템에 이상이 발생하여 설정된 시간이 경과되면 시스템을 리셋하는 장치를 말한다. 워치독 타이머의 타이머는 MCU와 독립되어 있으며 타이머의 설정시간이 경과되어 오버플로우가 발생되면 MCU를 리셋 시킨다.

ATmega128에서 워치독 타이머는 Vcc = 5V일 때 1MHz로 동작하는 별도의 내장 오실레이터로부터 클럭을 입력 받는다. 그리고 워치독 리셋 간격은 워치독 프리스케일러를 제어함으로서 표 1.24에서와 같이 조정될 수 있다. WDR(워치독 리셋) 명령은 워치독 타이머를 리셋 시킨다. 워치독 타이머는 비활성화 되거나 칩 리셋이 발생하면 리셋 된다. 또한 리셋 주기를 결정하기 위하여 8개의 서로 다른 클럭 주기가 선택될 수 있다.

표 1.24 103 호환모드, WDTON 상태에 따른 WDT 설정

M103C	WDTON	안전수준	WDT 초기상태	WDT 비활성화 방법	타임아웃 변경 방법
Unprogrammed	Unprogrammed	1	비활성화	Timed sequence	Timed sequence
Unprogrammed	programmed	2	활성화	Always enabled	Timed sequence
programmed	Unprogrammed	0	비활성화	Timed sequence	제한 없음
programmed	programmed	2	활성화	Always enabled	Timed sequence

만약 워치독 리셋이 없는 상태에서 리셋 주기가 종료되면 ATmega128은 리셋되고, 리셋 벡터로부터 다시 시작된다. 워치독 타이머의 의도하지 않은 비활성화 또는 타임아웃 주기 변경을 방지하기 위하여, 표 1.24에서 보여진 것처럼 퓨즈 M103C와 WDTON에 의하여 3가지의 다른 안전수준이 선택되며, 안전수준 0는 103에서의 설정과 동일하다. 어떤 안전수준에서든지 WDT를 활성화하는데 있어서 제약사항은 없다.

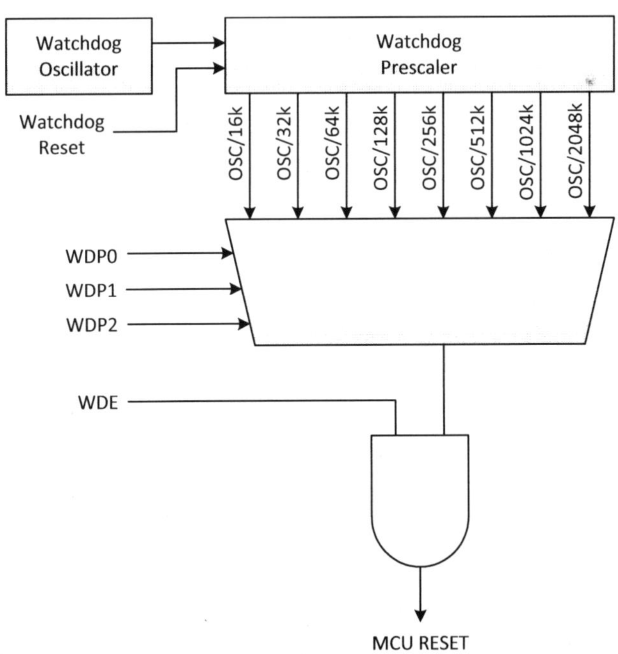

그림 1.29 워치독 타이머

(1) 워치독 타이머 관련 레지스터

1) MCU 제어 & 상태 레지스터-MCUCSR

Bit	7	6	5	4	3	2	1	0
	JTD	-	-	JTRF	WDRF	BORF	EXTRF	PORF
Read/Write	R/W	R	R	R/W	R/W	R/W	R/W	R/W
초기값	0	0	0	See Bit Description				

- **비트 3 : WDRF(Watchdog Reset Flag)**

이 비트는 워치독 리셋이 발생하면 '1'이 된다. 이 비트는 "Power-on Reset" 이 발생하거나 이 비트에 '0'을 써넣으면 리셋된다.

2) 워치독 타이머 제어 레지스터 - WDTCR

Bit	7	6	5	4	3	2	1	0
	-	-	-	WDCE	WDE	WDP2	WDP1	WDP0
Read/Write	R	R	R	R/W	R/W	R/W	R/W	R/W
초기값	0	0	0	0	0	0	0	0

- **Bit 7~5 : 예약비트**

- **Bit 4 : WDCE(워치독 변경 인에이블)**

이 비트는 반드시 WDE 비트가 0일 때 '1'로 설정하여야 한다. 그렇지 않으면 워치독 타이머는 비활성화 되지 않는다. 이 비트에 '1'을 써넣으면, 4 사이클 후에 하드웨어적으로 클리어 된다. 워치독 비활성화 과정은 WDE 비트 설명에서 설명된다. 안전수준1, 2에서, 프리스케일러를 변경할 때, 이 비트는 반드시 '1'이 되어야 한다.

- **Bit 3 : WDE(워치독 인에이블)**

WDE에 '1'을 써넣으면 워치독 타이머는 활성화 되고, WDE에 '0'을 써넣으면 워치독 기능은 비활성화 된다. WDE 비트는 WDCE 비트가 '1'일 때만 클리어 될 수 있다. 워치독 타이머를 비활성화 시키기 위해서는 다음과 같은 절차가 필요하다.

㉠ WDCE 비트와 WDE 비트에 동시에 쓰기를 수행한다. 워치독 타이머의 동작을 비활성화 하기 전에 이미 '1'로 설정이 되어 있다고 하더라도 WDE에 '1'을 써 넣어야 한다.

㉡ WDCE 비트와 WDE 비트에 동시에 '1'을 써넣은 후, 4 사이클 이내에 WDE에 0을 써넣으면 워치독이 비활성화 된다. 안전 수준2에서 워치독을 비활성화 하는 것은 불가

능하다.

- **Bits 2~0 : WDP2~WDP0(워치독 타이머 프리스케일러2, 1, 0)**

  WDP2, WDP1, WDP0 비트는 워치독이 활성화 되었을 때, 워치독 타이머의 프리스케일링 값을 결정한다. 프리스케일링 값은 표 1.25에서와 같이 타임아웃 주기를 결정한다.

표 1.25 워치독 타이머 프리스케일 선택

WDP2	WDP1	WDP0	WDT 오실레이터 사이클 수	Vcc=3V 일 때 전령적인 타임아웃 시간	Vcc=5V 일 때 전형적인 타임아웃 시간
0	0	0	16K(16,384)	14.8 ms	14.0 ms
0	0	1	32K(32,768)	29.6 ms	28.1 ms
0	1	0	64K(65,536)	59.1 ms	56.2 ms
0	1	1	128K(131,072)	0.12 s	0.11 s
1	0	0	256K(262,144)	0.24 s	0.22 s
1	0	1	512K(524,288)	0.47 s	0.45 s
1	1	0	1024K(1,048,576)	0.95 s	0.9 s
1	1	1	2048K(2,097,152)	1.9 s	1.8 s

다음 예제 코드는 WDT를 턴-오프 하는 예를 보여준다.

이 코드는 인터럽트가 이들 함수의 수행 도중 발생하지 않도록 제어가 된다는 가정을 전제로 한다.

C-코드 예

```
void WDT_off(void)
{
/* Reset WDT*/
__watchdog_reset();
/* Writel ogical one to WDCE and WDE*/
WDTCR |= (1<<(WDCE) | (1<<(WDE);
/* Turn off WDT */
WDTCR = 0x00;
}
```

(2) 워치독 타이머 설정변경 순서

워치독 타이머의 설정변경 순서는 3가지의 안전 수준에 따라 약간씩 다르다.

- **안전수준 0 :**
  이 모드는 ATmega103의 워치독 동작과 동일하다. 워치독 타이머는 초기에 비활성화되지만, WDE 비트에 '1'을 써넣으면 어떠한 제약 조건 없이 활성화 된다. 타임아웃 주기의 변경은 언제든지 가능하다. 활성화된 워치독 타이머를 비활성화 시키기 위해서는 WDCE와 WDE에 동시에 1을 써넣은 후, 4사이클이 지나기 전 WDE에 '0'을 써넣으면 된다.

- **안전수준 1 :**
  이 모드에서 워치독 타이머는 초기에 비활성화 된다. 그러나 WDE 비트에 '1'을 써넣으면 어떠한 제약조건도 없이 활성화 된다. 워치독 타이머의 타임아웃 주기를 변경하거나 활성화된 워치독 타이머를 비활성화 할 때는 다음과 같은 절차가 필요하다.

- WDCE와 WDE에 동시에 '1'을 써넣는다. WDE 비트의 이전 값에 관계없이 WDE에 '1'을 써넣어야 한다.

- WDCE와 WDE에 동시에 '1'을 써넣은 후, 4사이클이 지나기 전 WDE와 WDP에 동시에 값을 써넣는다. 이때 WDCE 비트는 반드시 '0' 이어야 한다.

- **안전수준 2 :**
  이 모드에서 워치독 타이머는 항상 활성화된다. 그리고 WDE 비트는 항상 '1'로 읽혀진다. 워치독 타임아웃 주기를 변경하기 위해서는 다음과 같은 절차가 필요하다.

- WDCE, WDE에 동시에 '1'을 써넣는다. 비록 WDE가 항상 '1'로 설정되어 있다고 하더라도, 절차를 위하여 WDE에는 '1'을 써넣어야 한다.

- 다음 4 클럭 사이클 이내에 WDP 비트에 값을 써넣는다. 이때 WDCE는 '0'이어야 한다. WDE에 써넣는 값은 상관없다.

1.11 메모리 잠금 비트와 퓨즈 비트

AVR Atmega128을 사용하기 위해서는 먼저 하드웨어 관련 초기값 설정을 위하여 메모리 잠금 비트와 퓨즈 비트를 설정하여야 한다. 퓨즈 비트가 잘못 설정되면 ISP 기능을 통하여 CPU를 액세스하는 것이 불가능해진다. 그리고 퓨즈 비트는 단지 한번만 설정해 주면 된다는 점을 반드시 명심 하여야 한다. 메모리 잠금 비트와 퓨즈 비트의 설정은 최신 버전의 Atmel Studio 를 이용하면 된다.

(1) 메모리 잠금 비트

메모리 잠금 비트는 다음과 같이 메모리 프로그래밍에 관련된 보호기능을 설정한다.

- 프로그램 메모리의 내용을 외부에서 읽어볼 수 없도록 보안유지 설정
- 실수로 프로그래밍 되는 것을 방지하기 위한 보호기능 설정

1) FlashLock 비트 : 외부에서 메모리에 프로그램 하는 것을 보호하는 설정

표 1.26 FlashLock 비트

Lock2	Lock1	설 명
1	1	메모리 잠금 기능 비활성화
1	0	병렬 프로그래밍과 직렬 프로그래밍(SPI, JTAG)모드를 통하여 FLASH ROM, EEPROM 그리고 퓨즈 비트에 프로그래밍 불가.
0	0	병렬 프로그래밍과 직렬 프로그래밍(SPI, JTAG)모드를 통하여 FLASH ROM, EEPROM에 프로그래밍과 verification 불가. 그리고 퓨즈 비트에 프로그래밍 불가.

2) BootLock 비트 0(BootLock02 ~ BootLock01) : 실행 프로그램으로 응용 프로그램 영역을 액세스하는 것을 보호하는 설정

표 1.27 BootLock 비트 0

BLB02	BLB01	설 명
1	1	응용영역을 액세스하는 LPM / ELPM / SPM에 대한 제한 없음
1	0	응용영역을 액세스하는 SPM 명령어 사용 금지
0	1	부트로더 영역에서 (E)LPM 명령을 수행하여 응용 프로그램 영역을 읽을 수 없다. 만약 인터럽트 벡터가 부트로더 영역 내에 위치한다면, 응용 프로그램 영역으로부터 수행되는 동안 인터럽트는 비활성화 된다.
0	0	SPM 명령을 이용하여 응용영역으로 쓰기를 수행 할 수 없다. 그리고 부트로더 영역에서 (E)LPM를 수행하여 응용영역을 읽을 수 없다. 만약 인터럽트 벡터가 부트로더 영역에 있다면, 응용영역으로부터 수행되는 동안 인터럽트는 비활성화 된다.

3) BootLock 비트 1(BootLock12 ~ BootLock11) : 실행 프로그램에서 부트로더 영역을 액세스하는 것을 보호하는 설정

표 1.28 BootLock 비트 1

BLB12	BLB11	설 명
1	1	응용영역을 액세스하는 LPM / ELPM / SPM에 대한 제한 없음
1	0	SPM 명령을 이용하여 부트로더 영역에 쓰기 불가
0	1	응용영역에서 (E)LPM 명령을 수행하여 부트로더 영역을 읽기 하는 것은 허용되지 않는다. 만약 인터럽트 벡터가 응용영역에 있다면, 부트로더 영역으로부터 수행되는 동안 인터럽트는 비활성화 된다.
0	0	SPM 명령을 이용하여 부트로더 영역에 쓰기 할 수 없다. 그리고 응용 영역으로부터 (E)LPM 명령을 수행하여 부트로더를 읽기 할 수 없다. 만약 인터럽트가 응용영역에 위치한다면 부트로더 영역으로부터 수행되는 동안 인터럽트는 비활성화 된다.

(2) 퓨즈 비트

퓨즈 비트는 AVR 마이크로컨트롤러의 기본적인 시스템 설정용으로 사용(세미 소프트웨어 레지스터)되며, 전체 3 바이트로 구성(Extended Fuse Byte, Fuse High Byte, Fuse Low Byte) 되어 있다. 그리고 퓨즈 비트는 락 비트와는 달리 칩 삭제를 하여도 리셋 되지 않는다. 퓨즈 비트는 다음과 같이 3가지로 구분할 수 있다.

1) Extended Fuse Byte : M103C, WDTON

비트번호	7	6	5	4	3	2	1	0
비트이름	–	–	–	–	–	–	M103C	WDTON
초기값							0	1

- Bit 1 : M103C

  이 비트가 0이면, ATmega103 호환모드로 동작하게 한다.

  즉 이 비트를'0'으로 한 후 ATmega103 프로그램(Hex 파일)을 다운로딩하면 프로그램 수정 없이 그대로 실행된다.

- Bit 0 : WDTON

  이 비트가 프로그램 되면 워치독 타이머를 인에이블 시킨다.

  워치독 타이머가 활성화 되면 프로그램에서 주기적으로 워치독 타이머를 클리어 해주어야 한다. 그렇지 않으면 워치독 타이머에 설정된 값에 의하여 주기적으로 리셋이 실행된다.

2) Fuse High Byte : OCDEN, JTAGEN, SPIEN, CKOPT, EESAVE, BOOTSZ1, BOOTSZ0, BOOTRST

비트번호	7	6	5	4	3	2	1	0
비트이름	OCDEN	JTAGEN	SPIEN	CKOPT	EESAVE	BOOTSZ1	BOOTSZ0	BOOTRST
초기값	1	0	0	1	1	0	0	1

- Bit 7 : OCDEN

  이 비트가 0이면 JTAG를 이용한 On Chip Debug가 활성화 된다 (AVR ASM 중 break 명령어 사용 가능)

- Bit 6 : JTAGEN

  이 비트가 0이면 JTAG Enable (JTAG 장비로 디버깅 사용가능)

- Bit 5 : SPIEN

  이 비트가 0이면 SPI가 인에이블 (SPI기능을 이용하여 프로그램 다운로드 가능, ISP장비를 의미한다.)

- Bit 4 : CKOPT

  두 가지의 클럭 증폭기 모드 중 1개를 선택할 수 있다. 이 비트가 0이면 오실레이터 출력은 최고의 진폭크기로 진동한다. 이 모드는 노이즈가 심한 환경에서 동작하거나 또는 XTAL2로부터의 출력이 두 번째 클럭 버퍼를 구동할 때 적당하다. 이 모드는 넓은 주파수 범위를 가진다.

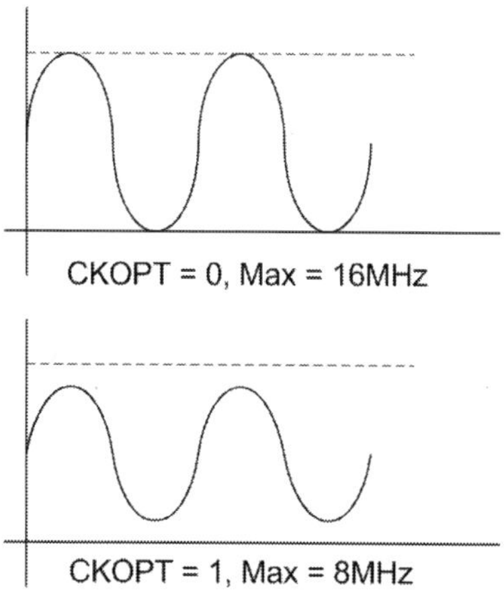

그림 1.30 CKOPT 설정과 클럭의 진폭

이 비트가 1이면 오실레이터는 더 작은 출력 진폭을 가지게 되며 따라서 전력소모가 상당히 감소된다. 이 모드는 제한된 주파수 영역을 가지며, 다른 클럭 버퍼를 구동하기 위하여 사용될 수 없다. 레조네이터를 사용하는 경우, 최대 주파수는 CKOPT를 프로그램 하면 16MHz이고 프로그램 하지 않으면 8MHz가 된다.

표 1.29 부트 사이즈 선택 비트

BOOTSZ1	BOOTSZ0	부트 사이즈	응용 프로그램 영역	부트 로더 영역
1	1	512 WORD	0x0000 ~ 0xFDFF	0xFE00 ~ 0xFFFF
1	0	1024 WORD	0x0000 ~ 0xFBFF	0xFC00 ~ 0xFFFF
0	1	2048 WORD	0x0000 ~ 0XF7FF	0xF800 ~ 0xFFFF
0	0	4096 WORD	0x0000 ~ 0xEFFF	0xF000 ~ 0xFFFF

- Bit 3 : EESAVE

  이 비트가 0이면 Chip Erase 할 때 EEPROM 내용 보호한다.

- Bit 2~1 : BOOTSZ1~0

- Bit 0 : BOOTRST

리셋 벡터 선택

0 : 리셋시 0x0000 번지부터 프로그램 실행

1 : 리셋시 부트로더 번지부터 프로그램 실행

3) Fuse Low Byte : BODLEVEL, BODEN, SUT1, SUT0, CKSEL3, CKSEL2, CKSEL1, CKSEL0

비트번호	7	6	5	4	3	2	1	0
비트이름	BODLEVEL	BODEN	SUT1	SUT0	CKSEL3	CKSEL2	CKSEL1	CKSEL0
초기값	1	1	1	0	0	0	0	1

- Bit 7 : BODLEVEL

  0 : 브라운 아웃 검출기의 레벨을 4.0V로 설정

  1 : 브라운 아웃 검출기의 레벨을 2.7V로 설정

- Bit 6 : BODEN

  0 : 브라운 아웃 검출기 활성화

  1 : 브라운 아웃 검출기 비활성화

- Bit 5~4, Bit0 : CKSEL0/SUT1/SUT0

(3) 기동시간(Start-Up Time) 설정

기동시간(Start-Up Time)이란 파워 다운 모드나 파워 세이브 모드에서 클럭이 재발생되어 명령을 수행할 수 있기까지 추가되는 지연시간을 말한다.

표 1.30 기동 시간 설정 〈외부 크리스털 사용시〉

CKSEL0	SUT1	SUT0	Start-Up Time	리셋의 경우 추가 지연시간	권장 응용분야
0	0	0	258 CLK	4.1 ms	세라믹 레조네이터 (Fast rising power)
0	0	1	258 CLK	65 ms	세라믹 레조네이터 (Slowly rising power)
0	1	0	1024 CLK	-	세라믹 레조네이터 (BOD 사용)

CKSEL0	SUT1	SUT0	Start-Up Time	리셋의 경우 추가 지연시간	권장 응용분야
0	1	1	1024 CLK	4.1 ms	세라믹 레조네이터 (Fast rising power)
1	0	0	16384 CLK	65 ms	세라믹 레조네이터 (Slowly rising power)
1	0	1	16384 CLK	-	크리스탈 오실레이터 (BOD 사용)
1	1	0	16384 CLK	4.1 ms	크리스탈 오실레이터 (Fast fising power)
1	1	1	16384 CLK	65 ms	크리스탈 오실레이터 (Slowly rising power)

표 1.31 기동 시간 설정 〈32.768KHz 외부 시계 크리스털 사용시〉

CKOPT	SUT1~0	파워 다운 또는 파워 세이브 모드로부터의 Start-Up Time	리셋으로부터 부가적인 시간 지연(at Vcc=5V)	권장 응용분야
0	00	1K CK	4.1ms	Fast rising power 또는 BOD enabled
0	01	1K CK	65ms	Slowly rising power
0	10	32K CK	65ms	Stable frequency at start-up
0	11	예 약		

표 1.32 기동 시간 설정 〈외부 RC 오실레이터〉

CKOPT	SUT1~0	파워 다운 또는 파워 세이브 모드로부터의 Start-Up Time	리셋으로부터 부가적인 시간 지연(at Vcc=5V)	권장 응용분야
0	00	18CK	-	BOD enabled
0	01	18CK	4.1ms	Fast rising power
0	10	18CK	65ms	Slowly rising power
0	11	6CK	4.1ms	Fast rising power 또는 BOD enabled

표 1.33 기동 시간 설정 〈Calibrated Internal RC Oscillator〉

CKOPT	SUT1~0	파워 다운 또는 파워 세이브 모드로부터의 Start-Up Time	리셋으로부터 부가적인 시간 지연(at Vcc=5V)	권장 응용분야
1	00	6CK	-	BOD enabled
1	01	6CK	4.1ms	Fast rising power
1	10	6CK	65ms	Slowly rising power
1	11	예약		

- Bit 3~1 : CKOPT/CKSEL3/CKSEL2/CKSEL1
  클럭의 사용 종류를 결정한다. AVR에서는 외부 크리스탈, 외부 세라믹 레조네이터, 외부 저주파 크리스탈, 외부 RC 오실레이터, 내부 RC 오실레이터, 외부 클럭 중 하나를 자신의 클럭으로 선택할 수 있다.

표 1.34 기동 시간 설정 〈외부 크리스털 사용시〉

CKOPT	CKSEL3 ~ 1	주파수 범위	크리스탈 사용할 때 권장 커패시터(C1, C2)
1	101	0.4 ~ 0.9 MHZ	-
1	110	0.9 ~ 3.0 MHZ	12pF ~ 22pF
1	111	3.0 ~ 8.0 MHZ	12pF ~ 22pF
0	101, 110, 111	1.0 ~ 16.0 MHZ	12pF ~ 22pF

표 1.35 기동 시간 설정 〈32.768KHz 외부 시계 크리스털 사용시〉

CKOPT	CKSEL3..0	주파수 범위	크리스털 사용할 때 권장 커패시터 (C1, C2)
0	1001	32.768KHz	내부 콘덴서 사용(36pF)

표 1.36 기동 시간 설정 〈외부 RC 오실레이터 사용시〉

CKOPT	CKSEL3..0	주파수 범위	크리스털 사용할 때 권장 커패시터 (C1, C2)
0	0101	0.1~0.9	내부 콘덴서 사용(36pF)
0	0110	0.9~3.0	내부 콘덴서 사용(36pF)
0	0111	3.0~8.0	내부 콘덴서 사용(36pF)
0	1000	8.0~12.0	내부 콘덴서 사용(36pF)

표 1.37 기동 시간 설정 〈Calibrated Internal RC Oscillator 사용시〉

CKOPT	CKSEL3..0	주파수 범위
1	0001	1.0
1	0010	2.0
1	0011	4.0
1	0100	8.0

◉ 클럭 옵션을 잘못 설정하여 퓨트 비트에 액세스가 불가능할 경우

클럭 옵션을 잘못 설정하여 퓨즈 비트에 접근이 불가능 할 때는 다음과 같이 외부에서 강제로 클럭을 입력하여 퓨즈 설정을 다시 하면 된다. 먼저 1 ~ 8MHz의 클럭 주파수를 가지는 오실레이터를 준비하여 그림 1.31과 같이 14번 핀과 7번 핀 사이에 전원을 연결하면 8번 핀에서 클럭 주파수가 발생하는데, 클럭 주파수가 발생되면 확인 후 이 클럭 주파수를 AVR의 XTAL1핀(24번핀)에 연결하여 공급한다.(이때 원래 부착되어 있는 크리스털의 연결은 제거하여야 한다). 이렇게 강제 클럭이 공급되는 상태에서 ISP 프로그램을 이용하여 퓨즈 비트를 재설정 하고 다시 오실레이터의 출력 신호와 XTAL1의 연결을 제거하고 원래의 크리스털을 연결하여 사용하면 된다.

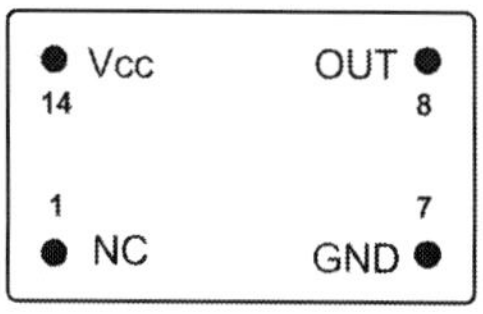

그림 1.31 오실레이터 핀

CHAPTER 02

하드웨어 구조와 기능

ED-4513 마이크로프로세서 콤보II는 다양한 마이크로프로세서를 학습하기 위하여 만들어진 마이크로프로세서 및 응용장치 복합 실습 트레이닝 키트이다. 이 트레이닝 키트는 AT89C51ED2, ATmega128, STM32F103xx, PIC16F874 등 다양한 마이크로프로세서를 학습 할 수 있을 뿐만 아니라, 그래픽 LCD, TEXT LCD, FND, KEY MATRIX, DOTMATRIX, DIGITAL I/O, SOUND, DC MOTOR, STEPPING MOTOR, RELAY, ADC, RS232, USB, ETHERNET, 외부 EEPROM 등의 외부 장치들도 실습 할 수 있도록 구성되어 있다. 이와 함께 LabView를 활용하여 UI 환경을 구성함으로서 PC를 기반으로 보다 쉽게 센서의 특성을 이해할 수 있도록 하였다.

2.1 ED-4513의 특징

① 센서의 기초부터 응용까지 실습이 가능하도록 센서 기초 측정실습, 부가회로 제작을 통한 센서 시스템 응용실습, 마이크로프로세서를 이용한 센서 제어실습이 모두 가능하다.

② LabView 프로그램을 활용한 UI 환경을 통하여 측정된 센서 신호를 PC에서 실시간으로 모니터링 할 수 있다.

③ AT89C51ED2, ATmega128, PIC16F874A, ATmega8535, STM32F103xx 등 총 5종류의 마이크로프로세서를 교체하여 실습할 수 있다.

④ 센서 신호 감지에 의한 다양한 제어실습이 가능하도록 디지털 입출력 장치, 직류모터, 스테핑 모터, 릴레이 및 LCD 등의 디스플레이 장치가 제공된다.

⑤ 센서모듈은 총 8개로 다양한 센서가 제공되며, 32P 커넥터 2개를 이용하여 안전하고 편리하게 탈착이 가능하도록 제작되었다.

⑥ 센서모듈의 신호를 받아 외부와 연결하기 위한 연결단자를 제공한다.

⑦ 그래픽 LCD, TEXT LCD, FND, KEY MATRIX, DOTMATRIX, DIGITAL I/O, SOUND, DC MOTOR, STEPPING MOTOR, RELAY, ADC, RS232, USB, ETHERNET, 외부 EEPROM 등의 각종실습을 총 5종류의 MCU로 모두 실습해 볼 수 있다.

2.2 ED-4513 마이크로프로세서 콤보 II 사양

① 출력전압 : 5V(1A), 12V(1A), 24V(2.5A)

② 디스플레이 장치

- 2*16 Character LCD with Back Light
- 8*16 Graphic LCD with Back Light
- 7-Segment(Common cathode)
- Dot matrix(8×8 one color) 2개

③ 3 * 8 Digital I/O (외부 INT 포함)

④ 통신 장치

- RS-232
- SPI(93C66)
- I2C(2432)
- USB
- ETHERNET

⑤ DC Motor : DC 3.3V (3100 rpm) Photo Sensor output 1EA

⑥ Step Motor : DC 3.3V (2-phase) Photo sensor output 1EA

⑦ Keypad(4×4)
⑧ A/D 변환기(MAX117)
⑨ 디지털 온도계 DS1620
⑩ 디지털 시계 DS1302
⑪ SIPO : 74165, PISO : 74595
⑫ 멜로디용 IC KS537, 스피커 : 8옴, 16옴
⑬ 음성인식 커넥터 : 1개
⑭ 총 8개의 센서 보드
- LIGHT SENSOR BOARD : 4개
- MAGNET SENSOR BOARD : 1개
- PROXIMITY SENSOR BOARD : 1개
- TEMPERATURE SENSOR BOARD : 2개

⑮ 기타 장치
- 사용자 중심의 Bread board
- 외부 신호 입출력 단자(32EA)
- 마이크로프로세서, SENSOR 부착용 커넥터
- RFID 실습용 커넥터
- Zigbee MODULE, LonWork 기반의 PLC MODULE 지원

2.3 ED-4513의 구성과 사용법

ED-4513은 마이크로프로세서를 이용하여 각종 소자들을 제어하고 총 29개의 센서들을 실험 실습해 볼 수 있는 장비이다.

(1) 메인보드의 구성

메인보드는 그림 2.1과 같이 5가지의 마이크로프로세서를 탈부착 할 수 있는 MCU 소켓부, AVR ISP, Jtag, NEC ISP 등을 연결할 수 있는 다운로더 연결부, USB, RS-232, 이더넷을 연결할 수 있는 통신부, 릴레이부, 사운드부, 도트 메트릭스 LED부, 그래픽 LCD 부, 문자형 LCD 부, FND 부, 직류 전동기부, 스테핑 전동기부, 디지털 I/O부, LED 출력부, 센서부, keypad

부, FPGA부, 8255 확장부 등으로 구성되어 있다.

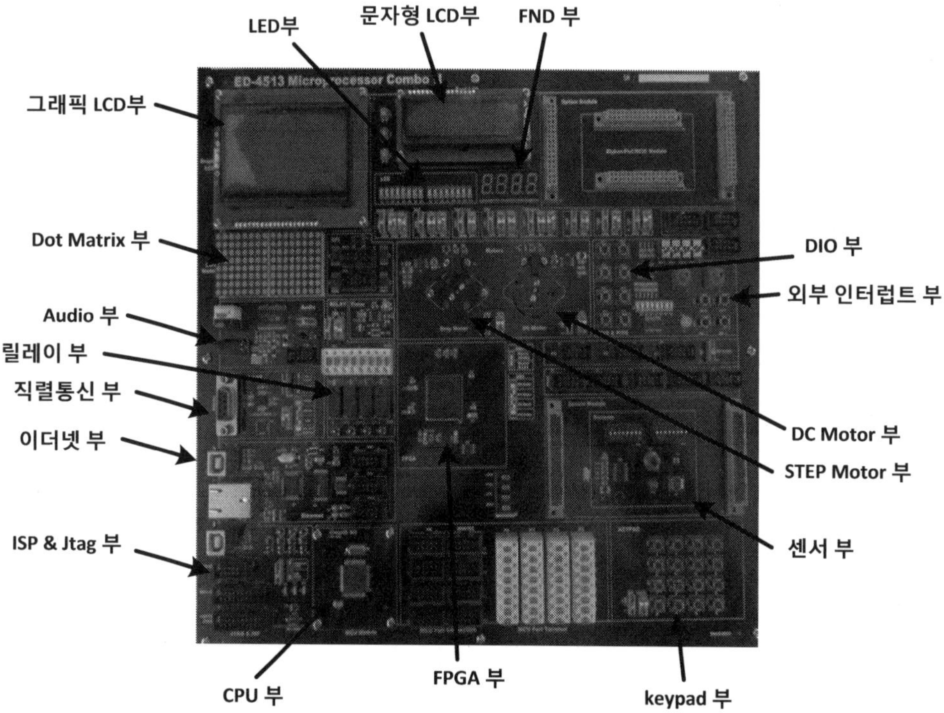

그림 2.1 메인 보드의 구성

1) LED부

LED부는 스위치 37, 38, 39에 의해서 설정된다. SW37은 LED ON/OFF 스위치이고, SW38과 SW39는 각각 LED 출력 포트를 설정하는 스위치이다. 스위치의 위치에 따른 포트의 설정은 그림 2.2와 같다.

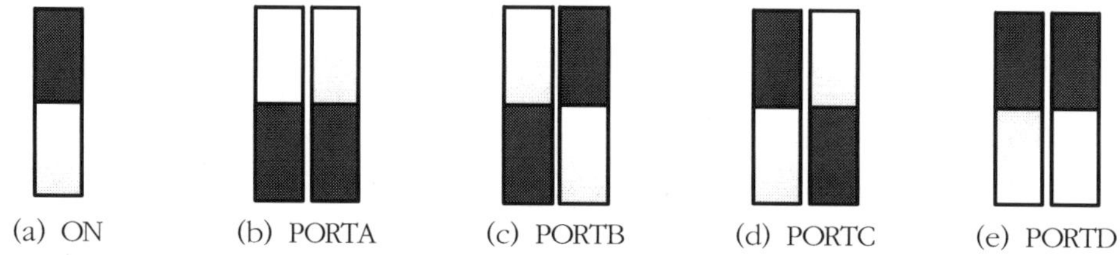

그림 2.2 ON/OFF 스위치와 포트 스위치 설정

LED부를 사용하기 전, 먼저 ON/OFF 스위치를 ON 상태로 하고 LED가 원하는 포트에 연결되도록 포트 설정 스위치를 조정한 후, 프로그램을 통하여 LED가 연결된 포트로 출력하면 된다.

2) FND부

FND부는 스위치 4,5,6에 의하여 설정된다. SW4는 ON/OFF 스위치이고, SW5,SW6은 제어 포트 설정 스위치이다. 포트의 설정은 그림 2.2와 같다.

3) 그래픽 LCD부

그래픽 LCD부는 스위치 52,53,54에 의하여 설정된다. SW52는 ON/OFF 스위치이고, SW53, SW54는 제어 포트 설정 스위치이다. 포트의 설정은 그림 2.2와 같다.

4) 문자형 LCD부

문자형 LCD부는 스위치 50,51에 의하여 설정된다. SW50은 ON/OFF 스위치이고, SW51은 제어 포트 설정 스위치이다. 포트의 설정은 그림 2.2와 같다.

5) 도트 매트릭스부

도트 매트릭스부는 스위치 1,2,3에 의하여 설정된다. SW1은 ON/OFF 스위치이고, SW2, SW3은 제어포트 설정 스위치이다. 포트의 설정은 그림 2.2와 같다.

6) 오디오부

Audio부는 ON/OFF 스위치만 존재한다. 이 스위치를 이용하여 Audio 기능을 ON/OFF 할 수 있다.

7) 릴레이부

릴레이부는 4개의 릴레이가 출력포트에 연결될 수 있도록 구성되어 있다. ON/OFF 스위치(SW55)와 포트 설정 스위치(SW56)가 있으며, 포트 설정 스위치를 통하여 제어 출력 포트를 설정할 수 있다. 포트의 설정은 그림 2.2와 같다.

8) 타이머부

NE555 회로로 구성되어 있다.

9) 이더넷부

이더넷부는 이더넷을 이용하여 통신을 구현 할 수 있는 회로가 구성되어 있다.
이더넷 구동을 위하여 이더넷 제어 전용 소자인 W5100을 사용하여 회로를 구성하였다.

10) 직렬통신부

직렬통신부는 RS-232 통신을 구현 할 수 있는 회로로 구성되어 있다. 두 개의 기능설정 스위치가 있는데, Cross Enable/Disable 설정 스위치와 기능설정 스위치이다. SW65는 Cross Enable/Disable 설정 스위치이고 SW66은 기능 설정 스위치이다. SW66을 통하여 RS-485(옵션), RS-232, USB, ZIG PLC MODULE을 선택할 수 있다.

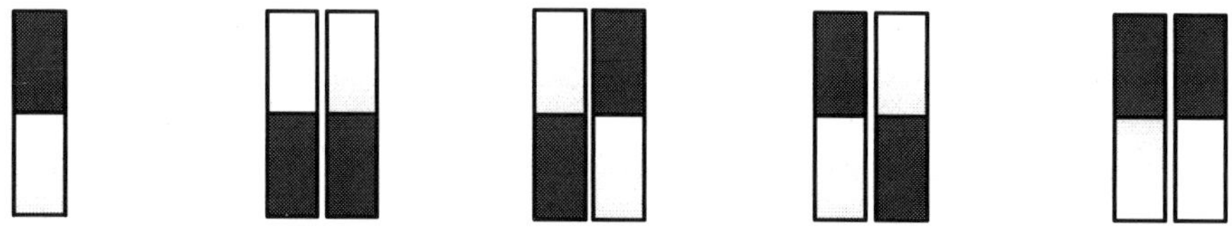

(a) Cross enable/Disable (b) RS-485 (c) RS-232 (d) USB (e) ZIG PLC MODULE

그림 2.3 직렬 통신 방식 설정 스위치

11) MCU부

MCU부는 그림 2.1과 같이 모듈로 구성되어 있어 소켓에 장착하여 사용하는 구조로 되어 있다. 다양한 종류의 MCU를 교체하면서 실습해 볼 수 있도록 구성되어 있다. ED-4513은 AT89C51ED2, ATmega128, PIC16F874A, ATmega8535, STM32F 103xx 등 모두 5종류의 MCU를 제공한다.

12) Keypad부

Keypad부는 ON/OFF 스위치인 SW7과 포트 설정 스위치인 SW8을 가지고 있다. 키패드 입력 포트는 SW8의 설정에 의하여 결정되며 그 구성은 그림 2.2와 같다.

13) 센서 모듈부

센서 모듈부는 기본적으로 온도센서, 광센서, 움직임 센서, 습도센서가 메인보드에 연결되어 있으며 부가적으로 소켓에 별도의 센서 모듈을 연결하면 다양한 센서를 실습할 수 있다. 모두

8개의 별도 센서 모듈이 제공된다.

14) 스위치 입력부 & 외부 인터럽트 입력부

스위치 입력부는 4개의 토글 스위치와 ON/OFF 스위치인 SW28, 포트 설정 스위치인 SW29로 구성된다. 4개의 토글 스위치 입력은 포트 설정 스위치인 SW29에 의하여 설정된 포트로 입력된다. 포트의 설정방법은 그림 2.2와 같다. 외부 인터럽트 신호 INT0, INT1은 MCU의 외부 인터럽트 INT4, INT5에 직접 연결되어 있다. TAC_SWITCH SW1,SW2는 설정된 입력 포트의 0,1번 비트에 연결된다.

그리고 로터리 스위치 S1, S2 스위치 SW35, SW36에 의하여 제어된다. SW35는 로터리 스위치 ON/OFF 기능을 가지며 SW36은 로터리 스위치의 입력 포터 설정에 사용된다.

15) LED & SIPO & PISO 부

이 장치는 8개의 TAC 스위치와 병렬 입력을 직렬 출력으로 변환시켜주는 74HC165로 구성된 PISO 장치와 직렬 입력을 병렬 출력으로 변환시켜주는 74HC595와 8개의 LED로 구성된 SIPO 장치로 구성되어 있다. 이 장치는 ON/OFF 스위치인 SW43과 SIPO 포트 선택을 위한 SW44에 의해 제어된다.

16) 직류 모터부

직류 모터부는 ON/OFF 스위치인 SW59와 제어포트 설정을 위한 SW60에 의하여 제어된다. 엔코더의 클럭 입력은 MCU의 카운터 입력단자인 T2 핀으로 직접 입력된다. 직류 모터의 방향 제어는 설정된 포트의 1번 비트에 의해 제어되고, 모터 인에이블 신호는 설정된 포트의 5번 비트에 의해 제어된다. 또한 PWM 출력신호는 MCU의 PORTB.5번 비트(OC1A)로 출력된다.

17) 스텝 모터부

스텝 모터부는 ON/OFF 스위치인 SW57와 제어포트 설정을 위한 SW58에 의하여 제어된다. 엔코더의 클럭 입력은 MCU의 카운터 입력단자인 T1 핀으로 직접 입력된다. 스텝 모터의 구동을 위한 펄스 신호는 타이머/카운터 0~3까지 4개의 타이머/카운터를 이용하여 만들어진다. 스텝모터의 제어 구동부는 FAN8200을 사용하여 구성되었다. 이 소자의 제어입력 신호는 IN1, IN2, CE2이며 각각의 신호는 설정된 포트의 2번 비트, 1번 비트, 0번 비트에 각각 연결되어 있다.

(2) 각종 CPU 보드

(a) AT89C51ED2

(b) ATmega128

(c) PIC16F874A

(d) ATmega8535

(e) STM32F103xx

그림 2.4 각종 CPU 보드

(3) 각종 센서 보드

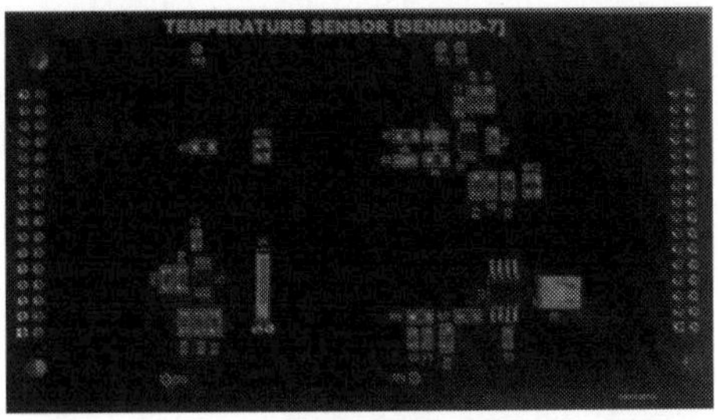

(a) 온도센서 모듈

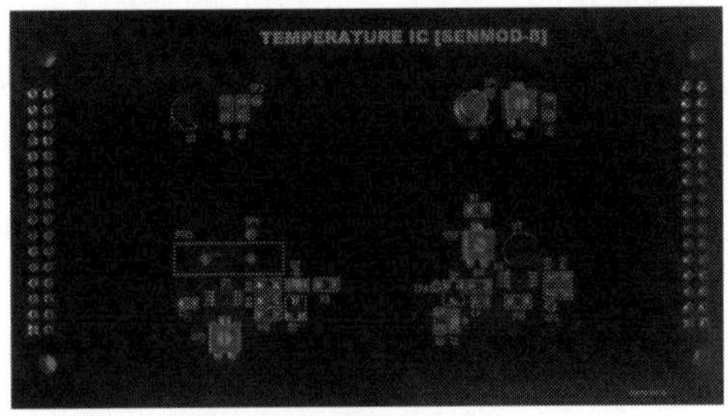

(b) 온도센서 모듈

(c) 근접 센서 모듈

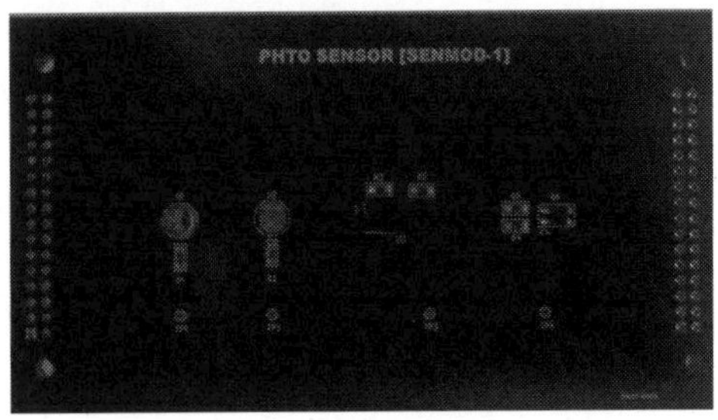

(d) 광센서 모듈

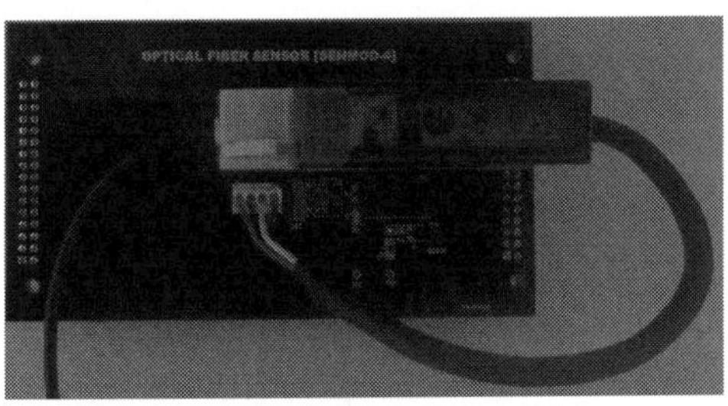

(e) 광 파이버 센서 모듈

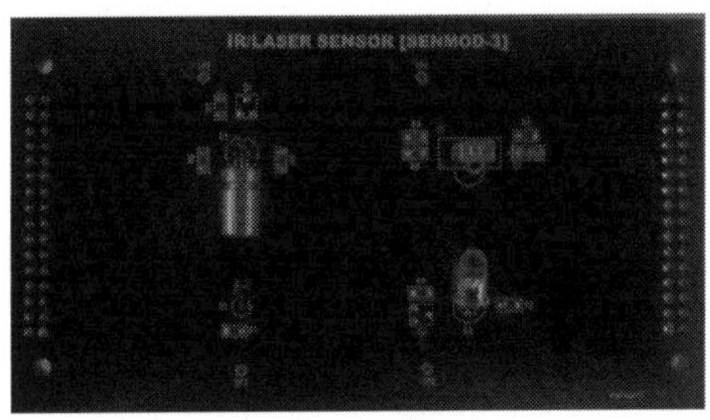

(f) IR/레이저 센서 모듈

(g) 마그네틱 센서 모듈

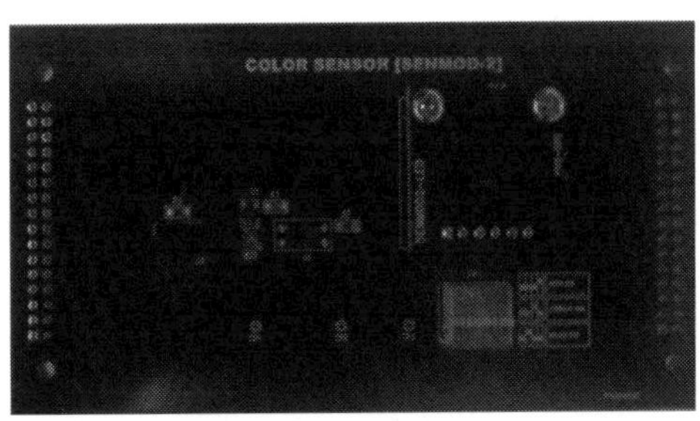

(h) 컬러 센서 모듈

그림 2.5 각종 센서 보드

(4) AVRISP 연결 케이블

이 케이블은 AVRISP 기능을 이용하여 PC로부터 ED-4513의 MCU인 AVR ATmega128의 플래시 메모리로 프로그램을 다운로드 하기 위한 연결 케이블이다. 이 케이블은 뉴티씨의 AVR용 USB-ISP 다운로드 전용 케이블 AD-USBISPV03.6을 사용한다. 이 케이블을 사용하여 통신하기 위해서는 뉴티씨사에서 제공하는 드라이버 프로그램을 먼저 설치하여야 한다.

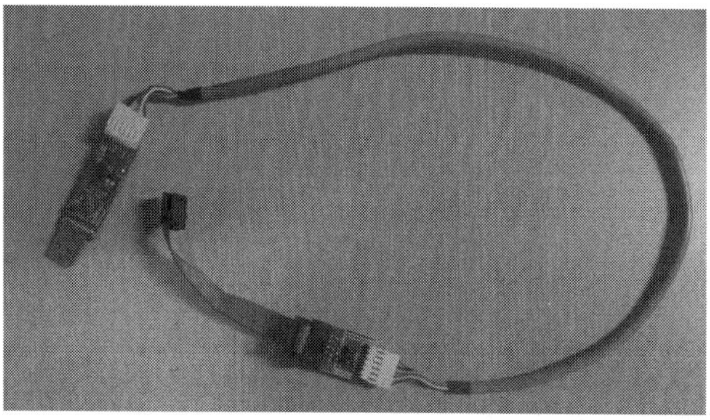

그림 2.6 AD-USBISPV03.6

2.4 사용 전 주의사항

① ED-4513 마이크로프로세서 콤보 II 키트는 AC220V 전압 전용으로 설계되어 있으므로 전원 연결에 주의한다.

② 정격출력 이상의 부하를 인가하지 않는다.

③ ED-4513과 PC 간의 케이블 연결은 모든 전원이 OFF 된 상태에서 한다.

④ 전원 스위치가 OFF 인가를 확인 후 AC220 전원 플러그를 콘센트에 삽입한다.

⑤ 장비의 각 연결단자에 케이블을 접속할 때 정확한 위치에 연결한다.

⑥ 응용 보드의 연결 시에는 장비의 전원을 OFF 상태에서 연결 및 분리한다.

⑦ MCU 보드의 교체 시에는 장비의 전원을 OFF 상태에서 연결 및 분리한다.

⑧ 실험 종료 후 장비의 전원 OFF 시에는 PC에서 다운로드 프로그램 종료 후 메인 전원 스위치를 OFF로 한다.

CHAPTER 03

ATmega128 응용보드 개발도구

일반적으로 마이크로컨트롤러 응용보드 개발하기 위해서는 먼저 목적을 수행 할 수 있는 마이크로컨트롤러 응용 회로를 설계하고, 설계된 회로도를 기반으로 응용 보드를 제작 하는 것으로부터 시작된다. 이러한 응용 보드는 타깃보드 또는 타깃 시스템라고도 한다. 응용보드가 완성되면, 원하는 기능을 수행 할 수 있도록, 프로그램을 작성하여 마이크로프로세서 내부의 롬 또는 외부의 롬에 저장하여 실행시키면 된다. 프로그램은 일반적으로 어셈블리어나 C-언어를 통하여 작성되는데, 한 번에 목적에 맞는 기능을 정상적으로 수행하는 프로그램을 작성하는 것은 매우 어렵다. 따라서 여러 차례에 걸쳐 프로그램을 작성하고 수정(디버깅)하여야 한다.

AVR ATmega128은 마이크로컴퓨터 내부에 사용자 응용 프로그램을 저장 할 수 있는 내부 프로그램 메모리(플래시 롬)을 내장하고 있다. 따라서 프로그램 개발자는 목적을 수행할 수 있는 프로그램을 작성한 후, 이 프로그램의 실행 파일을 내부 프로그램 메모리(플래시 롬)에 저장하고 실행시키면 된다. 가장 일반적인 방법은 IBM-PC에서 에디터와 컴파일러를 이용하여 프로그램을 작성하고 컴파일한 후, 그 실행 파일을 ATmega128에 내장된 ISP(In System Programmer) 기능을 이용하여 내부 플래시 롬으로 다운 로딩 하는 방법이다.

그러나 단순히 ISP 기능만을 이용하여 ATmega128을 프로그래밍 하는 방법은 간단하고 비용이 저렴하기는 하지만 디버깅 하는데 있어서 어려움이 있어 프로그램이 복잡하지 않고 크기가 작은 프로그래밍에 이용될 수 있다. 만약 프로그램의 크기가 크고 기능이 복잡한 프로그램을 작성하거나 또는 하드웨어의 정상적인 동작 유무를 확인하기 위해서는 ISP 기능만을 이용하여 프로그래밍 하는 것 보다 에뮬레이터를 이용하여 프로그램의 동작 상태를 실시간으로 확인해 가면서 프로그램을 작성하는 것이 훨씬 효율적이다. 이러한 에뮬레이터는 약간의 비용이 필요하지만 프로그램을 하는 입장에서는 상당한 효과를 발휘할 수 있다.

3.1 ISP(In System Programming)

ISP란 IBM-PC에서 AVR ATmega128 마이크로컨트롤러의 내부 메모리(플래시 메모리 또는 EEPROM)로 프로그램 코드 또는 데이터를 직렬 포트나 병렬 포트를 통하여 직접 다운로딩 하는 방식을 말한다.

(1) Atmel사의 표준 AVR ISP

Atmel사는 AVR의 플래시 메모리에 사용자 프로그램을 다운로드 할 수 있는 직렬 포트형(USB 포트 포함) ISP 프로그램 장치인 ATAVRISP를 판매하고 있다. 이것은 그림 3.1과 같은 모양인데 현재 몇 만원 정도의 가격이면 구입이 가능하다.

IBM-PC의 직렬포트(RS-232 또는 USB)에 연결된 Atmel사의 표준 AVR ISP 다운로드 장치를 이용하면 AVR STUDIO에서 타깃 보드에 프로그램을 다운로드 할 수 있다.

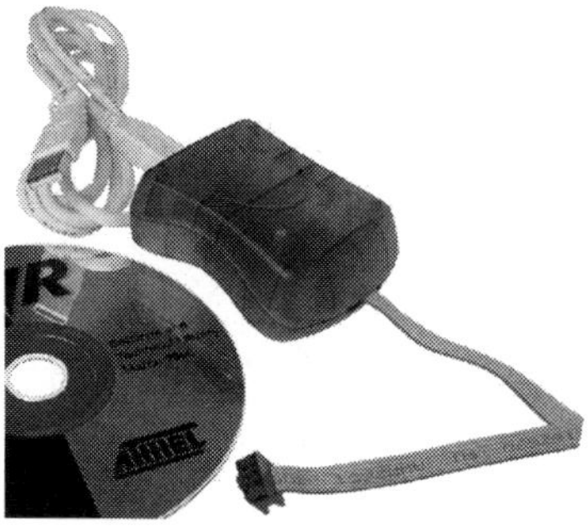

그림 3.1 ATmel사의 표준 AVR ISP

(2) 기타의 AVR ISP

Atmel사에서 제공하는 표준 제품의 정품 AVR ISP 이외에도 많은 ISP 다운로드 케이블이 있다. 이것들은 크게 병렬포트에 접속하는 방식과 직렬 포트에 접속하는 방식으로 나눌 수 있으며, 어느 것이나 AVR에 내장된 ISP 직렬 통신을 이용하여 ISP를 구현하기 때문에 결국 직렬 통신에 의하여 ISP가 수행된다. 따라서 병렬 포트형의 ISP도 병렬포트를 통하여 소프트웨어적으로 직렬통신을 구현하고 있다.

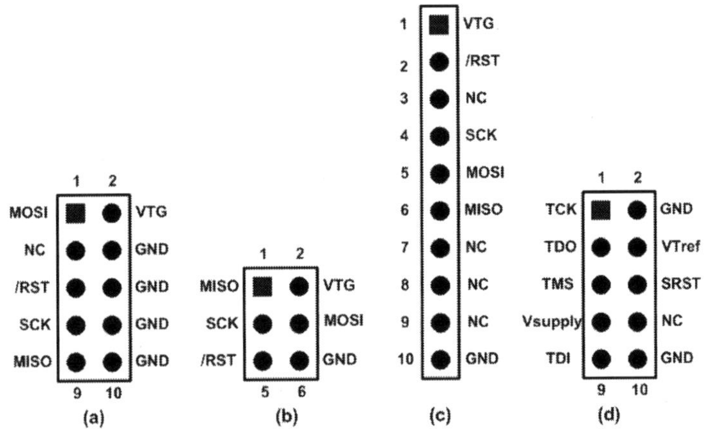

그림 3.2 AVR 표준 ISP 콘넥터 및 JTAG 콘넥터

그러나 직렬 포트형이나 병렬 포트형 모두 타깃 보드에 접속하는 콘넥터는 그림 3.2(a), (b)의 ATmel사의 표준을 따르는 것이 좋다. Kanda System사의 AVR 스타트 키트 STK200/300에서는 그림 3.2(a)형 핀을 사용하며 STK500에서는 (a)와 (b)를 모두 사용한다. 그림에서 보면 3번 핀은 NC로 표시되어 있는데 이것은 AVR ISP에서는 GND, STK200/300에서는 LED 신호, STK500에서는 NC핀으로 사용하므로 그냥 비워 두면 어느 방식에서도 문제없이 사용이 가능하기 때문이다. 그림 3.2의 (c)핀은 표준은 아니지만 최근 많이 사용되는 포트 배열이고, (d)는 AVR ATmega 패밀리에서 사용되는 JTAG 표준 콘넥터이다. 이는 JTAG ICE에서 주로 사용된다.

Kanda System사의 AVR 스타트 키트 STK200/300 또는 STK500에서 사용되는 병렬포트 ISP 케이블은 공개된 회로로서, 역시 공개 소프트웨어인 PonyProg2000과 함께 병렬케이블을 통하여 프로그램을 다운로딩 하는데 사용된다.

그림 3.3은 STK200/300 ISP 다운로드 케이블 회로도를 보여준다.

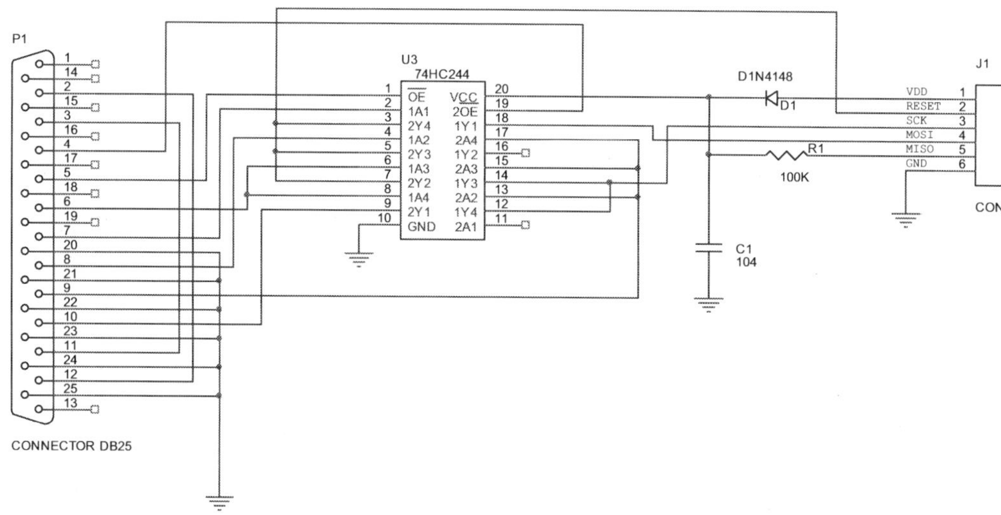

그림 3.3 STK200/300 ISP 다운로드 케이블 회로도

직렬 포트형의 ISP 케이블에도 여러 방식이 있는데 우선 PonyProg2000을 사용하는 간이 직렬 포트형과 AVR Studio를 사용하는 직렬 포트형으로 나눌 수 있다. 후자의 경우는 케이블에 데이터 전송 포맷을 변환해 주는 MCU가 들어가고 여기에 프로그램을 내장해야 하기 때문에 병렬 포트형에 비하여 훨씬 하드웨어가 복잡하고 가격이 비싸다. 그러나 이와 같은 직렬 포트형의 ISP는 ATmel 표준 방식이므로 AVR Studio에서도 사용할 수 있으며 다운로드 속도가 빠르다는 장점이 있다.

(3) JTAG ICE(In Circuit Emulator)

ICE(In Circuit Emulator)의 사전적 의미는 "마이크로컴퓨터 시스템을 개발하는데 사용하는 디버그로서 소프트웨어와 하드웨어의 동작을 실시간으로 확인 할 수 있도록 해주는 장치"를 말한다. 일반적인 ICE는 CPU의 소켓에 CPU 대신 접속용 커넥터를 삽입하고, 마이크로프로세서의 기능을 호스트 컴퓨터로부터 에뮬레이팅 함으로서 디버그를 수행한다. ICE의 디버거 기능에는, 소프트웨어 개발에 사용하는 디버거와 마찬가지로, 임의의 어드레스로 실행을 정시시키는 브레이크 포인트 기능, 프로그램의 특정 명령을 실행할 때마다 지정된 메모리의 내용을 출력하는 싱글스텝 기능, 어셈블 기능, 역 어셈블 기능 등이 있다. 또한, 실행을 실시간으로 확인 가능한 리얼타임 트레이스 기능, 레지스터로의 데이터 설정기능 등도 탑재되어 있다. 이러한 기능들을 이용하여 프로그램의 실행 상황을 실시간으로 확인하며 프로그램을 작성하면 효율적인 에러의 수정이 가능하다. 앞에서 언급한 바와 같이, 일반적인 ICE의 경우 MCU를 제거하고 에뮬레이터에 부속되는 포드(Pod)를 타깃 보드의 MCU 소켓에 접속하여 에뮬레이터가 직접 타깃 보드의 MCU 기능을 대신하면서 실시간으로 실행 및 디버깅을 수행한다. 이때 실행 프로그램은 에뮬레이터에 내장된 메모리에서 실행된다. 그러나 ATmega128의 경우 일반적인 ICE와는 달리 MCU를 제거하지 않고 MCU의 JTAG 핀들을 이용하여 에뮬레이터와 인터페이스를 구성한다. 이때 실행 프로그램도 에뮬레이터가 아닌 실제 타깃 보드의 MCU 메모리에 다운로드 되어 실행된다. 따라서 JTAG ICE의 경우, 일반 ICE와 달리 타깃 보드에 있는 MCU를 그대로 사용하면서 표준 10핀 JTAG 콘넥터를 통하여 에뮬레이터와 타깃 보드를 연결하여 디버깅을 수행하게 되는 것이다. 그림 3.4는 JTAG ICE와 연결 블럭도를 보여준다.

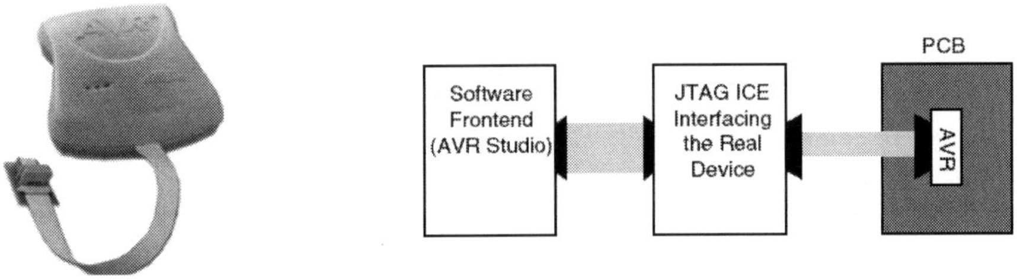

(a) JTAG ICE　　(b) JTAG ICE와 타깃 보드의 연결 블럭도

그림 3.4 JTAG ICE와 연결 블록도

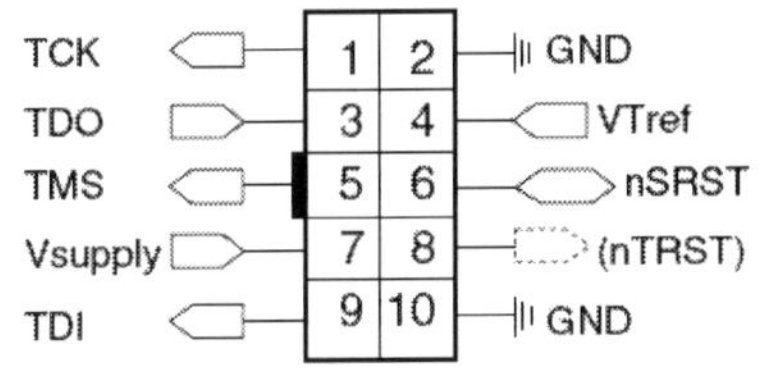

그림 3.5 Atmel사의 JTAG ICE 핀 배치

표 3.1은 각 핀에 대한 설명이다.

표 3.1 JTAG ICE 핀 설명

핀번호	신호	I/O	설명
1	TCK	Output	테스터 클럭, JTAG ICE로부터 타깃 JTAG 포트로 전송되는 클럭 신호
2	GND	-	접지
3	TDO	Input	테스터 데이터 출력, 타깃 JTAG 포트로부터 JTAG ICE가는 데이터 신호
4	VT_{ref}	Input	타깃 기준전압
5	TMS	Output	테스터 모드 선택, JTAG ICE로부터 타깃 JTAG 포트로 전송되는 모드 선택 신호
6	nSRST	In-/out- put	어답터로부터 타깃 시스템 리셋으로 전송되는 오픈 콜렉터 출력신호. 또한, 이 핀은 또한 타깃보드의 리셋 신호를 JTAG ICE로 전송하는 어답터 입력신호가 되기도 한다.
7	Vsupply	Input	어답터에 전압을 공급한다. 이 전압 공급은 외부전원이 연결되면 자동으로 분리된다.
8	nTRST	NC (Output)	NC
9	TDI	Output	테스터 데이터 입력, JTAG ICE로부터 타깃 JTAG 포트로 전송되는 데이터 신호
10	GND	-	접지

타깃보드와 다운로드 케이블이 만들어지고 에뮬레이터가 준비되면 일반적으로 다음과 같이 2가지 단계를 통하여 프로그램을 작성하고 다운로드 할 수 있다.

단계 1 : 먼저 AVR 전용 AVRASM(ATMEL Studio6.x에 포함), GCC 컴파일러(ATMEL Studio6.x에 포함에 포함), IAR 컴파일러, CodeVision 컴파일러 등을 이용하여 프로그램을 컴파일/링크하여 실행파일을 생성한다. 여기서 AVRASM과 GCC 컴파일러의 경우 Studio6.x를 통하여 무료로 사용가능 하다. 그러나 국내 학교/기업체에서 대부분 사용하고 있는 IAR 컴파일러나, CodeVision 컴파일러의 경우에는 별도로 구매하여야 한다.

단계 2 : 프로그램을 작성하고 컴파일/링크하여 실행파일이 생성되면, 실행 파일을 AVR 내부 프로그램 메모리로 다운로드 하여야 하는데, 이때 프로그램을 다운로딩 하는 방법은 "ISP 기능 + STK200/300 케이블 + PonyProg2000"을 이용하여 병렬 포트로 다운로딩 하거나 또는 "JTAG ICE + ATMEL Studio6.x"를 이용하여 직렬 포트로 다운 로딩 할 수 있다. 또는 AVR ISP + ATMEL Studio6.x을 사용하여 직렬포트(USB)를 통하여 다운로딩 할 수 있다.

3.2 소프트웨어 개발도구

AVR ATmega128의 소프트웨어 개발 도구는 어셈블러, C-컴파일러, IDE 소프트웨어, ISP 다운로드 프로그램 등으로 구분될 수 있다.

(1) 어셈블러

AVR용 어셈블러는 여러 가지가 있으나 거의 대부분 Atmel사의 매크로 어셈블러인 AVRASM2.exe를 사용한다. 이것은 IDE 프로그램인 ATMEL Studio에 포함되어 무료로 제공되며 지속적으로 업-그레이드 되고 있기 때문이다. Atmel사의 매크로 어셈블러는 ATMEL Studio와 함께 사용하면 더욱 편리하다. 여기서는 C-언어를 사용하여 프로그래밍 하는 것을 기본으로 하기 때문에 AVR 어셈블리어에 관한 내용은 더 이상 언급하지 않기로 한다. AVR 어셈블리어 사용에 대한 내용은 다른 서적을 참고하기 바란다.

(2) C-컴파일러(IAR EWAVR C-Cross Compiler)

여기서는 C-언어를 사용하여 프로그래밍 하고 컴파일러로는 IAR사의 EWAVR C-Cross Compiler(Ver6.3)를 사용한다. IAR사의 EWAVR은 고가의 컴파일러 이지만 상대적으로 뛰어난 압축율과 안정된 기능을 내장하고 있어 산업현장에서 많이 사용되고 있는 대표적인 컴파일러 중의 하나이다.

1) IAR EWAVR C-Cross Compiler의 구성

IAR EWAVR C-Cross Compiler를 설치하면 다음과 같은 폴더와 파일이 생성된다.

① bin 폴더

- 실행파일
  - aavr.exe(iar 어셈블러)
  - iccavr.exe(iar C 컴파일러)
  - xlink.exe(iar 링커)
- DLL 파일
- C-SPY 드라이버
- Help 파일

② config 폴더

- Linker Command file : *.xcl
- C-SPY 디바이스 설명 파일 : *.ddf

과 같은 시스템의 환경을 설정하는 파일로 구성

③ doc 폴더

- *.htm, *.txt, *.pdf

등과 같은 EWAVR 프로그램을 사용하는데 필요한 문서 파일로 구성

④ inc 폴더

- 헤드 파일 : *.h 로 구성

⑤ lib 폴더

- 링커가 사용하는 런-타임 라이브러리 파일 : *.r90로 구성

⑥ src\clib\inc 폴더

- SFR이 정의 되어 있는 헤드 파일 : *.h

로 구성되어 있다.

IAR EWAVR이 사용하는 파일의 확장자는 다음과 같다.

표 3.2 IAR EWAVR이 사용하는 파일의 확장자

파일확장명	파일타입	출력	입력
a90	목적 프로그램	XLINK	EPROM, C-SPY
c	C/C++ 프로그램	Text Editor	컴파일러
cpp			
d90	디버깅 파일	XLINK	X-SPY, AVR STUDIO4
ddf	디바이스 설명 파일	Text Editor	C-SPY
h	C/C++헤드 파일	Text Editor	컴파일러 #include
i	프리프로세스 코드	컴파일러	컴파일러
inc	어셈블리어 헤드 파일	Text Editor	컴파일러 #include
lst	리스트 파일	컴파일러&어셈블러	-
mac	C-SPY 매크로 정의	Text Editor	C-SPY
prj	project module	IAR Embedded Workbench	IAR Embedded Workbench
r90	object module	컴파일러&어셈블러	XLINK&XLIB
s90	어셈블리어 프로그램 소스 파일	Text Editor	어셈블러
xcl	extended command	Text Editor	XLINK
xlb	Librarian command	Text Editor	XLIB

2) IAR EWAVR C-Cross Compiler의 모드

IAR EWAVR은 다음과 같이 디버그 모드와 릴리즈 모드 구성되어 있다.

① 디버그 모드

디버그 모드는 시뮬레이션을 위한 모드로서 IAR EWAVR의 C-SPY 또는 Atmel의 ATMEL Studio에서 사용하는 파일(*.d90)을 만든다.

② 릴리즈 모드

최종적인 프로그램이 완성되기까지는 많은 디버깅이 필요하다. 이 디버깅 과정은 IAR EWAVR의 디버그 모드에서 실행하여 많은 시뮬레이션을 기반으로 하여 이루어지며 프로그래머가 원하는 최종적인 파일이 만들어 졌으면 그 파일을 AVR ATmega128의 프로그램 메모리에 다운로딩 하여야 한다. 이 과정은 최종적인 파일을 만들어 배포한다는 의미를 가지고 있다. 디버그 모드와의 차이점을 확인하기 바란다.

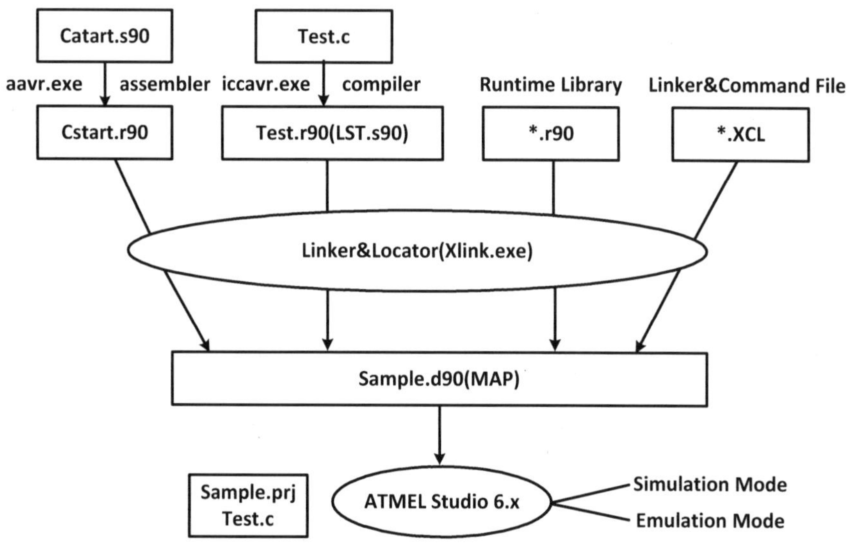

그림 3.6 IAR EWAVR 디버그 모드

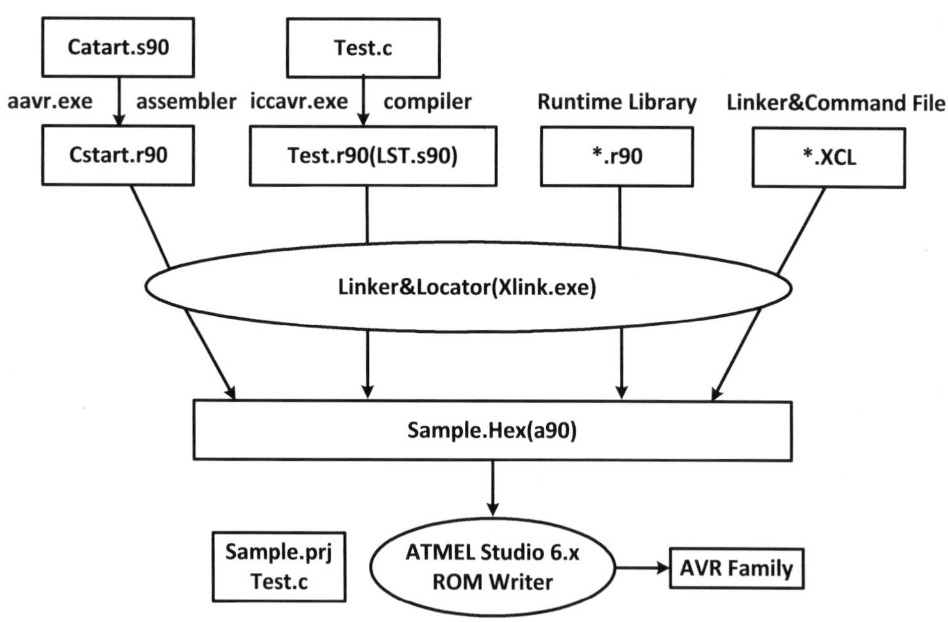

그림 3.7 IAR EWAVR 릴리즈 모드

3) IAR EWAVR C-Cross Compiler의 실행

① 새로운 프로젝트 파일 생성

IAR EWAVR을 인스톨 한 후 실행하면 다음과 같은 초기 화면이 나타난다.

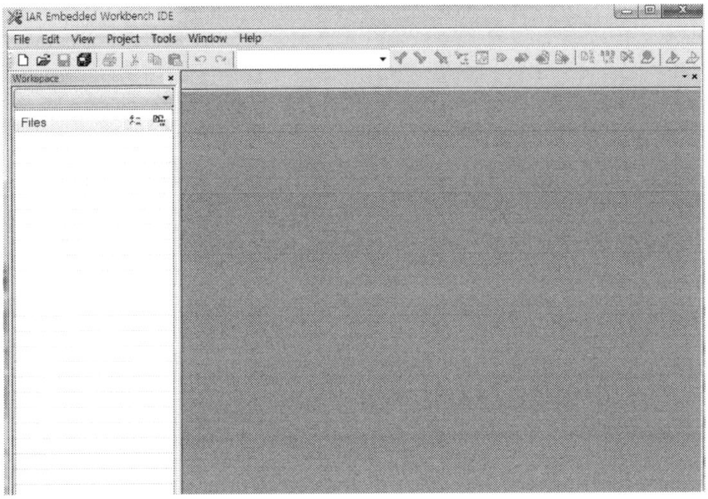

그림 3.8 초기 실행 화면

여기서 최초의 작업환경을 생성하기 위해서는 메뉴 "[Project] - [Create New Project]"를 선택한다. 그러면 그림 3.9과 같이 새로운 프로젝트를 생성하는 새로운 대화창이 나타난다.

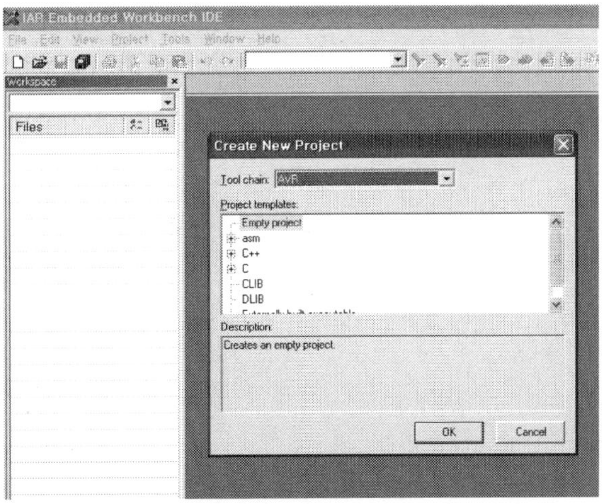

그림 3.9 새로운 프로젝트 파일 생성화면

여기서 일단 "Empty project"를 선택한 후 "OK"를 누르면 그림 3.10과 같이 저장할 폴더와 파일명, 파일형식을 지정하는 대화창이 나타난다. 여기서 프로젝트 파일을 저장할 폴더와 프로젝트 파일 이름을 선택하고 저장하면 된다. 이때 파일형식은 "ewp"형을 선택하면 되고 프로젝트 파일의 확장자는 적지 않는다.

그러면 그림 3.11과 같이 생성된 프로젝트 파일이 좌측 창에 나타난다. 그리고 컴파일 모드가 디버그 모드라는 것이 표시되고 있다. 물론 사용자가 릴리즈 모드로 변경할 수 있다.

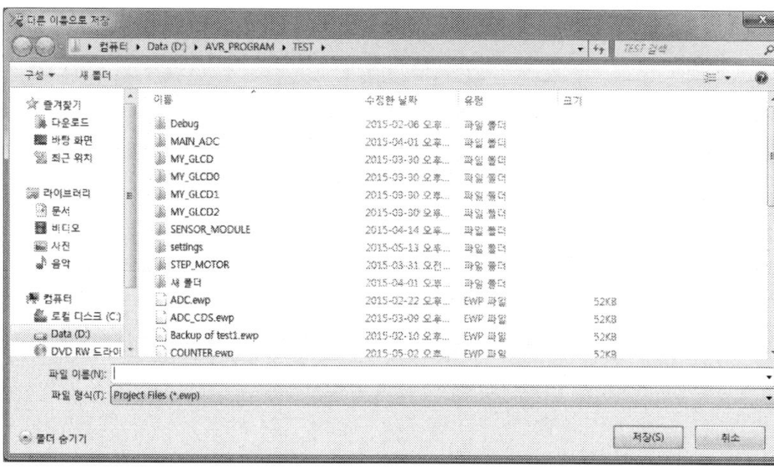

그림 3.10 프로젝트 파일 저장화면

그림 3.11 프로젝트 파일 생성 화면

② **새로운 파일 생성**

메뉴바에서 [File]-[New]-[File]를 선택하면 그림 3.12와 같이 새로 만들기 창이 나타난다. 기본 파일명으로 "Untitled"를 가진다.

그림 3.12 새로 만들기

이제 "Untitled"의 파일명을 가지는 편집창에 프로그램 소스를 작성한 후 [File] - [save as] 메뉴를 선택하여 새로운 파일명으로 저장한다. 이때 확장자를 반드시 명시하여야 한다. 또한 한글 파일명을 사용하는 경우 파일이 정상적으로 컴파일 되지 않을 수도 있다는 점에 유의하여야 한다.

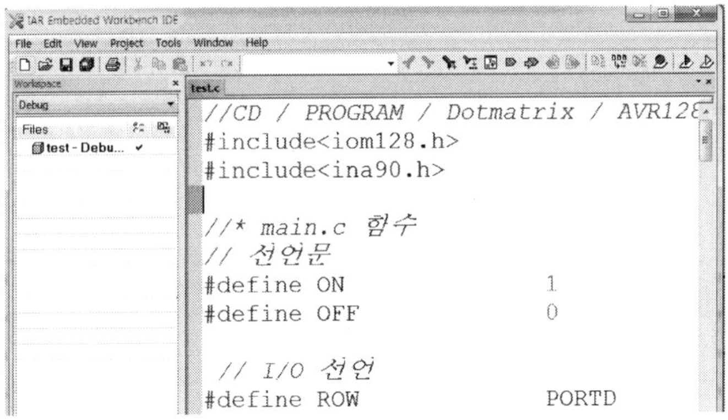

그림 3.13 test.c로 저장된 화면

③ 새 파일 등록

새로운 파일이 작성되었으면 이 파일을 프로젝트 파일에 등록하여야 한다.

등록은 메뉴에서 [Project] - [Add Files..]를 선택한다. 그러면 그림 3.14와 같이 "add Files" 창이 나타나는데 여기서 프로젝트 파일에 연결할 파일을 선택하면 된다.

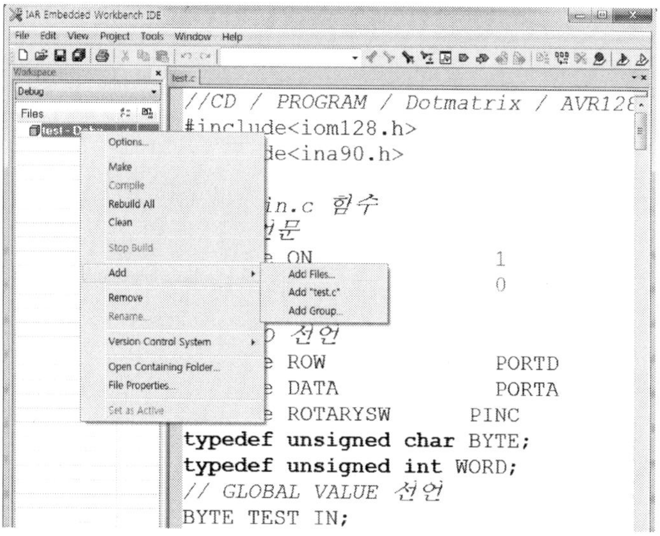

그림 3.14 Add Project 파일 화면

그림 3.15는 소스 파일이 프로젝트 파일에 정상적으로 포함된 상태를 보여준다. 현재 프로젝트 파일에 포함되어 있는 파일을 제거하고 싶은 경우 메뉴의 [Project] - [Remove]를 선택하면 된다.

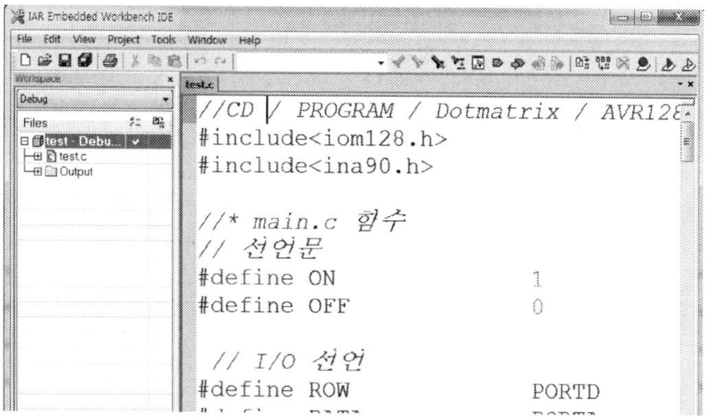

그림 3.15 프로젝트 파일에 Add 된 C 소스파일

④ 옵션 설정

여기까지 되었으면 컴파일 환경과 타깃보드에 대한 정보를 알려 주기 위하여 각종 옵션을 지정 하여야 한다. 즉 타깃보드에 장착된 마이크로컨트롤러가 무엇이고 메모리의 구성은 어떻게 되어 있는지 컴파일/링크는 어떻게 할 것인지 등에 대한 내용을 미리 컴파일러에게 정보를 제공해 주게 된다. 이 과정은 매우 중요하므로 여기서 설명된 내용 외에 컴파일러 사용자 설명서를 참고하여 상세히 학습하기 바란다. 여기서는 기초적인 내용만을 설명한다.

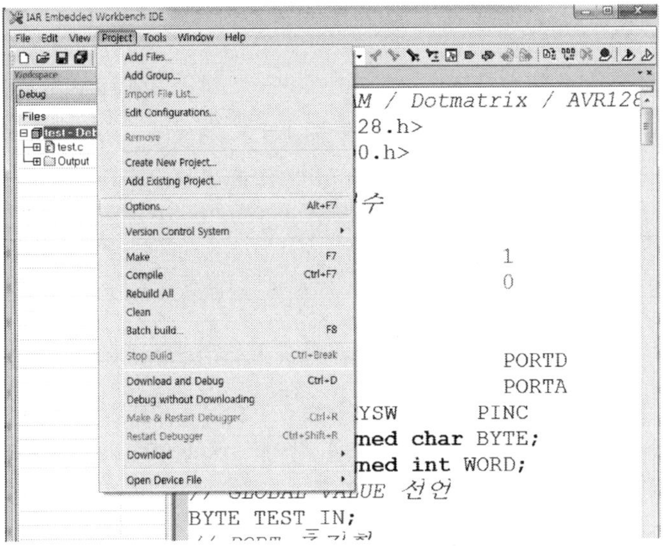

그림 3.16 옵션 선택

그림 3.16에서 메뉴 [project] - [Option] 메뉴를 클릭하면 옵션을 설정하기 위한 메뉴화면이 나타난다.

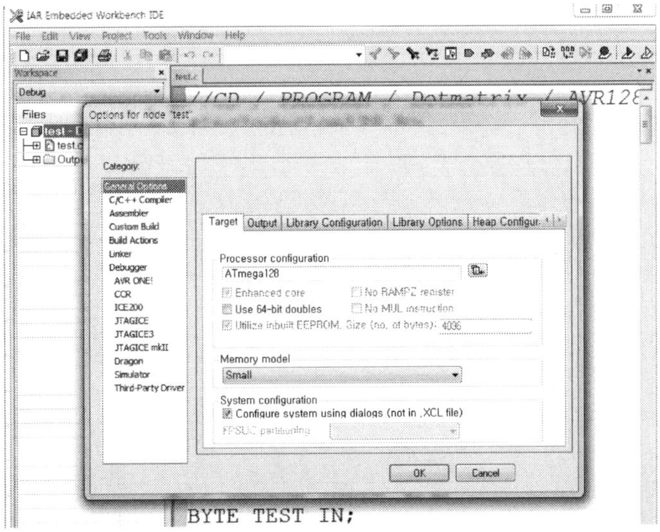

그림 3.17 일반 옵션 설정하기

그림 3.17의 화면 좌측 창에 설정하여야 할 옵션의 종류가 항목별로 나타난다. 여기서 컴파일/링크시 기본적으로 설정하여야 할 항목은 [General Option], [C/C++ Compiler], 또는 어셈블러 사용시 [Assembler], [Linker]가 있고, 디버깅을 위하여 [Debugger], 그리고 JTAG 사용을 위한 [JTAGICE] 항목을 설정하면 된다.

■ General Option

[General Option]을 선택하면 [Target], [Output], [Library Configuration], [Library Options], [Heap Configuration], [System], [MISRAC]를 설정할 수 있는 메뉴가 나타난다.

• Target

[Target]를 선택하면 현재 사용하고자 하는 타깃 보드의 프로세서를 선택하고 메모리 모델을 설정할 수 있는 메뉴가 나타난다. 사용자가 타깃보드의 마이크로컨트롤러로 Atmega128을 사용하는 경우 그림 3.18과 같이"Processor Confuguration"의 탐색기를 이용하여 Atmega128을 선택하면 된다. 그리고 콤보박스에서 "Use 64-bit doubles"는 double형 데이터를 64비트 크기로 사용 할 것인가를 결정하는 선택 사항이다. 따라서 상황에 따라서 사용자가 설정하면 된다. 중요한 것은 메모리 모델인데 메모리 모델은 타깃보드의 메모리 상황과 일치하도록 설정하여야 한다. 만약 메모리 모델 설정과 실제 메모리가 일치하지 않으면 원하는 결과를 얻을 수 없다. 여기서는 "small"로 선택한다.

[System configuration]은 시스템 상황의 설정을 *.XCL 파일을 사용하여 설정할 것인지 아니면 [Option menu] 상에서 설정된 값을 사용할 것인지를 결정해준다.

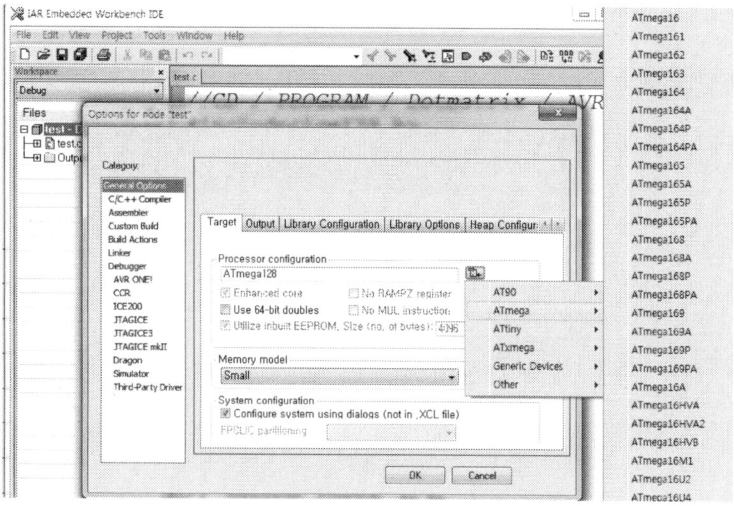

그림 3.18 Target 옵션 설정

만약 [Configuration system using dialogs(not in .XCL filke)]를 선택하게 되면 시스템 설정은 "dialogs"에서 설정된 값들을 사용하게 되고 별도의 ".XCL" 파일이 필요 없다. 하지만 이 부분이 선택되지 않으면 프로그램 컴파일시 하드웨어 시스템에 대한 모든 정보는 ".XCL" 파일을 참조하게 된다.

메모리 모델 선택시 고려 사항

IAR 컴파일러에서 제공하는 메모리 모델은 Tiny, Small, Large이 있다.

Tiny 모델 : SRAM에 저장된 데이터를 위한 포인터로 8비트를 이용한다. 그래서 이 모델에서는 256 바이트의 SRAM만을 액세스 할 수 있다.

Small 모델 : Small 모델은 SRAM에 저장된 데이터를 위한 포인터로 16비트를 이용한다. 그래서 이 모델에서는 65536 바이트의 SRAM을 액세스 할 수 있다.

Tiny 모델과 Small 모델 모두에서 플래시 메모리와 EEPROM 메모리에 대한 포인터는 16비트이다. 그래서 사용 가능한 상수값 또는 문자열과 배열의 크기는 64K 바이트로 제한된다. 하지만 프로그램의 전체 크기는 플래시 메모리 전체 크기까지 가능하다.

Large 모델 : Large 모델은 SRAM에 저장된 데이터를 위한 포인터로 16비트를 이용한다. 그래서 이 모델에서는 65536 바이트의 SRAM을 액세스할 수 있다. 그리고 플래시 메모리를 위한 포인트로 32 비트를 사용하고 함수를 위한 포인터로 32 비트를 이용한다. 그래서 Large 모델은 256Kb 이상의 플래시 메모리를 가진 칩을 사용할 수 있다.

- OUTPUT

"Output"옵션은 출력 파일의 형태를 결정한다. 컴파일/링커 결과 만들어지는 출력 파일이 실행 파일이면 "Executable"를 선택하고 라이브러리면 "Libary"를 선택한다. 그리고 아래에 있는 "Output directories"는 실행파일/라이브러리 파일이 저장되는 폴더를 결정한다. 일반적으로 디폴트값을 사용하면 되지만 특별히 원하는 폴더로 출력 파일이 저장되기를 원하면 이 폴더를 변경하면 된다.

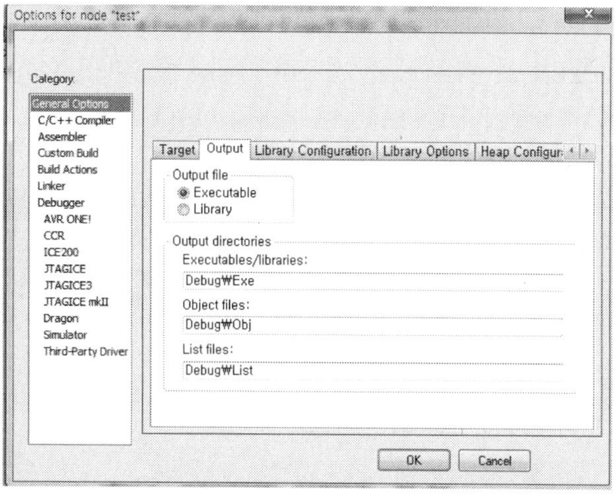

그림 3.19 OUTPUT 옵션 설정

- Library Configuration

  [Library Configuration] 옵션에서는 라이브러리의 크기를 결정하게 되는데 "Library"의 선택창에서 결정하면 된다.

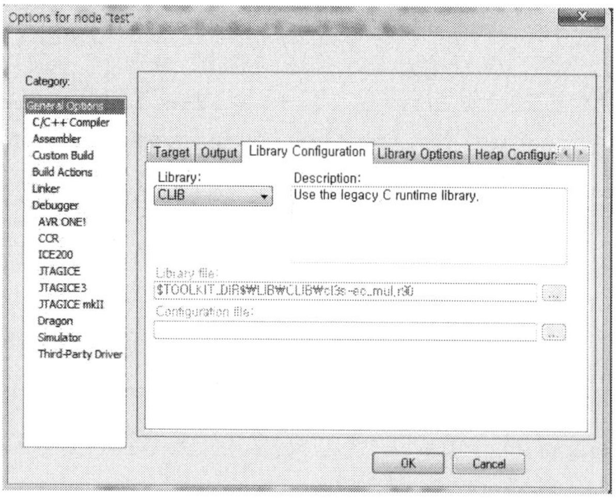

그림 3.20 라이브러리 설정 옵션

일반적으로 "CLIB"를 선택하면 된다.

선택 가능한 라이브러리의 종류는 다음과 같다.

- CLIB
- Full DLIB
- Custom CLIB
- Normal DLIB
- Custom DLIB

- Third Party LIB

각각에 대한 상세한 설명은 컴파일러 사용 설명서를 참고하기 바란다.

- Library Option

라이브러리 옵션을 설정한다.

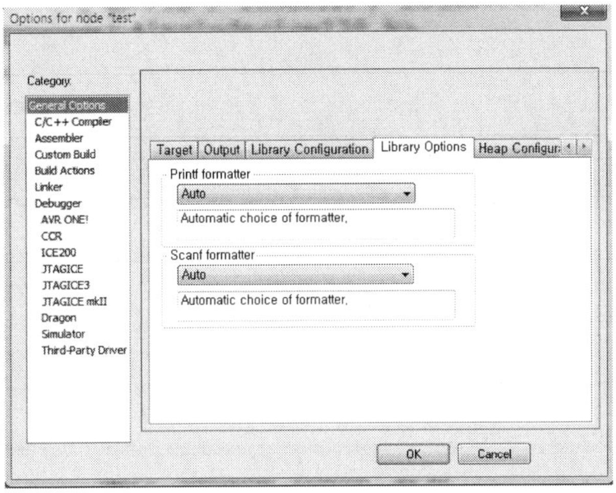

그림 3.21 라이브러리 옵션

특별한 형식의 Printf 문이나 Scanf 문을 사용하지 않는다면 디폴트값을 이용하면 된다.

- Heap Configuration

Heap 메모리의 크기를 설정한다.

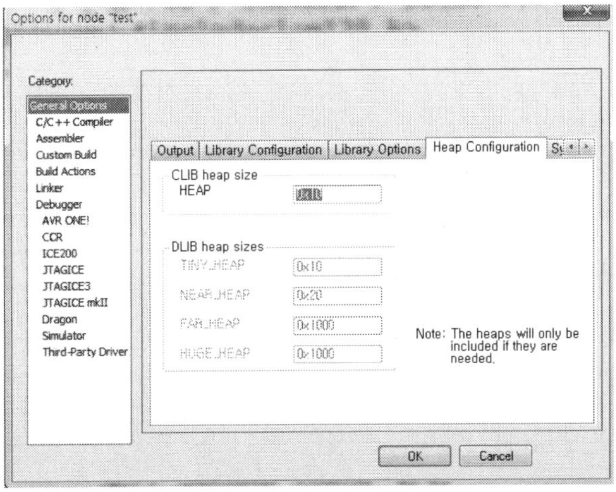

그림 3.22 힙 메모리 설정

프로그램 작성시 사용자가 필요로 하는 힙 메모리의 최대 크기를 설정하면 된다. 특별히 힙 메모리를 사용하지 않는다면 디폴트값을 사용한다.

- system

시스템의 실제 메모리 구성, 스택 메모리의 크기, 외부 메모리 사용 여부를 설정해준다.

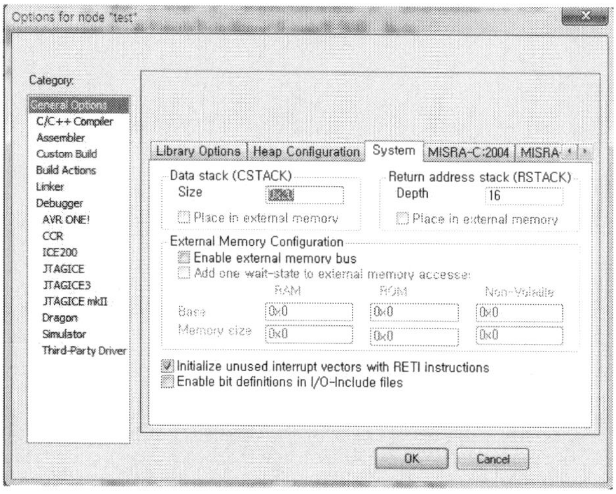

그림 3.23 시스템 옵션

데이터 스택 메모리와 리턴 어드레스 스택의 크기는 사용자 프로그램의 함수 인수의 개수와 크기, 리턴값의 크기 등 실제 프로그램의 실정에 맞도록 설정하여야 한다. 만약 데이터 스택을 외부 메모리에 위치시키고자 하면 [Place in external memory]를 선택하면 된다. 그리고 만약 타깃 보드가 외부 메모리를 사용하고 있다면 [external Memory Configuration]에서 [Enable external memory bus]를 선택하고, RAM 또는 ROM, Non-Volatile 메모리의 베이스 번지와 메모리 크기를 각각 설정하여 주어야 한다. 그리고 사용하지 않는 인터럽트를 RETI 명령으로 초기화 시켜 주고 싶으면 아래쪽에 있는 [Initialize unused interrupt vectors with RETI instruction] 콤보박스를 선택하면 된다. 그리고 비트 정의 입출력 include 파일을 활성화 시키고 싶으면 [Enable bit definitions in I/O include files] 콤보박스를 선택하면 된다.

- MISRA C

여기서는 별도로 언급하지 않는다. 컴파일러 사용 설명서를 참고하기 바란다.

■ C/C++ Compiler

C-컴파일러 관련 옵션으로서 [Language], [Code], [Optimization], [Output], [List], [Preprocessor], [Diagnostics], [MISRA C], [Extra options]의 부 메뉴가 있다.

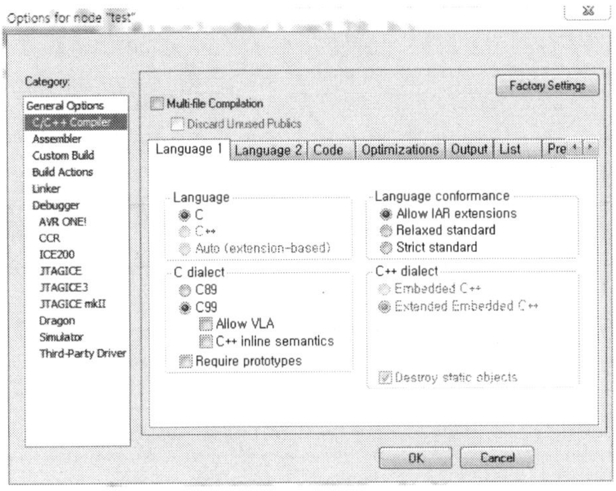

그림 3.24 Language1 옵션

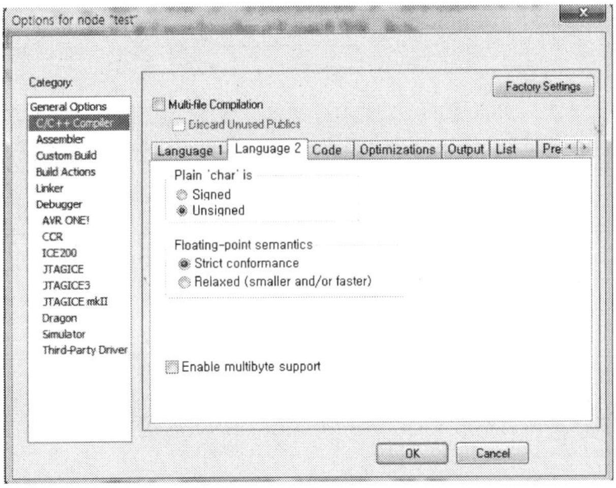

그림 3.25 Language2 옵션

- Language

  사용하고자 하는 언어를 선택한다. C, C++가 사용 가능하다. 그러나 사용되는 라이브러리에 따라서 활성화되는 메뉴의 종류가 다르다. 예를 들어 "CLIB"가 선택되었다면 Language에서 C-언어만 활성화 된다.

콤보박스 [Require Prototypes]와 [Language Conformance]는 사용자가 필요에 따라 변경해도 되지만 가능하면 디폴트값을 사용하는 것이 좋다. 그리고 콤보박스 [Enable multibyte support]은 산술 연산시 편리성을 위하여 선택하는 것이 좋다. 메뉴 [Plain 'char' is]는 문자형 정수의 디폴트 형을 지정하는 것으로 디폴트 형인 "unsigned"를 선택하는 것이 프로그램 작성시 편리하다.

- CODE

메뉴 "CODE"에서는 하부 메뉴로 [Memory utilization]와 [Register utilization]가 있다. 이것은 메모리와 레지스터의 사용 방법을 설정해준다.

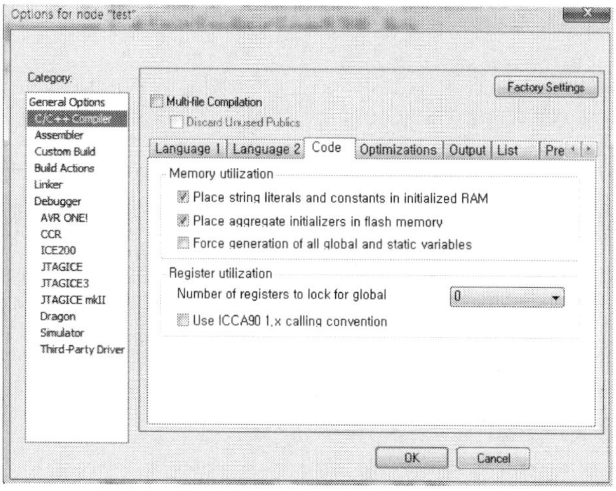

그림 3.26 Code 옵션

[Memory utilization]에서는 문자열과 상수의 배치장소, 초기화 값들의 배치장소, 모들 글로벌 변수와 스태틱 변수의 강제 생성 여부를 결정한다.

[Register utilization]에서는 글로벌 변수용으로만 사용될 레지스터 수와 ICCA90.x의 사용여부를 결정한다.

- Optimization

"Optimization"에서는 실행파일 생성시 크기/실행속도 중 어느 것으로 최적화 할 것인가를 결정한다. 나머지 옵션은 특별한 경우가 아니면 디폴트로 사용해도 된다.

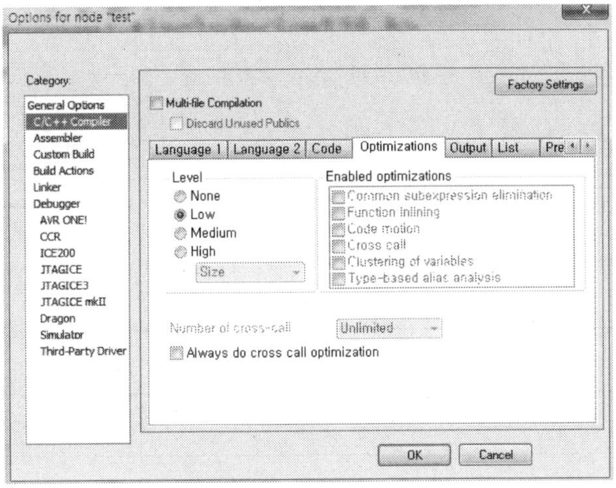

그림 3.27 Optimization 옵션

한편, 사용자가 함수 호출 등에 있어서 세부적으로 최적화하기를 원한다면 [Enabled optimization]의 설정을 통하여 구현할 수 있다. 그러나 최적화 옵션을 적절하게 선택하지 못하면 실행시 또는 디버깅시 문제가 발생될 수도 있다. 예를 들어 사용자가 프로그램 상에서 필요에 의해 삽입한 의미 없는 코드가 최적화 과정에서 사라질 수도 있다. 따라서 사용자는 컴파일러 사용자 설명서를 충분히 숙지한 후 이 항목들을 설정하는 것이 좋다.

- Output

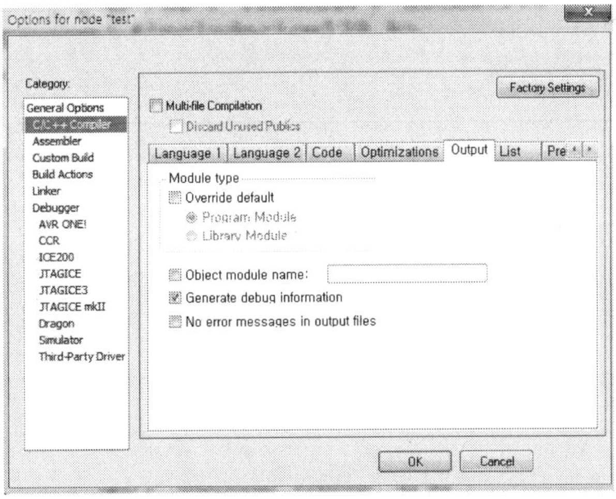

그림 3.28 OUTPUT 옵션

OUTPUT 옵션에서는 Module Type 선택, Object 모듈 이름 지정, 디버그 정보 생성 여부, 출력 파일에서의 에러 메시지 발생 금지와 같은 옵션을 선택할 수 있다.

- List

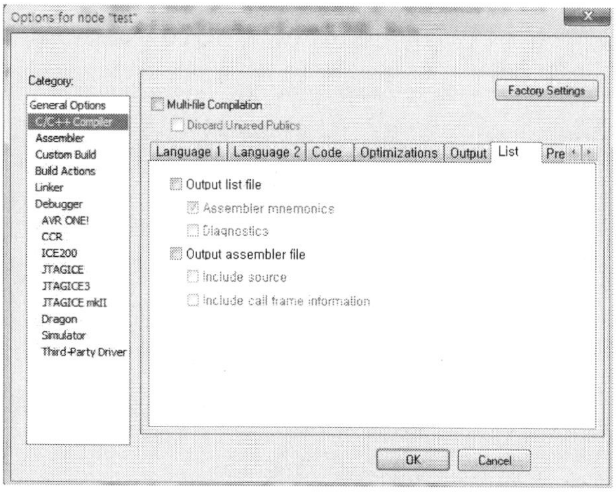

그림 3.29 List 옵션

여기서는 list 파일에 대한 옵션을 설정한다. 즉 출력 list 파일 생성여부, 출력 어셈블러 파일 생성시 관련 옵션이 있다.

- Preprosessor

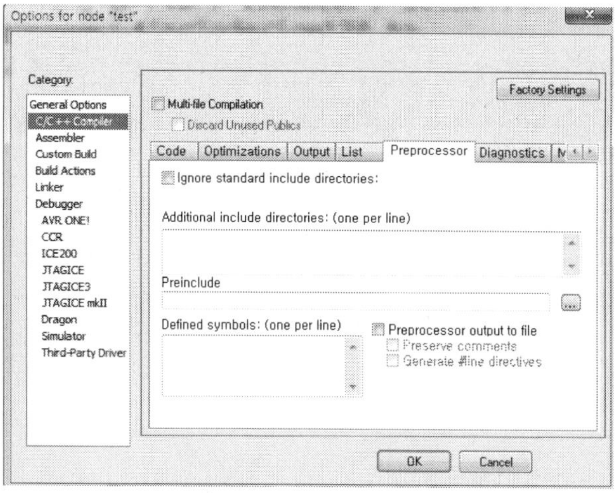

그림 3.30 Preprosessor 옵션

여기서는 인클루드 파일의 경로를 결정할 수 있다. 가능하면 디폴트값을 사용하는 것이 좋다.

- Diagnostics

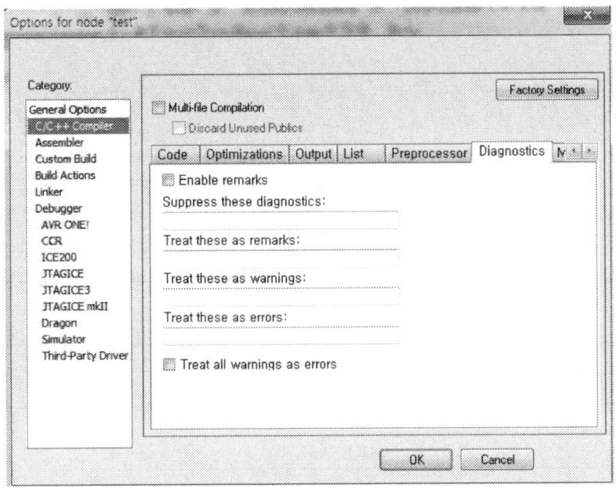

그림 3.31 Diagnostics 옵션

Diagnostics 관련 내용은 사용자 설명서를 참조하기 바란다.

- MISRA C

관련 내용은 사용자 설명서를 참조하기 바란다.

- Extra Options

여기서는 커멘드 라인 명령어 사용여부를 결정하고 커멘드 라인 명령어 사용시 그 명령을 작성할 수 있다. 상세한 내용은 사용자 설명서를 참조하기 바란다.

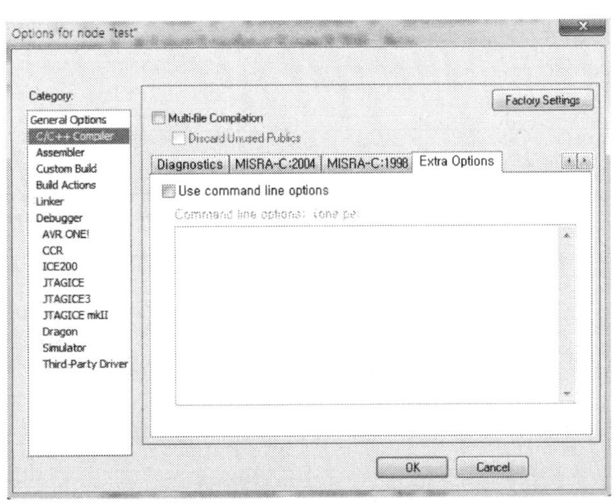

그림 3.32 Extra 옵션

■ Linker 옵션

C-링커 관련 옵션으로서 [Config], [Output], [Extra Output], [#define], [Diagnostics], [List], [Processing], [Extra options]의 부 메뉴가 있다.

• Config

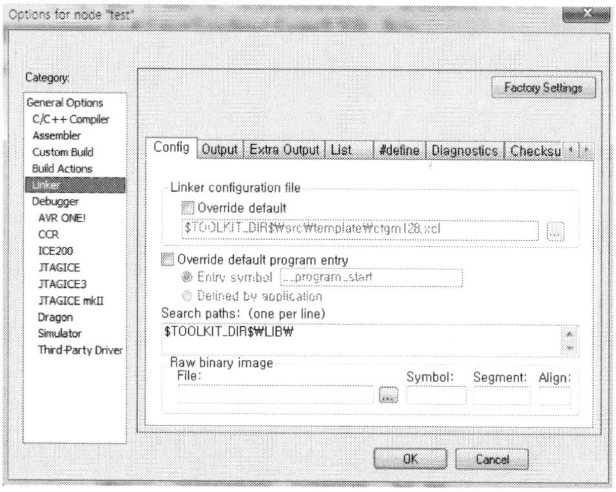

그림 3.33 Config 화면

Config 옵션에서는 링크시 사용되는 커맨더 파일 관련 내용을 설정한다. 여기서 Override default를 선택하면 디폴트로 * .XCL 파일을 이용하여 링커하게 되므로 사용자는 디폴트 .XCL 파일을 타깃보드 환경에 맞도록 변경하여야 한다. 여기에 관련된 상세한 내용은 사용자 설명서를 참조하기 바란다. .XCL 환경을 잘못 설정하면 링크시 에러가 발생한다. 예를 들어 외부 메모리 또는 외부 버스를 사용하여 메모리 맵이 변경된 경우 디폴트 .xcl 파일을 사용하게 되면 에러가 발생할 수 있다.

• Output

링커의 Output 옵션에서는 출력파일의 이름과 형식을 설정한다. "override default"를 선정하지 않으면 디폴트로 .d90의 확장자를 가진 파일이 생성된다. 하지만 .HEX 파일을 생성하려면 "override default"를 선택하고 파일의 확장자 명을 HEX로 변경한 후 Other을 선택하여 파일 형식을 "debug-Intel-ext"로 선택하면 된다.

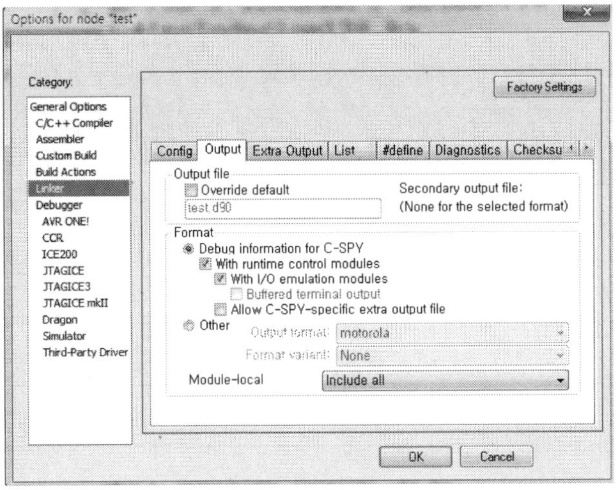

그림 3.34 Output 옵션

- Extra Output

IAR EWAVR 컴파일러에서는 컴파일/링커 후 부가적인 출력 파일을 생성할 수 있는데 Extra Output 옵션에서는 부가적으로 생성되는 두 번째 출력 파일 명과 형식을 설정하는 데 사용된다.

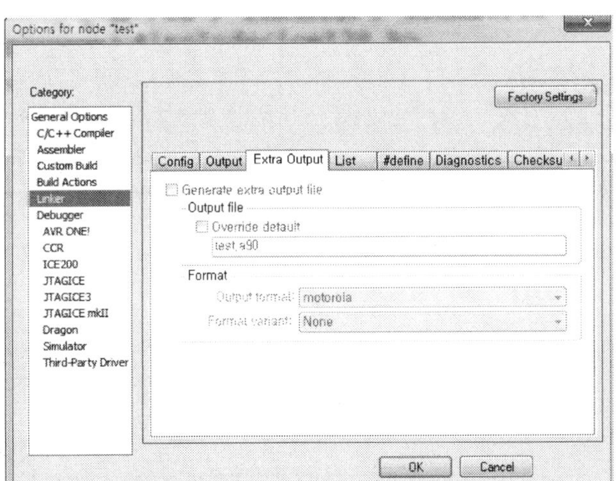

그림 3.35 Extra Output

• List

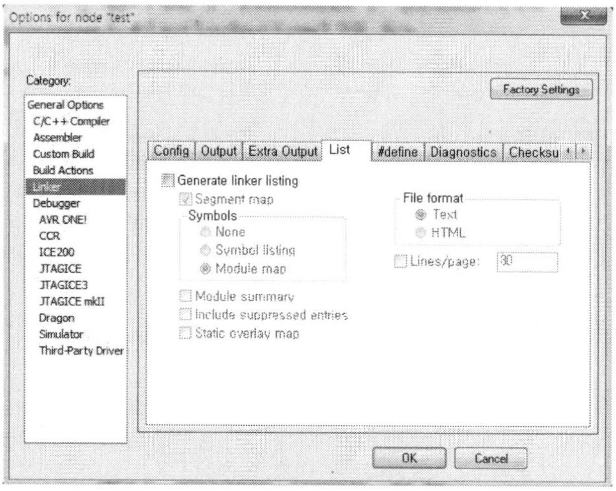

그림 3.36 List 화면

List 옵션에서는 링커시 생성되는 List 파일의 형식과 생성 파일관련 내용들을 설정한다.

• #define

#define 옵션은 컴파일러 사용설명서를 참조한다.

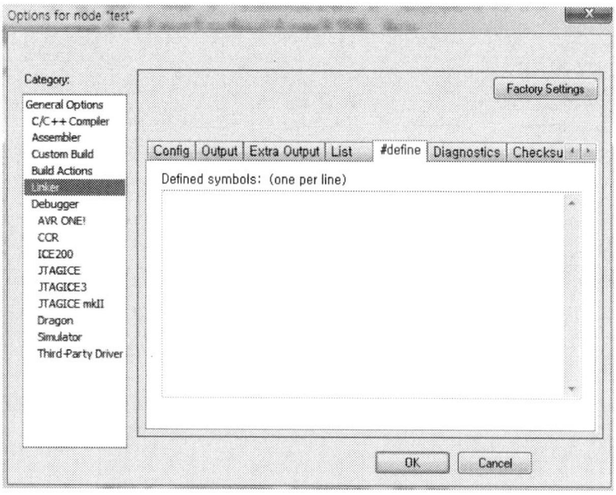

그림 3.37 #define 화면

- Diagnostics

Diagnostics 옵션은 링크시 발생되는 에러와 경고에 관련된 내용을 어느 수준에서 메시지를 발생시킬지를 설정한다. 상세한 내용은 컴파일러 사용설명서를 참조한다.

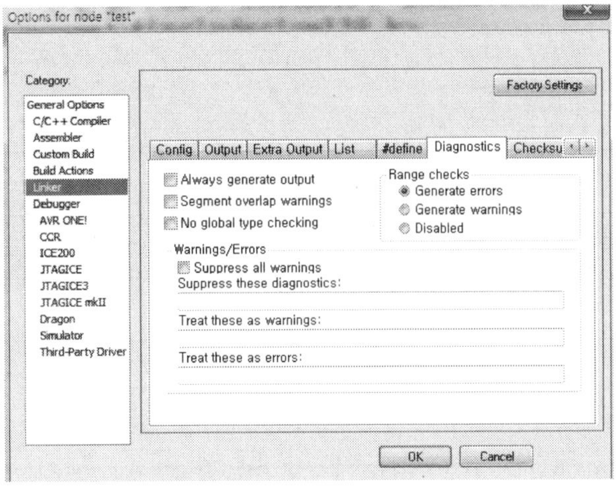

그림 3.38 Diagnostics 화면

- Checksum

Checksum 옵션은 컴파일러 사용 설명서를 참조한다.

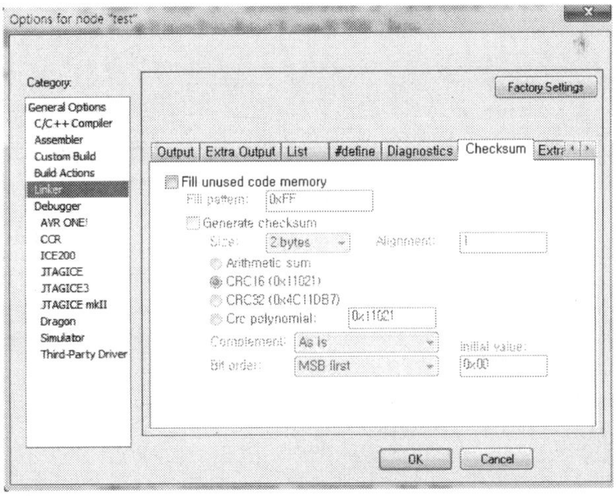

그림 3.39 Checksum 화면

- Extra Options

Extra Options 옵션은 컴파일러 사용 설명서를 참조한다.

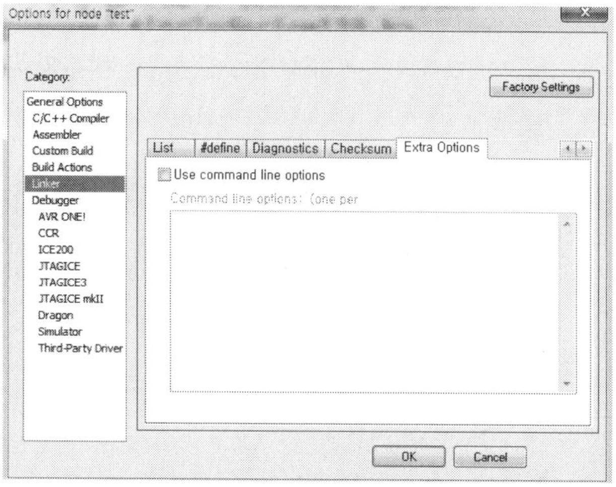

그림 3.40 Extra Options 화면

- **컴파일 & 링크**

  각종 옵션 설정이 종료되었으면 이제 파일을 컴파일하고 링크하여 실행 파일을 생성하면 된다. 컴파일은 메뉴에서 [Project]-[Compile]를 클릭하거나 를 클릭하면 되고, 링크의 경우는 [Project]-[Make]나 를 클릭하면 된다.

Release Mode에서 컴파일과 링커가 종료되면 다음과 같은 폴더와 파일이 만들어진다.

표 3.3 최종 생성 파일

<table>
<tr><td rowspan="6">Project 파일
저장 폴더</td><td rowspan="3">Debug 폴더</td><td>EXE</td><td>sample.d90 : 디버깅 파일
C-SPY 또는 AVR Studio 4에서 사용</td></tr>
<tr><td>LST</td><td>sample.Map : 메모리 맵 파일
sample.s90 :어셈블러 번역 파일
sample.lst : 리스트 파일</td></tr>
<tr><td>Obj</td><td>sample.r90 : 오브젝트 파일</td></tr>
<tr><td rowspan="3">Release 폴더</td><td>EXE</td><td>sample.HEX : 헥사 파일
롬라이터를 이용하여 라이팅
AVR Studio 4에서 ISP 다운로딩
PonyProg2000에서 ISP 다운로딩</td></tr>
<tr><td>LST</td><td>sample.Map : 메모리 맵 파일
sample.s90 :어셈블러 번역 파일
sample.lst : 리스트 파일</td></tr>
<tr><td>Obj</td><td>sample.r90 : 오브젝트 파일</td></tr>
</table>

Release mode에서 최종적으로 만들기 원하는 파일은 헥사파일(*.HEX 또는 *.A90)이다. 이 HEX 파일을 AVR ISP 또는 JTAG ICE와 함께 AVR Studio(ver4 이상)에서 에뮬레이션하면서 다운로딩 하면 된다.

(3) IDE 소프트웨어(AVR Studio)

AVR STUDIO는 ATmel사에서 만든 AVR 시리즈 개발툴이다. 에뮬레이터와 시뮬레이터를 동시에 사용 할 수 있어 아주 편리하며 C-언어(GCC)와 어셈블러까지 제공된다. AVR STUDIO는 에뮬레이터(AVRISP, JTAG ICE, STK500, ICE40, ICE50 등)가 IBM PC의 직렬 포트에 접속되어 있으면 에뮬레이터로 동작되고 그렇지 않으면 독립적인 형태인 시뮬레이터로 동작한다. AVR STUDIO는 최근에 ATMEL STUDIO로 이름이 변경되었고 기능도 많이 향상되었으나 프로그램이 너무 무거워 컴퓨터 하드웨어 사양과 OS 사양이 따라 주어야 한다. ATMEL STUDIO 6.x 버전 이후에는 Windows 7 이상의 OS도 지원한다. 여기서는 ATMEL STUDIO 6.x 버전과 Windows 7을 기준으로 설명한다.

1) ATMEL STUDIO 6.x 단계별 실행

① 새 프로젝트 생성하기

바탕화면에 있는 ATMEL STUDIO 6.x 아이콘을 더블 클릭하거나 또는 [시작] - [프로그램] - [Atmel] - [ATMEL STUDIO 6.x]를 실행시키면 그림 3.41과 같은 초기 실행 화면이 나타난다.

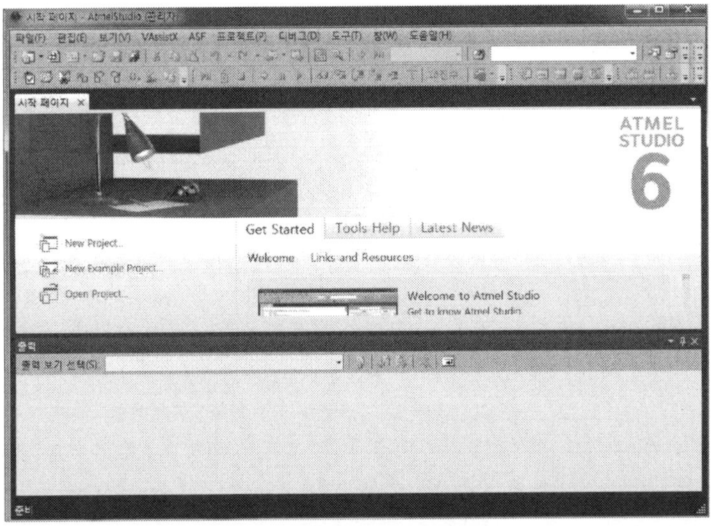

그림 3.41 초기 실행화면

그림 3.41에서 "New Project"를 선택하거나 메뉴에서 [파일] - [새로 만들기] - [프로젝트]를 선택하면 그림 3.42와 같은 화면이 나타난다. 만일 Hex 프로그램을 다운로딩만 하는 경우는 그림 3.42에서 "취소"를 클릭한다.

② 프로젝트 환경 설정하기

그림 3.42에서는 다음과 같이 사용할 언어, 생성할 프로젝트의 종류, 파일이름 그리고 저장할 폴더를 결정한다. ATMEL Studio 6.x에는 GCC와 어셈블리어가 포함되어 있다. 사용하고자 하는 프로그램을 선택한 후 솔루션 이름과 파일 이름, 저장위치를 써넣고 "확인"을 클릭하면 된다. 그림 3.43은 "New Project" 환경설정 화면 예를 보여준다. 여기서는 일반적인 Hex 파일을 생성하는 "GCC C Executable Project"를 선택한다.

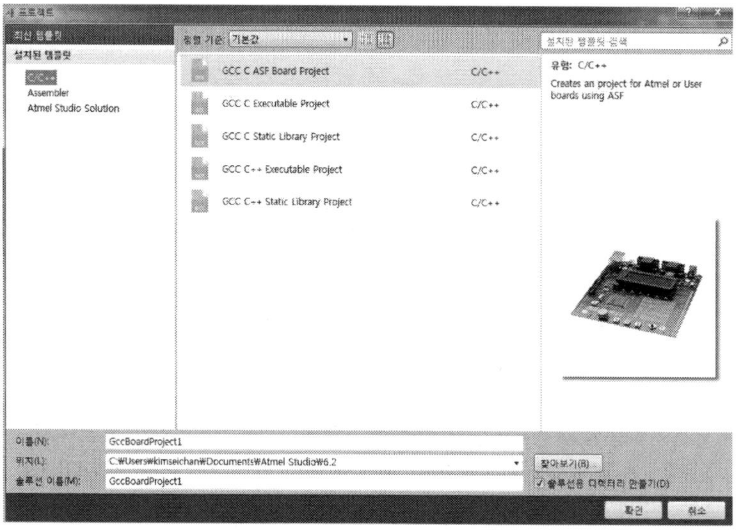

그림 3.42 New Project 생성 메뉴

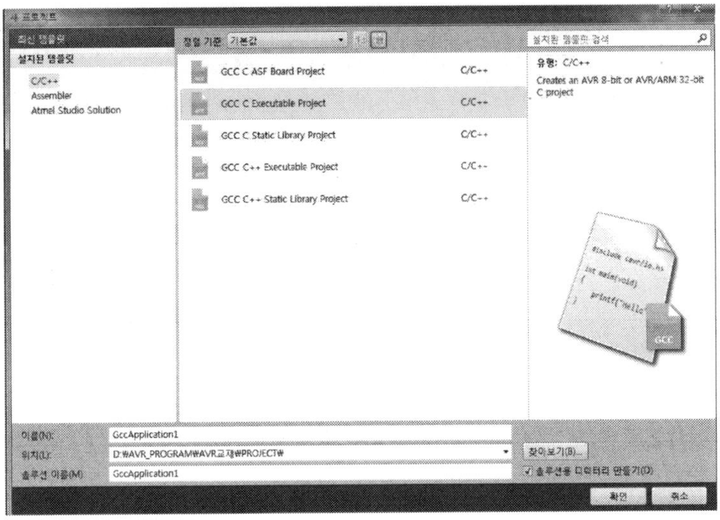

그림 3.43 New Project 환경설정

③ 디버그 설정하기

그림 3.43에서 “확인”을 누르면 그림 3.44와 CPU의 종류를 선택하는 화면이 나타난다. 여기서 사용하고자 하는 CPU인 ATmega128을 선택한다. 그림 3.44의 우측 화면을 보면 데이터 시트를 바로 확인할 수 있는 메뉴가 보인다. ATMEL사의 ATMEL Studio 6.x는 AVRISP, JTAG, STK500, Atmel-ICE 등과 같은 에뮬레이터와 AVR Simulator의 다양한 디버깅 툴을 제공한다. 즉 ATMEL Studio 6.x는 7개의 에뮬레이션 모드와 2개의 시뮬레이션 모드를 지원한다.

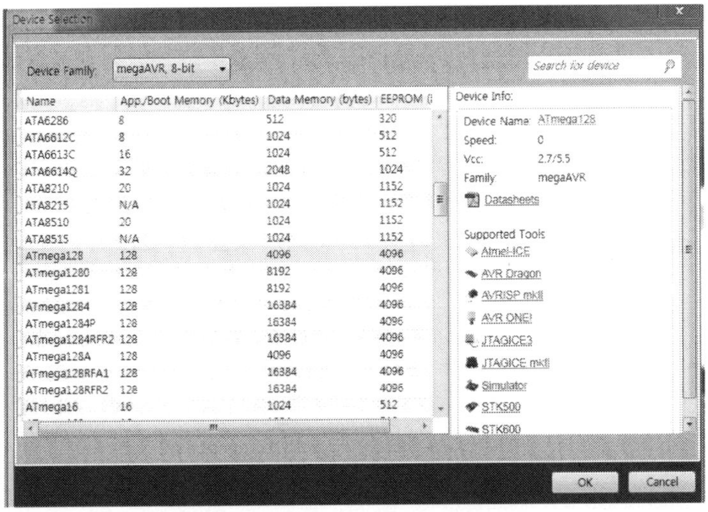

그림 3.44 New Project 환경설정

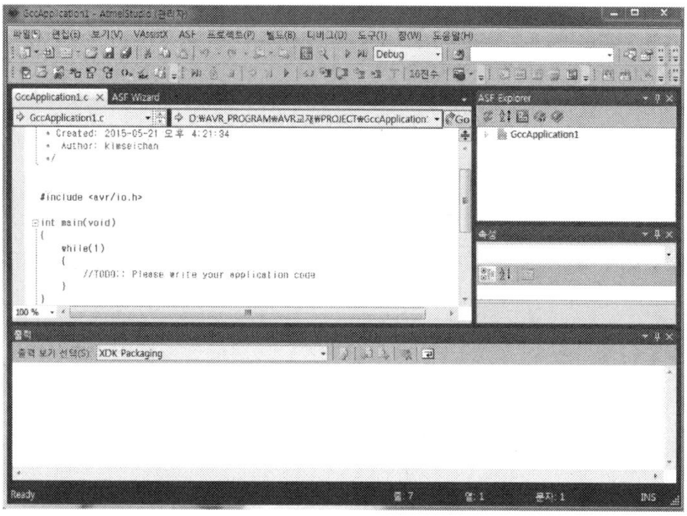

그림 3.45 GCC 프로그램 작성

ATMEL Studio 6.x는 IBM-PC의 직렬 포트에 에뮬레이터가 없으면 바로 시뮬레이터로 동작한다. 여기서 디바이스 종류를 선택하고 "OK"를 클릭하면 그림 3.45와 같이 프로그램 편집창을 가진 화면이 나타난다. 여기서 프로그래밍 하면 된다.

④ 링커/컴파일/실행하기

소스코드가 작성되었으면 "빌드"메뉴에서 "솔루션 빌드"를 클릭하면 컴파일과/링크가 실행되고 "Hex"코드가 생성된다. 그림 4.47은 정상정인 빌드가 완료되었을 때 출력창 화면을 보여준다.

그림 3.46 링커/컴파일/실행 창

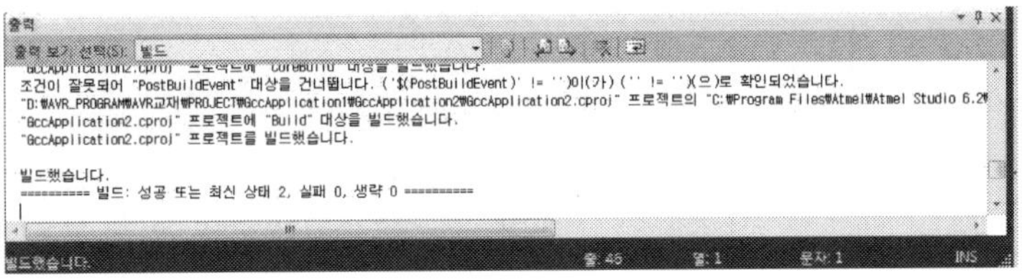

그림 3.47 링크 결과 출력화면

2) ATMEL STUDIO 6.x를 이용한 실행 프로그램 다운로드

ATMEL STUDIO 6.x 또는 다른 컴파일러를 이용하여 실행파일을 생성하면 이 실행 파일은 타깃보드의 AVR 내부 프로그램 메모리로 다운로드 되어야 한다.

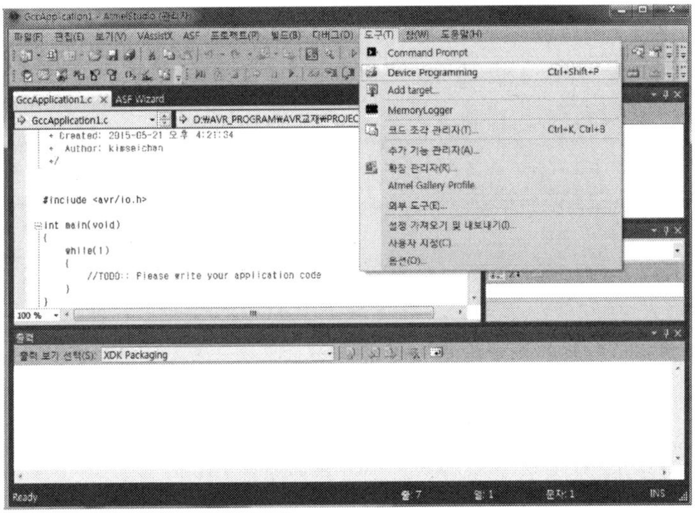

그림 3.48 다운로드를 위한 프로그램 장치 선택 창

ATMEL STUDIO 6.x의 다운로드 기능을 이용하기 위해서는 그림 3.48과 같이 메뉴의 [도구] - [Device Programming]을 클릭한다. 그러면 그림 3.49와 같이 툴, 디바이스, 인터페이스 설정 화면 화면이 나타난다. JTAG 에뮬레이터를 사용하는 경우 다운로드 프로그램 장치 플랫폼으로 JTAG ICE를 선택하고, STK500 연결 케이블을 사용하는 경우 STK500을 선택한 후 인터페이스로 ISP를 선택한다.

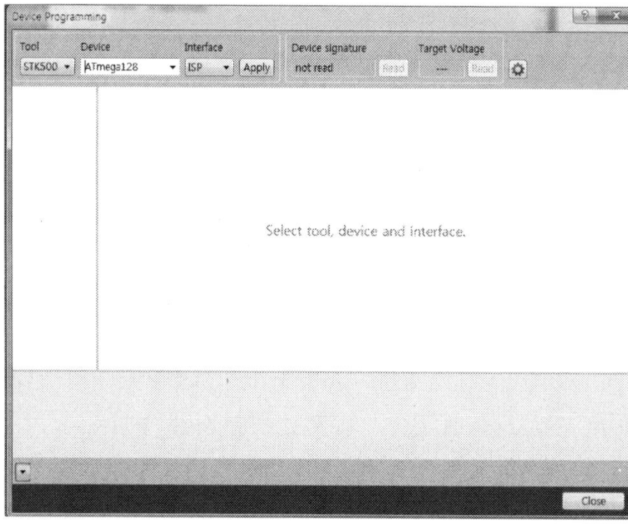

그림 3.49 툴, 디바이스, 인터페이스 설정화면

그리고 화면 상단 중앙에 있는 Apply 버튼을 누르면 그림 3.50과 같이 좌측이 새로운 메뉴창이 나타난다.

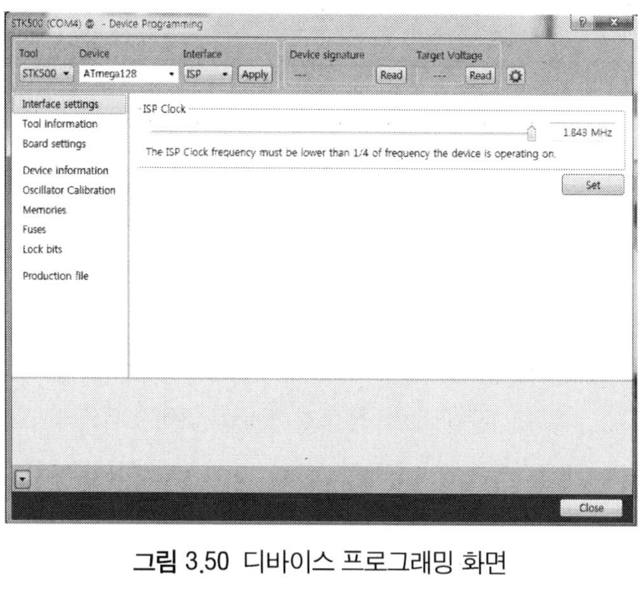

그림 3.50 디바이스 프로그래밍 화면

그림 3.50에서 좌측의 메뉴 중 "Memories"를 선택한다. 그러면 그림 3.51과 같이 디바이스 프로그래밍 화면 우측 창에 프로그램 삭제, 프로그래밍 화면이 나타난다. 이제 화면 중앙에 있는 파일 브라우저를 이용하여 다운로딩 할 실행 프로그램을 찾은 후 "Program"을 클릭하면

프로그램이 다운로딩 된다. 그러나 타깃 보드를 처음으로 연결하는 경우에는 위의 과정을 거치기 전 다음 과정을 먼저 수행해야 한다. 먼저 타깃보드와 PC를 ISP 또는 ICE 에뮬레이터 통신 연결 케이블로 연결한 후 타깃 보드의 전원을 켠다. 그리고 메뉴의 [도구] - [Add-Target]를 클릭한다. 그러면 그림 3.52 같이 연결도구 선택창이 나타난다. 여기서 사용 중인 도구와 연결 포트를 선택한 후 "Apply"를 클릭하면 타깃 보드와 PC의 직렬포트(USB)가 연결된다.

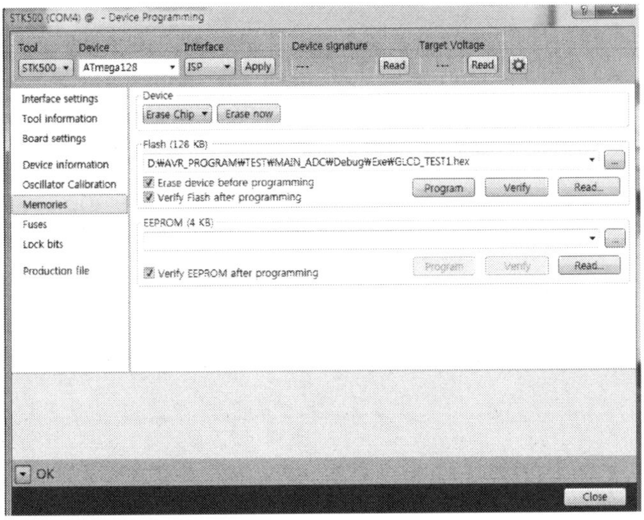

그림 3.51 프로그램 삭제, 다운로드 화면

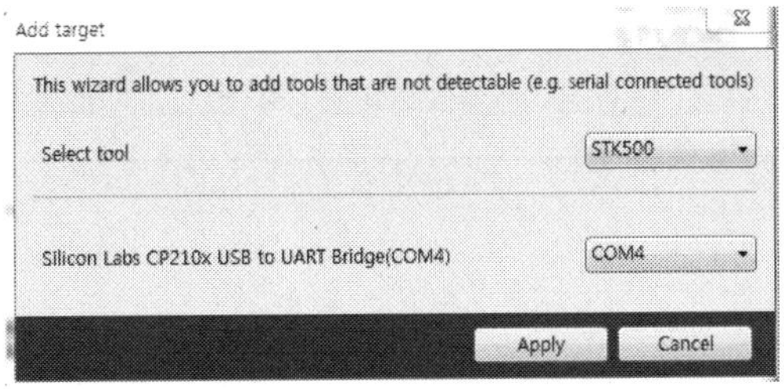

그림 3.52 연결도구 선택창

3) ATMEL STUDIO 6.x를 이용한 퓨즈 비트 설정과 메모리 잠금 비트 설정

퓨즈 비트란 특정 기능을 수행하는 회로에 전원을 공급하는 선로를 차단하거나 또는 연결하는 기능을 수행한다. 따라서 AVR ATmega128을 사용하기 위해서는 먼저 하드웨어 관련 초기값 설정을 위하여 퓨즈 비트를 설정하여야 한다. 퓨즈 비트가 잘못 설정되면 ISP 기능을 통하여 CPU를 액세스하는 것이 불가능해진다. 그리고 퓨즈 비트는 단지 한번만 설정해 주면 된다. 퓨즈 비트를 설정하기 위해서는 타깃보드 하드웨어를 ISP 연결 케이블을 통하여 연결한 다음

ATMEL STUDIO 6.x의 메뉴에서 [도구]-[Device Programming]을 눌러 그림 3.53과 같이 디바이스 프로그래밍 창을 연다. 여기서 "Apply"를 누른 후 외쪽 메뉴창의 "Fuses" 또는 "Lock bits"를 누른 후 퓨즈 비트 값 또는 잠금 비트 값을 적절한 값으로 설정하면 된다.

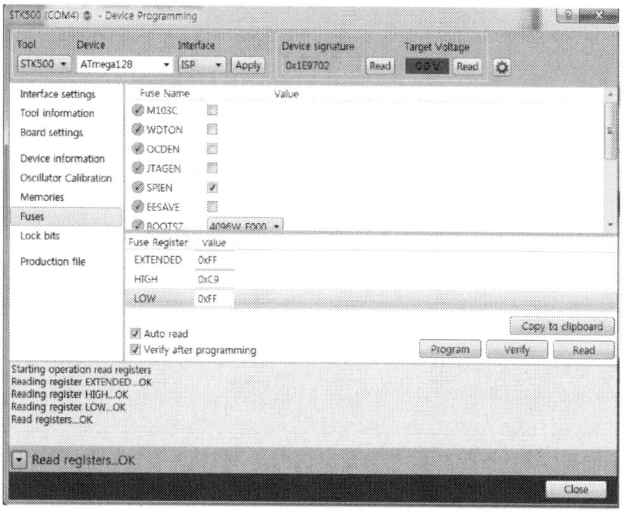

그림 3.53 퓨즈 비트 설정화면

퓨즈 비트는 AVR의 기본적인 시스템 설정용으로 사용되며 모두 3바이트로 구성되어 있다. 이 비트들은 프로그램하지 않으면 1(unprogrammed)로 설정되며, 프로그램하면 0(programmed)으로 설정된다. 그러나 칩 지우기(chip erase) 명령을 수행하더라도 퓨즈비트는 영향을 받지 않으며 메모리 락 비트의 LB1을 사용하여 퓨즈 비트를 변경할 수 없도록 보호(lock) 기능을 설정할 수 있다. 따라서 퓨즈비트를 먼저 설정하고 메모리 락 비트를 나중에 설정하여야 한다.

AVR의 퓨즈비트 영역은 다음과 같이 4가지 영역이 있다.

- High Fuse Byte : 8개

  OCDEN, JTAGEN, SPIEN, CKOPT, EESAVE, BOOTSZ1, BOOTZ0, BOOTRTS

- Low Fuse Byte : 8개

  BODLEVEL, BODEN, SUT1, SUT0, CKSEL3, CKSEL2, CKSEL1, CKSEL0

- Extended Fuse Byte :2개

  M103C, WDTON

- Lock Fuse Byte

퓨즈 비트별 기능은 표 3.4와 같다.

표 3.4 퓨즈 비트별 기능

<table>
<tr><th>구분</th><th>퓨즈비트명</th><th>설명</th><th>기본값</th></tr>
<tr><td rowspan="2">Extended Fuse Byte</td><td>M103C</td><td>ATmega103 호환모드</td><td>0(Programmed)</td></tr>
<tr><td>WDTON</td><td>워치독 타이머 ON</td><td>1(Unprogrammed)</td></tr>
<tr><td rowspan="7">Fuse High Byte</td><td>OCDEN</td><td>OCD(On Chip Debug) 인에이블, AVR ASM 중 break 명령어 사용가능</td><td>1(디스에이블)</td></tr>
<tr><td>JTAGEN</td><td>JTAG 인에이블</td><td>0(인에이블)</td></tr>
<tr><td>SPIEN</td><td>SPI 인에이블</td><td>0(인에이블)</td></tr>
<tr><td>CKOPT</td><td>클럭 옵션(1.6장 참조)</td><td>1(Unprogrammed)</td></tr>
<tr><td>EESLAVE</td><td>칩 삭제시 EEPROM 보존</td><td>1(EEPROM 삭제)</td></tr>
<tr><td>BOOTSZ1..0</td><td>부트 사이즈 선택(표 3.5)</td><td>0(Programmed)</td></tr>
<tr><td>BOOTRST</td><td>리셋 벡터 선택
0 : 리셋시 0x0000번지
1 : 리셋시 부트로더 번지부터 프로그램을 시작한다.</td><td>1(Unprogrammed)</td></tr>
<tr><td rowspan="4">Fuse Low Byte</td><td>BODLEVEL</td><td>브라운 아웃 검출기 트리거 수준
1 : 2.7V
0 : 4.0V</td><td>1(Unprogrammed)</td></tr>
<tr><td>BODEN</td><td>브라운 아웃 인에이블</td><td>1(디스에이블)</td></tr>
<tr><td>SUT1..0</td><td>기동시간 선택(1.6장 참조)</td><td>1..0</td></tr>
<tr><td>CKSEL3..0</td><td>클럭소스 선택(1.6장 참조)</td><td>0(Programmed)</td></tr>
</table>

▲ 체크 안함	Unprogrammed	비트 = 1
✓ 체크 함	Programmed	비트 = 0

퓨즈비트를 설정하는 첫 번째 바이트는 확장 퓨즈 바이트(extended fuse byte)로서 1 바이트 중에서 2개의 비트만 사용된다. ATmega128은 기본 상태에서 ATmega103 호환 모드로 설정되어 있다는 점에 유의해야 한다. 그리고 워치독 타이머의 설정에 대하여는 Watchdog Timer Control Register인 WDTCR을 참조한다.

퓨즈 비트를 설정하는 두 번째 바이트는 Fuse High Byte이다. ATmega128은 디폴트 상태에서 JTAG과 SPI에 의한 프로그래밍이 가능한 상태에 있으며, 칩 지우기에서 EEPROM은 보호되지 않는다. 또한, 기본으로 부트 사이즈는 표 3.5에 보인 바와 같이 0xF000~0xFFFF 영역의 4096워드가 된다.

퓨즈 비트를 구성하는 세 번째 바이트는 Fuse Low Byte이다. 여기서는 브라운 아웃 검출기 트리거 전압 수준과 클럭 소스 선택, 브라운 아웃 인에이블 등을 설정할 수 있다. 마지막으로 잠금 퓨즈 비트는 특정 메모리나 부트로드에 접근을 할 수 없도록 하는 기능을 가지고 있다.

퓨즈비트를 설정할 때 주의할 점은 해당 설정 박스를 체크[✓]해 주면 비트 "0"값을, 체크해주지 않으면 비트 "1"값을 나타낸다는 점이다. 그리고 잠금 비트를 설정하기 전에 먼저 퓨즈 비트를 설정하는 것이 좋다. 또한, 퓨즈 비트를 잘못 설정하는 경우 프로그램을 다운로드 하지 못하는 상황과 같은 통제 불가능한 상태가 만들어 지기도 하기 때문에 퓨즈 비트를 설정할 때에는 매우 주의하여야 한다.

표 3.5 부트 사이즈 선택

BOOTSZ 1..0	부트영역 크기[WORD]	부트 시작 주소
00(기본값)	1024	0x0C00
01	512	0x0E00
10	256	0x0F00
11	128	0x0F80

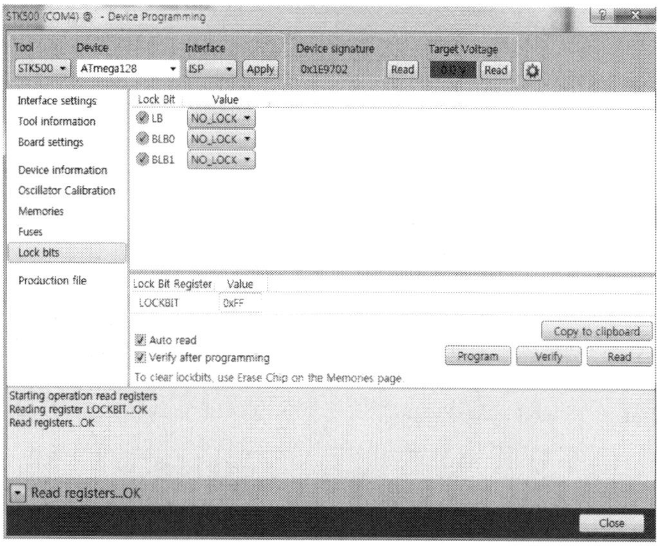

그림 3.54 잠금 비트 설정

잠금 비트는 그림 3.54와 같이 LB, BLB0, BLB1 영역으로 나누어진다. 그림 3.55는 LB 영역의 메뉴를 보여준다.

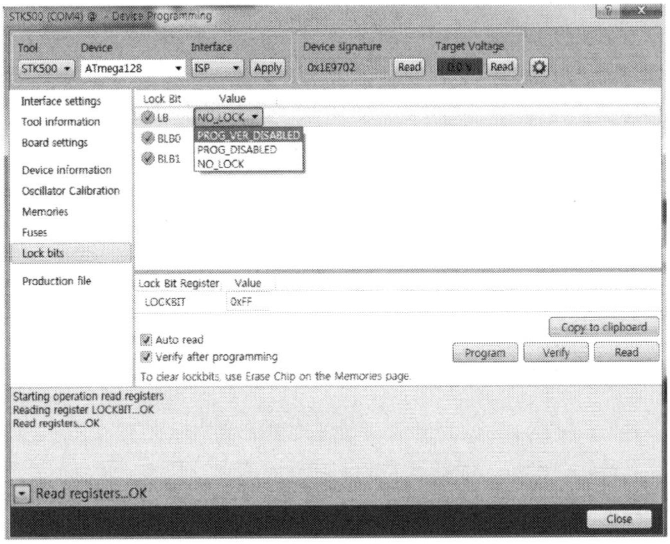

그림 3.55 잠금 비트 설정(LB) 영역

메뉴는 PROG_DISABLED, PROG_VER_DISABLED, NO_LOCK으로 나누어지며 각각 프로그램 메모리(FLASH, EEPROM) 잠금, 프로그램 메모리 확인 잠금, 잠금 없음이다. 잠금을 선택하면 해당 메모리는 액세스 할 수 없다.

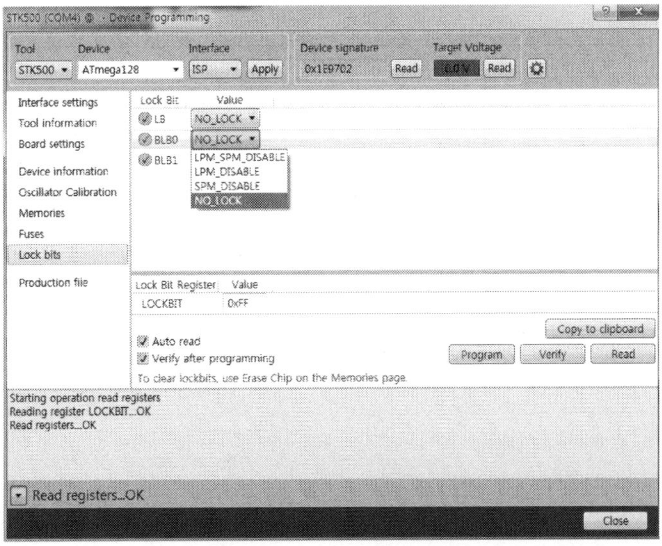

그림 3.56 잠금 비트 설정(BLB1) 영역

그림 3.56은 BLB0(Boot Lock Bit 0) 영역의 잠금비트 설정화면을 보여준다. 메뉴는 LPM_SPM_DISABLE, LPM_DISABLE, SPM_DISABLE, NO_LOCK이다. BLB0 영역의 설정은 실행 프로그램에서 응용 프로그램 섹션을 액세스 하는 것을 보호하기 위한 설정이며 내용은 다음과 같다.

- LPM/SPM 명령어 사용금지
- LPM 명령어 사용금지
- SPM 명령어 사용금지
- LPM/SPM 명령어 모두 허용(잠금없음)

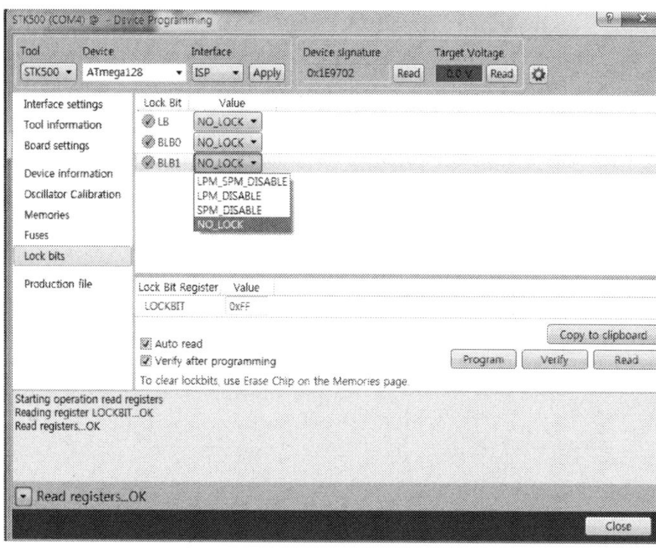

그림 3.57 잠금 비트 설정(BLB2) 영역

그림 3.57은 BLB1(Boot Lock Bit 1) 영역의 잠금비트 설정화면을 보여준다. 메뉴는 LPM_SPM_DISABLE, LPM_DISABLE, SPM_DISABLE, NO_LOCK이다. BLB1 영역의 설정은 실행 프로그램에서 부트로더 섹션을 액세스 하는 것을 보호하기 위한 설정이며 내용은 다음과 같다.

- LPM/SPM 명령어 사용금지
- LPM 명령어 사용금지
- SPM 명령어 사용금지
- LPM/SPM 명령어 모두 허용(잠금없음)

CHAPTER 04

범용 입출력 포트

4.1 개 요

ATmega128은 모두 6개의 8비트 양방향 병렬 I/O 포트(포트 A~E)와 1개의 5비트 양방향 I/O 포트(포트 G)를 가지고 있다. 모든 AVR 포트는 범용 디지털 입출력 포트로서 사용될 때 "Read-Modify-Write" 동작을 한다. 이것은 어떤 다른 핀의 방향을 의도하지 않게 변경하지 않고도, SBI와 CBI 명령을 사용하여, 포트 핀 한 개의 방향을 변경할 수 있다는 것을 의미한다. 즉 비트별로 입출력 방향의 설정이 가능하다는 것이다. 이것은 출력으로 설정되어 있을 때 출력구동장치의 값을 변경하거나 또는 입력으로 설정되어 있을 때 풀-업 레지스터의 활성화/비활성화를 변경할 때도 동일하게 적용된다. 그리고 각 출력 버퍼는 모두 높은 싱크 전류와 높은 소스전류를 공급할 수 있는 대칭적 구동 특성을 가지고 있다. 핀 구동 장치는 LED를 직접 구동할 수 있을 정도로 충분히 강하며, 모든 포트는 각각 개별적으로 선택 가능한 풀업 저항을 가지고 있다.

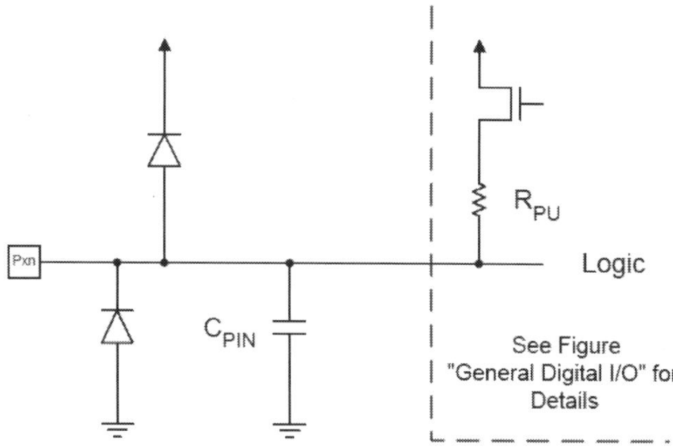

그림 4.1 입출력 등가회로

각 포트에 부하를 연결할 때는 다음과 같은 핀 허용 전류를 고려하여야 한다.

- I/O 핀 당 최대허용전류(직류)는 40mA이다.
- 전체 포트를 합한 부하전류는 400mA를 넘지 않아야 한다.

■ **싱크 전류에서 :**

- 포트 A0~A7, G2, C3~C7의 부하전류의 합은 100mA를 넘지 않아야 한다.
- C0~C2, G0~G1, D0~D7, XTAL2의 부하전류의 합은 100mA를 넘지 않아야 한다.
- B0~B7, G3~G4, E0~E7의 부하전류의 합은 100mA를 넘지 않아야 한다.
- F0~F7의 부하전류의 합은 100mA를 넘지 않아야 한다.

■ **소스 전류에서 :**

- 포트 A0~A7, G2, C3~C7의 부하전류의 합은 100mA를 넘지 않아야 한다.
- C0~C2, G0~G1, D0~D7, XTAL2의 부하전류 합은 100mA를 넘지 않아야 한다.
- B0~B7, G3~G4, E0~E7의 부하전류 합은 100mA를 넘지 않아야 한다.
- F0~F7의 부하전류 합은 100mA를 넘지 않아야 한다.

한편, 모든 입출력 핀은 그림 4.1에서와 같이 VCC와 GND에 대한 보호 다이오드를 가지고 있다.

4.2 범용 디지털 입출력 포트

각 포트는 선택적으로 사용 가능한 내부 풀-업 장치를 가지고 있는 양방향 입출력 포트이다. 그림 4.2는 하나의 입출력 핀에 대한 기능을 보여준다.

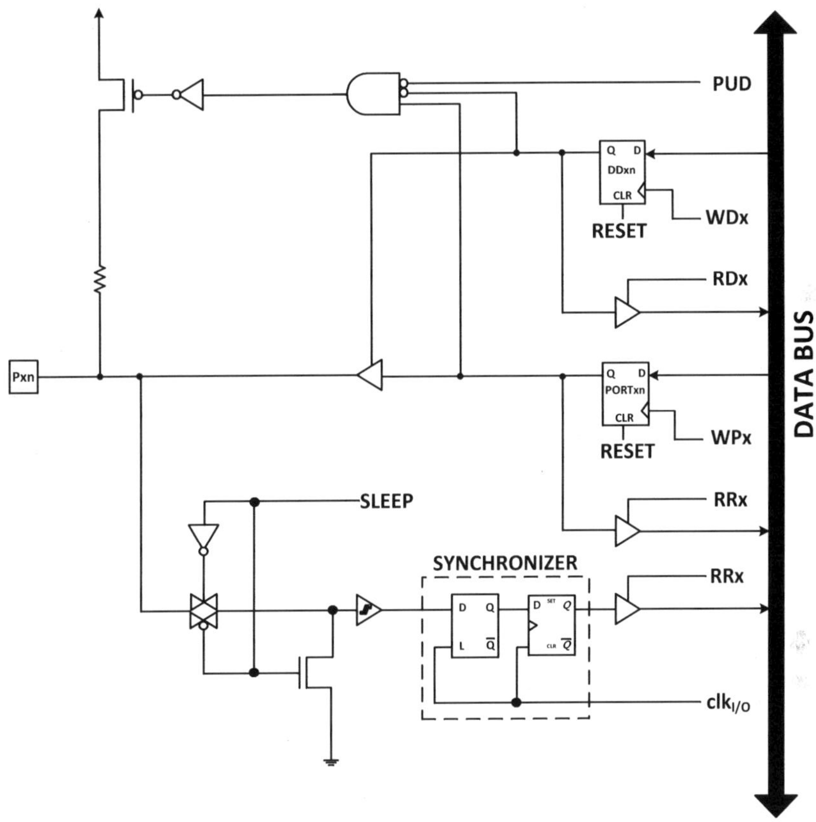

PUD : PULLUP DISABLE
SLEEP : SLEEP CONTROL
$clk_{I/O}$:I/O CLOCK
RRx : READ PORTx
WDx : WRITE DDRx
RXx : READ DDRx
WPx : WRITE PORTx
RPx : READ PORTx PIN

그림 4.2 범용 디지털 입출력 핀

(1) 핀 설명

각 포트의 핀은 3개의 레지스터(DDxn, PORTxn, PINxn)로 구성되어 있다. 여기서 x는 각 포트(A~G)를 나타내는 문자이며 n을 각 포트의 비트 번호를 나타낸다.

DDxn 비트는 DDRx 입출력 레지스터의 주소를 통하여 액세스될 수 있고, PORTxn 비트는 PORTx 입출력 레지스터 주소를 통하여 액세스될 수 있다. 그리고 PINxn 비트는 PINx 입출력 레지스터 주소를 통하여 액세스될 수 있다. DDRx에 있는 DDxn는 해당 핀의 방향을 결정한다. 즉 DDxn이 '1'이면 PINxn은 출력핀으로 설정되고, DDxn이 '0'이면 PINxn은 입력핀으로 설정된다. 어떤 핀이 입력으로 설정되어 있을 때, PORTxn에 '1'을 써넣으면 해당 풀-업 저항이 활성화 된다. 풀-업 저항을 비활성화 하려면 PORTxn에 '0'을 써넣거나 또는 해당 핀을 출력핀으로 설정하면 된다. 그리고 클럭이 동작하지 않더라도 리셋 상태에서의 포트 핀은 "tri-state"상태가 된다. 한편, 핀이 출력으로 설정되었을 때 PORTxn에 '1'을 써넣으면 해당 포트 핀은 '1'이 되고 PORTxn에 '0'을 쓰면 포트 핀은 '0'이 된다.

표 4.1은 핀에 대한 제어신호를 보여준다.

표 4.1 포트 핀 설정

DDxn	PORTxn	PUD	I/O	Pull-up	설 명
0	0	X	입력	NO	Tri-state(하이 임피던스)
0	1	0	입력	YES	만약 외부에서 풀 다운이 되어 있다면 Pxn핀은 소스가 된다.
0	1	1	입력	NO	Tri-state(하이 임피던스)
1	0	X	출력	NO	"Low" 출력 (싱크)
1	1	X	출력	NO	"High" 출력 (소스)

(2) 핀 값 읽기

데이터 방향 레지스터 DDRn의 설정과 무관하게, 포트 핀 값은 PINxn 레지스터를 통하여 읽을 수 있다. 그림 4.2에서 보여주는 것처럼 PINx 레지스터 비트와 래치는 하나의 동기회로를 구성하고 있다. 이것은 핀의 값이 내부 클럭의 에지 근처에서 변경될 경우 발생할 수 있는 준 안정성 상태를 피하기 위하여 필요하다. 그러나 이동기화 회로로 인하여 시간 지연 현상이 발생된다. 그림 4.3은 외부에서 입력된 핀 값을 읽을 때의 동기 타이밍도를 보여준다. 최대와 최소 전달 지연 시간은 $t_{pd.max}$ 와 $t_{pd.min}$으로 표기된다. 그림 4.3에서 시스템 클럭의 첫 번째 하강 에지 다음에 시작하는 클럭 주기를 생각해보자. 래치는 클럭이 "LOW"이면 닫히고 클럭이 "HIGH"이면, "SYNC LATCH" 신호의 빗금 친 영역으로 표시된 것처럼, 신호를 전달한다. 그리고 전달된 신호는 시스템 클럭이 "LOW"가 되면서 래치 된다. 그리고 그 다음에 오는 상승 클럭 에지에서 PINxn 레지스터로 클럭이 입력된다.

두 개의 화살표 $t_{PD,\max}$와 $t_{PD,\min}$로 나타낸 것처럼, 핀에서의 하나의 신호 전달은 삽입되는 시간에 따라 최소 0.5 시스템 클럭 주기에서 최대 1.5 시스템 클럭 주기 사이의 시간지연이 발생한다. 소프트웨어적으로 써넣어진 핀 값을 다시 읽을 때는 그림 4.4처럼 nop 명령이 삽입되어야 한다. 또한 Out 명령은 클럭의 상승에지에서 "SYNC LATCH"신호를 셋 한다. 이 경우, 동기회로에서의 시간지연(t_{pd})은 '1' 시스템 클럭 주기가 된다.

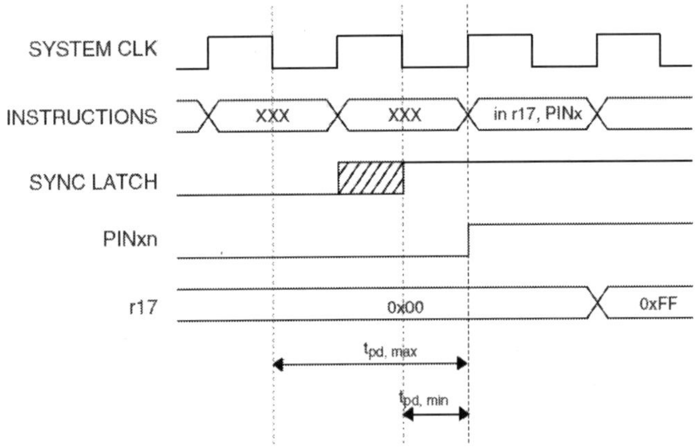

그림 4.3 외부에서 입력되는 핀 신호를 읽을 때의 동기 타이밍도

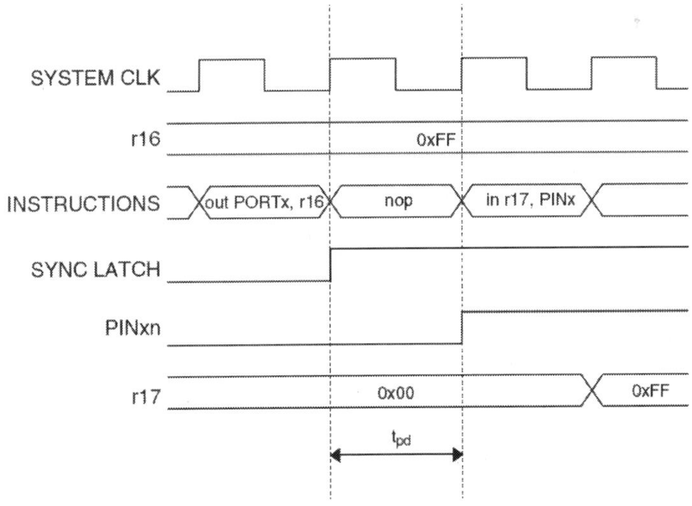

그림 4.4 소프트웨어적으로 써넣은 핀 값을 다시 읽을 때의 동기 타이밍도

(3) 디지털 입력 활성화와 슬립모드

그림 4.2에서와 같이 디지털 입력 신호는 슈미트 트리거의 입력부분에서 접지에 연결 될 수 있다. 그림에서 "SLEEP"로 표시된 신호는 일부 입력신호가 플로팅 상태로 남아 있거나 또는 $Vcc/2$에 가까운 아날로그 신호를 가질 때 소비전력이 커지는 것을 방지하기 위하여, MCU 슬립 제어기가 파워 다운 모드, 파워 세이브 모드, 그리고 확장된 스탠바이모드에서 '1'로 설정할 수 있다. 슬립 모드는 외부 인터럽트 핀으로 사용되는 포트 핀에 대해서는 영향을 미치지 못한다. 그러나 외부 인터럽트 기능이 사용 되지 않으면 슬립 모드는 이들 핀에 대에서도 동일하게 영향을 미친다. 만약 외부 인터럽트가 비활성화 되어 있는 동안, 상승에지, 하강에지, 또는 핀의 논리적 상태변화에서 인터럽트가 발생하도록 설정된 비동기 외부 인터럽트 핀이 '1'이 된다면, 위에서 언급된 슬립모드로부터 탈출 할 때, 해당 외부 인터럽트 플래그는 '1'이 된다. 왜냐하면 슬립 모드에 있을 때에도 인터럽트 요청 신호는 펜딩되어 유지되기 때문이다.

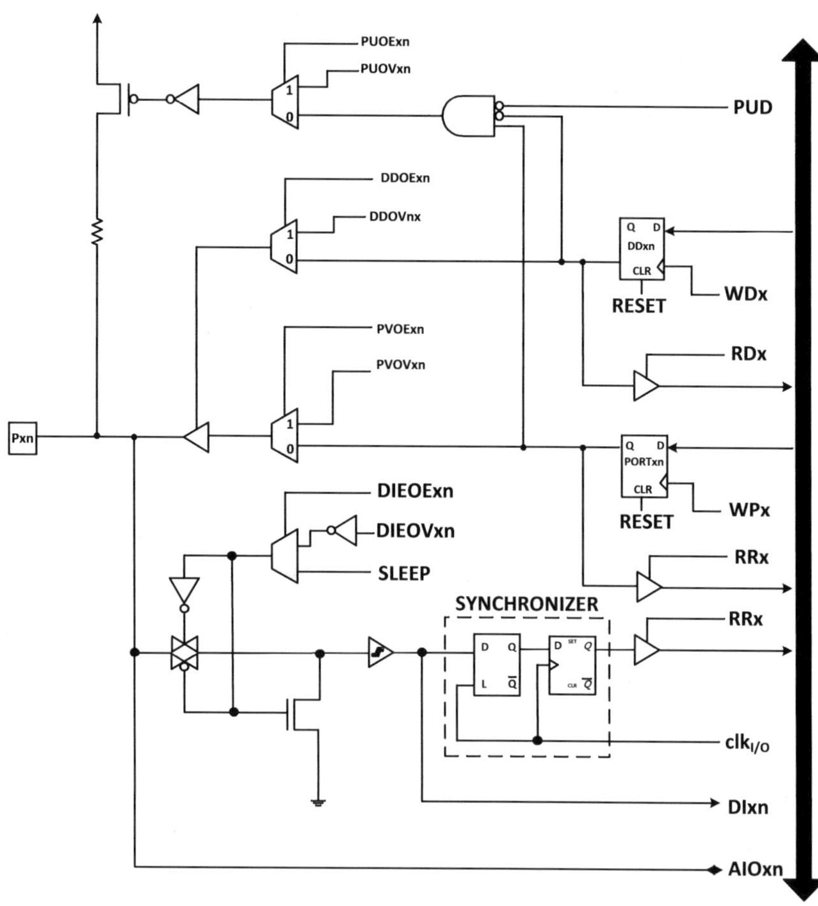

그림 4.5 포트의 부가기능[1]

주의 (1) WPx, WDx, RLx, RPx, RDx은 동일 포트에 있는 모든 핀에 공통이다.
- $clk_{I/O}$, SLEEP, PUD는 모든 포트에 공통이다.
- 모든 다른 신호들은 각 핀마다 독립적인 신호이다.
- 표 4.2는 부가 기능을 요약하여 보여준다.
- 그림 4.5에 나타난 핀과 포트는 표 4.2에서는 보이지 않는다. 부가 기능 신호는 부가 기능을 가지는 모듈에서 내부적으로 발생된다.

(4) 사용되지 않는 핀 처리

회로 설계시 사용되지 않는 핀이라고 하더라도 어떤 정의된 전압레벨을 가지도록 할 필요가 있다. 왜냐하면 슬립모드에서 대부분의 디지털 입력이 비활성화 되지만, 디지털 입력이 활성화 되는 다른 모든 모드(Reset, Active mode와 Idle mode)에서의 전력소모를 줄이기 위하여 플로팅된 입력은 피하는 것이 좋기 때문이다. 이 경우 가장 간단한 방법은 내부 풀-업을 활성화 하여 주는 것이다. 그러나 풀-업은 리셋 동안 비활성화 되므로 만약 리셋 기간 동안 저전력 소비가 중요하다면 외부 풀-업 또는 풀-다운을 하는 것이 좋지만 사용하지 않는 핀을 Vcc나 GND에 직접 연결하는 것은 좋지 않다. 왜냐하면 만약 이 핀이 우연히 출력으로 설정되는 경우 이것은 과도한 전류를 흘릴 수 있기 때문이다.

4.3 포트의 부가기능

대부분의 핀은 범용 디지털 입출력 핀 기능과 더불어 다른 부가적인 기능을 가지고 있다. 그림 4.5는 그림 4.2에서 보여준 포트 핀 제어 신호들이 어떻게 다른 기능에 의하여 대치될 수 있는지를 보여준다. 그림에서의 주요 신호들이 모든 포트 핀을 대표하는 것은 아니지만, 이 그림은 AVR의 모든 포트 핀에 적용 가능한 일반적인 설명을 하는데 도움을 준다.

표 4.2 부가기능 관련 주요 신호 설명

신호 이름	설 명
PUOE	Pull-up Override Enable PUOE = 1 : PUOV 신호에 의하여 풀-업이 제어된다. PUOE = 0 : {DDxn, PORTxn, PUD} = 0b010일 때 풀-업이 활성화된다.

신호 이름	설 명
PUOV	Pull-up Override Value PUOE = 1일 때 DDxn, PORTxn, PUD 레지스터의 설정에 관계없이, PUOV = 1 : 풀-업 활성화 PUOV = 0 : 풀-업 비활성화
DDOE	Data Direction Override Enable DDOE = 1 : 출력 구동장치는 DDOV 신호에 의하여 제어된다. DDOE = 0 : 출력 구동장치는 DDxn 레지스터에 의하여 활성화된다.
DDOV	Data Direction Override Value DDOE = 1이면, DDxn 레지스터와 관계없이, DDOV = 1 : 출력 구동장치가 활성화 된다. DDOV = 0 : 출력 구동장치가 비활성화 된다.
PVOE	Port Value Override Enable PVOE = 1이고, 출력 구동장치가 활성화되면, 포트값은 PVOV 신호에 의하여 제어된다. PVOE = 0이고, 출력 구동장치가 활성화되면, 포트 값은 PORTxn 레지스터 비트에 의하여 결정된다.
PVOV	Port Value Override Value PVOE = 1이면, 포트값은, PORTxn 레지스터 비트의 설정과 무관하게, PVOV = 1 : 포트값 = 1 PVOV = 0 : 포트값 = 0
DIEOE	Digital Input Enable Override Enable DIEOE = 1이면, 디지털 입력 활성화는 DIEOV 신호에 의하여 제어된다. DIEOE = 0이면, 디지털 입력 활성화는 MCU 상태(Normal mode, Sleep modes)에 의하여 결정된다.
DIEOV	Digital Input Enable Override Value DIEOE = 1이면, 디지털 입력의 활성화/비활성화는, MCU 상태(Normal mode, Sleep modes)와는 상관없이, DIEOV의 값에 의하여 결정된다. DIEOV = 0 : 디지털 입력은 비활성화 DIEOV = 1 : 디지털 입력은 활성화
DI	Digital Input 이것은 부가기능에 대한 디지털 입력이다. 그림에서 이 신호는 동기회로 앞에 있는 슈미터 트리거의 출력에 연결된다. 만일 디지털 입력이 클럭 소스로 사용되지 않는다면, 부가기능을 가진 그 모듈 자체 동기회로를 사용할 것이다.
AIO	Analog Input/output 이것은 부가기능으로부터 나오거나 들어오는 아날로그 입/출력이다. 이 신호는 패드에 직접 연결되어 있고 양방향으로 사용될 수 있다.

다음은 각 포트의 부가기능과 부가기능 관련 주요 신호에 대하여 살펴보자.

■ **SFIOR(특수기능 입출력 레지스터)**

Bit	7	6	5	4	3	2	1	0
	TSM	–	–	–	ACME	PUD	PSR0	PSR321
Read/Write	R/W	R	R	R	R/W	R/W	R/W	R/W
초기값	0	0	0	0	0	0	0	0

- Bit2 : PUD(풀업 비활성화)

  이 비트가 '1'이 되면 DDxn과 PORTxn 레지스터가 풀-업을 활성화 하도록({DDxn, PORTxn} = 0b01) 설정되더라도 입출력 포트의 풀-업은 비활성화 된다.

(1) 포트 A의 부가 기능

포트 A는 외부 메모리를 위한 어드레스 버스와 데이터 버스로 사용될 수 있다.

표 4.3 포트 A 핀 부가기능

포트 핀	부가기능
PA7	AD7(외부 메모리 인터페이스 어드레스/데이터 비트 7)
PA6	AD6(외부 메모리 인터페이스 어드레스/데이터 비트 6)
PA5	AD5(외부 메모리 인터페이스 어드레스/데이터 비트 5)
PA4	AD4(외부 메모리 인터페이스 어드레스/데이터 비트 4)
PA3	AD3(외부 메모리 인터페이스 어드레스/데이터 비트 3)
PA2	AD2(외부 메모리 인터페이스 어드레스/데이터 비트 2)
PA1	AD1(외부 메모리 인터페이스 어드레스/데이터 비트 1)
PA0	AD0(외부 메모리 인터페이스 어드레스/데이터 비트 0)

(2) 포트 B의 부가기능

포트 B는 표 4.4에서와 같은 부가 기능을 가지고 있다.

표 4.4 포트 B 핀 부가기능

포트 핀	부가기능
PB7	OC2/OC1C
PB6	OC1B
PB5	OC1A
PB4	OC0
PB3	MISO
PB2	MOSI
PB1	SCK
PB0	/SS

주의 OC1C는 Atmega103호환 모드에서는 지원되지 않는다.

핀의 부가 기능은 다음과 같다.

- **Bit 7 : OC2/OC1C(출력 비교 일치 출력핀/출력 비교 일치 C 출력핀)**
  - OC2(출력 비교 일치 출력핀)

    PB7 핀은 타이머/카운터2 출력 비교 기능의 외부 출력핀으로 사용된다. 이 기능으로 사용되기 위해서는 이 핀이 출력으로 설정되어 있어야 한다. OC2 핀은 또한 PWM 모드 타이머 기능의 출력핀으로 사용된다.
  - OC1C(출력 비교 일치 C 출력핀)

    PB7 핀은 타이머/카운터1 출력 비교 C의 외부 출력핀으로 사용된다. 이 기능으로 사용되기 위해서 이 핀은 출력으로 설정되어야 한다. OC1C 핀은 또한 PWM 모드 타이머 기능의 출력 핀으로 사용된다.

- **Bit6 : OC1B(출력 비교 일치 B 출력핀)**

  PB6 핀은 타이머/카운터1 출력 비교 B의 외부 출력핀으로 사용된다. 이 기능으로 사용되기 위해서는 이 핀은 출력으로 설정되어야 한다. OC1B 핀은 또한 PWM 모드 타이머 기능의 출력핀으로 사용된다.

- **Bit5 : OC1A(출력 비교 일치 A 출력핀)**

  PB5 핀은 타이머/카운터1 출력 비교 A의 외부 출력핀으로 사용된다. 이 기능으로 사용되기 위해서는 이 핀은 출력으로 설정되어야 한다. OC1A 핀은 PWM 모드 기능의 출력 핀으로도 사용된다.

- **Bit4 : OC0(출력 비교 일치 출력핀)**

  PB4는 타이머/카운터 0 출력 비교의 외부 출력 핀으로 사용된다. 이 기능으로 사용되기 위해서는 이 핀은 출력으로 설정되어야 한다. OC0핀은 PWM 코드 타이머 기능의 외부 출력핀으로도 사용 가능하다.

- **Bit3 : MISO(SPI 채널을 위한 마스터 데이터 입력/슬레이브 데이터 출력핀)**

  SPI가 마스터로 활성화 되면, 이 핀은 DDB3의 설정과 관계없이 입력핀으로 설정된다. SPI가 슬레이브로 활성화 되면, 이 핀의 데이터 방향은 DDB3의 설정 값에 의하여 결정된다. 이 핀이 입력이 되면 풀-업은 PORTB3 비트에 의하여 결정될 수 있다.

- **Bit2 : MOSI(SPI채널을 위한 SPI 마스터 데이터 출력, 슬레이브 데이터 입력)**

  SPI가 슬레이브로 설정되면 이 핀은 DDB2의 설정값과 관계없이 입력으로 설정된다. SPI가 마스트로 활성화되면 이 핀의 데이터 방향은 DDB2에 의하여 제어된다. 이 핀이 입력으로 설정되면 풀-업은 여전히 PORTB2 비트에 의하여 제어될 수 있다.

- **Bit1 : SCK(SPI 채널을 위한 마스트 클럭 출력, 슬레이브 클럭 입력핀)**

  SPI가 슬레이브로 활성화 되면 이 핀은 DDDB1의 설정값과 관계없이 입력으로 설정된다. SPI가 마스트로 활성화 되면 이 핀의 데이터 방향은 DDB1에 의하여 제어된다. 이 핀이 입력으로 설정되면 풀-업은 PORTB1 비트에 의하여 제어될 수 있다.

- **Bit0 : /SS(슬레이브 포트 선택 입력)**

  SPI가 슬레이브로 활성화되면 이 핀은 DDB0의 설정과 관련 없이 입력으로 설정된다. 이 핀이 "LOW"가 되면 SPI는 슬레이브로 활성화 된다.

  SPI가 마스트로 활성화 되면 이 핀의 데이터 방향은 DDB0에 의하여 결정된다. 이 핀이 입력으로 설정되면 풀-업은 포트B0 비트에 의하여 제어될 수 있다.

(3) 포트 C의 부가기능

103 호환모드에서 포트 C는 출력전용 포트이며, ATmega128은 기본적으로 103 호환모드로 설정된다. 그래서 PCB에 설치되기 전 ATmega128 모드로 프로그램 되지 않는다면 포트 C는 처음 전원이 인가되는 동안 출력이 된다. 그리고 103 호환모드가 비 활성화 될 때까지 출력이 될 것이다. 포트 C는 외부 메모리 인터페이스를 위한 어드레스 상위 바이트를 부가 기능으로 가지고 있다.

표 4.5 포트 C 핀 부가기능

포트 핀	부가기능
PC7	A15
PC6	A14
PC5	A13
PC4	A12
PC3	A11
PC2	A10
PC1	A9
PC0	A8

(4) 포트 D의 부가기능

포트 D의 부가 기능은 표 4.6과 같다.

표 4.6 포트 D 핀 부가기능

포트 핀	부가기능
PD7	T2(타이머/카운트2 클럭 입력)
PD6	T1(타이머/카운터1 클럭 입력)
PD5	XCK1(1)(USART1 외부 클럭 입력/출력)
PD4	ICP1(타이머/카운터1 입력 캡처 핀)
PD3	INT3/TXD1(1)(외부 인터럽트3 입력 또는 UART1 송신핀)
PD2	INT2/RXD1(1)(외부 인터럽트2 입력 또는 UART1 수신핀)
PD1	INT1/SDA(1)(외부 인터럽트1 입력 또는 TWI 직렬 데이터)
PD0	INT0/SCL(1)(외부 인터럽트0 입력 또는 TWI 직렬 클럭)

주의 (1) XCK1,TXD1,RXD1,SDA,SCL은 ATmega103 호환모드를 지원하지 않는다.

핀의 부가기능에 대한 설명은 다음과 같다.

- Bit7 : T2(T2, 타이머/카운터2 카운터 소스)
- Bit6 : T1(T1, 타이머/카운터1 카운터 소스)

- **Bit5 : XCK1(XCK1, USART1 외부 클럭)**

  데이터 방향 레지스터(DDD4)은 클럭을 출력 (DDD4=1)으로 할 것인지 입력 (DDD4=0)으로 할 것인지를 결정한다. 그리고 XCK1핀은 USART1가 동기 모드로 사용될 때 활성화 된다.

- **Bit4 : ICP1(ICP1, 입력 캡처핀1)**

  PD4 핀은 타이머/카운터1의 입력 캡처 핀으로 동작할 수 있다.

- **Bit3 : INT3/TXD1(외부 인터럽트 소스 3/USART1의 송신 데이터 출력핀)**
  - INT3 : 외부 인터럽트 소스 3

    PD3 핀은 MCU의 외부 인터럽트 소스로 동작할 수 있다.
  - TXD1 : USART1의 송신 데이터 출력핀

    USART1 송신장치가 활성화 되면 이 핀은 DDD3의 값에 관계없이 출력으로 설정된다.

- **Bit2** : INT2/RXD1(외부 인터럽트 소스 2/USART1의 수신 데이터 핀)
  - INT2 : 외부 인터럽트 소스 2

    PD2 핀은 MCU의 외부 인터럽트 소스로 동작할 수 있다.
  - RXD1 : USART1의 수신 데이터 핀

    USART1 수신 장치가 활성화 되면 이 핀은 DDD2의 값에 관계없이 입력으로 설정된다. USART가 이 핀을 1로 설정하면 풀-업은 PORTD2 비트에 의하여 제어될 수 있다.

- **Bit1 : INT1/SDA(외부 인터럽트 소스 1/2선 직렬 인터페이스 데이터 핀)**
  - INT1 : 외부 인터럽트 소스 1

    PD1 핀은 MCU의 외부 인터럽트 소스 핀으로 사용될 수 있다.
  - SDA : 2선 직렬 인터페이스 데이터 핀

    2선 직렬 인터페이스 기능을 활성화하기 위하여 TWEN 비트(TWCR)는 '1'이 되어야 한다. 그러면 PD1 핀은 포트로부터 분리되고 2선 직렬 인터페이스의 직렬 데이터 입출력 핀이 된다. 이 모드에서, 이 핀에는 입력 신호 상에 나타나는 50ns보다 짧은 스파이크를 억제하기 위한 스파이크 필터가 존재한다. 그리고 이 핀은 슬류 레이트 제한을 가지는 오픈 드레인 드라이브에 의하여 구동된다.

- **Bit0 : INT0/SCL(외부 인터럽트 소스 0/2선 직렬 인터페이스 클럭 핀)**
  - INT0 : 외부 인터럽트 소스 0

    PD0는 MCU의 외부 인터럽트 소스 핀으로 사용될 수 있다.

- SCL : 2선 직렬 인터페이스 클럭 핀

  2선 직렬 인터페이스 기능을 활성화하기 위하여 TWEN(TWCR)비트는'1'이 되어야 한다. 그러면 PD0 핀은 2선 직렬 인터페이스의 직렬 클럭 입출력 핀이 된다. 이 모드에서, 이 핀에는 50ns보다 짧은 스파이크 형태의 입력신호를 억제하기 위한 스파이크 필터가 존재한다. 그리고 이 핀은 슬류 레이트 제한을 가지는 오픈 드레인 드라이브에 의하여 구동된다.

(5) 포트 E의 부가기능

표 4.7는 포트 E의 부가 기능을 보여준다.

표 4.7 포트 E 핀의 부가기능

포트 핀	부가기능
PE7	INT7/ICP3(1)(외부 인터럽트7 입력 또는 타이머/카운터3 입력 캡처 핀)
PE6	INT6/T3(1)(외부 인터럽트6 입력 또는 타이머/카운터3 클럭 입력)
PE5	INT5/OC3C(1)(외부 인터럽트5 입력 또는 타이머/카운터3의 출력 비교 그리고 PWM 출력 C)
PE4	INT4/OC3B(외부 인터럽트4 입력 또는 타이머/카운터3에 대한 출력 비교 그리고 PWM 출력 B)
PE3	AIN1/OC3A(1)(아날로그 비교장치 (-)입력 또는 타이머/카운터3에 대한 출력 비교 그리고 PWM 출력 A)
PE2	AIN0/XCK0(1)(아날로그 비교장치 (+)입력 또는 USART0의 외부 클럭 입/출력)
PE1	PD0/TXD0(프로그래밍 데이터 출력 또는 USART0 송신 핀)
PE0	PDI/RXD0(프로그래밍 데이터 입력 또는 USART0 수신 핀)

주의 (1) ICP3, T3, OC3C, OC3B, OC3B, OC3A, and XCK0 는 103 호환모드에서 사용되지 않는다.

- **Bit7 : INT7/ICP3(외부 인터럽트 소스7/타이머/카운터 입력 캡처 핀 3)**
  - INT7 : 외부 인터럽트 소스7
  - ICP3 : 타이머/카운터 입력 캡처 핀 3

- **Bit6 : INT6/T3(외부 인터럽트 소스 6/타이머/카운터3 카운터 소스)**
  - INT6 : 외부 인터럽트 소스 6
  - T3 : 타이머/카운터3 카운터 소스

- Bit5 : INT5/OC3C(외부 인터럽트 소스5/출력 비교 일치 C 출력)
  - INT5 : 외부 인터럽트 소스5
  - OC3C : 출력 비교 일치 C 출력

  PE5핀은 타이머/카운터3 출력 비교 C의 외부 출력 핀으로 동작 할 수 있다. 이 기능을 수행하기 위해서는 출력으로 설정되어야 한다. OC3C 핀은 PWM 모드 타이머 기능의 출력 핀이다.

- Bit4 : INT4/OC3B(외부 인터럽트 소스 4/출력 비교 일치 B 출력)
  - INT4 : 외부 인터럽트 소스 4
  - OC3B : 출력 비교 일치 B 출력

  PE4 핀은 타이머/카운터3 출력 비교 B의 외부 출력으로 동작 할 수 있다. 이 기능을 수행하기 위해서는 출력 핀 (DDE4=1)으로 설정되어야 한다. OC3B 핀은 PWM 모드 타이머 기능의 출력 핀으로 사용 가능하다.

- Bit3 : AIN1/OC3A(아날로그 비교장치 (-)입력/출력 비교 일치 A 출력)
  - AIN1 : 아날로그 비교장치 (-)입력
  - OC3A : 출력 비교 일치 A 출력

  PE3 핀은 타이머/카운터3 출력 비교 A의 외부 출력 핀으로 사용한다. 이 기능으로 사용하기 위해서는 출력핀(DDE3=1)으로 설정되어야 한다. OC3A 핀은 PWM 모드 타이머 기능의 출력핀으로 사용한다.

- Bit2 : AIN0/XCK0(아날로그 비교장치의 (+) 입력/USART0 외부 클럭)
  - AIN0 : 아날로그 비교장치의 (+) 입력
  - XCK0 : USART0 외부 클럭

  데이터 방향 레지스터(DDE2)는 클럭이 출력 (DDE2=1) 또는 입력 (DDE2=0)이 될 것인가를 결정한다. XCK0 핀은 USART가 동기 모드로 동작될 때만 사용된다.

- Bit1 : PDO/TXD0(SPI 직렬 프로그래밍 데이터 출력/UART0 송신 핀)
  - PDO : SPI 직렬 프로그래밍 데이터 출력

    ATmega128에서 직렬 프로그램 다운로딩 동안 이 핀은 데이터 출력 선으로 사용된다.
  - TXD0 : UART0 송신 핀

- Bit0 : PDI/RXD0(SPI 직렬 프로그래밍 데이터 입력/USART0의 수신 핀)
  - PDI : SPI 직렬 프로그래밍 데이터 입력

    직렬 프로그램 다운로딩 동안 이 핀은 ATMEGA128의 데이터 입력 선으로 사용된다.

- RXD0 : USART0의 수신 핀

  USART0 수신장치는 DDRE0의 값에 관계없이 이 핀이 입력핀이 되도록 설정한다. USART0가 이 핀을 입력으로 설정하면 포트 E0 상의 논리적 '1'은 내부 풀-업을 동작시킨다.

(6) 포트 F의 부가기능

포트 F는 표 4.8에서와 같이 ADC를 위한 아날로그 입력핀으로 사용된다. 그리고 A/D 변환이 진행되는 동안에는 이 포트를 출력으로 설정할 수 없다. 만약 A/D 변환이 진행되는 동안 이 포트를 출력으로 설정한다면 A/D 변환의 결과는 파괴된다.

만약 JTAG 인터페이스가 활성화 되면 PF7(TDI), PF5(TMS) 그리고 PF4(TCK)의 풀-업 저항은 리셋이 발생하여도 활성화 된다.

표 4.8 포트 F핀 부가 기능

포트 핀	부가 기능
PF7	ADC7/TDI(ADC입력 채널7 또는 JTAG테스트 데이터 입력)
PF6	ADC6/TDO(ADC입력 채널6 또는 JTAG테스트 데이터 출력)
PF5	ADC5/TMS(ADC입력 채널5 또는 JTAG테스트 모드 선택)
PF4	ADC4/TCK(ADC입력 채널4 또는 JTAG테스트 클럭)
PF3	ADC3(ADC입력 채널3)
PF2	ADC2(ADC입력 채널2)
PF1	ADC1(ADC입력 채널1)
PF0	ADC0(ADC입력 채널0)

- **Bit7 : TDI/ADC7(A/D변환기 채널 7/JTAG 테스터 데이터 입력)**
  - ADC7 : A/D변환기 채널 7
  - TDI : JTAG 테스터 데이터 입력

    명령어 레지스터나 데이터 레지스터(scan chains)로부터의 직렬 입력 데이터이다. JTAG 인터페이스가 활성화되면 이 핀은 입출력 핀으로 사용할 수 없다.

- **Bit6 : TDO/ADC6(A/D변환기 채널 6/JTAG 테스터 데이터 출력)**
  - ADC6 : A/D변환기 채널 6

- TDO : JTAG 테스터 데이터 출력
  명령어 레지스터나 데이터 레지스터로부터의 직렬 출력 데이터이며 JTAG 인터페이스가 활성화되면 입출력 포트로 사용할 수 없다. 만약 TAP이 시프트 출력 데이터에 들어간 상태가 아니라면 TDO핀은 "tri-state" 상태가 된다.

- **Bit5 : TMS/ADC5(A/D변환기 채널 5/JTAG 테스트 모드 선택)**
  - ADC5 : A/D변환기 채널 5
  - TMS : JTAG 테스트 모드 선택
    이 핀은 TAP-제어기 상태 기계 네비게이팅으로 사용된다. JTAG 인터페이스가 활성화되면 이 핀은 입출력 핀으로 사용할 수 없다.

- **Bit4 : TCK/ADC4(A/D변환기 채널 4/JTAG 테스트 클럭)**
  - ADC4 : A/D변환기 채널 4
  - TCK : JTAG 테스트 클럭
    JTAG 동작은 TCK에 동기되어 동작한다. JTAG 인터페이스가 활성화되면 이 핀은 입출력 핀으로 사용할 수 없다.

- **Bit3~0 : ADC3~ADC0**
  - A/D변환기 채널 3~0

(7) 포트 G의 부가기능

- **Bit4 : TOSC1(타이머 오실레이터 핀 1)**

ASSR 레지스터의 AS0 비트가 '1'이 되어 타이머/카운터0의 비동기 클럭 입력 기능을 활성화시키면, 이 핀은 오실레이터 증폭기의 반전입력이 된다.

이 모드에서는 크리스털 오실레이터가 이 핀에 연결되고 입출력 핀으로는 사용 할 수 없다.

- **Bit3 : TOSC2(타이머 오실레이터 핀 2)**

ASSR 레지스터의 AS0 비트가'1'이 되어 타이머/카운터0의 비동기 클럭 입력 기능을 활성화시키면, 이 핀은 오실레이터 증폭기의 반전출력이 된다. 이 모드에서는 크리스털 오실레이터가 이 핀에 연결되어지고 이 핀은 입출력 핀으로 사용 될 수 없다.

- **Bit2 : ALE(어드레스 래치 인에이블 신호)**

ALE는 외부 메모리 어드레스 래치 인에이블 신호이다.

- **Bit1 : /RD(외부 데이터 메모리 읽기 신호)**
  /RD는 외부 데이터 메모리 읽기 신호이다.

- **Bit0 : /WR(외부 데이터 메모리 쓰기 신호)**
  /WR은 외부 데이터 메모리 쓰기 신호이다.

표 4.9는 포트 G의 부가 기능과 그림 4.5의 부가 신호 사이의 관계를 보여준다.

표 4.9 포트 G 핀 부가기능

포트 핀	부가기능
PG4	TOSC1(RTC 오실레이터 타이머/카운터0)
PG3	TOSC2(RTC 오실레이터 타이머/카운터0)
PG2	ALE(외부 메모리에 대한 어드레스 래치 인에이블)
PG1	/RD(외부 메모리 리드 스트로보)
PG0	/WR(외부 메모리 쓰기 스트로보)

4.4 입출력 포트 관련 레지스터

1) Port A 데이터 레지스터 – PORTA

Bit	7	6	5	4	3	2	1	0
	PORTA7	PORTA6	PORTA5	PORTA4	PORTA3	PORTA2	PORTA1	PORTA0
Read/Write	R/W	R/W	R/W	R/W	R/W	R/W	R/W	R/W
초기값	0	0	0	0	0	0	0	0

2) Port A 데이터 방향 레지스터 – DDRA

Bit	7	6	5	4	3	2	1	0
	DDA7	DDA6	DDA5	DDA4	DDA3	DDA2	DDA1	DDA0
Read/Write	R/W	R/W	R/W	R/W	R/W	R/W	R/W	R/W
초기값	0	0	0	0	0	0	0	0

3) Port A 입력 핀 주소 – PINA

Bit	7	6	5	4	3	2	1	0
	PINA7	PINA6	PINA5	PINA4	PINA3	PINA2	PINA1	PINA0
Read/Write	R	R	R	R	R	R	R	R
초기값	N/A	N/A	N/A	N/A	N/A	N/A	N/A	N/A

4) Port B 데이터 레지스터 – PORTB

Bit	7	6	5	4	3	2	1	0
	PORTB7	PORTB6	PORTB5	PORTB4	PORTB3	PORTB2	PORTB1	PORTB0
Read/Write	R/W	R/W	R/W	R/W	R/W	R/W	R/W	R/W
초기값	0	0	0	0	0	0	0	0

5) Port B 데이터 방향 레지스터 – DDRB

Bit	7	6	5	4	3	2	1	0
	DDB7	DDB6	DDB5	DDB4	DDB3	DDB2	DDB1	DDB0
Read/Write	R/W	R/W	R/W	R/W	R/W	R/W	R/W	R/W
초기값	0	0	0	0	0	0	0	0

6) Port B 입력 핀 주소 – PINB

Bit	7	6	5	4	3	2	1	0
	PINB7	PINB6	PINB5	PINB4	PINB3	PINB2	PINB1	PINB0
Read/Write	R	R	R	R	R	R	R	R
초기값	N/A	N/A	N/A	N/A	N/A	N/A	N/A	N/A

7) Port C 데이터 레지스터 – PORTC

Bit	7	6	5	4	3	2	1	0
	PORTC7	PORTC6	PORTC5	PORTC4	PORTC3	PORTC2	PORTC1	PORTC0
Read/Write	R/W	R/W	R/W	R/W	R/W	R/W	R/W	R/W
초기값	0	0	0	0	0	0	0	0

8) Port C 데이터 방향 레지스터 – DDRC

Bit	7	6	5	4	3	2	1	0
	DDC7	DDC6	DDC5	DDC4	DDC3	DDC2	DDC1	DDC0
Read/Write	R/W	R/W	R/W	R/W	R/W	R/W	R/W	R/W
초기값	0	0	0	0	0	0	0	0

9) Port C 입력 핀 주소 – PINC

Bit	7	6	5	4	3	2	1	0
	PINC7	PINC6	PINC5	PINC4	PINC3	PINC2	PINC1	PINC0
Read/Write	R	R	R	R	R	R	R	R
초기값	N/A	N/A	N/A	N/A	N/A	N/A	N/A	N/A

10) Port D 데이터 레지스터 – PORTD

Bit	7	6	5	4	3	2	1	0
	PORTD7	PORTD6	PORTD5	PORTD4	PORTD3	PORTD2	PORTD1	PORTD0
Read/Write	R/W	R/W	R/W	R/W	R/W	R/W	R/W	R/W
초기값	0	0	0	0	0	0	0	0

11) Port D 데이터 방향 레지스터 – DDRD

Bit	7	6	5	4	3	2	1	0
	DDD7	DDD6	DDD5	DDD4	DDD3	DDD2	DDD1	DDD0
Read/Write	R/W	R/W	R/W	R/W	R/W	R/W	R/W	R/W
초기값	0	0	0	0	0	0	0	0

12) Port D 입력 핀 주소 – PIND

Bit	7	6	5	4	3	2	1	0
	PIND7	PIND6	PIND5	PIND4	PIND3	PIND2	PIND1	PIND0
Read/Write	R	R	R	R	R	R	R	R
초기값	N/A	N/A	N/A	N/A	N/A	N/A	N/A	N/A

13) Port E 데이터 레지스터 – PORTE

Bit	7	6	5	4	3	2	1	0
	PORTE7	PORTE6	PORTE5	PORTE4	PORTE3	PORTE2	PORTE1	PORTE0
Read/Write	R/W	R/W	R/W	R/W	R/W	R/W	R/W	R/W
초기값	0	0	0	0	0	0	0	0

14) Port E 데이터 방향 레지스터 – DDRE

Bit	7	6	5	4	3	2	1	0
	DDE7	DDE6	DDE5	DDE4	DDE3	DDE2	DDE1	DDE0
Read/Write	R/W	R/W	R/W	R/W	R/W	R/W	R/W	R/W
초기값	0	0	0	0	0	0	0	0

15) Port E 입력 핀 주소 – PINE

Bit	7	6	5	4	3	2	1	0
	PINE7	PINE6	PINE5	PINE4	PINE3	PINE2	PINE1	PINE0
Read/Write	R	R	R	R	R	R	R	R
초기값	N/A	N/A	N/A	N/A	N/A	N/A	N/A	N/A

16) Port F 데이터 레지스터 – PORTF

Bit	7	6	5	4	3	2	1	0
	PORTF7	PORTF6	PORTF5	PORTF4	PORTF3	PORTF2	PORTF1	PORTF0
Read/Write	R/W	R/W	R/W	R/W	R/W	R/W	R/W	R/W
초기값	0	0	0	0	0	0	0	0

17) Port F 데이터 방향 레지스터 – DDRF

Bit	7	6	5	4	3	2	1	0
	DDF7	DDF6	DDF5	DDF4	DDF3	DDF2	DDF1	DDF0
Read/Write	R/W	R/W	R/W	R/W	R/W	R/W	R/W	R/W
초기값	0	0	0	0	0	0	0	0

18) Port F 입력 핀 주소 - PINF

Bit	7	6	5	4	3	2	1	0
	PINF7	PINF6	PINF5	PINF4	PINF3	PINF2	PINF1	PINF0
Read/Write	R	R	R	R	R	R	R	R
초기값	N/A	N/A	N/A	N/A	N/A	N/A	N/A	N/A

19) Port G 데이터 레지스터 - PORTG

Bit	7	6	5	4	3	2	1	0
	-	-	-	PORTG4	PORTG3	PORTG2	PORTG1	PORTG0
Read/Write	R	R	R	R/W	R/W	R/W	R/W	R/W
초기값	0	0	0	0	0	0	0	0

20) Port G 데이터 방향 레지스터 - DDRG

Bit	7	6	5	4	3	2	1	0
	-	-	-	DDG4	DDG3	DDG2	DDG1	DDG0
Read/Write	R	R	R	R/W	R/W	R/W	R/W	R/W
초기값	0	0	0	0	0	0	0	0

21) Port G 입력 핀 주소 - PING

Bit	7	6	5	4	3	2	1	0
	-	-	-	PING4	PING3	PING2	PING1	PING0
Read/Write	R	R	R	R	R	R	R	R
초기값	0	0	0	0	0	0	0	0

CHAPTER 05

인터럽트

마이크로프로세서는 분기 명령이 없으면 메모리에 저장된 명령어를 순서대로 처리하는 자동 기계이다. 이러한 일상적인 프로그램을 수행하는 도중 긴급하게 처리해야 되는 사건이 발생하면 어떻게 해야 할 것인가? CPU는 동시에 1개 이상의 일을 할 수 없기 때문에 긴급한 상황이 발생하면 일상적인 프로그램 수행을 중지하고 긴급한 내용을 먼저 처리해야 한다. 이러한 기능은 마이크로프로세서에서 인터럽트라는 기능으로 제공되고 있다. 예를 들어 내가 책을 보고 있다고 가정해 보자. 이때 전화벨이 울리면 나는 책을 보던 쪽을 표시 해 놓고 전화를 받는다. 그리고 전화 받는 용무가 끝나면 표시해 놓았던 쪽을 펴서 책을 계속 읽는다. 이러한 경우를 마이크로프로세서의 인터럽트 기능과 비교해 보면 다음과 같다.

나의 동작	인터럽트 기능
책을 보고 있다.	주 프로그램 수행
전화벨이 울린다.	인터럽트 요청
전화를 받는다.	인터럽트 서비스 루틴 수행
전화 받는 동작을 종료하고 다시 책을 읽는다.	인터럽트 서비스 루틴에서 주 프로그램 루틴으로 복귀

한편, 전화를 받으러 갈 때 나는 돌아와서 책을 계속 읽기를 원함으로 현재까지 읽은 쪽을 표시하게 된다. 그리고 전화를 받고 돌아와서는 지금까지 읽었던 장소 이후에서부터 책을 읽게 된다. 이것도 마이크로프로세서에서 동일하게 발생한다. 마이크로프로세서는 인터럽트가 요청되면 인터럽트 서비스 루틴으로 분기하기 전에 반드시 현재 프로그램이 수행되고 있는 곳을 기억하기 위하여 현재의 프로그램 카운터 값을 스택에 저장하게 된다. 그리고 인터럽트 서비스 루틴을 종료하게 되면 스택에 저장된 프로그램 카운터 값을 이용하여 복귀해야 할 프로그램 위치로 복귀하여 주 프로그램을 지속하게 된다. 이제 의문이 하나 생긴다. "인터럽트가 요청되면 무조건 요청된 인터럽트를 먼저 처리해야 하는가?" 하는 것이다.

이것은 인터럽트의 종류에 따라 다르게 처리된다. 인터럽트의 종류에는 마스커블 인터럽트(maskable interrupt)와 논 마스커블 인터럽트(non-maskable interrupt)가 있다 마스커블 인터럽트는 소프트웨어적으로 인터럽트를 막을 수 있는 인터럽트이고, 논 마스커블 인터럽트는 막을 수 없는 인터럽트이다. 즉 마스커블 인터럽트는 인터럽트 요청이 있을 때, 이 인터럽트 요청을 무시하고 하던 일을 계속 할 수 있다. 그러나 논 마스커블 인터럽트의 경우에는 인터럽트 요청이 있으면 무조건 인터럽트 요청을 처리해야 한다. 이러한 논 마스커블 인터럽트는 전원 이상 등 긴급한 상황 등을 처리하는데 이용된다.

인터럽트를 요청해서 CPU가 받으면 인터럽트가 요구하는 일, 즉 인터럽트 서비스를 해주어야 하는데 이 인터럽트를 요청한 사건의 종류에 따라 항상 일정한 주소번지로 분기하는 인터럽트 처리 방법을 "벡터 인터럽트" 방법이라고 하고, 분기되는 주소 번지를 "인터럽트 벡터"라고 한다. 마이크로프로세서에서 벡터란 항상 일정한 번지로 분기하여 처리한다는 의미를 가지고 있다.

예를 들어 AVR ATmega128 외부 인터럽트 0이 발생하면 무조건 0x0002 번지에 저장된 명령어를 실행한다. 그러므로 프로그래머는 외부 인터럽트 0이 발생하면 어떻게 처리할 것인가를 사전에 분석하고 그 처리 루틴을 0x0002 번지에 미리 저장시켜 놓으면 된다.

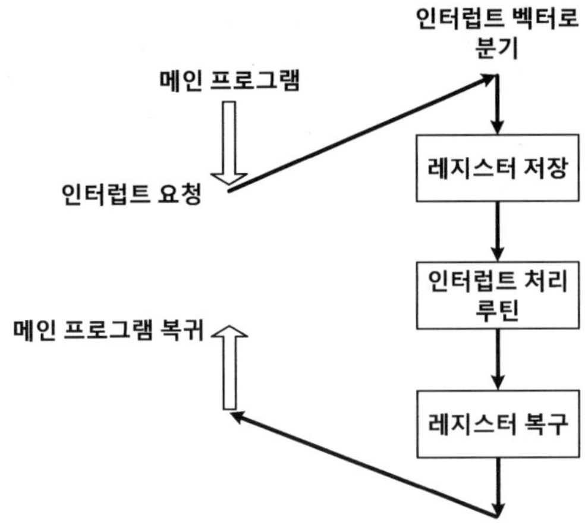

그림 5.1 인터럽트 처리 방법

ATmega128의 인터럽트는 크게 2가지 유형이 있는데 첫 번째는 인터럽트 발생시 해당 레지스터의 플래그 비트를 셋 하는 인터럽트이다. 이러한 종류의 인터럽트는 인터럽트 서비스 루틴이 수행되면 플래그가 자동으로 클리어 된다. 또한 인터럽트가 마스크 레지스터나 또는 SREG 레지스터를 통하여 금지 상태로 하였다 하더라도 인터럽트가 발생하면 플래그 비트를 셋 하므로, 이들 플래그 비트를 클리어 하지 않는 한, 인터럽트가 활성화 되면 이들 인터럽트는 처리된다.

둘째는 인터럽트가 요청되더라도 플래그 비트를 셋 하지 않는 인터럽트이다. 이러한 인터럽트는 인터럽트 조건이 만족할 때만 인터럽트가 처리되며 인터럽트 조건이 사라지면 인터럽트 요청도 사라지므로 나중에 인터럽트가 다시 활성화 되어도 인터럽트는 처리되지 않는다.

ATmega128에서의 인터럽트 동작은 다른 마이크로컨트롤러와는 달리 특이한 점을 가지고 있다. 우선 인터럽트의 우선순위를 결정하는 레지스터가 존재하지 않는다. 그리고 인터럽트가 발생하여 서비스 루틴이 처리되고 있는 동안에는 전체 인터럽트 허용 비트(SREG 레지스터의 I 비트)가 클리어 되어, 다른 인터럽트가 발생하더라도 그 인터럽트를 수행하지 않는다는 것이다. 이 전체 인터럽트 허용 비트는 인터럽트 서비스 루틴의 종료를 알리는 복귀명령(RETI)문을 만나면 자동으로 다시 셋 된다. 따라서 다중 인터럽트를 허용하기 위해서는 인터럽트 서비스 루틴 내에서 글로벌 인터럽트 허용 비트를 셋 하여야 한다.

5.1 인터럽트 벡터

AVR ATmega128 마이크로컨트롤러는 리셋을 포함하여 35개의 인터럽트 소스를 가지고 있다. 이들 각각에 대한 인터럽트 벡터는 다음과 같다.

표 5.1 리셋과 인터럽트 벡터

벡터번호	벡터 번지(2)	인터럽트 소스	인터럽트 정의
1	0x0000(1)	RESET	외부 핀, 파워 온 리셋, Brown-out 리셋, 워치독 리셋, JTAG AVR 리셋
2	0x0002	INT0	외부 인터럽트 0
3	0x0004	INT1	외부 인터럽트 1
4	0x0006	INT2	외부 인터럽트 2
5	0x0008	INT3	외부 인터럽트 3
6	0x000A	INT4	외부 인터럽트 4
7	0x000C	INT5	외부 인터럽트 5
8	0x000E	INT6	외부 인터럽트 6
9	0x0010	INT7	외부 인터럽트 7
10	0x0012	TIMER2 COMP	Timer/Counter2 Compare Match
11	0x0014	TIMER2 OVF	Timer/Counter2 Overflow
12	0x0016	TIMER1 CAPT	Timer/Counter1 Capture Event
13	0x0018	TIMER1 COMPA	Timer/Counter1 Compare Match A
14	0x001A	TIMER1 COMPB	Timer/Counter1 Compare Match B
15	0x001C	TIMER1 OVF	Timer/Counter1 Overflow
16	0x001E	TIMER0 COMP	Timer/Counter0 Compare Match
17	0x0020	TIMER0 OVF	Timer/Counter0 Overflow
18	0x0022	SPI, STC	SPI 직렬 전송 완료
19	0x0024	USART0, RX	USART0, 수신완료
20	0x0026	USART0, UDRE	USART0 데이터 레지스터 비움
21	0x0028	USART0, TX	USART0, 송신완료
22	0x002A	ADC	ADC 변환완료

23	0x002C	EE READY	EEPROM Ready
24	0x002E	ANALOG COMP	아날로그 비교장치
25	0x0030	TIMER1 COMPC[3]	Timer/Countre1 Compare Match C
26	0x0032	TIMER3 CAPT[3]	Timer/Counter3 Capture Event
27	0x0034	TIMER3 COMPA[3]	Timer/Counter3 Compare Match A
28	0x0036	TIMER3 COMPB[3]	Timer/Counter3 Compare Match B
29	0x0038	TIMER3 COMPC[3]	Timer/Counter3 Compare Match C
30	0x003A	TIMER3 OVF[3]	Timer/Counter3 Overflow
31	0x003C	USART1, RX[3]	USART1, 수신완료
32	0x003E	USART1, UDRE[3]	USART1 데이터 레지스터 비움
33	0x0040	USART1, TX[3]	USART1, 송신완료
34	0x0042	TWI[3]	2선 직렬 인터페이스
35	0x0044	SPM READY[3]	Store Program Memory Ready

주의 (1) BOOTRST 퓨즈가 프로그램 되면 리셋시 부트로드 벡터로 분기한다.
(2) IVSEL 비트(MCUCR)가 '1'이 되면 인터럽트 벡터는 부트 플래시 영역의 시작 번지로 이동한다. 각 인터럽트 벡터 번지는 부트 플래시 영역의 시작 번지에 추가된 이 테이블 내에 번지 지정된다.
(3) 0x0030~0x0044 번지의 인터럽트는 ATmega103 호환모드에는 존재하지 않는다.

표 5.2 리셋과 인터럽트 벡터 위치

BOOTRST	IVSEL	리셋 주소	인터럽트 벡터 시작 주소
1	0	0x0000	0x0002
1	1	0x0000	부트 리셋 주소 + 0x0002
0	0	부트 리셋 주소	0x0002
0	1	부트 리셋주소	부트 리셋 주소 + 0x0002

주의 BOOTRST 퓨즈가 1이 의미하는 것은 프로그램 되지 않는다는 것을 의미하며 0은 프로그램 된다는 것을 의미한다.

하지만 ATmega128의 리셋 벡터 및 인터럽트 벡터는 항상 표 5.1과 같이 위치가 고정되어 있는 것이 아니라 퓨즈 상위 바이트의 BOOTRST 비트 및 MCUCR 레지스터의 IVSEL 비트에 따라 표 5.2와 같이 여러 조합이 가능하다. 부트 리셋주소는 부트 로더 섹션의 크기에 따라 달라지는데 이는 퓨즈 상위 바이트의 BOOTSZ1~0 비트에 의하여 설정된다. 표 5.2는 BOOTRST와 IVSEL 설정에 의한 여러 가지 조합에 대한 리셋과 인터럽트 벡터 위치를 보여준다.

만약 프로그램이 인터럽트 소스를 활성화 하지 않으면 인터럽트 벡터는 사용되지 않는다. 그리고 일반 프로그램 코드가 이들 위치에 존재하게 된다. ATmega128에서 가장 전형적인 (BOOTRST=1, IVSEL=0)인 경우의 리셋과 인터럽트 벡터 주소를 고려한 프로그램 설정은 다음과 같다.

주 소	라 벨	코 드	설 명 문
0x0000		jmp RESET	; Reset Handler
0x0002		jmp EXT_INT0	; IRQ0 Handler
0x0004		jmp EXT_INT1	; IRQ1 Handler
0x0006		jmp EXT_INT2	; IRQ2 Handler
0x0008		jmp EXT_INT3	; IRQ3 Handler
0x000A		jmp EXT_INT4	; IRQ4 Handler
0x000C		jmp EXT_INT5	; IRQ5 Handler
0x000E		jmp EXT_INT6	; IRQ6 Handler
0x0010		jmp EXT_INT7	; IRQ7 Handler
0x0012		jmp TIM2_COMP	; Timer2 Compare Handler
0x0014		jmp TIM2_OVF	; Timer2 Overflow Handler
0x0016		jmp TIM1_CAPT	; Timer1 Capture Handler
0x0018		jmp TIM1_COMPA	; Timer1 CompareA Handler
0x001A		jmp TIM1_COMPB	; Timer1 CompareB Handler
0x001C		jmp TIM1_OVF	; Timer1 Overflow Handler
0x001E		jmp TIM0_COMP	; Timer0 Compare Handler
0x0020		jmp TIM0_OVF	; Timer0 Overflow Handler
0x0022		jmp SPI_STC	; SPI Transfer Complete Handler
0x0024		jmp USART0_RXC	; USART0 RX Complete Handler
0x0026		jmp USART0_DRE	; USART0,UDR Empty Handler
0x0028		jmp USART0_TXC	; USART0 TX Complete Handler
0x002A		jmp ADC	; ADC Conversion Complete Handler
0x002C		jmp EE_RDY	; EEPROM Ready Handler
0x002E		jmp ANA_COMP	; Analog Comparator Handler
0x0030		jmp TIM1_COMPC	; Timer1 CompareC Handler
0x0032		jmp TIM3_CAPT	; Timer3 Capture Handler
0x0034		jmp TIM3_COMPA	; Timer3 CompareA Handler

0x0036		jmp TIM3_COMPB	; Timer3 CompareB Handler
0x0038		jmp TIM3_COMPC	; Timer3 CompareC Handler
0x003A		jmp TIM3_OVF	; Timer3 Overflow Handler
0x003C		jmp USART1_RXC	; USART1 RX Complete Handler
0x003E		jmp USART1_DRE	; USART1,UDR Empty Handler
0x0040		jmp USART1_TXC	; USART1 TX Complete Handler
0x0042		jmp TWI	; Two-wire Serial Interface Interrupt Handler
0x0044		jmp SPM_RDY	; SPM Ready Handler
0x0046	RESET:	ldir 16, high(RAMEND)	; Main program start
0x0047		out SPH, r16	; Set stack pointer to top of RAM
0x0048		ldi r16, low(RAMEND)	
0x0049		out SPL, r16	
0x004A		sei	; Enable interrupts
0x004B		⟨instr⟩ xxx	

그러나 BOOTRST=1, IVSEL=1로 설정하고 부트 영역 사이즈가 8KB인 경우, 리셋과 인터럽트 벡터 주소를 위한 가장 전형적이고 일반적인 프로그램 설정은 다음과 같다.

주 소	라 벨	코 드	설 명 문
0x0000	RESET:	ldi r16, high(RAMEND)	; Main program start
0x0001		out SPH, r16	; Set stack pointer to top of RAM
0x0002		ldi r16, low(RAMEND)	
0x0003		out SPL, r16	
0x0004		sei	; Enable interrupts
0x0005		⟨instr⟩ xxx	
		ORG 0xF002	
0xF002		jmp EXT_INT0	; IRQ0 Handler
0xF004		jmp EXT_INT1	; IRQ1 Handler
....		....	....
0xF044		jmp SPM_RDY	Store Program Memory Ready Handler

또한 BOOTRST=0, IVSEL=0로 설정되고 부트 영역 사이즈가 8KB로 설정되어 있을 때, 리셋과 인터럽트 벡터 주소를 위한 일반적인 프로그램 설정은 다음과 같다.

주 소	라 벨	코 드	설 명 문
		org 0x002	
0x0002		jmp EXT_INT0	; IRQ0 Handler
0x0004		jmp EXT_INT1	; IRQ1 Handler
....		....	....
0x044		jmp SPM_RDY	; Store Program Memory Ready Handler
		org 0xF000	
0xF0000	RESET:	ldi r16, high(RAMEND)	; Main program start
0xF0001		out SPH, r16	; Set stack pointer to top of RAM
0xF0002		ldi r16, low(RAMEND)	
0xF0003		out SPL, r16	
0xF0004		sei	; Enable interrupts
0xF0005		〈instr〉 xxx	

마지막으로 BOOTRST=0, IVSEL=1로 설정되고 부트 영역 사이즈가 8KB로 설정되어 있을 때, 리셋과 인터럽트 벡터 주소를 위한 가장 전형적이고 일반적인 프로그램 설정은 다음과 같다.

주 소	라 벨	코 드	설 명 문
		ORG 0xF000	
0xF000		jmp RESET	; Reset handler
0xF002		jmp EXT_INT0	; IRQ0 Handler
0xF004		jmp EXT_INT1	; IRQ1 Handler
...			
0xF044		jmp SPM_RDY	; Store Program Memory Ready Handler
0xF046	RESET:	ldi r16, high(RAMEND)	; Main program start
0xF047		out SPH, r16	; Set stack pointer to top of RAM
0xF048		ldi r16, low(RAMEND)	
0xF049		out SPL, r16	
0xF04A		sei	; Enable interrupts
0xF04B		〈instr〉 xxx	

5.2 응용 영역과 부트 영역 사이의 인터럽트 이동

인터럽트 벡터를 응용 프로그램 영역과 부트로더 영역 사이에 이동시키기 위하여 MCUCR 레지스터의 IVSEL 비트가 사용된다. 이 비트를 0으로 클리어 하면 인터럽트 벡터는 응용 프로그램 영역인 플래시 메모리의 시작부분에 위치하게 되고, 이 비트를 1로 셋 하게 되면 인터럽트 벡터는 플래시 메모리에서 부트로더 영역의 선두 부분에 위치하게 된다. 부트로더 영역의 정확한 주소 범위는 퓨즈 상위 바이트의 BOOTSZ1~0 비트에 의하여 설정된다. 그리고 프로그램 오류에 의하여 인터럽트 벡터 테이블이 이동되는 것을 방지하기 위하여 IVSEL 비트의 설정값을 변경하는 데는 특별한 절차가 필요하다.

(1) 관련 레지스터

1) MCUCR(MCU 제어 레지스터)

Bit	7	6	5	4	3	2	1	0
	SER	SRW10	SE	SM1	SM0	SM2	IVSEL	IVCE
Read/Write	R/W	R/W	R/W	R/W	R/W	R/W	R/W	R/W
초기값	0	0	0	0	0	0	0	0

- Bit 1 : IVSEL(인터럽트 벡터 선택 비트)

IVSEL=0 : 인터럽트 벡터는 플래시 메모리의 시작번지에 위치

IVSEL=1 : 인터럽트 벡터는 플래시 메모리의 부트로더 영역 시작번지로 이동

부트 플래시 메모리 영역의 실제 시작 번지는 BOOTSZ 퓨즈에 의하여 결정된다. 인터럽트 벡터 테이블의 의도하지 않은 변경을 방지하기 위하여, IVSEL 비트를 변경할 때는 다음과 같은 특별한 쓰기 절차가 필요하다.

㉠ 인터럽트 벡터 변경 인에이블 비트(IVCE)에 '1'을 써넣는다.

㉡ 4사이클 이내에, IVCE에는 '0'을, IVSEL에는 원하는 값을 함께 써넣는다.

이러한 절차가 수행되어지는 동안 인터럽트는 자동으로 비활성화 된다. 즉 IVCE=1인 사이클 동안 인터럽트는 비활성화 된다. 그리고 IVSEL에 값을 써넣는 명령 이후에 다음 명령이 올 때까지 비활성화된 상태를 유지한다. 만약 ㉠ 단계 수행 이후에 ㉡ 단계가 수행되지 않으면(즉, IVSEL에 값을 써넣지 않으면) 인터럽트는 4사이클 동안 비활성화 상태를 유지한 후 원래 상태로 복구된다. 그리고 상태 레지스터의 'I' 비트는 자동 비활성

화에 의하여 영향을 받지 않는다.

주의 만약 인터럽트 벡터가 부트로더 영역에 배치되어 있고 부트락 비트 BLB02가 프로그램 되어 진다면, 응용 프로그램 영역으로부터 수행되어지는 동안 인터럽트는 비활성화 된다. 그와 반대로, 인터럽트 벡터가 응용영역에 배치되어 있고 부트락 비트 BLB12가 프로그램 되어 진다면, 부트로더 영역으로부터 수행되는 동안 인터럽트는 비활성화 된다.

- **Bit 0 : IVCE(인터럽트 벡터 변경 인에이블)**
  IVSEL 비트의 변경을 가능하게 하기 위하여 IVCE 비트는 '1'이 되어야 한다. IVCE비트는 그곳에 값이 써넣어지고 4사이클 후 또는 IVSEL에 값을 써넣으면 하드웨어적으로 클리어 된다. IVCE 비트의 설정은 인터럽트를 비활성화 시킨다.

다음은 IVCE와 IVSEL의 설정 예이다.

C-Code 예

```
void Move_interrupts(void)
{
/* Enable change of interrupt vectors*/
MCUCR = (1<<IVCE);
/* Move interrupts to boot flash section */
MCUCR = (1<<IVSEL);
}
```

5.3 외부 인터럽트

외부 인터럽트 신호는 INT7~INT0 핀을 통하여 입력된다. 인터럽트가 활성화되면 INT7~INT0 핀이 출력으로 설정된 경우라도 인터럽트는 동작한다.

외부 인터럽트는 "상승에지", "하강에지", "LOW 레벨"에서 트리거 될 수 있다. 이것은 외부 인터럽트 제어 레지스터 EICRA(INT3~INT0)와 EICRB(INT7~INT4)의 값을 통하여 설정된다. 외부 인터럽트가 활성화 되고 레벨 트리거로 설정되면, 인터럽트는 핀이 "LOW"를 유지하는 동안 지속적으로 인터럽트가 트리거 된다.

INT7~INT4 핀 상의 "상승에지" 또는 "하강에지" 인터럽트의 인식은 I/O 클럭($clk_{I/O}$)을 필요로 한다. 하지만 INT3~INT0 상의 "LOW 레벨 인터럽트"와 "에지 인터럽트"는 I/O 클럭($clk_{I/O}$)을 필요로 하지 않는다. 즉, 비동기적으로 검출된다.

따라서 INT7~4의 에지 트리거 모드에서는 인터럽트 인식을 위하여 입출력 클럭($clk_{I/O}$)을 사용하므로 모드 진입시 입출력 클럭($clk_{I/O}$)이 차단되는 슬립모드(아이들 모드 제외)로부터 탈출하기 위한 방법으로 사용할 수 없다. 하지만 INT3~0 상의 "LOW 레벨 인터럽트" 또는 "에지 인터럽트"를 인식하는데 입출력 클럭($clk_{I/O}$)이 필요 없으므로 아이들 모드 이외의 다른 슬립모드로부터 탈출하기 위한 방법으로 사용될 수 있다. 한편, 슬립모드로부터 탈출하기 위하여 레벨 트리거 인터럽트가 사용되는 경우에는, 외부 인터럽트 요청 신호(LOW 레벨)가 충분히 길게 유지되어야 한다. 즉 MCU가 슬립모드로부터 탈출 할 수 있을 때까지 그 신호를 유지하여야 한다. 이것은 MCU가 노이즈에 조금 덜 민감하게 만드는 효과가 있다.

레벨 트리거 인터럽트를 이용하여 슬립모드로부터 탈출하는 경우, "LOW 레벨 인터럽트" 신호는 워치독 오실레이터 클럭(5.0V, 25℃에서 1us(공칭)의 주기를 가진다.)에 의하여 2회 샘플링 되며, 이 기간 동안 "LOW 레벨"로 샘플링 되거나 또는 "start-up" 시간이 종료될 때까지 "LOW 레벨"을 유지한다면, 슬립모드로부터 탈출할 수 있다. 여기서 "start-up" 시간은 SUT 퓨즈에 의하여 결정된다. 그러나 워치독 오실레이터 클럭에 의하여 "LOW 레벨"이 2회 샘플링은 되었지만, "start-up" 시간이 종료될 때까지 "LOW 레벨"을 유지하지 못한다면, MCU는 슬립모드로부터 탈출은 하지만 인터럽트를 발생시키지는 않는다. 따라서 레벨 트리거 인터럽트 모드에서, "LOW 레벨" 신호는 슬립모드도 해제하고 인터럽트도 발생시킬 수 있을 정도로 충분히 긴 시간동안 유지되어야 한다.

(1) 외부 인터럽트 관련 레지스터

1) EICRA(외부 인터럽트 제어 레지스터 A)

인터럽트 제어 레지스터 EICRA와 EICRB의 인터럽트 검출 제어 비트는 "상승에지, 하강에지, 레벨 중 어떤 상태에서 외부 인터럽트를 발생시킬 것인가?" 하는 것을 정의한다. 이 레지스터는 103 호환모드에서는 사용이 불가능 하지만, 초기값은 Atmega103처럼 INT3~0가 "LOW 레벨" 인터럽트로 정의된다.

Bit	7	6	5	4	3	2	1	0
	ISC31	ISC30	ISC21	ISC20	ISC11	ISC10	ISC01	ISC00
Read/Write	R/W	R/W	R/W	R/W	R/W	R/W	R/W	R/W
초기값	0	0	0	0	0	0	0	0

- **Bit 7~0 : 외부 인터럽트3~0 검출 제어 비트**

SREG 레지스터의 "I" 플래그와 EIMSK의 해당 인터럽트 마스크가 '1'로 설정되어 있으면 외부 인터럽트3~0은 외부 핀 INT3~INT0에 입력되는 신호에 의하여 동작된다. "레벨 인터럽트를 발생시킬 것인가?" 또는 "에지에서 인터럽트를 발생시킬 것인가?" 하는 것은 표 5.3과 같이 정의된다.

INT3~INT0핀 상에서 입력되는 신호의 에지는 비동기적으로 동작된다. 표 5.4에 나타나 있는 최소 펄스 폭 보다 넓은 펄스가 INT3~0 핀으로 입력되면 인터럽트가 발생된다. 그러나 이보다 더 짧은 펄스가 입력되면 인터럽트 발생을 보장할 수 없다. "LOW 레벨 인터럽트"가 선택되면, 인터럽트를 발생시키기 위하여, 현재 수행 중인 명령이 완료될 때까지 "LOW 레벨"을 유지하여야 한다. 그리고 인터럽트가 활성화되어 있다면 "LOW 레벨 트리거 인터럽트"는 핀이 "LOW"를 유지하는 한 지속적으로 인터럽트를 발생시킨다. 또한 ISCn 비트가 변경되면 인터럽트가 발생될 수 있다. 따라서 EIMSK 레지스터의 인터럽트 인에이블 비트를 클리어하여 INTn를 먼저 비활성화 시킨 다음에 ISCn 비트를 변경하여야 한다. 마지막으로 INTn 인터럽트 플래그는 인터럽트가 재 활성화되기 전에 EIFR 레지스터의 인터럽트 플래그 비트(INTFn)에 '1'을 써넣음으로서 클리어 될 수 있다.

표 5.3 인터럽트 센서 제어[(1)]

ISCn1	ISCn0	설 명
0	0	INTn의 "LOW 레벨"에서 인터럽트 발생
0	1	INTn의 "논리적 변화"가 발생한 경우 인터럽트 발생 (상승에지, 하강에지 모두에서 인터럽트 발생)
1	0	INTn의 "하강에지"에서 인터럽트 발생
1	1	INTn의 "상승에지"에서 인터럽트 발생

주의 (1) n = 3, 2, 1, 0.
ISCn1/ISCn0를 변경할 때는 EIMSK 내의 해당 인터럽트 인에이블 비트를 클리어 하여 인터럽트를 비활성화 하여야 한다. 그렇지 않으면 해당 비트가 변경될 때 인터럽트가 발생된다.

표 5.4 비동기 외부 인터럽트 특성

심 볼	파라메터	조건	Min	Typ	Max	단위
t_{INT}	비동기 외부 인터럽트 발생을 위한 최소 펄스폭			50		ns

2) EICRB(외부 인터럽트 제어 레지스터 B)

Bit	7	6	5	4	3	2	1	0
	ISC71	ISC70	ISC61	ISC60	ISC51	ISC50	ISC41	ISC40
Read/Write	R/W	R/W	R/W	R/W	R/W	R/W	R/W	R/W
초기값	0	0	0	0	0	0	0	0

- Bits 7~0 : 외부 인터럽트7~4 검출 제어 비트

만약 SREG 레지스터의 'I' 플래그와 해당 인터럽트 마스크가 '1'로 설정되어 있다면, 외부 인터럽트(7~4)는 외부 핀(INT7~4)에 의하여 구동된다. "레벨 인터럽트를 발생시킬 것인가?" 또는 "에지에서 인터럽트를 발생시킬 것인가?" 하는 것은 표 5.5와 같이 정의된다. INT7~4핀 상의 값은 검출에지 앞에서 샘플링 된다. 그리고 에지 또는 토글 인터럽트가 선택되었을 때, '1'클럭 주기 보다 긴 펄스는 인터럽트를 발생시키지만 이보다 짧은 펄스는 인터럽트 발생을 보장 할 수 없다. 그러므로 만약 XTAL 분주기가 활성화 되었다면, CPU 클럭 주파수가 XTAL 주파수 보다 낮아질 수 있다는 사실에 주의해야 한다. "LOW 레벨 인터럽트"가 선택되면 "LOW 레벨"은 인터럽트 발생을 위하여 현재 수행중인 명령이 완료될 때까지 유지되어야 한다. 그리고 인터럽트가 활성화 되어 있으면 "레벨 트리거 인터럽트"는 그 핀이 "LOW"를 유지하는 한 지속적인 인터럽트를 요청하게 된다.

표 5.5 인터럽트 검출 제어 비트(1)

ISCn1	ISCn0	설 명
0	0	INTn의 "LOW 레벨"에서 인터럽트 발생
0	1	예약
1	0	INTn의 "하강에지"에서 인터럽트 발생
1	1	INTn의 "상승에지"에서 인터럽트 발생

주의 (1) n = 7, 6, 5 or 4.
ISCn1/ISCn0를 변경할 때는 먼저 해당 인터럽트 인에이블 비트를 클리어하여 인터럽트를 디스에이블 하여야 한다. 그렇지 않으면 해당 비트가 변경될 때 인터럽트가 발생된다.

3) EIMSK(외부 인터럽트 마스크 레지스터)

Bit	7	6	5	4	3	2	1	0
	INT7	INT6	INT5	INT4	INT3	INT2	INT1	INT0
Read/Write	R/W	R/W	R/W	R/W	R/W	R/W	R/W	R/W
초기값	0	0	0	0	0	0	0	0

- Bits 7~0 : 외부 인터럽트 요청7~0 인에이블

이 레지스터의 INT7~INT0 비트와 SREG 레지스터의 'I' 비트가 '1'이면, 해당 외부 핀 인터럽트가 활성화 된다.

4) EIFR(외부 인터럽트 플래그 레지스터)

Bit	7	6	5	4	3	2	1	0
	INTF7	INTF6	INTF5	INTF4	INTF3	INTF2	INTF1	INTF0
Read/Write	R/W	R/W	R/W	R/W	R/W	R/W	R/W	R/W
초기값	0	0	0	0	0	0	0	0

- Bits 7~0 : 외부 인터럽트 7~0 플래그 비트

INT7~INT0 핀 상의 에지 또는 논리적 변화가 인터럽트를 발생시키면, 외부 인터럽트 플래그 레지스터 INTF7~INTF0는 '1'이 된다. 그리고 만약 SREG 레지스터의 'I' 비트와, 해당 인터럽트 인에이블 비트(INT7~INT0, EIMSK)가 '1'이라면 MCU는 인터럽트 벡터로 분기하여 처리 루틴을 수행한다. 그리고 인터럽트 처리루틴이 수행되면 해당 인터럽트 플래그 비트는 클리어 된다. 인터럽트 플래그 비트를 클리어 하는 또 다른 방법은 해당 플래그 비트에 '1'을 써넣는 방법이다. 즉 해당 플래그 비트에 '1'을 써넣으면 그 플래그 비트는 '0'이 된다. 한편, INT7~INT0가 레벨 인터럽트로 설정되면 이들 플래그는 항상 '0'이 된다. INT3~INT0 인터럽트가 비활성화 상태에서 슬립모드로 들어가면, 이들 핀 상의 입력버퍼는 비활성화 된다. 이것은 INTF3~INTF0 플래그를 셋 하는 내부 신호의 논리적 변화를 발생시킬 수 있다.

CHAPTER 06

타이머/카운터

타이머/카운터는 입력으로 들어오는 펄스의 개수를 계수하는 장치이다. 즉 입력으로 들어오는 펄스가 마이크로컨트롤러의 내부 클럭이면 타이머가 되고, 외부 핀에서 입력되면 카운터가 된다. 그러나 ATmega128의 타이머/카운터는 단순히 펄스 계수나, 시간측정만을 수행하는 것이 아니고, 펄스폭 변조(PWM), 직렬 포트의 보-레이트 발생기, 입력 캡처 기능, 출력 비교 기능 등 여러 가지 특수 기능을 가지고 있다. ATmega128에는 모두 4개의 타이머/카운터가 있다. 이 중 타이머0와 타이머2는 8비트 타이머/카운터이며 타이머/카운터1과 타이머/카운터3는 16비트 타이머/카운터이다.

6.1 타이머/카운터0

타이머/카운터0는 PWM 및 비동기 동작 모드를 지원하는 범용 단일 채널 8비트 타이머/카운트이며 다음과 같은 특징을 가지고 있다.

- 단일 채널 카운터
- Auto Reload 기능을 가진 CTC(Clear Timer on Compare Match.)
- Glitch-free, 위상 보정 PWM 기능
- 주파수 발생장치
- 10 비트 클럭 프리스케일러
- 오버플로 인터럽트 소스와 비교 일치 인터럽트 소스(TOV0와 OCF0)
- 시스템 클럭과는 별도로 32.768 kHz 외부 시계 크리스털로부터 클럭을 입력 받을 수도 있다.(TOSC1, TOSC2핀)

그림 6.1은 8비트 타이머/카운터의 블록도를 보여준다. 그림 6.1에서 TCNT0(타이머/카운터 레지스터), OCR0(출력 비교 레지스터)는 8비트 레지스터이며 인터럽트 요청 신호는 TIFR(타이머 인터럽트 플래그 레지스터)에서 확인 가능하다. 모든 타이머 인터럽트는 TIMSK(타이머 인터럽트 마스크 레지스터)에서 개별적으로 마스크 할 수 있다. 타이머/카운터는 프리스케일러를 통하여 내부적으로 클럭을 공급받거나, 또는 TOSC1, TOSC2 핀을 통하여 외부로부터 클럭을 공급받을 수 있다. 외부 클럭을 사용하는 비동기 동작은 ASSR(비동기 상태 레지스터)에 의하여 제어되며 클럭 소스가 선택되지 않으면 타이머/카운터는 동작되지 않는다. 클럭 선택 로직은 클럭 소스(타이머/카운터 값을 증가시키거나 감소시키기 위한)를 선택하기 위하여 사용되며 클럭 선택 로직의 출력은 타이머 클럭 clk_{T0}가 된다.

OCR0(이중 버퍼 출력 비교 레지스터)값은 항상 타이머/카운터(TCNT0)값과 비교되어지며, 그 결과는 PWM 발생시키거나 또는 OC0 핀(출력 비교 핀)의 가변 주파수 출력을 발생시키는 파형 발생기에 의하여 사용된다.

비교 일치 사건이 발생되면 OCF0(비교 플래그)가 셋 되며, OCF0 신호는 출력 비교 인터럽트를 발생시키기 위하여 사용될 수 있다.

* **정의** : 8비트 타이머/카운터에 관한 설명에서 "BOTTOM"은 8비트 카운터가 가질 수 있는 "**최소값(0x00)**"을 나타내고 반대로 "MAX"는 카운터가 가질 수 있는 최대값(0x0FF)를 나타낸다. 또한 "TOP"은 각 동작 모드에 따라 카운터가 실제로 도달하는 최대의 값을 나타내는데, 이 값은 동작 모드에 따라 "MAX"가 되기도 하고 OCR0 레지스터 또는 OCR2 레지스터에 설정된 값이 되기도 한다.

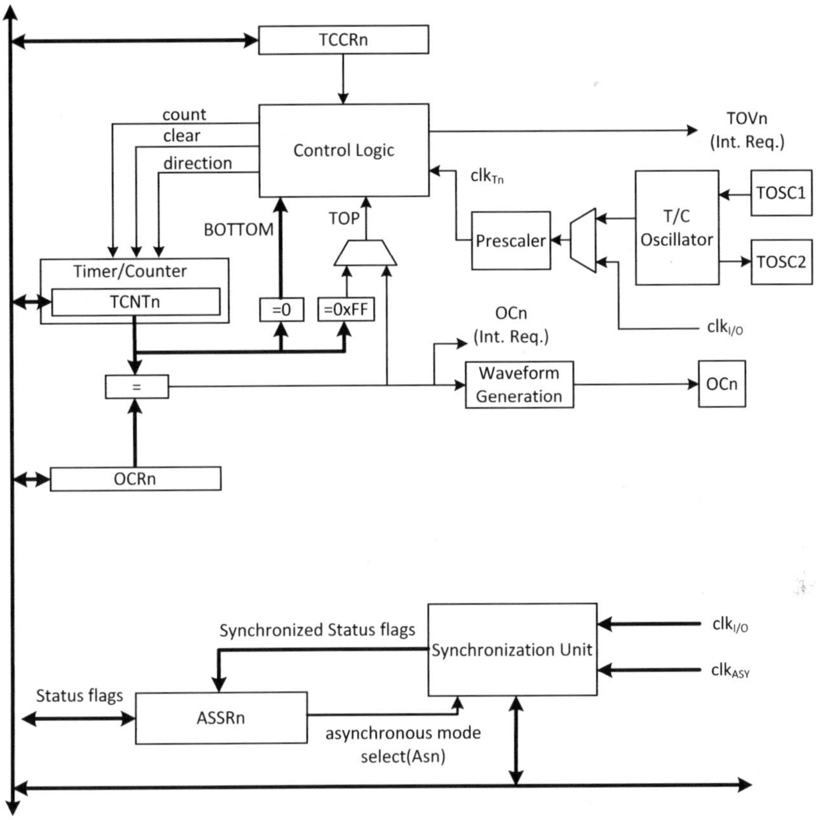

그림 6.1 8비트 타이머/카운터 블록도

(1) 클럭 소스

타이머/카운터0의 클럭은 내부 동기 클럭이나 외부 비동기 클럭 소스에 의하여 공급된다. 타이머/카운터의 클럭 소스(clk_{T0})는 기본적으로 MCU 클럭($clk_{I/O}$)과 동일하다. 그래서 ASSR 레지스터의 AS0 비트가 '0'이면 타이머/카운터0의 클럭 소스는 MCU 클럭($clk_{I/O}$)이 되고 AS0 비트가 '1'이면 클럭 소스는 TOSC1, TOSC2에 연결된 타이머/카운터 오실레이터로부터 얻어진다.

(2) 카운터 장치

8비트 타이머/카운터의 주요부는 프로그램 가능한 양방향 카운터 장치이다.

그림 6.2는 카운터와 주변부의 블럭도를 보여준다.

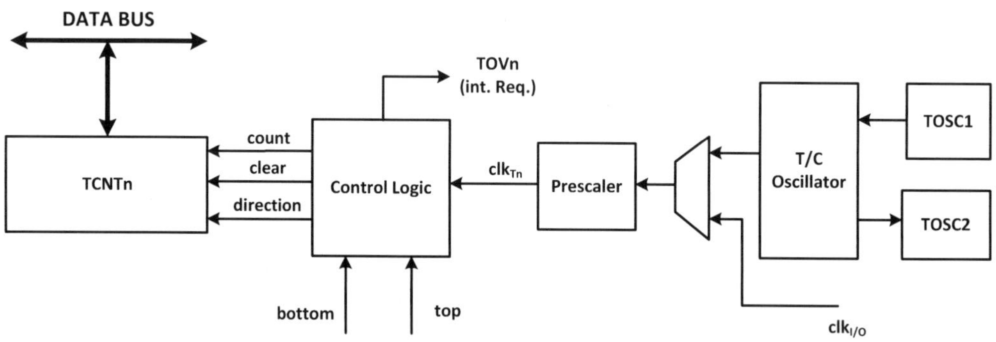

그림 6.2 카운터 장치 블록도

*** 신호설명(내부 신호)**

① count : TCNTn을 1씩 증가 또는 감소
② direction : 카운터 방향을 설정(증가 또는 감소 선택)
③ clear : TCNTn를 클리어(모든 비트를 0으로 설정)
④ clk_{T0} : 타이머/카운터 클럭
⑤ top : TCNT0가 최대값에 도달하였음을 표시
⑥ bottom : TCNT0가 최소값에 도달하였음을 표시

동작 모드에 따라, 카운터는 매 타이머 클럭(clk_{T0})마다 "클리어" 되거나 "증가" 또는 "감소" 된다. clk_{T0}은 클럭 선택 비트(CS02~CS00)값에 따라 "분주된 내부 클럭 소스" 또는 "외부 클럭 소스"가 된다. 클럭 소스가 선택되지 않으면 타이머는 정지된다. CPU는 clk_{T0}의 존재 유, 무에 관계없이 TCNT0 값을 액세스할 수 있으며, 모든 카운터를 클리어 하거나 카운터 동작을 변경할 수 있다. 카운터의 동작 모드는 TCCR0 레지스터의 WGM01, WGM00 비트 값에 의하여 결정된다. "카운터가 어떻게 동작하는가?" 하는 것과 "출력 비교 장치의 출력 핀인 OC0 핀에 파형이 어떻게 발생될 것인가?" 하는 것은 밀접한 관계가 있다. TOV0는 WGM01~WGM00 비트에 의하여 선택된 동작 모드에 따라 '1'이 되며, CPU 인터럽트를 발생시키기 위하여 사용될 수 있다.

(3) 프리스케일러

내부 또는 외부로부터 입력되는 타이머/카운터의 클럭 소스는 직접 사용될 수도 있지만 프리스케일러를 사용하여 8, 32, 64, 128, 256, 1024로 분주하여 사용 할 수도 있다. 그림 6.3은 타이머/카운터0의 프리스케일러 구성도를 보여준다.

그림 6.3에서 타이머/카운터0의 클럭 소스는 클럭 선택신호(AS0)에 의하여 결정되며, 내부

클럭($clk_{I/O}$) 또는 외부 클럭($TOSC$ 1)으로부터 입력되는 클럭 소스 중 하나를 선택할 수 있다. 이 클럭 소스(clk_{TOS})는 10비트 프리스케일러에서 분주비 선택비트($CS0 \sim CS2$)에 의하여 결정된 분주비로 분주되며, 분주된 클럭은 타이머/카운터0의 클럭 소스(clk_{T0})가 된다.

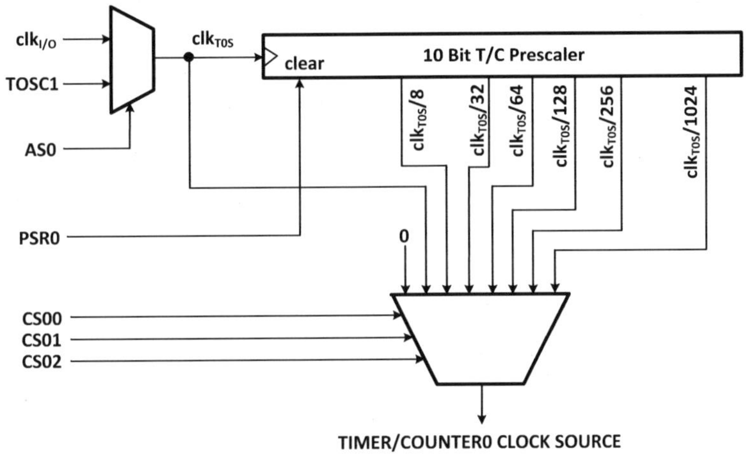

그림 6.3 타이머/카운터0의 프리스케일러

ASSR 레지스터의 AS0(클럭 소스 선택)비트가 '0'이면 타이머/카운터0는 내부클럭($clk_{I/O}$)로부터 클럭 신호를 입력 받아 타이머가 되지만, AS0(클럭소스 선택)비트가 '1'이면, 타이머/카운터0는 외부의 TOSC1 핀으로부터 비동기 클럭 신호를 입력 받아 카운트로 동작한다. AS0(클럭 소스 선택) 비트가 '1'이면 핀 TOSC1와 TOSC2 핀은 더 이상 일반 입출력 포트 C의 기능으로 사용되지 않고, 타이머/카운터0를 위한 독립 클럭 소스로 사용될 크리스털을 연결하는데 사용된다. 이 크리스털은 32.768 kHz를 사용하도록 최적화되어 있다. TOSC1에 외부 클럭 소스(오실레이터)를 사용하는 것은 추천되지 않는다. 그리고 SFIOR 레지스터의 PSR0 비트를 '1'로 하면 프리스케일러는 리셋 된다.

(4) 출력비교 장치

8 비트 비교기는 TCNT0의 값과 OCR0의 값을 연속적으로 비교하여, TCNT0의 값과 OCR0의 값이 같아지면 비교 일치 신호를 출력한다. 비교 일치 신호는 비교일치가 발생 후 바로 다음에 오는 타이머 클럭 사이클에서 출력 비교 플래그 비트인 OCF0를 '1'로 셋 한다. 이때 인터럽트가 활성화(OCIE0=1)되어 있으면, 출력 비교 플래그는 출력 비교 인터럽트를 발생시킨다. 인터럽트가 처리되면 OCF0 플래그는 자동으로 클리어 된다. 한편, OCF0 플래그는 플래그에 '1'을

써넣음으로서 소프트웨어적으로 클리어될 수도 있다. 파형 발생장치는 WGM01~WGM00 비트와 COM01~COM00 비트를 통하여 설정된 동작모드로 파형출력을 발생시키기 위하여 이 비교일치 신호를 이용한다. 여기서 "MAX"와 "BOTTOM" 신호는 일부 동작모드에서 최대/최소값을 가지는 특수한 경우를 처리하기 위하여 사용된다. 그림 6.4는 출력 비교장치의 블럭도를 보여준다.

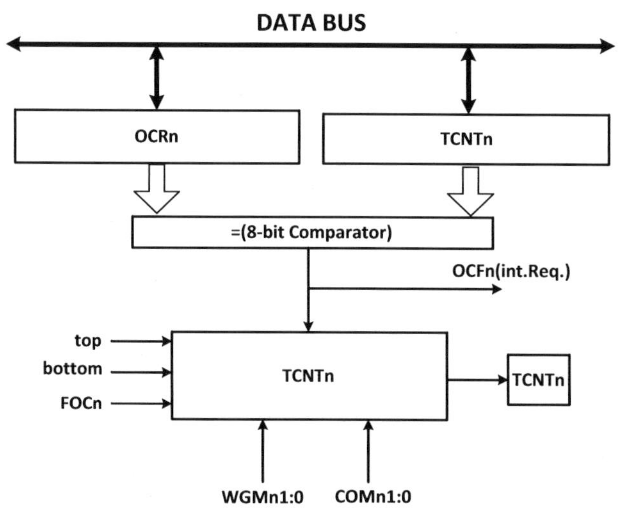

그림 6.4 출력 비교장치의 블록도

OCR0 레지스터는 PWM 모드를 사용할 때 이중 버퍼가 된다. 그러나 이중버퍼 기능은 일반동작과 CTC(Clear Timer on Compare)모드 동작에서는 비활성화 된다. 이중 버퍼는 OCR0 비교 레지스터의 업-데이터가 카운트의 최고 또는 최소값에서 이루어 질 수 있도록 동기화시키는 역할을 수행한다. 동기화는 odd-length의 발생이나 비대칭 PWM 펄스의 발생을 방지하여 글리치가 발생되지 않도록 해준다. 이중 버퍼가 활성화 되면, CPU는 OCR0 버퍼 레지스터를 액세스하지만, 이중 버퍼가 활성화되지 않으면 CPU는 OCR0를 직접 액세스한다.

1) 비교일치 강제출력

PWM 파형 발생 모드 이외의 다른 모드에서, 비교장치의 일치 출력은 FOC0(강제 출력 비교)비트에 '1'을 써넣음으로서 강제로 수행될 수 있다. 강제 비교 일치는 OCF0 플래그를 셋 하거나 타이머를 리로드/클리어 하지 않는다. 그러나 OC0 핀은 실제 비교 일치(COM01:0 비트의 설정은 OC0핀이 '1', '0' 또는 토글이 될 것인가를 정의한다.)가 발생한 것처럼 업-데이터가 발생된다.

2) TCNT0에 써넣기에 의한 비교일치 억제

CPU가 TCNT0 레지스터에 값을 써넣는 모든 동작은, 비록 타이머가 정지 상태라고 할지라도, 다음 타이머 클럭 사이클에서 발생한 어떤 비교 일치도 발생시키지 않는다. 이러한 특징은 타이머/카운터가 활성화 되어 있을 때, 인터럽트를 발생시키지 않고 OCR0가 TCNT0와 동일한 값으로 초기화 되어질 수 있도록 해준다.

3) 출력 비교 장치의 사용

어떤 동작 모드에서, TCNT0에 값을 써넣으면 '1' 타이머 클럭 사이클 동안 모든 비교 일치 기능이 억제되기 때문에, 출력 비교채널을 사용할 때 TCNT0의 변경은 타이머/카운터 동작 유무에 관계없이 위험성을 내포하고 있다.

만약 OCR0의 값과 동일한 값을 TCNT0에 써넣으면 비교 일치가 발생되지 않으며, 그 결과 비정상적인 파형이 발생된다. 유사한 이유로 카운터가 다운 카운팅을 할 때, TCNT0 값으로 "BOTTOM" 값과 동일한 값을 써넣지 말아야 한다. 또한 포트 핀에 대한 데이터 방향 레지스터를 출력으로 설정하기 전에 먼저 OC0값이 설정되어 있어야 한다. OC0값을 설정하는 가장 쉬운 방법은, 일반 모드에서, 출력 비교 스트로보 비트인 FOC0를 이용하는 것이다. 파형 발생 모드를 변경할 때에도 OC0 레지스터는 그 값을 유지한다. COM01~COM00 비트는 두 개가 동시에 이중 버퍼로 되지 않는다는 사실에 주의하여야 한다. 그리고 COM01~COM00 비트의 변경은 즉시 영향을 미친다.

(5) 비교일치 출력 장치

COM01~COM00(비교 출력 모드)비트는 다음과 같은 두 가지 기능을 가진다.

- 다음 비교 일치가 발생했을 때, 파형 발생장치는 COM01~COM00 비트의 설정 값에 따라 출력 비교 레지스터(OC0)의 상태를 결정한다.

- COM01~COM00 비트의 값에 따라 OC0 핀의 출력 소스가 결정된다.
  그림 6.5는 COM01~COM00 비트 설정이 미치는 논리적 영향을 개략도를 통하여 보여준다. 그림에서 입출력 레지스터, 입출력 비트, 입출력 핀은 진한문자로 표시된다. 그리고 COM01~COM00 비트에 의하여 영향을 받는 범용 입출력 제어 레지스터(DDR과 PORT)의 일부를 보여준다. OC0 상태에 대하여 말할 때, 그 기준은 내부 OC0 레지스터이며 외부 OC0 핀이 아니라는 사실에 주의하여야 한다.

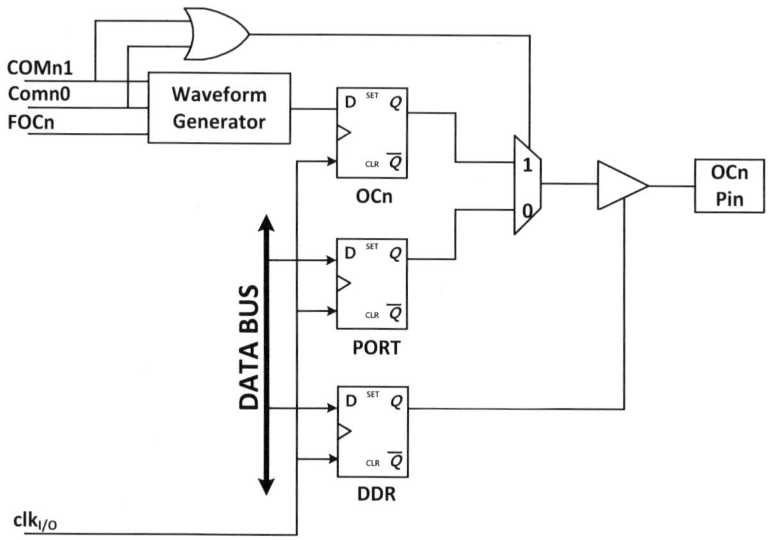

그림 6.5 비교 일치 출력 장치 개략도

만약 COM01~COM00 비트들이 설정되면 범용 입출력 기능은 파형 발생장치의 출력 비교기능(OC0)으로 대치된다. 하지만 OC0핀의 데이터 방향은 DDR에 의하여 결정된다. 그리고 OC0 핀에 대한 데이터 방향 레지스터(DDR_OC0)는 OC0 값이 이 핀에 출력되기 전에 미리 출력으로 설정되어 있어야 한다. 포트의 부가기능은 파형 발생모드와는 별개이다. 출력 비교 핀 논리의 설계는 출력이 활성화되기 전에 OC0 상태 초기화가 가능하게 해준다.

1) 비교출력 모드와 파형 발생

파형 발생 장치는 COM01~COM00 비트 값들을 일반모드, CTC모드, PWM 모드에서 각각 다르게 사용한다. 모든 모드에서, COM01~COM00가 '0'으로 설정되면, OC0 레지스터에서 다음 비교 일치가 발생되지 않는다는 사실을 파형 발생장치에게 알려준다. 표 6.4은 PWM 모드가 아닌 비교출력 동작을 보여준다. 고속 PWM 모드는 표 6.5에서, 위상 보정 PWM 모드는 표 6.6에서 보여준다. COM01~COM00 비트의 변경은, 이 비트에 값을 써넣은 후 첫 번째 비교 일치에서 영향을 미친다. PWM 모드가 아닌 다른 모드에서의 동작은 FOC0 스트로보 비트를 사용함으로서 즉시 영향을 미치게 할 수 있다.

(6) 동작 모드

타이머/카운터와 비교 출력 핀(OCn)의 동작은, 파형발생 모드(WGM01~WGM00)비트와 비교출력 모드(COM01~COM00)비트의 조합에 의하여 결정된다. 비교출력 모드 비트는 카운팅 기능에 영향을 미치지 않지만, 파형 발생 모드 비트는 영향을 미친다. COM01~COM00 비트는 발생된 PWM 출력을 반전 PWM 모드로 할 것인지 비반전 PWM 모드로 할 것인지를 결정한다.

표 6.1 모드 설정

모 드	WGM01	WGM00	동작모드
0	0	0	일반 모드
1	0	1	위상보정 PWM 모드
2	1	0	CTC 모드
3	1	1	고속 PWM 모드

PWM 모드가 아닌 경우, COM01~COM00 비트는 비교 일치 발생시 출력을 '1', '0', 또는 '토글'로 할 것인가를 결정한다.

표 6.2 OC0핀 기능 설정

모 드	COM01	COM00	OC0핀 기능
PWM 모드가 아닌 경우	0	0	범용 입출력 포트(OC0 출력 차단)
	0	1	비교 일치시 OC0 출력을 토글
	1	0	비교 일치시 OC0 출력을 클리어
	1	1	비교 일치시 OC0 출력을 셋
고속 PWM 모드	0	0	범용 입출력 포트(OC0 출력 차단)
	0	1	예 약
	1	0	비교 일치시 OC0 출력을 클리어 BOTTOM에서 OC0출력을 셋
	1	1	비교 일치시 OC0 출력을 셋 BOTTOM에서 OC0출력을 클리어
위상보정 PWM 모드	0	0	범용 입출력 포트(OC0 출력 차단)
	0	1	예 약
	1	0	상향 카운터에서 비교 일치시 OC0를 클리어 하향 카운터에서 비교 일치시 OC0를 셋
	1	1	상향 카운터에서 비교 일치시 OC0를 셋 하향 카운터에서 비교 일치시 OC0를 클리어

1) 일반 모드

일반모드는 카운터 값을 증가시켜 그 값이 최대값(0x0ff)가 되면 다시 0x00이 되는 단순 증가형 카운터 기능을 수행하는 모드이다. 일반 모드에서 계수의 방향은 항상 증가형이고 카운터 클리어는 수행되지 않는다. 그리고 타이머/카운터 오버플로 플래그(TOV0)는 TCNT0가 '0'이 되는 타이머 클럭 사이클에서 '1'이 된다. 이 경우 TOV0 플래그는 '0'이 되지 않고 항상 '1'이라는 점을 제외하면 TCNT0 레지스터의 9번째 비트처럼 동작한다. 하지만 TOV0 플래그를 자동으로 클리어 하는 타이머 오버플로 인터럽트와 결합되면, 타이머의 해상도는 소프트웨어적으로 증가될 수 있다.

일반모드에서 특별히 고려되어야 할 사항은 없으며 새로운 카운터 값은 언제든지 써넣을 수 있다. 일반모드에서 출력 비교 장치는 주어진 시간에 인터럽트를 발생시키기 위하여 사용될 수 있지만 파형을 발생하기 위하여 출력 비교 기능을 사용하는 것은 추천되지 않는다. 왜냐하면 이것은 너무 많은 CPU 시간을 차지하기 때문이다.

2) CTC(Clear Timer on Compare Match) 모드

CTC 모드(WGM01~00=2)는 TCNT0의 값을 증가시켜 OCR0의 값과 일치하면 TCNT0의 값이 다시 0x00이 되는 동작을 반복 수행하는 모드이다. CTC 모드는 오토-리로드 기능을 가지는 주파수 분주기로 유용하게 사용될 수 있다. CTC 모드에서 OCR0 레지스터는 카운터의 "TOP"값을 정의하며 카운터 해상도를 조절하기 위하여 사용된다. 이 모드는 보다 큰 비교 일치 출력 주파수 제어가 가능하도록 해준다. 이것은 또한 외부 사건을 카운팅 하는 동작을 간단하게 만들어 준다. 그림 6.6은 CTC 모드의 타이밍도를 보여준다. 여기서 TCNT0는 TCNT0 값과 OCR0값이 같아질 때까지 증가한다. 그리고 두 값이 동일하게 되면 TCNT0의 값은 클리어 된다.

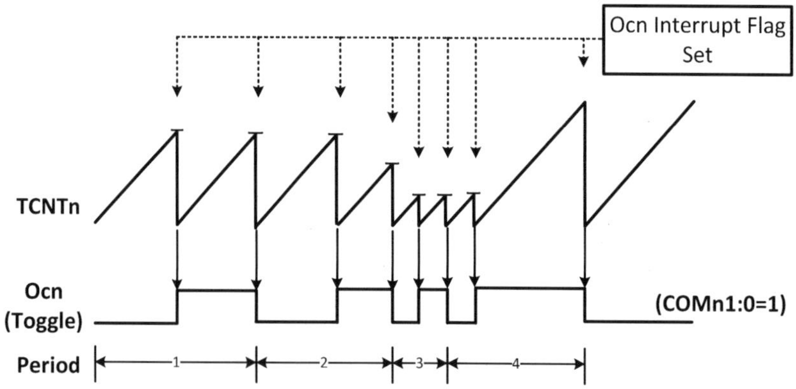

그림 6.6 CTC 모드, 타이밍도

카운터값(TCNT0)이 “TOP”값(OCR0)에 도달 할 때마다 OCF0 플래그가 ‘1’이 되며 이것은 인터럽트를 발생시킬 수 있다. 만약 인터럽트가 활성화 되어 있다면 인터럽트 처리 루틴에서 “TOP”값을 변경시키는 것이 가능한데, 이때 카운터가 낮은 프리스케일러 값을 사용하거나 또는 프리스케일러를 사용하지 않은 상태로 동작 중이라면 “TOP”값을 “BOTTOM”에 가깝게 변경시키지 말아야 한다. 왜냐하면 CTC 모드는 이중버퍼를 가지지 않기 때문이다. 만약 OCR0에 쓰여진 값이 TCNT0의 값보다 적다면 카운터는 비교 일치를 수행 할 수 없으므로 카운터는 비교 일치를 발생시키지 않은 상태로 최고값(0xFF)까지 카운터를 증가하고 난 후 다시 ‘0’부터 카운트를 하게 된다. CTC 모드에서 파형이 발생되도록 하기 위하여, 비교 출력 모드 비트를 토글 모드(COM01~COM00=1)로 설정하면 매 비교 일치 순간마다 OC0 출력이 토글(1/0) 되도록 할 수 있다. 그러나 데이터 방향 핀이 출력으로 설정되어 있지 않으면 OC0값은 포트 핀 상에 출력되지 않는다. 발생된 파형은 OCR0이 ‘0’로 설정되었을 때, $f_{OC0} = f_{clk_I/O}/2$의 최대 주파수를 가진다. 발생된 파형의 주파수는 다음과 같이 정의된다.

$$f_{OC0} = \frac{f_{CLK\_I/O}}{2N(1+OCRn)}$$

여기서 N은 프리스케일러 값 (1, 8, 32, 64, 128, 256, 1024)을 나타낸다.

일반 동작 모드에서와 마찬가지로 TOV0 플래그는 카운터가 최대값으로부터 0x00으로 천이 되는 순간의 타이머 클럭 사이클에서 ‘1’이 된다.

3) 고속 PWM 모드

고속 PWM 모드(WGM01~00=3)는 고주파 PWM 파형을 발생시킬 수 있는 기능을 가진 모드이다. 고속 PWM은 다른 PWM 모드와는 달리 단일 슬로프 동작을 가진다. 즉 카운터가 그 값을 0x00으로부터 0x0FF로 계수하여 그 값이 0x0FF가 되면 그 다음 클럭 사이클에서 0x00이 된다. 고속 PWM 모드의 비반전 비교 출력 모드에서는, TCNT0의 값을 증가시켜 OCR0 값이 일치하면 OC0가 ‘0’이 되고 다시 TCNT0 값을 계속 증가시켜 TCNT0의 값이 0x0FF에서 0x00로 되면 OC0는 ‘1’이 된다. 한편, 반전 비교 출력모드에서는, TCNT0의 값과 OCR0의 값이 일치하면 OC0가 ‘1’이 되고, TCNT0가 0x0FF에서 0x00이 되면 OC0가 ‘0’이 된다.

단일 슬로프 동작으로 인하여, 고속 PWM 모드의 동작 주파수는 듀얼 슬로프 동작을 사용하는 위상 보정 PWM 동작 보다 2배 높은 주파수를 가진다. 고속 PWM 모드는 높은 주파수로 인하여 파워 제어, 정류, DAC 응용에 주로 사용되며, 이러한 회로에서 사용되는 코일, 콘덴서의 크기를 줄여 줌으로서 비용을 줄일 수 있도록 해준다. 고속 PWM 모드의 타이밍도는 그림

6.7에서 보여준다. 여기서, TCNT0 슬로프에 표시된 작은 수평선은 OCR0과 TCNT0의 값이 일치하는 순간을 나타낸다.

만약 인터럽트가 활성화 되어 있다면, 타이머/카운터 오버플로 플래그(TOV0)는 카운터가 0x0FF에 도달 할 때마다 '1'이 되며 인터럽트를 발생시킨다. 인터럽트 처리 루틴에서는 비교값을 변경시키는 것이 가능하다.

고속 PWM 모드에서, 비교 장치는 OC0 핀 상에 PWM 파형이 발생될 수 있도록 해준다. "COM01~COM00=2"로 설정하면 비반전 PWM 파형을 만들어 내고 "COM01~COM00=3"이면 반전 PWM 출력을 만들어 낸다. 만약 해당 포트의 데이터 방향 핀이 출력으로 설정되어 있다면 실제 OC0 값이 포트 핀 상에 나타난다.

PWM 파형은 OCR0와 TCNT0 사이에 비교 일치가 발생하는 순간 OC0 레지스터를 '1'(또는 '0')로 만들고 카운터(TCNT0)가 0x0FF으로부터 0x00으로 변하는 타이머 클럭 사이클에서 OC0 레지스터를 '0'(또는 '1')으로 만듦으로서 발생된다. 출력을 위한 PWM 주파수는 다음과 같이 계산된다.

$$f_{OC\,nPWM} = \frac{f_{CLK_{I/O}}}{N\ 256}$$

N은 프리스케일러 값(1, 8, 32, 64, 128, 256, 1024)을 나타낸다.

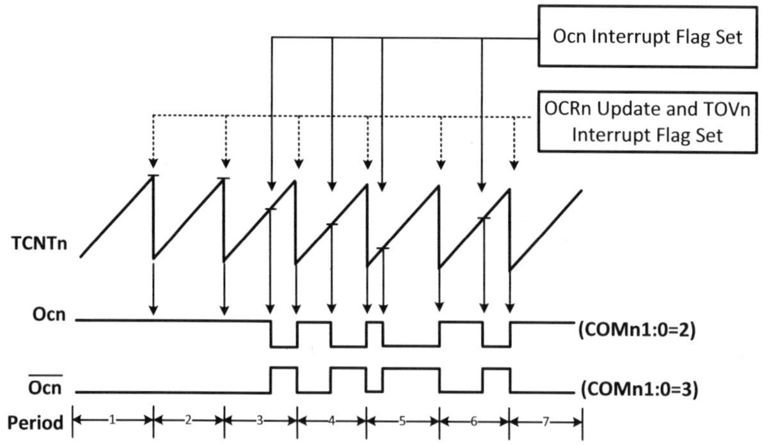

그림 6.7 고속 PWM모드, 타이밍도

OCR0 레지스터의 최대/최소값은 고속 PWM 모드에서 PWM 파형 출력을 발생할 때 특수한 경우를 나타낸다. 즉, OCR0가 0x00의 값으로 설정되면, 출력은 카운터 값이 0x0FF에서 0x00으로 변하는 1타이머 클럭 사이클 동안에 나타나는 스파이크 형태의 좁은 파형이 되며, OCR0를

0x0FF로 설정하면 COM01~COM00 비트에 의하여 설정된 출력의 극성에 따라 연속적으로 '1'(또는 '0')이 출력된다. 고속 PWM 모드에서, OC0의 출력이 토글이 되도록 COM01~COM00 = 1로 설정하면, 50% 듀티 사이클을 가지는 OC0 파형 출력을 얻을 수 있다. 발생된 파형은 OCR0이 0으로 설정되었을 때 $f_{oc0} = f_{clk_{I/O}}/2$의 최대 주파수를 가진다. 고속 출력 PWM 모드에서는, 출력 비교 장치의 이중 버퍼 특성이 활성화 된다는 점을 제외하면, CTC 모드에서의 OC0 토글과 유사한 특징을 가진다.

4) 위상 보정 PWM 모드

위상 보정 PWM 모드는 고해상도 위상 보정 PWM 파형 발생 모드이다. 위상 보정 PWM 모드에서, 카운터는 그 값을 0x00에서 0x0FF로 증가시켰다가 0x0FF에 도달하면 다시 감소시켜 0x00이 되도록 계수하는 동작을 반복하는 듀얼 슬로프 동작을 한다. 비반전 비교 출력 모드에서, OC0는 상향 카운트 상태에서 TCNT0와 OCR0 사이의 비교 일치가 발생하면 '0'이 되고, 하향 카운트 상태에서 TCNT0와 OCR0 사이의 비교 일치가 발생하면 '1'이 된다. 그리고 반전 출력 비교 모드에서의 동작은 그와 반대가 된다. 듀얼 슬로프 동작은 싱글 슬로프 동작에서보다 낮은 최대 동작 주파수를 가진다. 하지만 듀얼 슬로프 PWM 모드의 대칭 특성으로 인하여 이들 모드는 모터 제어에 응용된다. 위상 보정 PWM 모드의 PWM 해상도는 8비트로 고정된다. TCNT0값은 1타이머 클럭 사이클 동안 최대값을 유지한다. 위상 보정 PWM 모드의 타이밍도는 그림 6.8에서 보여준다. 여기서 TCNT0 슬로프 상의 짧은 수평선은 OCR0와 TCNT0가 값이 일치하는 순간을 나타낸다.

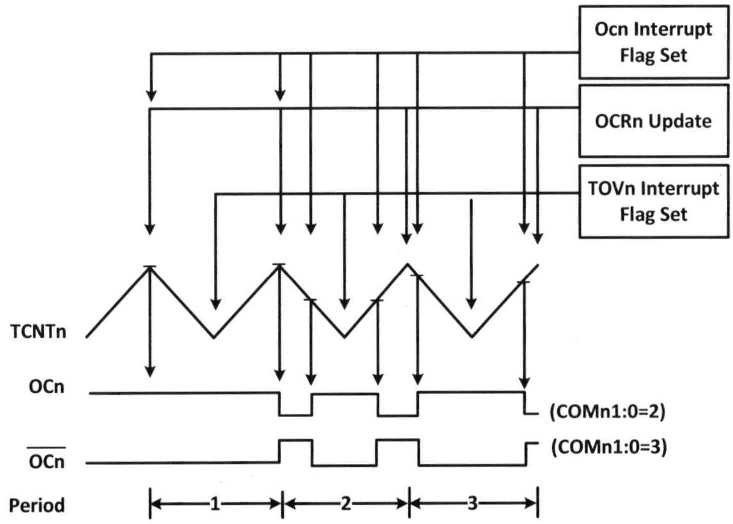

그림 6.8 위상보정 PWM 모드, 타이밍도

타이머/카운터 오버플로 플래그(TOV0)는 카운터가 0x00이 될 때마다 '1'이 된다. 인터럽트 플래그는 카운터가 0x00에 도달 할 때마다 인터럽트를 발생시키기 위하여 사용될 수 있다. 위상 보정 PWM 모드에서, 비교 장치는 OC0핀에 PWM 파형이 발생될 수 있도록 해 준다. 즉, "COM01~COM00=2"로 하면 비반전 PWM이 발생되고, "COM01~COM00=3"로 하면 반전 PWM이 발생된다. 만약 포트 핀의 방향이 출력으로 설정되어 있다면 OC0의 실제 값이 포트 핀 상에 나타난다. PWM 파형은 상향 카운트시 OCR0과 TCNT0의 값이 일치하면 OC0 레지스터를 '0'(또는 '1')으로 하고, 하향 카운터시 OCR0과 TCNT0의 값이 일치하면 OC0 레지스터를 '1'(또는 '0')로 함으로서 발생된다. 위상 보정 PWM을 사용할 때 PWM 출력 주파수는 다음과 같이 계산된다.

$$f_{OC\,nPCPWM} = \frac{f_{CLK_{I/O}}}{N\,510}$$

여기서, N은 프리스케일러 값(1, 8, 32, 64, 128, 256, 1024)을 나타낸다.

위상 보정 PWM 모드에서 PWM 파형 출력을 발생시킬 때, OCR0 레지스터의 최대/최소값은 특별한 경우를 나타낸다. 만약 비반전 PWM 모드에서 OCR0가 0x00으로 설정되면 출력은 연속적으로 '0'이 되고, 0x0FF로 설정되면 출력은 연속적으로 '1'이 된다. 반전 PWM 모드에서의 출력은 그와 반대의 논리값을 가진다.

그림 6.8의 주기2 시작 지점에서 보면, OCn은 비교 일치가 발생하지 않음에도 불구하고 '1'에서 '0'으로 변화하는 상태천이를 가지며, 이 과도상태 지점은 0x00 근처에서도 대칭적으로 발생한다. 이와 같은 비교 일치 없는 상태천이는 다음과 같은 두 가지 경우에 발생한다.

㉠ 그림 6.8에서처럼 OCR0가 MAX(0x0FF)로부터 그 값을 변경하는 경우
OCR0값이 MAX(0x0FF)일 때, OCn 핀 값은 하향 카운팅 비교 일치의 결과와 동일하다. BOTTOM(0x00) 주변에서의 대칭성을 보장하기 위하여, MAX(0x0FF) 근처의 OCn 값은 상향 카운팅 비교 일치의 결과와 반드시 동일하여야만 한다.

㉡ 타이머가 OCR0에 있는 값보다 높은 값으로부터 카운팅을 시작하고 그로 인하여 비교 일치가 상실되어 OCn의 변화가 그 주기에서 발생하지 않고 다음 주기에서 발생하는 경우

(7) 타이머/카운터0 타이밍도

그림 6.9와 그림 6.10은 타이머/카운터 동작에 대한 타이밍도를 보여준다. 여기서 타이머/카

운터는 내부클럭을 사용하는 동기식이다. 따라서 타이머 클럭(clk_{T0})은 클럭 입력 신호가 아니라 $clk_{I/O}$ 클럭의 클럭 인에이블 신호처럼 동작한다. 그리고 이 그림은 MAX 값 근처의 카운터 시퀀스를 보여준다.

그림 6.9는 프리스케일러가 동작하지 않는 경우, 위상보정 PWM 모드를 제외한 모든 동작모드에서, MAX값 근처에서의 가장 기본적인 타이머/카운터 동작 타이밍도를 보여준다. 여기서, TCNT0의 값이 증가하여 MAX 값이 되면 TOV0=1이 되어 오버플로 인터럽트가 발생된다.

그림 6.10은 그림 6.9의 조건과 동일하지만 프리스케일러의 값이 8인 경우를 나타낸다. 여기서 타이머/카운터에 입력되는 $clk_{I/O}$ 클럭을 8분주하여 만들어진 clk_{T0} 신호는 8 클럭 주기에 한번씩 $clk_{I/O}$ 클럭 인에이블 신호로 동작하여 TCNT0의 값이 증가하는 것을 볼 수 있다. 그림 6.11은 프리스케일러의 값이 8이고, CTC 모드를 제외한 모든 동작 모드에서, TCNT0의 값이 증가하여 OCF0=1이 되기까지의 타이밍도를 보여준다. 마지막으로 그림 6.12는 CTC 모드에서 TCNT0=0이 되고 OCF0=1이 되는 타이밍도를 보여준다.

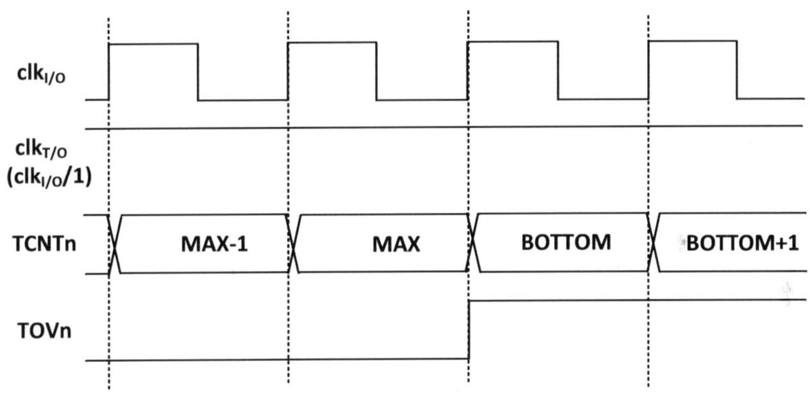

그림 6.9 타이머/카운터 타이밍도, 프리스케일 없음

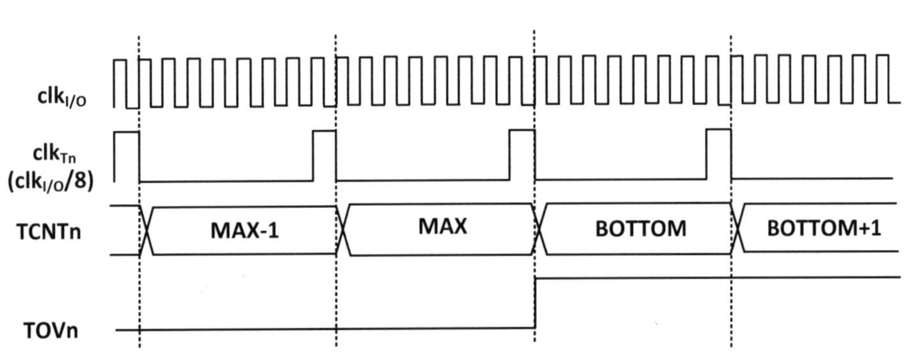

그림 6.10 타이머/카운터 타이밍도, 프리스케일($f_{clk-I/O}$ /8)

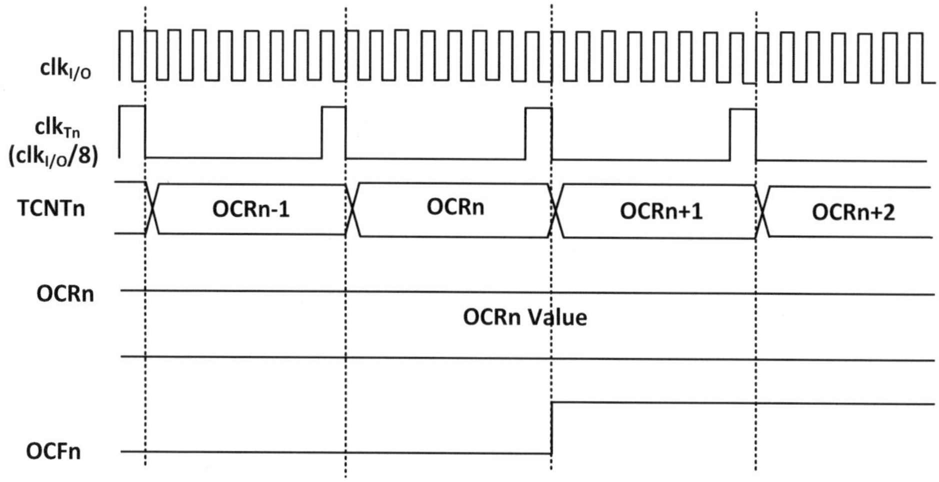

그림 6.11 타이머/카운터 타이밍도, OCF0 셋, 프리스케일 ($f_{clk-I/O}$ /8)

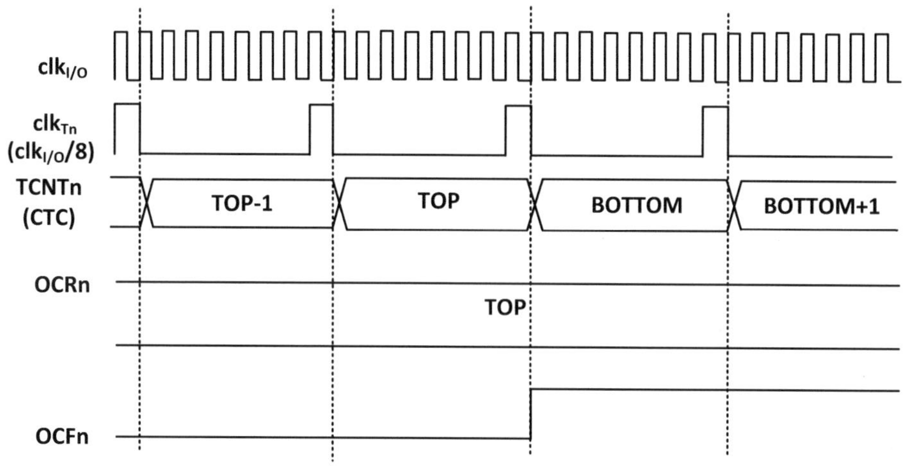

그림 6.12 타이머/카운터 타이밍도, CTC 모드, 프리스케일($f_{clk-I/O}$ /8)

(8) 타이머/카운트0의 비동기 동작

타이머/카운트0가 비동기로 동작할 때는 다음 사항이 반드시 고려되어야 한다. 이것은 타이머/카운터0를 비동기 모드로 사용하다가 동기 모드로 사용하거나 또는 그 반대로 모드를 변경할 때, 타이머 레지스터 TCNT0, OCR0, TCCR0 레지스터의 값은 파괴되기 때문이다.

㉠ OCIE0와 TOIE0를 클리어 하여 타이머/카운터0 인터럽트를 비활성화 한다.

㉡ AS0를 설정하여 클럭 소스를 선택한다.

㉢ TCNT0, OCR0, TCCR0에 새로운 값을 써넣는다.

㉣ 비동기 동작 모드로 변경할 때는 TCN0UB, OCR0UB, TCR0UB 중 하나라도 '1'이면 '0'이 될 때까지 기다린다.

㉤ 타이머/카운터0 인터럽트 플래그를 클리어 한다.

㉥ 만약 필요하다면 인터럽트를 활성화 한다.

타이머/카운터0를 비동기 모드로 사용할 때 외부 오실레이터는 32.768KHz의 크리스털을 사용하는 것이 가장 좋다. 왜냐하면 TOSC1핀에 외부 클럭을 인가하면 타이머/카운터0가 비정상적으로 동작 할 수 있기 때문이다. 그리고 CPU 메인 클럭 주파수는 외부 오실레이터 주파수의 4배 이상이 되어야 한다. TCNT0, OCR0, TCCR0 레지스터 중 하나에 값을 써넣을 때 그 값은 일단 임시 레지스터에 전달되어진다. 그리고 2개의 TOSC1 클럭 상승에지 후 래치 된다. 따라서 사용자는 임시 레지스터의 내용이 목적지 레지스터에 완전히 전달되어지기 전에 새로운 값을 써넣으면 안 된다. 언급된 3개의 레지스터는 각각 다른 임시 레지스터를 가지고 있다. 이것은 TCNT0에 값을 써넣는 것이 OCR에 써넣는 동작에 영향을 미치지 않는다는 것을 의미한다. 임시 레지스터의 내용이 목적지 레지스터에 전달이 완료되었는지를 검출할 필요가 있으면 비동기 상태 레지스터(ASSR)의 TCN0UB, OCR0UB, TCR0UB 비트를 검사하면 된다. TCNT0, OCR0, TCCR0에 값을 써넣은 후 파워 세이브 모드, 또는 확장된 스텐바이 모드에 들어갈 때, 만약 타이머/카운터 0가 그 디바이스를 슬립모드로부터 탈출하기 위하여 사용된다면, 사용자는 반드시 레지스터에 써넣은 값이 완전히 업 데이터 될 때까지 기다린 후 슬립모드 진입 명령을 실행하여야 한다. 그렇지 않으면 MCU는 변경된 값이 유효화 되기 전에 슬립모드에 들어간다. 출력비교0 인터럽트가 슬립모드로부터 탈출하기 위하여 사용된다면 이것은 특별히 중요하다. 왜냐하면 출력 비교 기능은 OCR0 또는 TCNT0에 값을 써넣는 동안 비활성화 되기 때문이다. 만약 쓰기 사이클이 종료되지 않았고, OCR0UB 비트가 '0'으로 되돌아가기 전에 MCU가 슬립모드에 들어간다면 비교 일치 인터럽트를 발생시킬 수 없기 때문에 MCU는 슬립모드로부터 탈출 할 수 없다. 또한, 타이머/카운터0가 파워세이브 또는 확장 스탠바이 모드로부터 탈출하기 위하여 사용되었을 때, 이들 모드 중 하나로 재진입을 원하는 경우 주의하여야 한다. 왜냐하면 인터럽트 로직은 리셋 되기 위하여 '1' TOSC1 사이클이 필요하기 때문에 슬립모드로부터 탈출한 후 다시 재 진입하기까지의 시간이 '1' TOSC1 사이클 보다 짧은 경우 인터럽트가 발생하지 않기 때문이다. 이러한 상황이 발생되면 슬립모드로부터 탈출하는데 실패한다. 만약 사용자가 파워 세이버 모드 또는 확장 스탠바이 모드로의 재진입 시간이 충분한지 의심스럽다면 '1' TOSC1 사이클이 지났는지를 확인하기 위하여 다음과 같은 방법을 사용해야 한다.

㉠ TCCR0, TCNT0, OCR0에 값을 써넣는다.

㉡ 해당 업 데이터 비지 플래그(ASSR)가 '0'이 될 때까지 기다린다.

㉢ 파워 세이브 또는 확장 스탠바이 모드에 진입한다.

비동기 동작 모드가 선택되었을 때, 타이머/카운터0를 위한 32.768 kHZ 오실레이터는 파워다운모드와 스탠바이모드를 제외하고는 항상 동작한다. 그리고 파워 업 리셋 또는 파워다운이나 스탠바이 모드로부터 탈출한 직후부터 오실레이터가 안정화되기까지에는 1초 정도가 걸린다는 사실을 명심해야 한다. 따라서 전원을 켠 후 또는 파워다운이나 스탠바이 모드로부터 탈출한 이후, 타이머/카운터0를 사용하기 위해서는 1초 이상 기다려야 한다. 타이머/카운터0 레지스터의 모든 내용은 파워다운 또는 스탠바이 모드로부터 탈출한 이후의 불안정한 클럭으로 인하여 파괴된다. 이러한 사실은 오실레이터를 사용하거나 TOSC1핀에 인가된 클럭 신호를 사용하거나 모두 동일하다. 다음은 타이머 클럭이 비동기적으로 입력될 때, 파워 세이브 또는 확장스탠바이 모드로부터 탈출하는데 관련된 설명이다. 탈출 순서는 다음과 같다.

㉠ 인터럽트 조건이 충족되면, 다음에 오는 타이머 클럭 사이클에서 탈출하는 절차가 시작된다.

㉡ 탈출한 이후, MCU는 4 사이클 동안 정지한다.

㉢ 그리고 인터럽트 루틴을 실행시키고 SLEEP 다음 명령을 수행한다.

파워세이브 모드로부터 탈출한 직후, 너무 빨리 TCNT0 레지스터를 읽는 것은 비정상적인 결과를 가져올 수 있다. 왜냐하면, TCNT0가 비동기적으로 TOSC 클럭을 인가 받기 때문에, TCNT0를 읽는 것은 내부 입출력 클럭($clk_{I/O}$)에 동기된 레지스터를 통하여 이루어져야 하며, 동기화는 TOSC1 클럭의 매 상승 에지에서 발생하기 때문이다. 따라서 파워 세이브 모드로부터 탈출할 때, 그리고 입출력 클럭($clk_{I/O}$)이 다시 활성화 될 때, TOSC1의 다음 상승 에지가 올 때까지 TCNT0는 슬립모드로 들어가기 이전 값으로 읽혀진다. 또한, 파워 세이브 모드로부터 탈출한 이후 TOSC 클럭의 위상은 기본적으로 예측 불가능하다. 왜냐하면 이것은 파워 세이브 모드로부터 탈출하는 시간과 관련이 있기 때문이다. 그러므로 TCNT0를 읽을 때는 다음의 절차를 따라야 한다.

㉠ OCR0 또는 TCCR0 중 하나에 어떤 값을 써넣는다.

㉡ 해당 비지 플래그가 '0'이 될 때까지 기다린다.

ⓒ TCNT0를 읽는다.

비동기 동작 모드 동안, 비동기 타이머에 대한 인터럽트 플래그의 동기화는 "3 프로세서 사이클 +1 타이머 사이클"이 필요하다. 따라서 프로세서가 인터럽트 플래그를 '1'로 만드는 그 타이머 값을 읽을 때는 이미 타이머 값이 인터럽트를 발생할 때의 값보다 적어도 1은 앞서 있다. 그리고 출력비교 핀은 타이머 클럭에 의하여 변경되는 것이지 프로세서 클럭에 동기화 되는 것이 아니라는 것에 주의하여야 한다.

(9) 타이머/카운터0 관련 레지스터

1) 특수기능 입출력 레지스터 - SFIOR

이 레지스터의 7,1,0 비트를 이용하면 모든 타이머/카운터를 동기화 시킬 수 있다.

Bit	7	6	5	4	3	2	1	0
	TSM	–	–	–	ACME	PUD	PSR0	PSR321
Read/Write	R/W	R	R	R	R/W	R/W	R/W	R/W
초기값	0	0	0	0	0	0	0	0

- **Bit7 : TSM(타이머/카운터 동기모드)**

  TSM 비트가 '1'이면 모든 타이머/카운터를 동기모드로 동작시킬 수 있다. 즉, 이 모드에서 PSR0와 PSR321에 '1'을 써넣으면 리셋 동작이 완료된 후에도 그 값이 그대로 유지된다. 따라서 인가된 해당 프리스케일러 리셋 신호는 그대로 유지된다. 이러한 동작은 해당 타이머/카운터의 동작을 정지시켜, 타이머/카운터의 설정기간 동안 어떠한 위험도 없이 해당 타이머/카운터의 값을 동일한 값으로 설정할 수 있도록 해준다. TSM 비트가 '0'가 되면 PSR0과 PSR321 비트는 하드웨어적으로 클리어 되며 타이머/카운터는 그와 동시에 카운터를 시작한다.

- **Bit1 : PSR0(프리스케일러 리셋 타이머/카운터0)**

  이 비트가 '1'이 되면 타이머/카운터0 프리스케일러는 리셋되고, 리셋이 완료되면 이 비트는 하드웨어적으로 클리어 된다. 만약 타이머/카운터0가 비동기 모드로 동작할 때 이 비트에 '1'을 써넣으면 프리스케일러가 리셋될 때까지 '1'을 유지한다. 만약 TSM 비트가 '1'이면 이 비트는 하드웨어적으로 클리어 되지 않는다.

2) 타이머/카운터 제어 레지스터 - TCCR0

타이머/카운터0의 동작과 프리스케일러를 설정하는 기능을 수행한다.

Bit	7	6	5	4	3	2	1	0
	FOC0	WGM00	COM01	COM00	WGM01	CS02	CS01	CS00
Read/Write	W	W/R	W/R	W/R	R/W	R/W	R/W	R/W
초기값	0	0	0	0	0	0	0	0

- Bit7 : FOC0(강제 출력 비교0)

FOC0 비트는 WGM 비트가 PWM 이외의 모드를 지정할 때 활성화된다. 하지만 상위 기종과의 호환성을 유지하기 위하여, 이 비트는 PWM 모드로 동작할 때 '0'으로 설정되어야 한다. 이 비트가 '1'로 설정되면 파형 발생 장치에서 즉시 비교 일치가 발생한다. 이때 OC0의 출력은 COM01~COM00 비트의 설정값에 따라 결정된다. 주의할 점은, FOC0 비트가 스트로보 신호로서 사용된다는 점이다. 즉 FOC0가 '1'이 되면 파형발생장치에서는 COM01~COM00 비트에서 표현된 값에 따라서 OC0의 출력값을 만들어 내게 된다. 그러나 FOC0 스트로보 신호는 어떠한 인터럽트도 발생시키지 않으며, TOP로서 OCR0값을 사용하는 CTC 모드에서, 타이머를 클리어 시키지도 않는다. 한편, FOC0 비트를 읽으면 항상 '0'으로 읽혀진다.

- Bit6, Bit3 : WGM00, WGM01(파형발생 모드)

이 비트는 카운터의 계수 방향, 최대 카운터값(TOP)의 소스, 사용되어질 파형 발생 타입을 제어한다. 타이머/카운터0에 의하여 지원되는 동작모드는 다음과 같다.

㉠ 일반모드

㉡ CTC(Clear Timer on Compare match)모드

㉢ 두 가지 형태의 PWM 모드

표 6.3 파형 발생 모드 비트 설명

모드	WGM01	WGM00	타이머/카운터 동작모드	TOP	OCR0 업그레이드 시점	TOV0 플래그 셋 시점
0	0	0	일반모드	0xFF	즉시	MAX
1	0	1	PWM, 위상 보정모드	0xFF	TOP	BOTTOM
2	1	0	CTC 모드	OCR0	즉시	MAX
3	1	1	고속 PWM 모드	0xFF	BOTTOM	MAX

- **Bit5, Bit4 : COM01, COM00(비교일치 출력 모드)**

이 비트는 출력 비교 핀(OC0)의 동작을 제어한다. 만약 COM01~COM00 비트의 하나 또는 모두가 '1'이면 PB4핀은 OC0 출력 핀으로 동작한다. 하지만 이때 OC0 핀에 해당하는 DDR 비트((DDB4)는 출력으로 사용될 수 있도록 '1'로 설정되어야 한다. OC0가 핀에 연결되어 있을 때, COM01~COM00의 기능은 WGM01~WGM00의 설정 값에 따라 결정된다. 표 6.4는 WGM01~WGM00 비트가 일반모드 또는 CTC 모드로 설정되어 있을 때 COM01~COM00 비트의 기능을 보여준다.

표 6.4 비교 출력 모드 - PWM 이외의 모드

COM01	COM00	동작 설명
0	0	범용포트
0	1	비교 일치시 OC0 토글
1	0	비교일치시 OC0 클리어
1	1	비교 일치시 OC0 셋

표 6.5는 WGM01~WGM00 비트가 고속 PWM 모드로 설정되어 있을 때 COM01~COM00 비트의 기능을 보여준다.

표 6.5 비교 출력 모드 - 고속PWM 모드(1)

COM01	COM00	동작설명
0	0	범용 포트
0	1	예 약
1	0	비교일치시 OC0 클리어, BOTTOM에서 OC0 셋 (비반전 모드)
1	1	비교일치시 OC0 셋, BOTTOM에서 OC0 클리어 (반전 모드)

주의 (1) OCR0 값이 TOP값가 동일하고 COM01이 '1'이면 특별한 경우가 발생한다.
이 경우 비교 일치는 무시된다. 그러나 BOTTOM에서의 셋이나 클리어 동작은 수행된다.

표 6.6은 WGM01~WGM00 비트가 위상 보정 PWM 모드로 설정될 때 COM01~COM00 비트의 기능을 보여준다.

표 6.6 비교출력 모드 - 위상 보정 PWM 모드[1]

COM01	COM00	동작설명
0	0	범용 포트
0	1	예약
1	0	증가형 카운팅일 때 비교 일치시 OC0 클리어 감소형 카운팅일 때 비교 일치시 OC0 셋
1	1	증가형 카운팅일 때 비교 일치시 OC0 셋 감소형 카운팅일 때 비교 일치시 OC0 클리어

주의 (1) OCR0 값이 TOP값가 동일하고 COM010이 '1'이면 특별한 경우가 발생한다.
이 경우 비교 일치는 무시된다. 그러나 TOP에서의 셋이나 클리어 동작은 수행된다.

- Bit 2~0 : CS02~CS00(**클럭 선택 비트**)

세 개의 클럭 선택 비트는 타이머/카운터에 의하여 사용될 클럭 소스를 선택한다.

표 6.7 클럭 선택

CS02	CS01	CS00	동작설명
0	0	0	클럭소스 없음(타이머/카운터 정지)
0	0	1	clk_{TOS}
0	1	0	$clk_{TOS}/8$
0	1	1	$clk_{TOS}/32$
1	0	0	$clk_{TOS}/64$
1	0	1	$clk_{TOS}/128$
1	1	0	$clk_{TOS}/256$
1	1	1	$clk_{TOS}/1024$

2) 타이머/카운터 레지스터 – TCNT0

Bit	7	6	5	4	3	2	1	0
	TCNT0[7..0]							
Read/Write	R/W	W/R	W/R	W/R	R/W	R/W	R/W	R/W
초기값	0	0	0	0	0	0	0	0

타이머/카운터 레지스터(TCNT0)는 타이머/카운터의 8비트 값을 저장하고 있는 레지스터이

며 읽기와 쓰기가 모두 가능하다. TCNT0 레지스터에 값을 써넣으면 뒤이어 오는 '1' 타이머 클럭 동안 비교 일치가 금지된다. 그러므로 카운터가 동작하는 동안 TCNT0를 변경하면 TCNT0와 OCR0의 비교 일치가 발생하지 않을 위험성이 있다.

3) 출력 비교 레지스터 – OCR0

Bit	7	6	5	4	3	2	1	0
	OCR0[7..0]							
Read/Write	R/W	W/R	W/R	W/R	R/W	R/W	R/W	R/W
초기값	0	0	0	0	0	0	0	0

OCR0는 카운터값(TCNT0)과 연속적으로 비교되어지는 8비트 값이다. 두 값이 일치하면 출력 비교 인터럽트를 발생시키거나, OC0 핀에 파형 출력을 발생시킨다.

4) 비동기 상태 레지스터 – ASSR

Bit	7	6	5	4	3	2	1	0
	–	–	–	–	AS0	TCN0UB	OCR0UB	TCR0UB
Read/Write	R	R	R	R	R/W	R	R	R
초기값	0	0	0	0	0	0	0	0

- **Bit 3 : AS0(비동기 타이머/카운터0)**

  AS0가 '0'이면 타이머/카운터0는 I/O클럭($clk_{I/O}$)으로부터 입력되는 클럭을 계수 한다. 하지만 AS0가 '1'이면 타이머/카운터0는 타이머 오실레이터1 핀(TOSC1)에 연결된 크리스털 오실레이터로부터 입력되는 클럭을 계수한다. AS0의 값이 변하면 TCNT0, OCR0, TCCR0의 값은 파괴된다.

- **Bit 2 : TCN0UB(타이머/카운터 업-데이터 비지)**

  타이머/카운터0가 비동기 모드로 동작할 때, TCNT0에 값을 써넣으면 이 비트는 '1'이 된다. TCNT0가 임시 저장 레지스터로부터 업-데이터되면 이 비트는 하드웨어적으로 클리어 된다. 이 비트가 '0'이면 TCNT0에 새로운 값을 써넣을 수 있다.

- **Bit 1 : OCR0UB(출력 비교 레지스터0 업-데이터 비지)**

  타이머/카운터0가 비동기 모드로 동작할 때, OCR0에 값을 써넣으면 이 비트는 '1'이 된다. OCR0가 임시저장 레지스터로부터 업데이트 되면, 이 비트는 하드웨어적으로 클리어 된다. 이 비트가 '0'이면 OCR0에 새로운 값을 써넣을 수 있다.

- **Bit 0 : TCR0UB(타이머/카운트 제어 레지스터0 업-데이터 비지)**
  타이머/카운터0가 비동기 모드로 동작할 때 TCCR0에 값을 써넣으면 이 비트는 '1'이 된다. TCCR0가 임시 저장 레지스터로부터 업-데이터 되면 이 비트는 하드웨어적으로 클리어 된다. 이 비트가 '0'이면 TCCR0에 새로운 값을 써넣을 수 있다. 만약 업-데이터 비지 플래그가 '1'인 동안, 세 개의 타이머/카운터0 레지스터(TCCR0, OCR0, TCNT0) 중 하나에 어떤 값을 써넣으면, 업-데이터 된 값은 파괴되며 원하지 않는 인터럽트가 발생될 수 있다. 한편, TCNT0, OCR0, TCCR0 값을 읽는 과정은 서로 다르다. 즉, TCNT0 값을 읽을 때는 실제 타이머 값이 읽혀지며, OCR0, TCCR0 값을 읽을 때는 임시저장 레지스터에 있는 값이 읽혀진다.

5) 타이머/카운터 인터럽트 마스크 레지스터 - TIMSK

Bit	7	6	5	4	3	2	1	0
	OCIE2	TOIE2	TICIE1	OCIE1A	OCIE1B	TOIE1	OCIE0	TOIE0
Read/Write	R/W	W/R	W/R	W/R	R/W	R/W	R/W	R/W
초기값	0	0	0	0	0	0	0	0

- **Bit 1 : OCIE0(타이머/카운터0 출력비교 일치 인터럽트 인에이블)**
  OCIE0 비트가 '1'이고 SREG 레지스터의 'I' 비트가 '1'이면 타이머/카운터 비교 일치 인터럽트가 활성화된다. 만약 타이머/카운터0의 비교 일치가 발생하면 해당 인터럽트가 수행된다. 즉, TIFR 레지스터의 OCF0 비트가 '1'이 될 때 해당 인터럽트가 발생된다.

- **Bit 0 : TOIE0(타이머/카운터0 오버플로 인터럽트 인에이블)**
  TOIE0 비트가 '1'이고 SREG 레지스터의 'I'비트가 '1'이면 타이머/카운터0 오버플로 인터럽트가 활성화 된다. 만약 타이머/카운터0에서 오버플로가 발생하면 해당 인터럽트가 수행된다. 즉, TIFR 레지스터의 TOV0 비트가 '1'이면 해당 인터럽트가 발생된다.

6) 타이머/카운터 인터럽트 플래그 레지스터 - TIFR

Bit	7	6	5	4	3	2	1	0
	OCF2	TOV2	ICF1	OCF1A	OCF1B	TOV1	OCF0	TOV0
Read/Write	R/W	W/R	W/R	W/R	R/W	R/W	R/W	R/W
초기값	0	0	0	0	0	0	0	0

- **Bit 1 : OCF0(출력비교 플래그0)**

  타이머/카운터0와 OCR0의 값 사이에 비교 일치가 발생하면 OCF0 비트는 '1'이 된다. 해당 인터럽트 처리 벡터가 수행되면, OCF0는 하드웨어적으로 클리어 된다.

  또한 OCF0에 '1'을 써넣어도 클리어 된다. SREG 레지스터의 'I' 비트, "OCIE0" 비트, "OCF0" 비트가 모두 '1'이면 타이머/카운터0 비교 일치 인터럽트가 수행된다.

- **Bit 0 : TOV0(타이머/카운터0 오버플로 플래그)**

  타이머/카운터0에서 오버플로가 발생하면 TOV0는 '1'이 된다. 해당 인터럽트 처리 벡터가 수행되면 TOV0는 하드웨어적으로 클리어 된다. 또한, TOV0에 '1'을 써넣어도 이 비트는 클리어 된다. SREG 레지스터의 'I' 비트, TOIE0 비트, TOV0 비트가 모두 '1'이면 타이머/카운터0 오버플로 인터럽트가 수행된다. PWM 모드에서, 타이머/카운터0가 '0x00'에서 계수의 방향이 바뀌면 이 비트는 '1'이 된다.

예제 6.1 | 타이머/카운터0의 일반모드 실험

TOV0 인터럽트를 이용하여 100ms마다 B 포트의 0번 비트에 연결된 LED를 점멸하는 프로그램을 작성하시오.(단, 주파수는 10MHz, 프리스케일은 1024 분주)

시간 계산 :

타이머 클럭 주파수는 시스템 클럭의 1024 분주이므로

$$clk_{t0} = \frac{10MHz}{1024} = 15.625KHz$$

그러므로

$$\tau = \frac{1}{15.625KHz} = 64\mu\text{sec}$$

이제 20ms 시간을 위한 클럭 개수를 계산해 보자.

그러나 불행히도 8비트의 카운트로는 100ms를 구현 할 수 없다. 8비트 타이머로 구현 할 수 있는 최대 시간은

$$64\mu\text{sec} \times 256 = 16.384m\,\text{sec}$$

가 된다.

따라서 100ms를 구현하기 위해서는 10ms 타이머 인터럽트를 구현한 후 이 인터럽트가 10번 발생할 때마다 원하는 동작을 수행하면 된다.

그래서 10ms 타이머 인터럽트를 구현하기 위한 카운터 값을 계산해보자.

$$64\mu\text{sec} \times X = 10ms$$

그러므로

$$X = 156.25$$

가 된다.

그러므로 8비트 타이머/카운터 레지스터 TCNT0의 최대값 256으로부터 156을 뺀 값을 TCNT0에 저장하면 된다. 그러므로

$$TCNT0 = 256 - 156 = 100(64H)$$

가 된다.

플로우차트 :

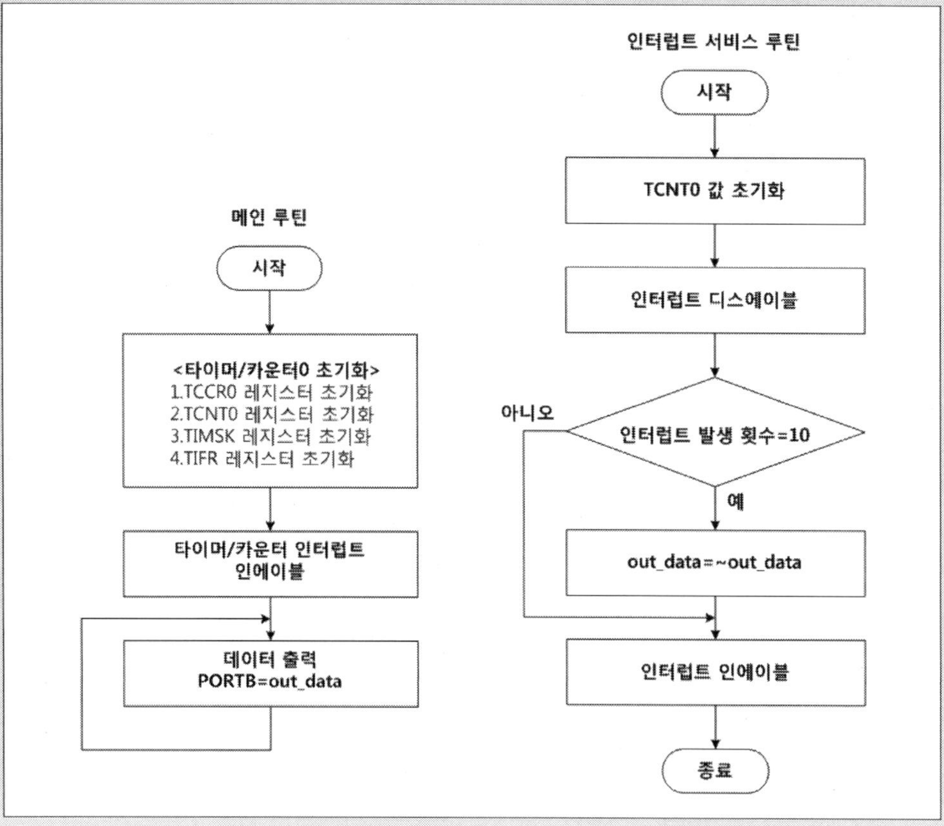

예제 6.1 **타이머/카운터0의 일반모드 실습**

TOV0 인터럽트를 이용하여 B 포트의 0번 비트에 연결된 LED를 100ms 마다 점멸하는 프로그램을 작성하시오.(단, 주파수는 10MHz, 프리스케일은 1024 분주)

```
#include<iom128.h>
#include<ina90.h>
void init_system();
unsigned int i,out_data;
main(){
init_system();
while(1) PORTB=out_data;
}
void init_system(void){
DDRB=0xff;
PORTB=0xff;
out_data=0x00;
i=0;
TCCR0=0x07;  // normal mode,1024 prescaler
TCNT0=0x64;
TIMSK=0x01;
TIFR=0x01;   // timer0 overflow flag clear
__enable_interrupt();
}
#pragma vector=TIMER0_OVF_vect
__interrupt void timer0_ser(void){
TCNT0=0x64;
__disable_interrupt();
i++;
if(i>=10){
  i=0;
  out_data=~out_data;
}
__enable_interrupt();
}
```

예제 6.2 타이머/카운터0의 CTC 모드 실험

타이머/카운터0의 CTC0 모드를 사용하여 포트B에 연결된 LED를 주기적으로 점멸시키는 프로그램을 작성하시오.(단, 주파수는 10MHz, 프리스케일은 1024 분주) 이때 점멸 주기는 OCR0 레지스터 값에 의하여 결정된다.

플로우차트 :

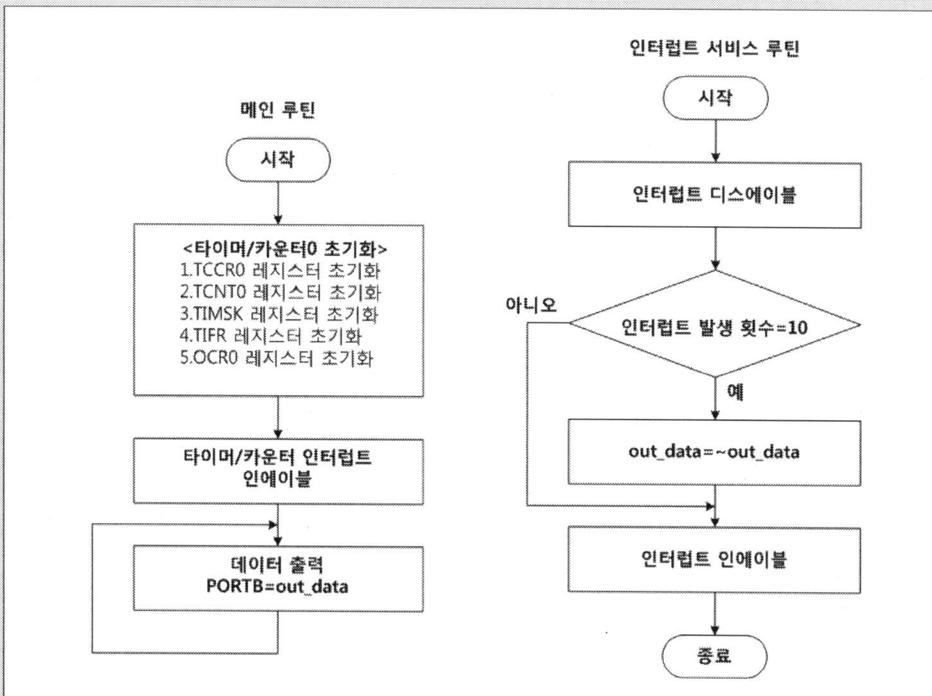

예제 6.2 타이머/카운터0의 CTC 모드 실험

타이머/카운터0의 CTC0 모드를 사용하여 포트B에 연결된 LED를 주기적으로 점멸 시키는 프로그램을 작성하시오.(단, 주파수는 10MHz, 프리스케일은 1024 분주) 이때 점멸 주기는 OCR0 레지스터 값에 의하여 결정된다.

```
#include<iom128.h>
#include<ina90.h>
void init_system();
```

```
unsigned int i,out_data;
main(){
init_system();
while(1) PORTB=out_data;
}
void init_system(void){
DDRB=0xff;
PORTB=0xff;
out_data=0x00;
i=0;
TCCR0=0x0f;  // CTC mode,normal port,1024 prescaler
TCNT0=0x0;
TIMSK=0x02;
TIFR=0x02;    // timer0 overflow flag clear
PORTB=0xff;
OCR0=0x30;
__enable_interrupt();
}

#pragma vector=TIMER0_COMP_vect
__interrupt void timer0_ser(void){
__disable_interrupt();
i++;
if(i>=100){
  i=0;
  out_data=~out_data;
}
__enable_interrupt();
}
```

예제 6.3 타이머/카운터0의 CTC 모드 실험

타이머/카운터0의 CTC0 모드를 사용하여 OC0핀(PORTB.4)을 통하여 토글 신호가 출력되는 프로그램을 작성하시오.(단, 주파수는 10MHz, 프리스케일은 1024 분주) 이때 on/off 주기(주파수)는 OCR0 레지스터 값에 의하여 결정된다.

```
//timer0 CTC interrupt test
#include<iom128.h>
#include<ina90.h>
void init_system();
main(){
init_system();
while(1);
}
void init_system(void){
DDRB=0xff;
PORTB=0xff;
TCCR0=0x1f;  // CTC mode,toggle,1024 prescaler
TCNT0=0x00;
TIMSK=0x02;
TIFR=0x02;   // timer0 overflow flag clear
OCR0=0x80;
__enable_interrupt();
}
#pragma vector=TIMER0_COMP_vect
__interrupt void timer0_ser(void){
}
```

예제 6.4 타이머/카운터0의 Fast PWM 모드 실험

타이머/카운터0의 고속 PWM 모드를 사용하여 OC0 핀에 연결된 LED의 밝기를 제어하는 프로그램을 작성하시오.(비반전 PWM 모드)

```
//timer0 fast PWM interrupt test
#include<iom128.h>
#include<ina90.h>
unsigned int out_data;
void init_system();
main(){
init_system();
while(1);
}
void init_system(void){
DDRB=0xff;
PORTB=0xff;
TCCR0=0x6f;      // (01101111) fast PWM mode,noninverter,1024 prescaler
TCNT0=0x00;
TIMSK=0x02;
TIFR=0x02;       // timer0 overflow flag clear
OCR0=0x01;
out_data=0;
__enable_interrupt();
}

#pragma vector=TIMER0_COMP_vect
__interrupt void timer0_ser(void){
__disable_interrupt();
  out_data++;
OCR0=out_data;
if(out_data>=0x0fe){
OCR0=0x01;
out_data=0;
}
```

```
__enable_interrupt();
   }
```

예제 6.5 타이머/카운터0의 위상보정 PWM 모드 실험

위상 보정 PWM 기능을 이용하여 OC0 핀에 연결된 LED의 밝기를 제어하는 프로그램을 작성하시오.

```
#include<iom128.h>
#include<ina90.h>
unsigned int out_data;
unsigned updn_flg;
void init_system();
main(){
init_system();
while(1);
}
void init_system(void){
DDRB=0xff;
PORTB=0xff;
TCCR0=0x67;     // (01100111) phase PWM mode,noninverter,1024 prescaler
TCNT0=0x00;
TIMSK=0x02;
TIFR=0x02;      // timer0 overflow flag clear
OCR0=0x0;
out_data=0;
updn_flg=0;
__enable_interrupt();
}
#pragma vector=TIMER0_COMP_vect
__interrupt void timer0_ser(void){
__disable_interrupt();
if(updn_flg==1){
out_data--;
```

```
OCR0=out_data;
if(out_data==0x00) updn_flg=0;
}
if(updn_flg==0){
out_data++;
OCR0=out_data;
if(out_data==0xff) updn_flg=1;
}
__enable_interrupt();
  }
```

6.2 타이머/카운터2

타이머/카운터 2는 PWM 모드를 가지는 범용 단일 채널 8비트 타이머/카운트이다. 타이머/카운터 2의 주요 특징은 다음과 같다.

- 단일 채널 카운터
- Clear Timer on Compare Match.(Auto Reload 기능)
- 글리치 없는, 위상 보정 기능을 가진 PWM
- 주파수 발생장치
- 외부 사건 카운터
- 10 비트 클럭 프리스케일러
- 오버플로 인터럽트 소스와 비교 일치 인터럽트 소스(TOV2, OCF2)

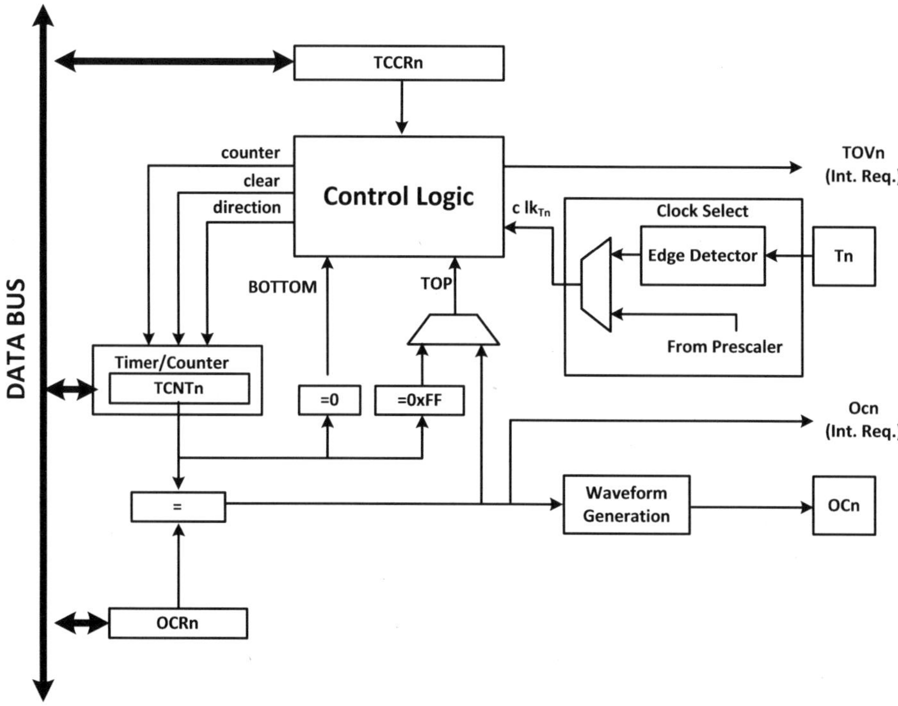

그림 6.13 타이머/카운터 2 블록도

그림 6.13은 타이머/카운터2의 블럭도를 보여준다. 입출력 핀의 실제 위치는 핀 설명 부분을 참조하면 된다. CPU가 액세스할 수 있는 입출력 레지스터, 입출력 비트, 입출력 핀은 진한 문자로 표시되어 있고 디바이스 지정 입출력 레지스터와 비트 위치는 타이머/카운터0 레지스터 설명을 참조한다.

그림 6.13에서 TCNT2와 OCR2 레지스터는 8비트 레지스터이다. 인터럽트 요청신호는 모두 타이머 인터럽트 플래그 레지스터(TIFR)를 통하여 확인 가능하며 모든 인터럽트는 인터럽트 마스크 레지스터(TIMSK)를 통하여 각각 개별적으로 마스크 가능하다. TIFR과 TIMSK는 그림에서 보이지 않는데 왜냐하면 이들 레지스터는 다른 타이머 장치와 공유되기 때문이다. 타이머/카운터2의 클럭은 내부적으로 프리스케일러에 의하여 공급되어지거나 또는 T2핀 상의 외부 클럭 소스에 의하여 공급된다. 클럭 선택 논리 블록은 타이머/카운터의 값을 증가시키기 위하여 어느 클럭 소스를 사용할 것인지, 어떤 타이머/카운터 에지를 사용할 것인지를 결정한다.

타이머/카운터2는 클럭이 선택되기 전에는 비활성화 상태가 된다. 클럭 선택 논리의 출력은 타이머 클럭(clk_{T2})이 된다. 이중 버퍼인 OCR2(출력 비교 레지스터)은 항상 타이머/카운터 값과 비교된다. 비교의 결과는 파형 발생장치가 PWM 파형을 발생시키거나 또는 OC2(출력 비교 핀)핀 상에 가변 주파수 출력을 발생시키기 위하여 사용될 수 있다. 비교 일치 사건은 출력 비교 인터럽트를 발생시키기 위하여 사용될 수 있는 OCF2(비교 플래그)를 셋 한다.

* **정의** : 이제부터 8비트 타이머/카운터에 관한 설명에서 "BOTTOM"은 8비트 카운터가 가질 수 있는 최소값 0x00을 나타내고 반대로 "MAX"는 카운터가 가질 수 있는 최대값 0x0FF를 나타낸다. 또한 "TOP"는 각 동작 모드에 따라 카운터가 실제로 도달하는 최대의 값을 나타내는데 이 값은 동작 모드에 따라 "MAX"가 되기도 하고 OCR0 레지스터 또는 OCR2 레지스터에 설정된 값이 되기도 한다.

(1) 타이머/카운터 2 클럭 소스

타이머/카운터 2는 내부 또는 외부로부터 클럭을 입력 받을 수 있다. 클럭 소스는 타이머/카운터 2 제어 레지스터(TCCR2)의 클럭 선택 비트(CS22~CS20)에 의하여 결정된다.

표 6.8 클럭 소스 선택

CS22	CS21	CS20	클럭소스
0	0	0	클럭 입력 차단(타이머/카운터2 기능 정지)
0	0	1	$clk_{I/O}/1$ 분주 클럭
0	1	0	$clk_{I/O}/8$ 분주 클럭
0	1	1	$clk_{I/O}/64$ 분주 클럭
1	0	0	$clk_{I/O}/256$ 분주 클럭
1	0	1	$clk_{I/O}/1024$ 분주 클럭
1	1	0	T2핀에서 인가되는 외부 클럭(하강에지에서 동작)
1	1	1	T2핀에서 인가되는 외부 클럭(상승에지에서 동작)

(2) 카운터 장치

타이머/카운터 2의 주요 부분은 프로그램 가능한 양방향 카운트 장치이다. 그림 6.14는 카운터와 그 주변장치의 블럭도를 보여준다.

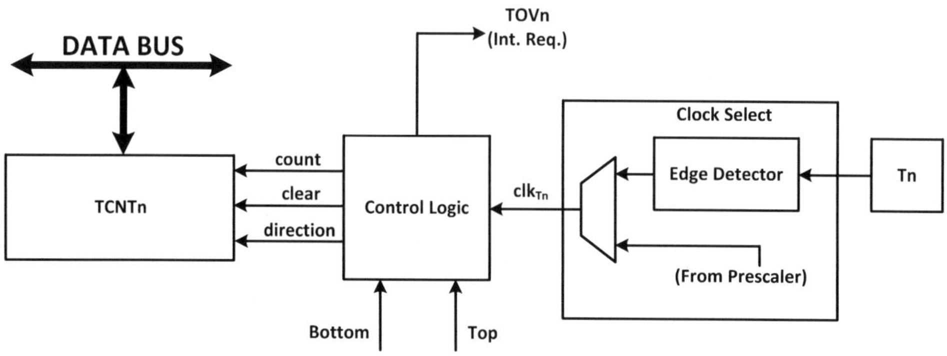

그림 6.14 카운터 장치 블록도

*** 신호설명(내부 신호)**

① count : TCNT2을 1씩 증가시키거나 감소시킨다.
② direction : 증가/감소를 선택한다.
③ clear : TCNT2를 클리어 한다.
④ clk_{Tn} : 타이머/카운터 클럭(clk_{T0})
⑤ top : TCNT0이 최대값에 도달하였음을 표시
⑥ bottom : TCNT2가 최소값에 도달하였음을 표시

사용된 동작 모드에 따라서, 카운터는 각 타이머 클럭(clk_{T2})에서 클리어/증가/감소된다. clk_{T2}는 외부 또는 내부 클럭 소스에 의하여 발생될 수 있다. 이것은 클럭 선택 비트인 CS22~CS20에 의하여 결정된다. 클럭 소스가 선택되지 않으면 (CS22~CS20=0) 타이머는 정지된다. 하지만 clk_{T2}의 유무에 관계없이 CPU는TCNT2 값을 액세스 할 수 있다. CPU는 모든 카운터를 클리어 하거나, 카운터 동작을 하게 할 수 있다. 동작모드는 타이머/카운터 제어 레지스터(TCCR2)에 있는 WGM01~WGM00 비트에 의하여 결정된다. 카운터 동작모드와 "출력 비교 장치의 출력 핀인 OC2 핀에 파형이 어떻게 발생될 것인가?" 하는 것은 밀접한 관계가 있다. 타이머/카운터2 오버플로 플래그(TOV2)는 WGM21~WGM20 비트에 의하여 결정된 동작 모드에 따라 '1'이 된다. TOV2는 CPU 인터럽트를 발생시키기 위하여 사용될 수 있다.

(3) 타이머/카운터 2 프리스케일러

타이머/카운터 2는 타이머/카운터1, 타이머/카운터 3와 동일한 프리스케일러 모듈을 공유한다. 그러나 각 타이머/카운터는 서로 다른 프리스케일러 값으로 설정될 수 있다. 타이머/카운터 2는 "CS22~CS20=1"인 경우 시스템 클럭으로부터 클럭을 공급 받는다. 이것은 시스템 클럭

주파수($f_{CLK\_I/O}$)와 동일한 최대 타이머/카운터 클럭 주파수를 이용하여 가장 빠른 동작을 할 수 있도록 해준다. 프리스케일러에 의하여 분주된 클럭은 $f_{CLK\_I/O}/8$, $f_{CLK\_I/O}/64$, $f_{CLK\_I/O}/256$, $f_{CLK\_I/O}/1024$ 중 하나의 주파수를 가지며 자유 구동형이다. 즉 타이머/카운터의 클럭 선택 논리회로와는 별개로 동작한다. 그리고 타이머/카운터 1, 타이머/카운터 2, 타이머/카운터 3는 하나의 프리스케일러를 공유하고 있다. 프리스케일러가 타이머/카운터 클럭 선택 논리회로에 의하여 영향을 받지 않기 때문에 프리스케일러의 상태는 프리스케일러 클럭이 사용되어진 상황에 맞게 적용된다.

다음에서 설명되는 프리스케일러 값 조작에 관한 설명은 타이머가 활성화 되었고, 프리스케일러(6 〉 CS22~CS20 〉 1)로부터 클럭을 공급 받는다는 것을 가정한다.

타이머가 활성화 된 이후로부터 첫 번째 카운터가 발생할 때까지의 시스템 클럭 사이클의 수는 (1~N+1)시스템 클럭 사이클이 될 수 있다. 여기서 N은 프리스케일러의 분주값(8, 64, 256, 1024)이다. 프로그램 실행과 동기화를 위하여 타이머/카운터가 프리스케일러 리셋을 사용하는 것이 가능하다. 하지만 만약 동일한 프리스케일러를 사용하는 타이머/카운터가 프리스케일러를 사용하고 있다면 주의해야만 한다. 프리스케일러 리셋은 그것에 연결된 모든 타이머/카운트의 프리스케일러 주기에 영향을 미치기 때문이다.

T_n핀에 인가된 외부 클럭 소스는 타이머/카운터 클럭(clk_{T1}, clk_{T2}, clk_{T3})으로서 사용될 수 있다. T_n핀은 매 시스템 클럭 사이클 마다 핀 동기화 로직에 의하여 샘플링 된다. 그리고 동기화된(샘플링된) 신호는 에지 검출장치를 통과한다. 그림 6.15는 T_n 동기화 회로와 에지 검출 회로의 블럭도를 보여준다. 레지스터는 내부 시스템 클럭($clk_{I/O}$)의 상승 에지에서 클럭을 공급 받는다. 래치된 값은 내부 시스템 클럭의 "HIGH" 주기에서 통과 된다. 에지 검출장치는 검출된 각 상승(CSn2~CSn0 =7) 또는 하강(CSn2~CSn0=6)에지에서 하나의 clk_{T1}, clk_{T2}, clk_{T3} 펄스를 발생한다.

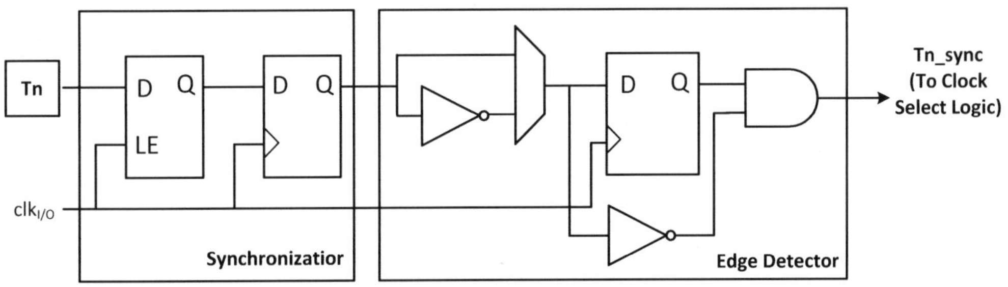

그림 6.15 Tn 핀 샘플링

동기화 로직과 에지 검출장치 로직은, 카운터를 업데이트하기 위한 에지가 T_n 핀에 입력된 때로부터 2.5 ~ 3.5 시스템 클럭의 시간 지연을 발생시킨다.

클럭 입력의 활성화/비활성화는 T_n이 적어도 1 시스템 클럭 동안 안정화 된 후 수행되어야 한다. 그렇지 않으면 비정상적인 타이머/카운터 클럭 펄스가 발생될 위험이 있다. 정상적인 샘플링을 보장하기 위해서는, 인가된 외부 클럭의 각 반주기가 1 시스템 클럭 사이클 보다 길어야 한다. 그리고 외부 클럭 주파수는 50%의 듀티를 가지는 시스템 클럭 주파수의 $\frac{1}{2}$ 보다 작아야 ($f_{ExtClk} < f_{clk\_I/O}/2$)한다. 에지 검출장치가 샘플링을 사용하므로, 에지 검출장치가 검출할 수 있는 최대 외부 클럭 주파수는 샘플링 주파수의 반이 된다(나이키스트 샘플링 이론). 하지만 오실레이터 소스(크리스털 레조네이터와 콘덴서)에 의하여 발생된 시스템 클럭 주파수와 듀티 사이클의 변화로 인하여, 외부 클럭 소스의 최대 주파수는 $f_{CLK\_I/O}/2.5$ 보다 작아야 한다. 그리고 외부 클럭 소스는 프리스케일 될 수 없다.

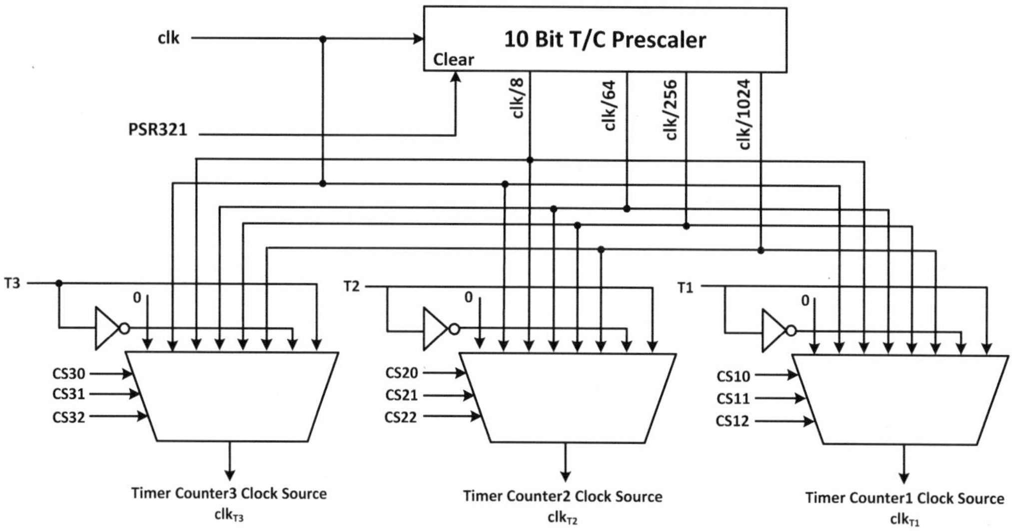

그림 6.16 타이머/카운터 2, 1, 3의 프리스케일러

(4) 출력 비교 장치

TCNT2의 값과 출력 비교 레지스터(OCR2)의 값은 연속적으로 비교되어지며 TCNT2와 OCR2의 값이 일치 할 때마다 비교장치는 일치 신호를 출력한다. 일치가 발생하면 다음 타이머 클럭 사이클에서 출력 비교 플래그 비트(OCF2)가 '1'이 된다. 그리고 출력 비교 인터럽트가 활성화(OCIE2=1, SREG=1)되어 있다면, 출력 비교 플래그는 출력 비교 인터럽트를 발생시킨다.

인터럽트가 실행되면 OCF2 플래그는 자동적으로 클리어된다. 또한 플래그는 해당 비트에 '1'을 써넣음으로서 소프트웨어적으로 클리어 될 수도 있다. 파형 발생 장치는 일치 신호를 사용하여 WGM21~WGM20 비트와 COM21~COM20 비트의 설정에 의하여 결정된 동작모드에 따라 출력을 발생시킨다. 일부 동작모드에서 최대값과 최소값은 파형발생장치의 출력이 특수한 형태로 나타나도록 한다. 그림 6.17은 출력 비교 장치의 블럭도를 보여준다. PWM 모드를 사용할 때 OCR2 레지스터는 이중버퍼가 된다. 그러나 일반모드와 CTC 모드에서는 이중 버퍼가 사용되지 않는다. 이중 버퍼링은 카운터의 TOP/ BOTTOM 값과 OCR2 비교 레지스터의 업-데이터 동작을 동기화 시켜준다. 이렇게 동기화되면, 출력 비교장치에서 odd-length, 비대칭 PWM 펄스가 발생되지 않도록 하여 출력상에 글리치가 나타나지 않도록 해준다.

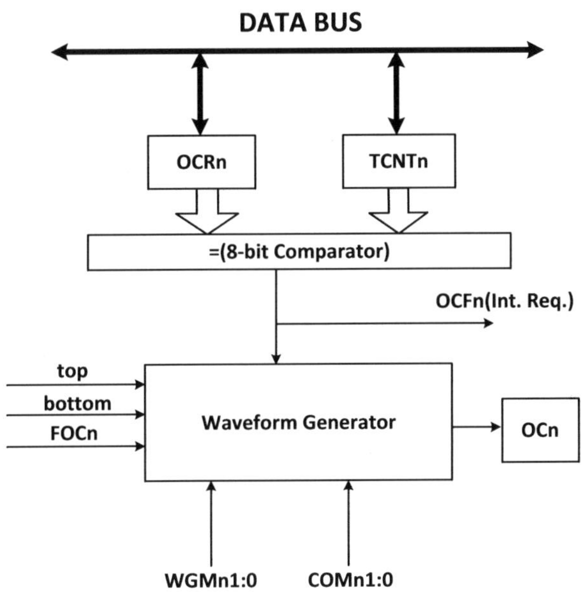

그림 6.17 출력비교 장치와 블럭도

OCR2 레지스터의 액세스는 복잡한 것처럼 보이지만 그렇지 않다. 즉, 이중버퍼가 활성화되면 CPU는 OCR2 버퍼 레지스터를 액세스하고, 이중버퍼가 비활성화 되었다면 CPU는 OCR2를 직접 액세스한다.

1) 강제출력비교

PWM 발생 모드 이외의 모드에서, 비교장치의 일치 출력은 강제 출력 비교(FOC2) 비트에 '1'을 써넣어서 강제로 발생시킬 수 있다. 강제 비교 일치는 OCF2를 셋 하지 않으며 또한 타이머를 리로드/클리어 하지도 않는다. 그러나 OC2핀의 값은 마치 실제 비교 일치가 발생한 것처럼, COM21~COM20 비트의 의하여 설정된 모드로 출력된다.

2) TCNT2 쓰기에 의한 비교 일치 억제

CPU가 TCNT2 레지스터에 값을 써넣는 동작을 하는 경우, 비록 타이머가 동작하지 않더라도, 다음 타이머 클럭 사이클 동안 발생하는 어떤 비교 일치도 발생시키지 않는다. 이러한 특징은 타이머/카운터가 활성화 되었을 때 인터럽트를 트리거 하지 않고 OCR2가 TCNT2와 동일한 값으로 초기화 되어질 수 있도록 해준다.

3) 출력비교 장치의 사용

어떤 동작 모드에서 TCNT2에 값을 써넣으면 1 타이머 클럭 사이클 동안 모든 비교 일치 기능이 억제되기 때문에, 타이머/카운터 동작 유무에 관계없이, 출력 비교 채널을 변경 할 때 TCNT2의 값을 변경하는 것은 위험을 내포하고 있다. 만약 TCNT2에 써넣어진 값이 OCR2의 값과 일치 한다면 비교 일치는 발생하지 않는다. 그 결과 부정확한 파형이 발생된다. 유사한 이유로 카운트를 다운 카운팅을 하는 경우, TCNT2에 BOTTOM값과 동일한 값을 쓰면 안 된다.

OC2의 설정은 데이터 방향 레지스터를 출력으로 설정하기 전에 먼저 수행되어야 한다. OC2 레지스터 값을 셋 하기 위한 가장 쉬운 방법은 일반 모드에서 FOC2(강제 출력 비교)스트로보 비트를 사용하는 것이다. OC2 레지스터는 파형 발생 모드를 변경 할 때에도 그 값을 그대로 유지 한다. 그리고 COM21~COM20 비트는 비교값과 함께 이중 버퍼화 되지 않으며, 따라서 COM21~COM20의 변경은 OC2의 출력에 즉시 영향을 미친다.

(5) 비교 일치 출력 장치

비교 출력 모드 비트(COM21~COM20)는 두 가지 기능을 가진다.

㉠ 다음 비교 일치 순간에서의 출력 비교(OC2) 상태를 정의한다.
㉡ OC2핀 출력 소스를 제어한다.

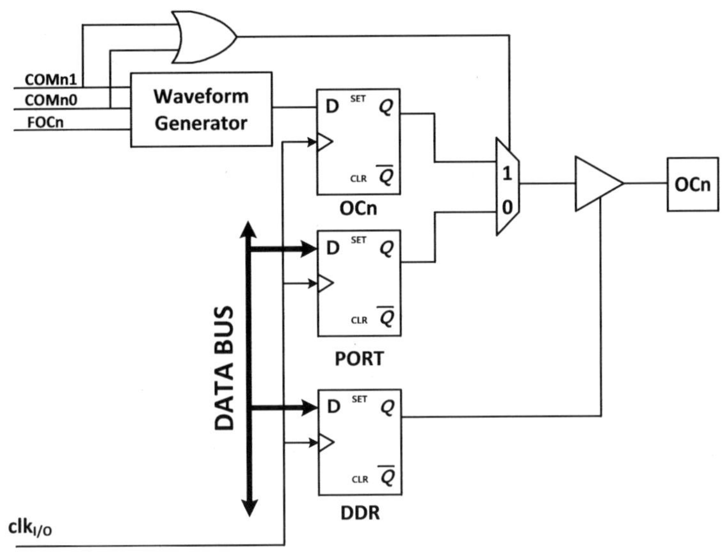

그림 6.18 비교일치 출력 장치와 개략도

그림 6.18은 COM21~COM20 비트 설정값에 의하여 영향을 받는 논리 회로의 개략도를 보여준다. 그림에서 입출력 레지스터, 입출력 비트, 입출력 핀은 진한문자로 표시된다. COM21~COM20 비트에 의하여 영향을 받는 범용 입출력 포트 제어 레지스터(DDR과 PORT)의 일부도 보여진다. OC2의 상태를 언급할 때, 기준은 내부 OC2 레지스터이지 OC2핀이 아니다.

시스템 리셋이 발생하면 OC2 레지스터는 '0'이 되며, COM21~COM20 비트 중 하나가 '1'이 된다면, 범용 입출력 포트 기능은 파형 발생장치의 출력 비교(OC2) 기능으로 대치된다. 하지만 OC2 핀의 방향은 해당 DDR에 의하여 결정된다. OC2 핀(DDR_OC2)에 대한 데이터 방향 레지스터는 OC2값이 핀에 출력되기 전에 미리 출력으로 설정되어 있어야 한다.

1) 비교출력 모드와 파형발생

파형 발생장치는 일반모드, CTC 모드, PWM 모드에서의 CO2핀 기능을 결정하기 위하여 COM21~COM20 비트를 이용한다. 모든 모드에서 "COM21~COM20=0"로 설정하면, 다음 비교일치 순간, 파형발생장치에서 OC2 레지스터의 동작이 발생되지 않는다. PWM 이외 모드에서 비교 출력 동작은 표 6.12에서 보여준다. 그리고 고속 PWM 모드는 표 6.13, 위상 보정 PWM 모드는 표 6.14에서 보여준다.

COM21~COM20 비트의 변경은 이 비트에 값을 써넣은 후 첫 번째 비교 일치 순간에 영향을 미친다. PWM 이외의 모드에서, COM21~COM20 비트의 변경은 FOC2 스트로보 비트를 사용함으로서 강제적으로 즉시 영향을 미치게 할 수 있다.

(6) 동작모드

동작 모드, 즉 타이머/카운터의 동작과 출력 비교 핀의 동작은 파형 발생모드(WGM21~WGM20) 비트와 비교 출력 모드(COM21~COM20) 비트의 조합에 의하여 결정된다. 비교 출력 모드 비트는 카운팅 순서에 영향을 미치지 않지만, 파형 발생 모드 비트는 카운팅 순서에 영향을 미친다. PWM 모드에서, COM21~COM20 비트는 발생된 PWM 출력의 반전 여부(반전 PWM 혹은 비반전 PWM)를 결정한다. PWM 모드 이외의 모드에서, COM21~COM20 비트는 비교 일치 순간 출력이 1, 0, 토글인가를 결정한다. 상세한 타이밍 설명은 그림 6.19, 그림 6.20, 그림 6.21, 그림 6.22에 나타나 있다.

1) 일반모드

가장 간단한 동작 모드는 일반모드(WGM21~WGM20=0)이다. 이 모드에서 카운팅 방향은 항상 증가 방향이고 카운터 클리어는 수행되지 않는다. 카운터는 8 비트 최대값(0x0FF)까지 단순 증가한다. 그리고 오버플로가 나면 0x00으로부터 다시 시작한다. 일반 모드에서 타이머/카운터 오버플로 플래그 (TOV2)는 TCNT2가 '0'이 되는 타이머 클럭 사이클에서 '1'이 된다. 이 경우 TOV2 플래그는, 이 비트가 '1'은 되지만 '0'으로 클리어 되지 않는다는 점을 제외하면, 마치 9번째 비트처럼 동작한다. 하지만 TOV2 플래그를 자동으로 클리어 시키는 타이머 오버플로 인터럽트와 결합되면 타이머 해상도는 소프트웨어적으로 증가될 수 있다.

일반모드에서 고려하여야 할 특별한 경우는 없으며 새로운 카운트 값은 언제든지 써넣을 수 있다. 출력 비교 장치는 어떤 주어진 시간에 인터럽트를 발생시키기 위하여 사용되어질 수 있다. 그러나 일반모드에서 파형을 발생시키기 위하여 출력 비교기능을 이용하는 것은 추천되지 않는다. 왜냐하면 이것은 너무 많은 CPU 시간을 필요로 하기 때문이다.

2) CTC 모드

CTC 모드는 카운터 값(TCNT2)을 증가시켜 그 값이 OCR2의 값과 일치하면 TCNT2의 값을 클리어 하는 기능을 수행하는 모드이다. CTC 모드(WGM21~ WGM20=2)에서 OCR2 레지스터는 카운터 해상도를 조작하기 위하여 사용되며 OCR2는 카운터의 최고값과 해상도를 정의한다. 이 모드는 더 큰 비교 일치 출력 주파수 제어가 가능 하도록 해준다. 이것은 또한 외부 사건을 카운팅 하는 동작을 간략화 시켜주기도 한다. CTC 모드에 대한 타이밍도는 그림 6.19에서 보여준다. 카운터값(TCNT2)는 TCNT2와 OCR2 사이에 비교 일치가 발생할 때까지 증가한다. 그리고 비교일치가 발생하면 카운터값(TCNT2)은 클리어 된다.

표 6.9 모드 설정

모드	WGM01	WGM00	동작 모드
0	0	0	일반 모드
1	0	1	위상 보정 PWM 모드
2	1	0	CTC 모드
3	1	1	고속 PWM 모드

표 6.10 OC0핀 기능 설정

	COM01	COM00	OC0핀 기능
PWM 모드가 아닌 경우	0	0	범용 입출력 포트(OC2 출력 차단)
	0	1	비교 일치시 OC2 출력 토글
	1	0	비교 일치시 OC2 출력 클리어
	1	1	비교 일치시 OC2 출력 셋
고속 PWM 모드	0	0	범용 입출력 포트(OC2 출력 차단)
	0	1	예 약
	1	0	비교 일치시 OC2 출력 클리어 BOTTOM에서 CO2 출력 셋
	1	1	비교 일치시 OC2 출력 셋 BOTTOM에서 CO2 출력 클리어
위상보정 PWM 모드	0	0	범용 입출력 포트(OC2 출력 차단)
	0	1	예 약
	1	0	상향 카운터에서 비교일치시 OC2 클리어 하향 카운터에서 비교일치시 OC2 셋
	1	1	상향 카운터에서 비교일치시 OC2 셋 하향 카운터에서 비교일치시 OC2 클리어

OCF2 플래그를 이용하면 카운터 값이 TOP에 도달 할 때마다 인터럽트를 발생시킬 수 있다. 인터럽트가 활성화 되면 인터럽트 처리 루틴에서는 TOP 값을 업-데이터 할 수 있다. 하지만 카운터가 동작 중이고, 프리스케일러가 없거나 낮은 프리스케일러 값을 가질 때, "TOP" 값을 "BOTTOM" 값에 가깝게 변경할 때는 주의하여야 한다. 왜냐하면 CTC 모드에서는 OCR2 레지스터가 이중버퍼가 아니기 때문이다. 만약 OCR2에 써넣어진 새로운 값이 TCNT2의 현재값보다 낮다면 카운터는 비교 일치를 발생시키지 않는다. 그러면 카운트는 일단 그 값을 최대값까지

(0xff) 증가시킨 후 0x00부터 다시 증가를 시작하여 비교 일치를 발생시키게 된다.

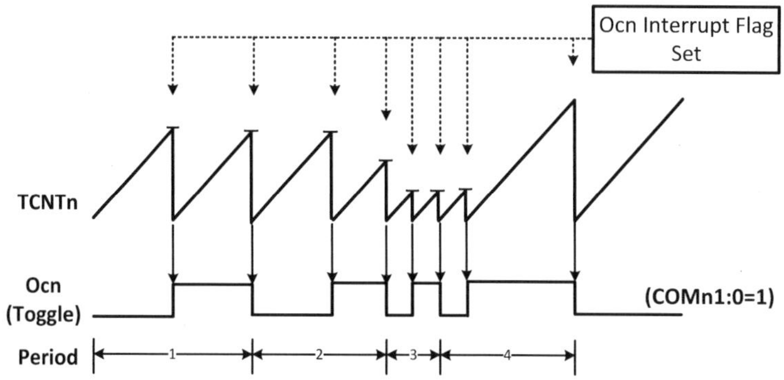

그림 6.19 CTC 모드, 타이밍도

CTC 모드에서, 파형 출력을 발생시키기 위하여, 비교 출력 모드 비트를 토클 모드 (COM21~COM20=1)로 설정하면, OC2출력이 매 비교 일치 순간마다 토글되는 출력이 나타난다. 만약 해당 핀의 방향을 출력으로 설정하지 않는다면 OC2값은 실제 출력 포트에 나타나지 않는다. 발생된 파형은 OCR2 레지스터의 값이 0x00일 때 최대 주파수 $f_{OC2} = f_{CLK_I/O}/2$를 가진다. 그리고 발생된 파형의 주파수는 다음 식에 의하여 결정된다.

$$f_{OCn} = \frac{f_{clk_{I/O}}}{2 \cdot N \cdot (1 + OCRn)}$$

여기서 N은 프리스케일러 값(1, 8, 64, 256, 1024)이다.

일반 동작모드에서처럼 TOV2 플래그는 카운트가 "MAX"로부터 0x00으로 카운트하는 것과 동일한 타이머 클럭 사이클에서 '1'이 된다.

3) 고속 PWM 모드

고속 PWM 모드(WGM21~WGM20=3)는 고주파수의 PWM 파형을 만들어 내는데 사용된다. 고속 PWM 모드는 다른 PWM 모드와는 달리 싱글 슬로프 동작을 가진다. 즉, 카운트는 0x00에서 0x0FF로 카운트 하고, 0x0FF에 도달하면 0x00에서 카운팅을 다시 시작한다. 비반전 비교 출력 모드에서, 출력 비교 레지스터(OC2) 값은 TCNT2와 OCR2값이 일치할 때 '0'이 되며 0x00에서 '1'이 된다. 반전 비교 출력 모드에서, 출력은 비교 일치 순간 '1'이 되고 0x00에서 '0'이 된다. 싱글 슬로프 동작을 하므로 고속 PWM 모드의 동작 주파수는 듀얼 슬로프 동작을 하는 위상 보정 PWM 모드의 2배가 된다. 이러한 높은 주파수는 고속 PWM 모드가 전력제어, 정류, DAC 응용 등에 사용 될 수 있도록 해준다. 고속 주파수는 물리적으로 작은 크기의 부품(코일, 콘덴서)을 사용할 수 있도록 하므로 전체적인 가격을 줄일 수 있다. 고속 PWM 모드에서, 카운트는 카운터 값이 0x0FF가 될 때까지 증가한 후, 다음 타이머 클럭 사이클에서 클리어 된다. 그림 6.20은 고속 PWM에 대한 타이밍도를 나타내며, 비반전 PWM 출력과 반전 PWM 출력을 모두 보여준다. TCNT2 슬로프 상의 작은 수평선은 OCR2와 TCNT2값의 일치 순간을 나타낸다.

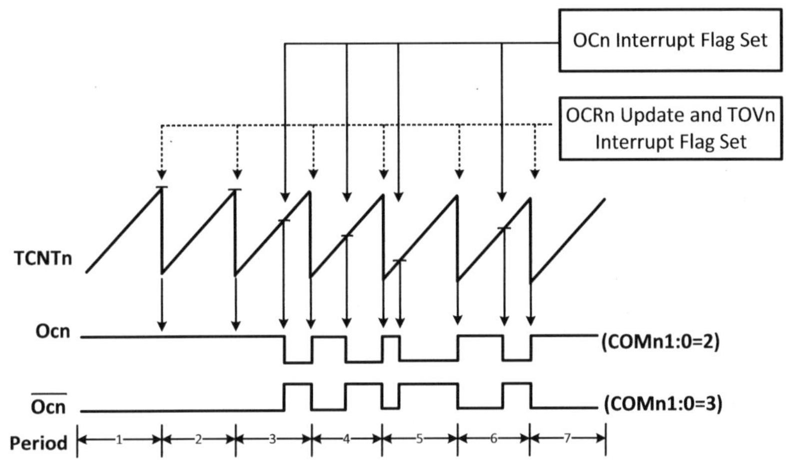

그림 6.20 고속 PWM 모드, 타이밍도

인터럽트가 활성화 되어 있다면, 타이머/카운트 오버플로 플래그(TOV2)는 카운트가 0x0FF에 도달할 때 '1'이 된다. 이때 인터럽트 처리 루틴은 비교 값을 업-데이터 하기 위하여 사용될 수 있다. 고속 PWM 모드에서, 비교 장치는 OC2핀 상에서 PWM 파형이 발생할 수 있도록 해준다. "COM21~COM20=2"가 되면 비반전 PWM이 발생되고, "COM21~COM20=3"이 되면 반전 PWM 출력이 발생된다.

실제 OC2 값은 해당 포트핀을 출력으로 설정해야만 포트로 출력된다. PWM 파형은, OCR2와 TCNT2가 비교 일치하는 순간 OC2 레지스터를 셋(또는 클리어) 하고, 타이머가 0x0FF에서 0x00으로 변하는 클럭 사이클에서 OC2 레지스터를 클리어(또는 셋)함으로서 발생된다. PWM 출력 주파수는 다음과 같이 계산된다.

$$f_{OCnPWM} = \frac{f_{CLK\_I/O}}{N \cdot 256}$$

여기서 N은 프리스케일러 값(1, 8, 64, 256, 1024)이다.

OCR2 레지스터의 최대/최소값은 고속 PWM 모드에서 PWM 파형 출력을 발생시킬 때 특수한 경우를 나타낸다. 즉, OCR2 레지스터의 값이 0x00이면 출력은 각 0x0FF+1 타이머 클럭 사이클마다 좁은 스파이크 형태로 나타나며, OCR2 레지스터의 값을 0x0FF으로 설정하면 COM21~COM20 비트에 의하여 설정된 출력 극성에 따라 연속적인 '1' 또는 연속적인 '0' 출력을 만들어 낸다.

고속 PWM 모드에서, "COM21~00"를 토글 모드(COM21~00=1, 각 비교 일치 순간 OC2가 토글)로 설정하면 출력 파형은 50%의 듀티값을 가지는 구형파가 된다. 발생된 파형은 "OCR2 레지스너의 값이 0x00일 때 최대주파수 $f_{OC2} = f_{CLK_I/O}/2$를 가진다. 이러한 특징은 출력 비교장치의 2중 버퍼 특징을 제외하면 CTC 모드에서 OC2가 토글 되는 것과 유사하다.

4) 위상 보정 PWM 모드

위상 보정 PWM 모드(WGM21~WGM20=1)는 고해상도를 가지는 위상 보정 PWM 파형을 발생시킨다. 위상 보정 PWM 모드는 듀얼 슬로프 동작을 기본으로 한다. 즉, 카운터는 0x00에서 0x0FF로 카운팅(이때 TCNT2값은 '1' 타이머 클럭 사이클 동안 0x0FF 값을 유지한다.)을 한 후 다시 0x0FF로부터 0x00으로 카운팅을 하는 동작을 반복한다.

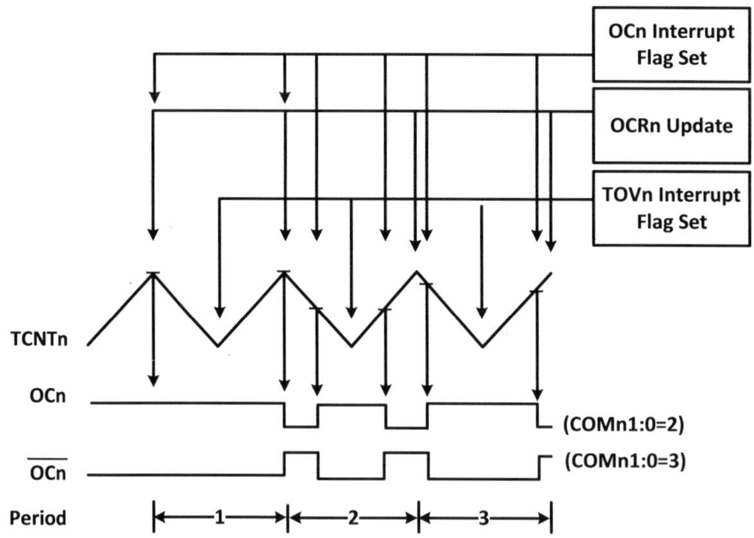

그림 6.21 위상 보정 PWM 모드, 타이밍도

비반전 비교 출력 모드에서, 상향 카운트 할 때 TCNT2와 OCR2 사이의 비교 일치가 발생되면 출력 비교 레지스터(OC2)가 클리어 되고, 하향 카운트 할 때 TCNT2와 OCR2 사이의 비교 일치가 발생하면 출력 비교 레지스터(OC2)는 '1'이 된다. 반전출력 비교 모드에서의 동작은 그와 반대가 된다. 듀얼 슬로프 동작은 싱글 슬로프 동작에서 보다 최대 동작 주파수가 낮지만 듀얼 슬로프 PWM 모드에서의 대칭적 특성으로 인하여 모터 제어 응용에 유용하다. 위상 보정 PWM 모드에서의 PWM 해상도는 8비트로 고정된다. 그림 6.21은 위상 보정 PWM 모드에 대한 타이밍도(비반전 PWM 모드와 반전 PWM 모드 출력)를 보여준다. TCNT2 슬로프의 작은 수평선은 OCR2와 TCNT2의 비교 일치가 발생한 순간을 나타낸다.

타이머/카운터 오버플로 플래그(TOV2)는 타이머/카운터가 0x00에 도달 할 때마다 '1'이 되며, 이 플래그는 카운터가 0x00에 도달 할 때마다 인터럽트를 발생시키는데 사용될 수 있다. 위상 보정 PWM 모드에서 비교 장치는 OC2핀에 PWM 파형을 발생시킬 수 있도록 해준다. "COM21~COM20=2"로 하면 비반전 PWM이 만들어지며 "COM21~COM20=3"으로 설정하면 반전 PWM 출력이 만들어진다. OC2 레지스터의 값은 해당 포트의 DDR이 출력으로 설정되어야만 실제 포트 핀에 출력된다. PWM 파형은 카운트가 증가할 때 OCR2와 TCNT2의 값이 일치되면 OC2 레지스터가 '0'(또는 '1')이 되고, 카운터가 감소할 때는 OCR2와 TCNT2의 값이 일치되면 '1'(또는 '0')이 됨으로서 만들어진다. 위상 보정 PWM 모드에서 PWM 주파수 출력은 다음과 같이 계산된다.

$$f_{OCnPCPWM} = \frac{f_{CLK\_I/O}}{N \cdot 510}$$

여기서, N은 프리스케일러 값 (1, 8, 64, 256, 1024)을 나타낸다.

OCR2 레지스터의 최대/최소값은 위상 보정 PWM 모드에서 PWM 파형 출력을 발생시킬 때 특별한 경우를 나타낸다. 즉, 비반전 PWM 모드에서, OCR2가 0x00로 설정되면 출력은 연속적으로 '0'이 되고, OCR2가 0x0FF로 설정되면 출력은 연속적인 '1'이 된다. 한편, 반전 PWM 에서의 출력은 그와 반대의 논리값을 가진다. 그림 6.21의 주기2의 시작점에서 보면, OCn은 비교 일치가 발생하지 않음에도 불구하고 "high"로부터 "low"로의 상태 변화를 가진다. 이 상태 천이점은 0x00 근처에서도 대칭적으로 나타난다. 이와 같이 비교 일치가 발생하지 않은 상태에서 상태 변화가 발생하는 경우는 다음과 같은 2가지 경우가 있다.

㉠ 그림 6.21에서와 같이 OCR2A가 그 값을 0x0FF로부터 변경할 때
OCR2A값이 0x0FF일 때 OCn 핀 값이 다운 카운팅 비교 일치의 순간과 동일하다. 0x00 근처에서 대칭성을 보장하기 위하여 0x0FF에서의 OCn값은 업-카운팅 비교 일치의 결과와 같아야 한다.

ⓛ 타이머가 OCR2A에 저장된 값보다 높은 값으로부터 카운팅을 시작하여 그로 인하여 비교 일치가 상실되어 OCn의 변화가 그 주기에서 발생하지 않고 다음 주기에서 발생할 때

(6) 타이머/카운터2 타이밍도

타이머/카운트2는 동기식으로 설계되었다. 그림 6.22는 기본 타이머/카운터 동작에 대한 타이밍 데이터를 가지고 있으며, 인터럽트 플래그 설정에 대한 정보를 포함하고 있다. 그리고 여기서 타이머 클럭(clk_{T2})는 클럭 활성화 신호같이 보인다. 그림6.22는 위상 보정 PWM 모드 이외의 모든 모드에서 "MAX"으로 향하는 카운터 순서를 보여주고 있다.

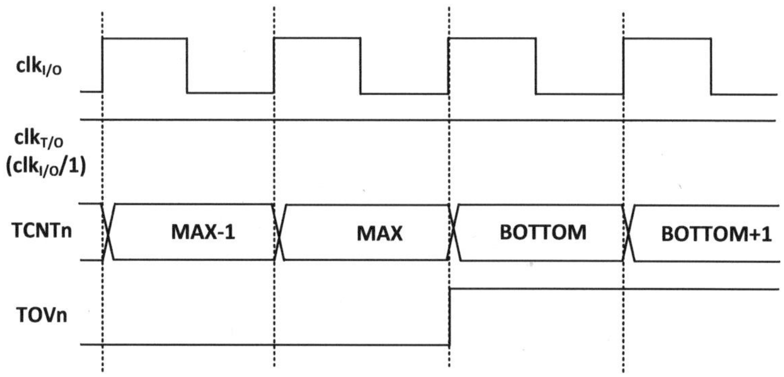

그림 6.22 타이머/카운트 타이밍도, 프리스케일 없음

그림 6.23는 동일 타이밍 데이터를 보여주지만 프리스케일러를 가지고 있다.

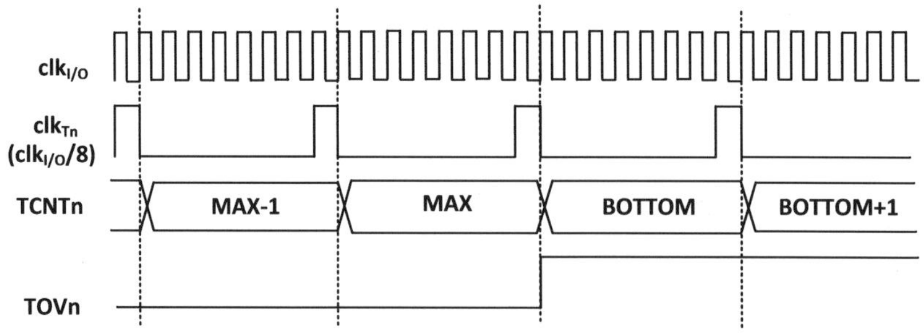

그림 6.23 타이머/카운터 타이밍도, 프리스케일 (fclk_I/O/8)

그림 6.24는 CTC 모드 이외의 모드에서 OCF2의 설정을 보여준다.

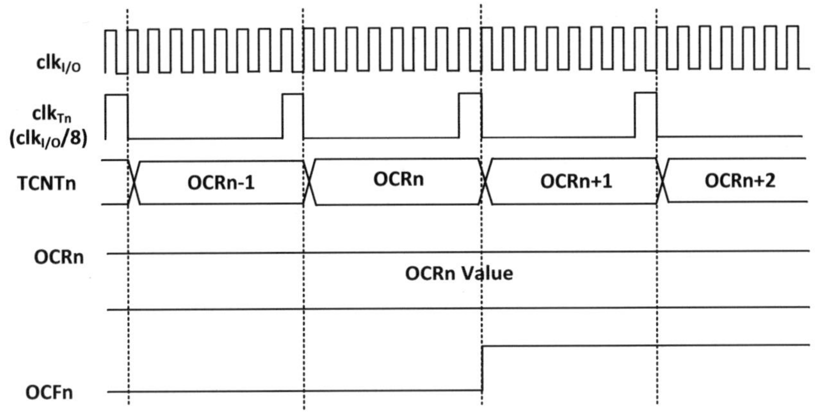

그림 6.24 타이밍도와 OCF2의 설정, 프리스케일 (fclk_I/O/8)

그림 6.25는 CTC모드에서 TCNT2의 클리어링과 OCF2의 설정을 보여준다.

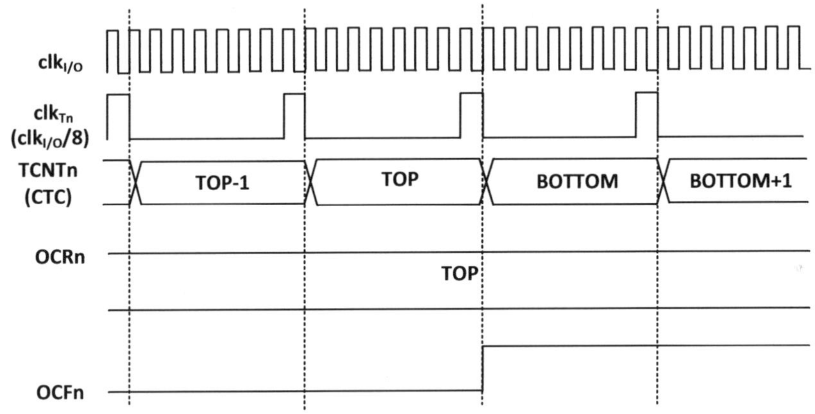

그림 6.25 타이밍도와 CTC 모드, 프리스케일(fclk_I/O/8)

(7) 타이머/카운트2 관련 레지스터 설명

1) 특수기능 입출력 레지스터 - SFIOR

이 레지스터의 7,1,0 비트를 이용하면 모든 타이머/카운터를 동기화 시킬 수 있다.

Bit	7	6	5	4	3	2	1	0
	TSM	–	–	–	ACME	PUD	PSR0	PSR321
Read/Write	R/W	R	R	R	R/W	R/W	R/W	R/W
초기값	0	0	0	0	0	0	0	0

- **Bit 7 : TSM(타이머/카운터 동기모드)**

  TSM 비트가 '1'이면 모든 타이머/카운터를 동기모드로 동작시킬 수 있다. 즉, 이 모드에서 PSR0와 PSR321에 '1'을 써넣으면 리셋 동작이 완료된 후에도 그 값이 그대로 유지된다. 따라서 인가된 해당 프리스케일러 리셋 신호는 그대로 유지된다. 이러한 동작은 해당 타이머/카운터의 동작을 정지시켜, 타이머/카운터의 설정기간 동안 어떠한 위험도 없이 해당 타이머/카운터의 값을 동일한 값으로 설정할 수 있도록 해준다. TSM 비트가 '0'가 되면 PSR0과 PSR321 비트는 하드웨어적으로 클리어 되며 타이머/카운터는 그와 동시에 카운터를 시작한다.

- **Bit 0 : PSR321(타이머/카운터1,2,3을 위한 프리스케일러 리셋)**

  이 비트가 '1'이 되면 타이머/카운터1,2,3 프리스케일러는 리셋 된다. TSM 비트가 '1'인 경우를 제외하면, 이 비트는 일반적으로 동작이 완료되면 하드웨어에 의하여 즉시 클리어 된다. 타이머/카운터1,2,3는 동일한 프리스케일러를 공유하고 있고 이 프리스케일러의 리셋은 3개의 타이머 모두에게 영향을 미치므로 주의하여야 한다.

2) 타이머/카운트 제어 레지스터 - TCCR2

Bit	7	6	5	4	3	2	1	0
	FOC2	WGM20	COM21	COM20	WGM21	CS22	CS21	CS20
Read/Write	W	W/R	W/R	W/R	R/W	R/W	R/W	R/W
초기값	0	0	0	0	0	0	0	0

- **Bit 7 : FOC2(강제 출력 비교)**

  FOC2 비트는 WGM20 비트가 PWM 모드 이외의 모드로 지정될 때 활성화 된다. 하지만 호환성을 유지하기 위하여 PWM 모드에서 TCCR2에 값을 써넣을 때 이 비트는 '0'이 되어야 한다. FOC2 비트에 '1'을 써넣으면, 파형 발생장치에서 즉각적인 비교 일치가 강제로 발생된다. OC2 출력은 COM21~COM00 비트의 설정값에 따라 달라진다. 주의할 점은 FOC2 비트가 하나의 스트로브 신호로서 사용된다는 점이다. 즉 FOC2 비트가 '1'이 되면 파형발생장치에서는 COM21~COM20 비트에서 표현된 값에 따라서 OC2의 출력값을 만들어 내게 된다. 그러나 FOC2 스트로브 신호는 어떠한 인터럽트도 발생시키지 않으며, TOP로서 OCR2값을 사용하는 CTC 모드에서, 타이머를 클리어 시키지도 않는다. 한편, FOC2 비트를 읽으면 항상 '0'으로 읽혀진다.

- **Bit 6, Bit 3 : WGM20, WGM21(파형발생 모드)**
이 두 개의 비트는 카운트의 카운팅 순서, 최대값(TOP)의 소스, 사용될 파형 발생형태를 결정한다. 타이머/카운트 장치에 의하여 지원되는 동작 모드는 다음과 같다.

㉠ 일반 모드
㉡ CTC(Clear Timer on Compare match) 모드
㉢ 두 가지의 PWM 모드

표 6.11 파형발생 장치 모드 비트 설명

모드	WGM21	WGM20	타이머/카운터 모드 동작	TOP	OCR2의 업그레이트 시점	TOV2 플래그 셋되는 시점
0	0	0	일반동작	0xFF	즉시	MAX
1	0	1	PWM,위상보정	0xFF	TOP	BOTTOM
2	1	0	CTC	OCR2	즉시	MAX
3	1	1	고속 PWM	0xFF	BOTTOM	MAX

- **Bit 5~4 : COM21~COM20(비교 일치 출력 모드)**
이들 비트는 출력 비교 핀 OC2의 동작을 제어한다. 만약 COM21~COM20의 비트 중 하나 또는 모두가 '1'이면, OC2 출력이 범용 포트 기능을 대치한다. 하지만 OC2 핀에 해당하는 DDR 비트는 출력으로 설정되어야 한다. OC2가 그 핀에 연결되었을 때, COM21~COM20 비트의 기능은 WGM21~WGM20 비트의 설정에 따라 바뀐다. 표 6.12는 WGM21~WGM20 비트가 일반모드 또는 CTC 모드로 설정되었을 때 COM21~COM20 비트 기능을 보여준다.

표 6.12 비교 출력모드, PWM 이외의 모드

COM21	COM20	동작 설명
0	0	범용포트
0	1	비교일치 발생시 OC2 토글
1	0	비교일치 발생시 OC2 클리어
1	1	비교일치 발생시 OC2 셋

표 6.13은 WGM21~20 비트가 고속 PWM 모드로 설정되었을 때 COM21~20 비트의

기능을 보여준다.

표 6.13 비교 출력모드, 고속 PWM 모드[1]

COM21	COM20	동작설명
0	0	범용포트
0	1	예 약
1	0	비교일치 발생시 OC2 클리어, BOTTOM에서 OC2 셋 (비반전 모드)
1	1	비교일치 발생시 OC2 셋, BOTTOM에서 OC2 클리어 (반전 모드)

주의 (1) OCR2가 TOP값과 같고 COM21가 '1'이면 특별한 경우가 발생한다. 이 경우 비교 일치는 무시된다. 그러나 TOP에서의 셋이나 클리어 동작은 수행된다.

표 6.14는 WGM21~20 비트가 위상 보정 PWM 모드로 설정되었을 때 COM21~20 비트 기능을 보여준다.

표 6.14 비교 출력모드, 위상보정 PWM 모드[1]

COM21	COM20	동작설명
0	0	범용포트
0	1	예 약
1	0	증가형 카운팅시 비교일치가 발생하면 OC2 클리어 감소형 카운팅시 비교일치가 발생하면 OC2 셋
1	1	증가형 카운팅시 비교일치가 발생하면 OC2 셋 감소형 카운팅시 비교일치가 발생하면 OC2 클리어

주의 (1) OCR2가 TOP값과 같고 COM21가 1이면 특별한 경우가 발생한다. 이 경우 비교 일치는 무시된다. 그러나 TOP에서의 셋이나 클리어 동작은 수행된다.

- **Bit 2~0 : CS21~CS20(클럭선택)**

이 3개의 클럭 선택 비트는 타이머/카운터에 의하여 사용되어질 클럭 소스를 선택하는데 사용된다. 타이머/카운트2가 외부 핀 모드로 사용될 때는, 비록 그 핀이 출력으로 설정되었다고 하더라도, T2 핀 상의 상태 변화가 발생하면 그 상태변화는 카운트에 클럭을 공급하게 된다. 이러한 특징은 카운팅의 소프트웨어 제어가 가능하게 해준다.

표 6.15 클럭 선택 비트 설명

CS22	CS21	CS20	설 명
0	0	0	클럭소스 없음(타이머/카운터 정지)
0	0	1	$clk_{I/O}$
0	1	0	$clk_{I/O}/8$
0	1	1	$clk_{I/O}/64$
1	0	0	$clk_{I/O}/256$
1	0	1	$clk_{I/O}/1024$
1	1	0	T2핀으로 입력되는 외부 클럭소스. 하강에지에서 계수
1	1	1	T2핀으로 입력되는 외부 클럭소스. 상승에지에서 계수

3) 타이머/카운트2 레지스터 - TCNT2

Bit	7	6	5	4	3	2	1	0
	TCNT2[7..0]							
Read/Write	R/W	W/R	W/R	W/R	R/W	R/W	R/W	R/W
초기값	0	0	0	0	0	0	0	0

타이머/카운트 레지스터는 8비트 타이머 카운트 장치의 카운터 값을 읽을 때와 쓸 때 직접 액세스 가능하다. TCNT2 레지스터에 값을 써넣으면 뒤이어 오는 타이머 클럭 사이클에서의 비교 일치가 억제된다. 카운터가 동작 중인 동안 TCNT2를 변경하는 것은 TCNT2와 OCR2 레지스터 사이의 비교 일치가 발생하지 않을 위험성을 내포하고 있으므로 주의하여야 한다.

4) 출력 비교 레지스터 - OCR2

Bit	7	6	5	4	3	2	1	0
	OCR2[7..0]							
Read/Write	R/W	W/R	W/R	W/R	R/W	R/W	R/W	R/W
초기값	0	0	0	0	0	0	0	0

출력 비교 레지스터는 카운터값(TCNT2)과 연속적으로 비교되어지는 8비트 값이다. 두 값의 일치 사건은 출력 비교 인터럽트를 발생시키거나, 또는 OC2핀 상의 파형 출력을 발생시키기

위하여 사용될 수 있다.

5) 타이머/카운트 인터럽트 마스크 레지스터 – TIMSK

Bit	7	6	5	4	3	2	1	0
	OCIE2	TOIE2	TICIE1	OCIE1A	OCIE1B	TOIE1	OCIE0	TOIE0
Read/Write	R/W	W/R	W/R	W/R	R/W	R/W	R/W	R/W
초기값	0	0	0	0	0	0	0	0

- Bit 7 : OCIE2(타이머/카운트2 출력 비교 일치 인터럽트 인에이블)
  "OCIE2=1"이고 SREG 레지스터의 'I' 비트가 '1'이 되면 타이머/카운트2 비교 일치 인터럽트가 활성화 된다. 만약 타이머/카운트2에서 비교 일치가 발생(즉 OCF2=1)하면 해당 인터럽트가 수행된다.

- Bit 6 : TOIE2(타이머/카운트2 오버플로 인터럽트 인에이블)
  "TOIE2=1"이고 SREG 레지스터의 'I' 비트가 '1'이면 타이머/카운터2 오버플로 인터럽트가 활성화 된다. 만약 타이머/카운터2에서 오버플로가 발생(TOV2=1)하면 해당 인터럽트가 수행된다.

6) 타이머/카운트 인터럽트 플래그 레지스터 – TIFR

Bit	7	6	5	4	3	2	1	0
	OCF2	TOV2	ICF1	OCF1A	OCF1B	TOV1	OCF0	TOV0
Read/Write	R/W	W/R	W/R	W/R	R/W	R/W	R/W	R/W
초기값	0	0	0	0	0	0	0	0

- Bit 7 : OCF2(출력 비교 플래그2)
  타이머/카운트2와 출력 비교 레지스터2(OCR2) 사이에 비교 일치가 발생하면 OCF2 비트는 '1'이 되고 해당 인터럽트 처리 벡터가 수행되면 OCF2는 하드웨어적으로 클리어 된다. OCF2는 해당 플래그에 '1'을 써넣음으로서 클리어 될 수 있다. SREG의 'I' 비트, OCIE2, OCF2가 '1'이 되면 타이머/카운트2 비교 일치 인터럽트가 수행된다.

- Bit 6 : TOV2(타이머/카운트2 오버플로 플래그)
  타이머/카운트2에서 오버플로가 발생하면 "TOV2=1"이 되고, 해당 인터럽트 처리 벡터가 수행되면 TOV2는 하드웨어적으로 클리어 된다. TOV2는 해당 플래그에 '1'을 써 넣음으로서 클리어 될 수 있다. SREG의 'I' 비트, TOIE2, TOV2 가 '1'이 되면 타이머/카운트2 오버플로 인터럽트가 수행된다. 그리고 PWM 모드에서 타이머/카운트2가 0x00에서 그 카운팅 방향을 변경할 때, 이 비트는 '1'이 된다.

(8) 출력비교 모듈레이터(OCM1C2)

출력 비교 모듈레이터(OCM)은 캐리 주파수로 변조된 파형이 발생될 수 있도록 해준다. 이 모듈레이터는 16비트 타이머/카운터1 출력 비교장치C(OC1C)와 8비트 타이머/카운트2 출력 비교장치 출력(OC2)을 사용한다.

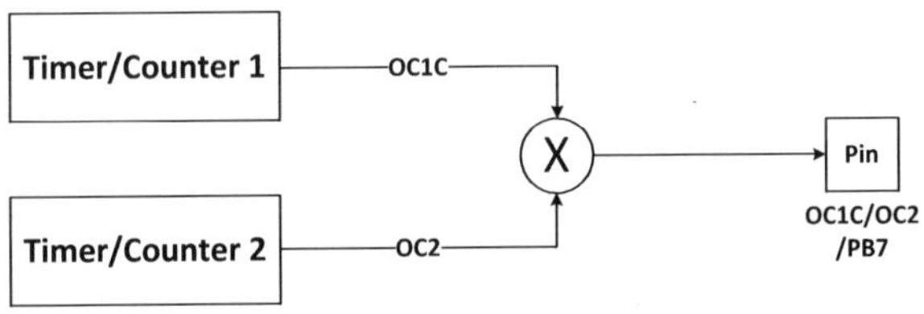

그림 6.26 출력 비교 모듈레이터, 블록도

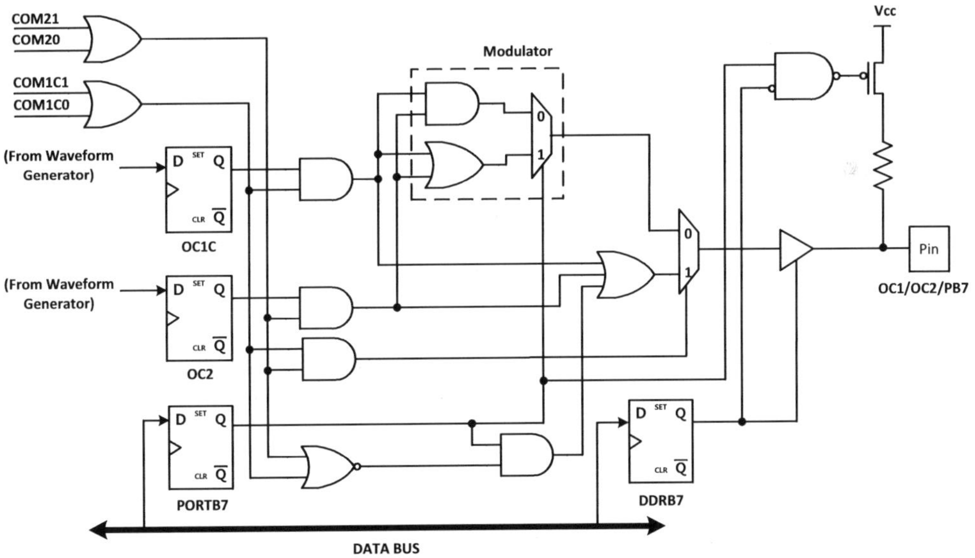

그림 6.27 출력비교 모듈레이터 개략도

모듈레이터가 활성화되면, 그림 6.26의 블럭도처럼 두 개의 출력 비교 채널이 함께 모듈레이트 된다. 출력 비교 장치1C(OC1C)와 출력 비교 장치2(OC2)는 출력으로 PB7 포트 핀을 공유하고 있다. 출력 비교 장치(OC1C와 OC2)의 출력은 그들 중 하나가 활성화되면 범용 포트 PORTB7를 대치한다. OC1C과 OC2이 모두 동일한 시간에 활성화 되면, 모듈레이터는 자동으로 활성화된다. 그림 6.27은 모듈레이터의 등가회로를 보여 준다. 이 회로에는 타이머/카운트 장치와 포트 B.7핀 출력 구동회로가 함께 나타나 있다. 모듈레이터가 활성화 될 때, 모듈레이션의 형태(논리적 AND 또는 OR)는 PORTB7 레지스터에 의하여 선택된다. DDRB7은 COMnx1~0 비트의 설정과 관계없이 포트의 방향을 제어한다는 점에 주의해야 한다.

1) 타이밍 예

그림 6.28은 동작중인 모듈레이터를 보여준다. 이 예에서 타이머/카운터1은 고속 PWM 모드(비반전)로 동작되도록 설정된다. 그리고 타이머/카운트2는 토글 비교 출력 모드를 가진 CTC 파형 모드를 사용한다.

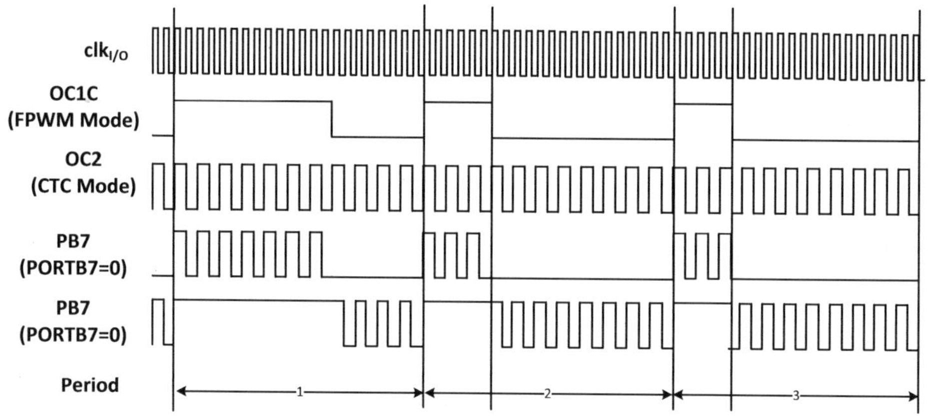

그림 6.28 출력비교 모드, 타이밍도

이 예에서, 타이머/카운트2는 캐리어 신호를 발생하고, 모듈 신호는 타이머/카운터1의 출력 비교 장치 C에 의하여 발생된다. PWM 신호(OC1C)의 해상도는 모듈레이션에 의하여 감소된다. 감소값은 캐리어(OC2)신호의 한 주기의 시스템 클럭 수와 동일하다. 이 예에서 해상도는 두 요소에 의하여 감소된다.

감소 이유는 그림 6.28에서 PORTB7가 0이 될 때 PB7 출력의 2번째 주기와 3번째 주기에서 보여준다. 주기2의 "high" 기간은 주기2의 "high"기간 보다 1 사이클 길다. 그러나 PB7 출력 결과는 두 주기 모두 동일하다.

6.3 16비트 타이머/카운터(타이머/카운터1,3)

타이머/카운터1과 타이머/카운터3는 16비트 범용 타이머/카운트이다. 16비트 타이머/카운터는 정밀한 프로그램 실행시간(사건관리), 정밀한 파형 발생, 정밀한 신호 타이밍을 측정할 때 주로 사용되며 주요 특징은 다음과 같다.

- 진정한 16 비트 설계(16-비트 PWM 가능)
- 세 개의 독립 출력 비교 장치
- 이중 버퍼를 가지는 출력 비교 레지스터
- 하나의 입력 캡처 장치
- 입력 캡처 노이즈 제거기능
- CTC(Clear Timer on Compare Match)(Auto Reload)
- 글리치 없는, 위상보정 PWM
- 다양한 PWM 주기
- 주파수 발생장치
- 외부 사건 카운터
- 10개의 독립 인터럽트 소스(TOV1, OCF1A, OCF1B, OCF1C, ICF1, TOV3, OCF3A, OCF3B, OCF3C, ICF3)

TCNTn, OCRnA/B/C, ICRn는 모두 16비트 레지스터이며, 16비트 레지스터를 액세스하기 위해서는 특별한 절차가 필요하다. 그러나 TCCRnA/B/C는 8비트 레지스터이며 CPU 액세스 제약조건은 없다. 인터럽트 요청신호는 모두 플래그 레지스터인 TIFR, ETIFR에서 확인 가능하며, 모든 인터럽트는 인터럽트 마스크 레지스터 TIMSK와 ETIMSK에서 개별적으로 마스크 될 수 있다. (E)TIFR과 (E)TIMSK는 그림 6.29에서 보이지 않는다. 왜냐하면 이들 레지스터는 다른 타이머 장치와 공유되기 때문이다. 타이머/카운터1, 3는 내부(프리스케일러)로부터 클럭을 입력받아 타이머로 동작하거나, 또는 외부(T_n 핀)로부터 클럭을 인가 받아 카운터로 동작할 수 있다. 그림 6.29에서 클럭 선택 논리 블록은 클럭 소스 선택과 엣지 선택을 제어한다. 타이머/카운터는 클럭 소스가 선택되지 않으면 비활성화 되며, 클럭 선택 로직의 출력은 타이머 클럭(clk_{Tn})이 된다. 이중 버퍼 출력 비교 레지스터(OCRnA/B/C)는 항상 타이머/카운터(TCNTn) 값과 비교되며, 비교 결과는 출력 비교 핀(OCnA/B/C)에서 PWM을 발생시키거나 또는 가변 주파수 출력을 발생시키기 위하여 파형발생기에 의해서 사용되어질 수 있다.

비교 일치 사건의 발생은 비교 일치 플래그(OCFnA/B/C)를 셋 하는데, 이 플래그는 출력 비교 인터럽트를 발생시키기 위하여 사용될 수 있다. 입력 캡처 레지스터는 ICPn 또는 아날로그 비교 핀에서 어떤 외부 사건(에지 트리거)이 발생했을 때 타이머/카운터 값을 캡처 할 수 있다. 그리고 입력 캡처 장치는 디지털 필터(노이즈 제거 장치)를 가지고 있다. TOP 값 또는 최대 타이머/카운터 값은 OCRnA 또는 ICRn 레지스터를 사용하여 정의되거나 또는 고정된 값으로 정의될 수 있다. PWM 모드에서 OCRnA 값을 TOP값으로 사용할 때, OCRnA 레지스터는 PWM 출력을 발생시키기 위하여 사용될 수 없다.

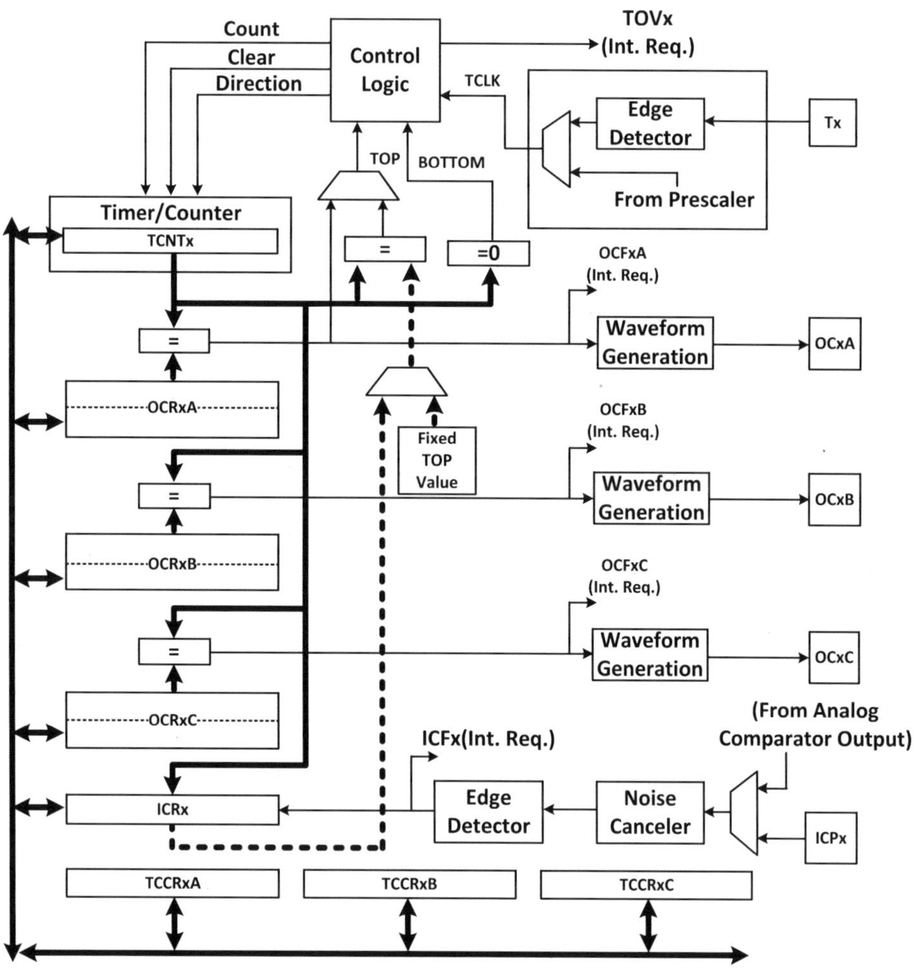

그림 6.29 16비트 타이머/카운터 블록도

하지만 이 경우 TOP값(OCRnA 값)은 타이머가 동작 중에도 값을 변경시킬 수 있다. 왜냐하면

OCRnA가 이중버퍼가 되기 때문이다. 만약 고정된 TOP 값이 필요하다면 OCRnA는 PWM 출력으로 사용되도록 자유 구동시키고 그 대신 ICRn 레지스터를 사용할 수 있다.

- 정의 : 지금부터는 다음과 같은 정의를 사용하여 설명한다.

BOTTOM	0x0000
MAX	0xFFFF
TOP	카운터 할 수 있는 최대값. TOP는 다음의 값 중 하나가 될 수 있다. 0x00FF, 0x01FF, 0x03FF, 또는 OCRnA나 ICRn 레지스터에 저장된 값. TOP 값은 동작 모드에 따라 달라질 수 있다.

16 비트 타이머/카운터는 다음에 있어서 이전 버전과 완전한 호환성을 가진다.

- 타이머 인터럽트 레지스터를 포함한 모든 16 비트 타이머/카운터 관련 입출력 레지스터의 주소가 동일
- 타이머 인터럽트 레지스터를 포함한 모든 16비트 타이머/카운터 레지스터 내부의 비트 위치가 동일
- 인터럽트 벡터가 동일

다음 제어 비트는 이름만 변경되었고 번지와 기능은 동일하다.

- PWMn0는 WGMn0로 변경
- PWMn1는 WGMn1로 변경
- CTCn는 WGMn2로 변경

다음의 레지스터는 16비트 타이머/카운터에 추가되었다.

- 타이머/카운터 제어 레지스터 C (TCCRnC) 추가
- 출력 비교 레지스터 C(OCRnCH, OCRnCL, OCRnC) 추가

다음의 비트는 16비트 타이머/카운터 제어 레지스터에 추가되었다.

- TCCR1A에 COM1C1~COM1C0 추가
- 새로운 TCCRnC 레지스터에 FOCnA, FOCnB, FOCnC 추가
- TCCRnB에 WGMn3 추가

마지막으로 출력 비교장치 C를 위한 인터럽트 플래그와 비트 마스크가 추가되었으며, 몇몇 특별한 경우를 제외하면 호환성에 영향을 미치지 않도록 16비트 타이머/카운터가 개선되었다.

(1) 16비트 레지스터 액세스

TCNT1, OCR1A/B/C, ICR1, TCNT3, OCR3A/B/C, ICR3는 모두 16비트 레지스터이다. ATmega128은 8비트 마이크로컨트롤러이므로 16비트 레지스터는 바이트 단위로 두 번에 걸쳐 읽기와 쓰기가 수행되어야 한다. 그러나 시차를 두고 순차적으로 상위 바이트와 하위 바이트를 읽거나 써넣는 경우 그 사이에 값이 변하거나 데이터가 파괴될 수 있으므로 이를 방지하기 위하여, 16비트 타이머는 16비트 레지스터 액세스시 상위 바이트를 임시로 저장하기 위한 8비트 임시 레지스터를 하나 가지고 있다. 이 임시 레지스터는 16비트 타이머의 모든 16비트 레지스터가 공유하여 사용한다. 16비트 레지스터의 읽기/쓰기 동작을 상세히 살펴보면 다음과 같다. 16비트 레지스터의 읽기 또는 쓰기 동작은 하위 바이트를 액세스함으로서 시작된다. 즉 CPU가 16비트 레지스터에 값을 써넣을 때 먼저 16비트 레지스터의 상위 바이트에 값을 써넣는다. 그러면 이 상위 바이트 값은 상위 바이트에 직접 저장되는 것이 아니고 하위 바이트가 써넣어 질 때까지 잠시 임시 레지스터에 저장된다. 그리고 16비트 레지스터의 하위 바이트에 값을 써넣는 순간 동일한 클럭 사이클에서 16비트(상, 하위 바이트)가 동시에 16비트 레지스터에 저장된다.

그리고 CPU가 16비트 레지스터로부터 값을 읽을 때 먼저 하위 바이트를 먼저 읽는다.

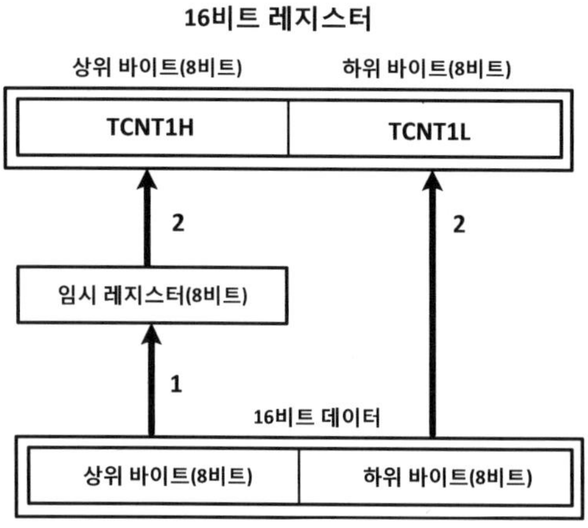

(a) 16비트 레지스터 쓰기 동작

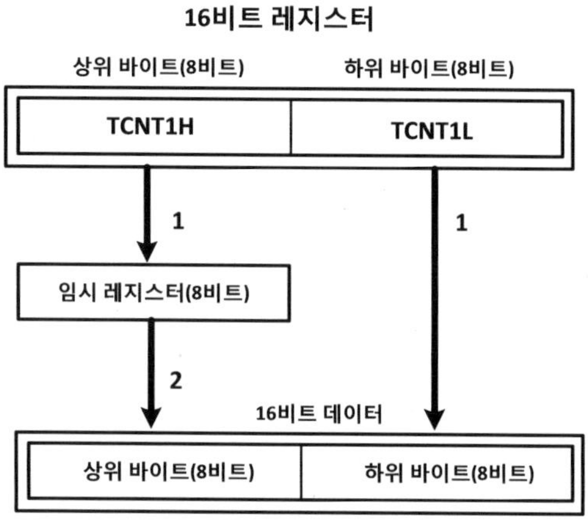

(b) 16비트 레지스터 읽기 동작

그림 6.30 16 비트 레지스터의 읽기동작과 쓰기 동작

그러면 하위 바이트를 읽는 순간 동일한 클럭 사이클에서 16비트의 상위 바이트는 임시 레지스터에 저장된다. 그리고 상위 바이트를 읽으면 16비트에 저장된 상위 바이트 값이 아니라 임시 레지스터에 저장되어 있던 값이 읽어지게 되는 것이다. 그림 6.30은 16비트 레지스터의 읽기/쓰기 동작을 보여준다. 다시 말하지만, 16비트 레지스터에 값을 써넣기 위해서는 상위 바이트를 값을 먼저 써넣고, 그 후에 하위 바이트를 써넣어야 한다. 그리고 16 비트를 읽기 위해서는 하위 바이트를 먼저 읽고, 그 후에 상위 바이트를 읽어야 한다. 그러나 모든 16비트 레지스터 액세스가 상위 바이트를 위하여 임시 레지스터를 사용하지는 않는다. 즉, 16비트 레지스터인 OCRnA/B/C를 읽을 때는 임시 레지스터를 이용하지 않는다. 다음 코드는 C-언어를 이용하여 16비트 타이머 레지스터를 액세스하는 방법을 보여주는 예이다. 이때 인터럽트가 임시 레지스터를 업-데이터하지 않는다고 가정한다. 이 원리는 OCRnA/B/C, ICRn 레지스터를 액세스하는데도 동일하게 적용된다.

C-코드 예

```
unsigned int i;
...............
/* Set TCNTn to 0x01FF */
TCNTn = 0x1FF;
/* Read TCNTn into i */
i = TCNTn;
...............
```

16비트 레지스터를 액세스하는 것은 매우 세밀한 동작이다. 그러므로 만약 16비트 레지스터를 액세스하는 두 명령 사이에서 인터럽트가 발생하고, 인터럽트 코드가 동일 16비트 타이머 레지스터나 아니면 다른 16비트 타이머 레지스터를 액세스함으로서 임시 레지스터를 변경하게 된다면 인터럽트 처리 후 타이머 레지스터의 액세스 결과는 파괴된다. 따라서 메인 코드와 인터럽트 코드가 같이 임시 레지스터를 변경해야하는 경우, 다음 예에서와 같이 메인 코드에서 16비트 타이머 레지스터 액세스 기간 중 반드시 인터럽트를 비활성화 시켜야 한다.

C-코드 예

```
unsigned int TIM16_ReadTCNTn(void){
unsigned char sreg;
unsigned int i;
sreg = SREG;            // Save global interrupt flag
__disable_interrupt();  // Disable interrupts
i = TCNTn;              // Read TCNTn into i
SREG = sreg;            // Restore global interrupt flag
return i;
}
```

C-코드 예

```
void TIM16_WriteTCNTn(unsigned int i){
unsigned char sreg;
unsigned int i;
sreg = SREG;            // Save global interrupt flag
__disable_interrupt();  // Disable interrupts
TCNTn = i;              // Set TCNTn to i
SREG = sreg;            // Restore global interrupt flag
}
```

(2) 임시 상위 바이트 레지스터의 재사용

만약 상위 바이트에 동일한 값을 써넣어야 하는 1개 이상의 16비트 레지스터에 써넣기를 한다면, 상위 바이트는 한번만 써넣으면 된다. 하지만 이 경우에는 이전에 적용된 자동동작 규칙과 동일한 규칙이 적용되지는 않는다.

(3) 타이머/카운터1, 3의 클럭 소스

타이머/카운터1, 3는 내부 또는 외부로부터 클럭을 공급 받을 수 있다. 클럭소스는 TCCRnB 레지스터의 클럭 소스 선택 비트(CSn2~CSn0)에 의하여 결정된다.

(4) 카운터 장치

16비트 타이머/카운터의 주요부는 프로그램 가능한 16비트 양방향 카운터 장치이다. 그림 6.31은 카운터와 그 주변 장치의 블럭도를 보여준다.

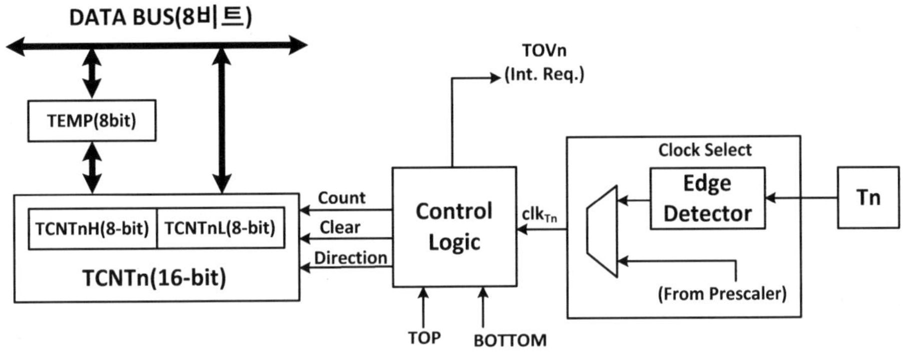

그림 6.31 카운터 장치 블록도

*** 신호설명(내부 신호)**

① count : TCNTn을 1씩 증가 또는 감소
② direction : 카운터 방향을 설정(증가 또는 감소 선택)
③ clear : TCNTn를 클리어(모든 비트를 0으로 설정)
④ clk_{Tn} : 타이머/카운터 클럭
⑤ top : TCNTn이 최대값에 도달하였음을 표시
⑥ bottom : TCNTn이 최소값에 도달하였음을 표시

16 비트 카운터 레지스터는 8비트 입출력 메모리 영역으로 매핑된다.(즉 8 비트의 카운터 상위 바이트(TCNTnH)와 8비트의 카운터 하위 바이트(TCNTnL))

TCNTnH 레지스터는 CPU에 의하여 간접적으로 액세스된다. 앞에서 언급한 것처럼 CPU가 TCNTnH를 액세스할 때, 실질적으로 CPU는 상위 바이트 임시 레지스터를 액세스하게 되는 것이다. 이 임시 레지스터는 TCNTnL를 읽을 때 TCNTnH 값으로 변경된다. 그리고 쓰기를 할 때는, TCNTnH는 TCNTnL에 값을 써넣을 때 임시 레지스터 값이 TCNTnH에 복사된다. 이러한 일련의 동작은 CPU가 8비트 버스를 이용하여 1 클럭 사이클에 16 비트 데이터 읽기/쓰기가 가능하도록 해준다. 그리고 카운터가 카운팅 중일 때 TCNTn에 써넣기를 하는 특별한 경우에는 예상하지 못한 결과를 가져올 수 있다는 점을 주의하여야 한다.

카운터는 사용된 동작 모드에 따라 매 타이머 클럭(clk_{Tn})마다 클리어/증가/감소된다. 그리고 clk_{Tn}은 CSn2~CSn0의 값에 따라서 외부 또는 내부 클럭 소스로부터 공급 받을 수 있으며,

클럭이 공급되지 않으면(CSn2~CSn0=0) 타이머는 정지된다. 하지만 TCNTn 값은 clk_{Tn}의 존재 유무에 관계없이 CPU가 액세스할 수 있다.

카운팅 순서는 WGMn3~WGMn0(TCCRnA와 TCCRnB 레지스터)의 설정에 의하여 결정된다. TOVn 플래그는 WGMn3~WGMn0 비트에 의하여 선택된 동작 모드에 따라 '1'이 된다. 그리고 TOVn는 CPU 인터럽트를 발생시키기 위하여 사용될 수 있다.

(5) 타이머/카운터1, 3의 프리스케일러

타이머/카운터1과 타이머/카운터3는 타이머/카운터2와 동일한 프리스케일러 모듈을 사용한다. 그러나 각 타이머/카운터는 서로 다른 프리스케일러 값으로 설정될 수 있다. 타이머/카운터 1, 3는 "CSn2~CSn0=1"인 경우 시스템 클럭으로부터 클럭을 공급 받으며 그 클럭은 프리스케일러로 입력된다. 프리스케일러는 시스템 클럭으로부터 공급 받은 클럭을 $f_{CLK\_I/O}/8$, $f_{CLK\_I/O}/64$, $f_{CLK\_I/O}/256$, $f_{CLK\_I/O}/1024$ 중 하나로 분주하여 타이머/카운터 클럭으로 공급한다.

프리스케일러는 타이머/카운터의 클럭 선택 로직과는 별개로 동작하는 자유 구동형이다. 따라서 타이머/카운터 클럭 선택에 의하여 영향을 받지 않으므로 프리스케일러를 설정하면 재설정할 때까지 그 값이 유지된다.

타이머가 활성화 되면 이후로부터 첫 번째 카운터가 발생할 때까지의 시스템 클럭 사이클의 수는 "1~N+1"(여기서 N은 프리스케일러의 분주값(8, 64, 256, 1024))시스템 클럭 사이클이 된다. 프로그램 실행과 동기화시키기 위하여 프리스케일러를 리셋 하는 것은 가능하지만 동일한 프리스케일러를 사용하는 타이머/카운터가 프리스케일러를 사용하고 있다면, 프리스케일러 리셋이 그것에 연결된 모든 타이머/카운트의 프리스케일러 주기에 영향을 미치기 때문에 프리스케일러를 리셋 할 때는 주의하여야 한다.

한편, T_1, T_2, T_3 핀으로 입력되는 외부 클럭 소스는 각각 타이머/카운터 클럭 clk_{T1}, clk_{T2}, clk_{T3}으로 사용될 수 있다. T_1, T_2, T_3 핀을 통하여 입력되는 외부 클럭 소스는 매 시스템 클럭 사이클 마다 핀 동기화 로직에 의하여 샘플링 되고, 동기화된(샘플링된) 신호는 에지 검출장치를 통과한다. 그림 6.32는 T_1, T_2, T_3 동기화 회로와 에지 검출 회로의 블럭도를 보여준다. 여기서 레지스터는 내부 시스템 클럭($clk_{I/O}$)의 상승 에지에서 클럭을 공급 받는다. 그리고 래치된 값은 내부 시스템 클럭의 "HIGH" 주기에서 통과된다. 에지 검출장치는 "CSn2~CSn0=7"이면 검출된 각 상승에지에서, "CSn2~CSn0=6"이면 각 하강에지에서 하나의 clk_{T1}, clk_{T2}, clk_{T3} 클럭 펄스를 출력한다.

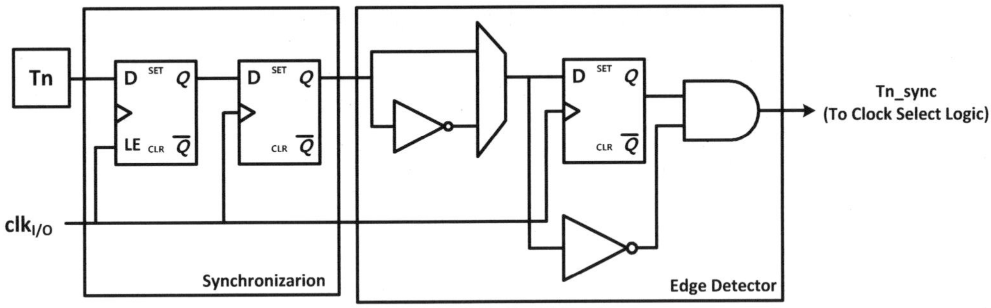

그림 6.32 T_n 핀 샘플링 회로

동기화 로직과 에지 검출장치 로직은, 카운터를 업-데이터하기 위한 에지가 T_n(N=1,2,3)핀에 입력된 때로부터 2.5~3.5 시스템 클럭의 시간 지연을 발생시킨다.

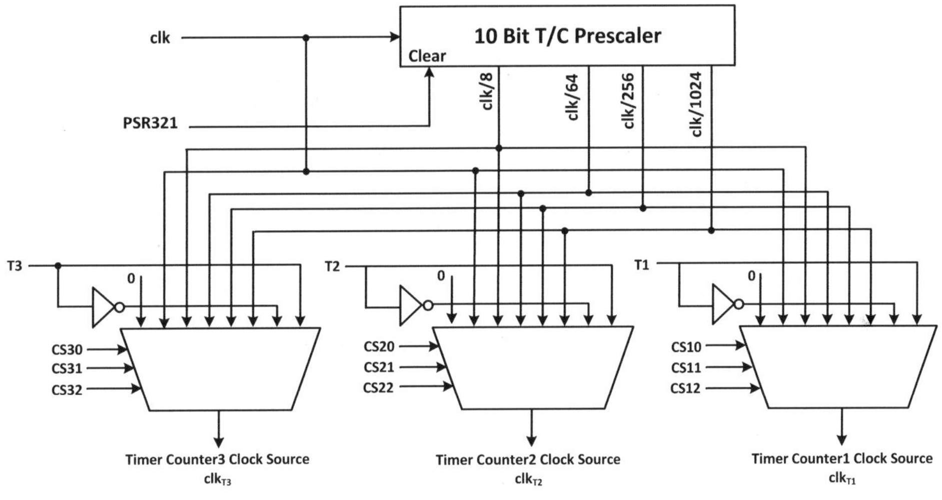

그림 6.33 타이머/카운터 1, 2, 3의 프리스케일러

그리고 클럭 입력의 활성화/비활성화는 T_n이 적어도 '1' 시스템 클럭 동안 안정화 된 후 수행되어야 한다. 그렇지 않으면 잘못된 타이머/카운터 클럭 펄스가 발생될 위험이 있다. 또한 정상적인 샘플링을 보장하기 위해서는, 인가된 외부 클럭의 각 반주기가 '1 시스템 클럭 사이클보다 길어야 하고, 외부 클럭 주파수는 50%의 듀티를 가지는 시스템 클럭 주파수의 $\frac{1}{2}$ 보다 작아야 ($f_{ExtClk} < f_{clk\_I/O}/2$)한다. 에지 검출장치가 샘플링을 사용하므로, 에지 검출장치가 검출할 수 있는 최대 외부 클럭 주파수는 샘플링 주파수의 반이 된다(나이키스트 샘플링 이론). 하지만 오실레이터 소스(크리스털 레조네이터와 콘덴서)에 의하여 발생된 시스템 클럭 주파수

와 듀티 사이클의 변화로 인하여, 외부 클럭 소스의 최대 주파수는 $f_{CLK\_I/O}/2.5$ 보다 작아야 한다. 그리고 외부 클럭 소스는 프리스케일 될 수 없다.

(6) 입력캡처 장치

타이머/카운터1,3에는 외부 사건을 캡처하여 사건 발생 시간을 알려주는 입력 캡처 기능이 있다. 즉, 하나 또는 다수의 사건을 나타내는 외부 신호가 ICPn 또는 타이머/카운터1의 아날로그 비교장치를 통하여 입력될 수 있다. 입력 캡처 장치의 사건 발생 시간기록은 사건 발생 시점뿐만 아니라, 주파수, 듀티 사이클 등 입력된 신호의 다른 특징을 계산하기 위하여 사용될 수 있다. 그림 6.34는 입력 캡처 장치의 블럭도를 보여준다. 블럭도에서 회색으로 칠해진 부분은 입력 캡처 장치와 직접적인 관련이 없는 부분이다. 그리고 레지스터의 소문자 n과 비트 이름은 타이머/카운터의 번호를 나타낸다.

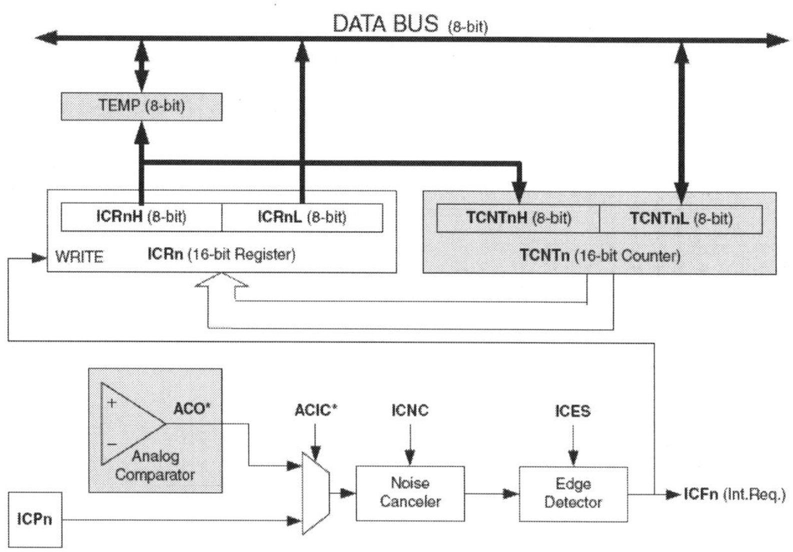

그림 6.34 입력 캡처 장치 블록도

주의 아날로그 비교장치 출력(ACO)은 타이머/카운터1 ICP만을 트리거 할 수 있다.(타이머/카운터3는 아니다)

논리레벨의 변화(사건)가 아날로그 비교장치 출력(ACO) 또는 ICPn핀 상에서 발생하고, 이 신호가 에지 검출장치를 통과하면, 캡처가 시작된다. 캡처가 시작되면, 카운터(TCNTn)의 16비트 값이 입력 캡처 레지스터(ICRn)에 저장된다. 입력 캡처 플래그(ICFn)는 TCNTn 값이 ICRn 레지스터로 복사되는 시점과 동일한 시스템 클럭에서 '1'이 된다. 만약 "TICIEn=1"이면 입력 캡처 플래그는 입력 캡처 인터럽트를 발생시킨다. 그리고 ICFn 플래그는 인터럽트가 수행되면 자동으로 클리어 된다. ICFn 플래그는 해당 비트에 '1'을 써넣음으로서 소프트웨어적으로도 클리어될 수 있다. 입력 캡처 레지스터(ICRn)의 16비트 값을 읽을 때는 하위 바이트 (ICRnL)를 먼저 읽고 상위 바이트(ICRnH)를 읽어야 한다. 하위 바이트를 읽을 때, 상위 바이트는 임시 레지스터(TEMP)의 상위 바이트로 복사되며 CPU가 상위 바이트인 ICRnH 레지스터를 읽을 때는 임시 레지스터를 액세스한다. ICRn 레지스터는 카운터의 TOP 값을 정의하기 위하여 ICRn 레지스터를 이용하는 파형 발생 모드를 사용할 때 이용된다. 이 경우 파형 발생 모드(WGMn3~0) 비트는 TOP값이 ICRn 레지스터에 써넣어지기 전에 먼저 설정되어야 한다. 한편, ICRn 레지스터에 값을 써넣을 때는 상위 바이트를 먼저 ICRnH에 써넣은 후 하위 바이트를 ICRnL에 써넣어야 한다.

1) 입력 캡처 핀 소스

입력 캡처 장치의 주 트리거 소스는 입력 캡처 핀(ICPn)이지만, 입력 캡처 장치를 위한 트리거 소스로서 타이머/카운터1의 아날로그 비교장치 출력을 사용할 수도 있다. 이때 아날로그 비교장치는 ACSR 레지스터의 ACIC 비트를 셋 함으로서 입력 캡처 장치의 트리거 소스로 선택될 수 있다. 트리거 소스가 변경되는 경우, 입력 캡처 장치가 트리거 될 수 있으므로, 트리거 소스의 변경 후에는 반드시 입력 캡처 플래그를 클리어 하여야 한다.

ICPn 핀과 ACO 입력은 모두 Tn 핀 샘플링 기법과 동일한 기법으로 샘플링 된다. 에지 검출장치는 하나의 독립적인 장치로 존재하며, 노이즈 제거장치가 활성화 되면 에지 검출장치 앞에 부가적인 로직이 삽입되어 4 시스템 클럭 사이클의 시간 지연이 발생된다. 만약 타이머/카운터가 "TOP"을 정의하기 위하여 ICRn을 사용하는 파형발생 모드로 설정되지 않는다면, 노이즈 제거장치와 에지 검출장치는 항상 활성화 되어 있다는 점에 주의하여야 한다. 그리고 입력 캡처 장치는 ICPn 핀의 포트를 제어함으로서 소프트웨어에 의해서도 트리거 될 수 있다.

2) 노이즈 제거 장치

노이즈 제거장치는 간단한 디지털 필터링을 사용하여 노이즈를 저감한다. 노이즈 제거장치 입력은 4개를 샘플링 하여 4개가 모두 동일한 경우에만 그 값을 에지 검출장치의 입력으로 넘겨준다. 노이즈 제거장치는 TCCRnB 레지스터의 ICNCn 비트를 셋 하면 활성화 된다. 노이즈 제거장치가 사용되면, 어떤 논리변화가 발생된 후부터 ICRn 레지스터 값을 변경하기 위하여 입력될 때까지 부가적인 4개의 시스템 클럭 사이클이 필요하게 된다. 이것은 신호의 논리적 변화가 발생 후 ICRn 레지스터의 값이 변경될 때까지 4 시스템 클럭의 시간 지연이 발생한다는 것을 의미한다. 하지만 노이즈 제거장치는 시스템 클럭을 사용하므로 프리스케일러에는 영향을 미치지 않는다.

3) 입력캡처 장치의 사용

입력 캡처 장치를 사용할 때 중요한 것은 입력되는 사건들을 처리하기 위하여 프로세서의 능력을 충분히 할당하여야 한다는 점이다. 따라서 입력 캡처 장치를 사용할 때, 발생되는 사건과 사건 사이의 시간 간격은 매우 중요하다. 왜냐하면 프로세서가 ICRn 레지스터에 캡처된 값을 다음 사건이 발생하기 전에 읽지 못한다면 ICRn은 새로운 값으로 덮어쓰기가 되기 때문이다. 이 경우 캡처 결과는 정상적이지 않은 값이 된다. 그러므로 입력 캡처 인터럽트를 이용하여 인터럽트 처리 루틴 내에서 ICRn 레지스터를 가능한 빨리 읽어야 한다. 비록 입력 캡처 인터럽트가 상대적으로 높은 우선순위를 가지기는 하지만 최대 인터럽트 응답시간은 프로세서가 다른 인터럽트 요청을 처리하는데 걸리는 최대 클럭 사이클 수에 따라 달라진다.

그리고 또 하나 주의하여야 할 점은 동작 중 "TOP" 값이 자주 변화하는 어떤 동작모드에서 입력 캡처 장치를 사용하는 것은 바람직하지 않다는 것이다.

한편, 외부 신호의 듀티 사이클을 측정하기 위해서는 각 캡처가 발생한 이후 트리거 에지가 변경되어야 하며 에지 검출의 변경은 ICRn 레지스터를 읽은 후 가능한 빠르게 수행되어야 한다. 그리고 에지 변경 후 입력 캡처 플래그(ICFn)는 소프트웨어적으로 클리어 되어야 한다(해당 입출력 비트에 '1'을 쓰면 된다). 그러나 만약 인터럽트 처리 루틴이 사용된다면, 주파수만 측정을 할 때는 ICFn 플래그를 클리어 할 필요가 없다.

(7) 출력비교 장치

16비트 비교장치는 TCNTn와 OCRnx을 연속적으로 비교하여 TCNT 값이 OCRnx 값과 일치하면 일치 신호를 출력한다. 그리고 일치 신호가 발생되면 다음 타이머 클럭 사이클에서 OCFnx이 셋 되고, 만약 "OCIEnx=1"이면 출력 비교 플래그는 출력 비교 인터럽트를 발생한다. OCFnx 플래그는 인터럽트가 수행되면 자동적으로 클리어 된다. OCFnx 플래그는 해당 비트에 '1'을 써넣음으로서 소프트웨어적으로 클리어 될 수 있다. 비교 일치가 발생하면 파형 발생장치는 "WGMn3~WGMn0" 비트와 "COMnx1~COMnx0" 비트에 의하여 설정된 동작 모드에 따라 출력을 발생시킬 수 있다. TOP과 BOTTOM 신호는 동작 모드 중 특수한 경우를 처리하기 위하여 파형 발생장치에 의하여 사용된다. 출력 비교장치 A의 특징은 타이머/카운터의 TOP값(즉 카운트 해상도)를 정의 할 수 있도록 해준다는 것이다. 카운터 해상도 이외에도 TOP 값은 파형 발생장치에 의하여 발생된 파형의 주기를 정의한다. 그림 6.35는 출력 비교 장치의 블럭도를 보여준다.

레지스터의 소문자 n과 비트 이름은 디바이스 번호를 나타낸다. 그리고 x는 출력 비교 장치(A/B/C)를 나타낸다. 블록 다이어그램 중 출력 비교장치와 직접적인 관계가 없는 부분은 음영 처리되어 있다.

OCRnx 레지스터는 12개의 PWM 모드 중 하나를 이용할 때는 이중버퍼가 된다. 그러나 일반 모드와 CTC모드에서는 이중 버퍼가 비활성화 된다. 이중 버퍼는 OCRnx 비교 레지스터와 카운팅 시컨스의 TOP 값 또는 BOTTOM 값의 업-데이터를 동기화 시켜주는 역할을 수행한다. 이러한 동기화는 odd-length, 비 대칭 PWM 펄스의 발생을 억제하여 그리치가 없는 출력을 만들어 준다. OCRnx 레지스터 액세스는 복잡한 것처럼 보이지만 이 경우 그렇지 않다. 이중 버퍼가 활성화 되면 CPU는 OCRnx 버퍼 레지스터를 액세스 한다. 그러나 이중 버퍼가 비활성화 되면 CPU는 OCRnx를 직접 액세스 한다. OCR1x(버퍼 또는 비교)레지스터의 내용은 단지 쓰기 동작에 의해서만 변경된다. 즉, 타이머/카운터는 이 레지스터를 TCNTn과 ICRn 레지스터처럼 자동으로 업-데이터 시키지 않는다. 그래서 임시 레지스터의 상위 바이트(TEMP)를 통하여 OCRnx를 읽을 수 없다. 하지만 다른 16 비트 레지스터을 액세스 할 때처럼 하위 바이트를 먼저 읽는 것은 좋은 습관이다.

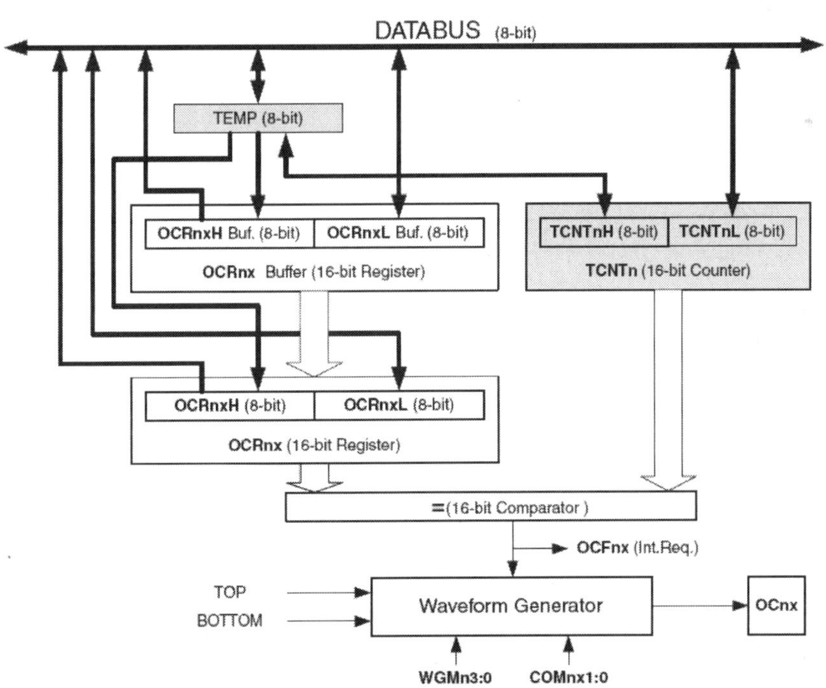

그림 6.35 출력비교 장치, 블록도

OCRnx 레지스트에 값을 써넣으려면 반드시 임시 레지스터를 통하여 이루어져야 한다. 왜냐하면 모든 16 비트의 비교가 연속적으로 이루어지기 때문이다. 따라서 상위 바이트(OCRnxH)가 먼저 써넣어져야 한다. CPU가 상위 바이트에 값을 써넣으면 TEMP 레지스터는 그 값으로 변경 된다. 그리고 하위 바이트 OCRnxL에 값을 써넣으면, 상위 바이트는 동일 시스템 클럭 사이클에서 OCRnx 버퍼 또는 OCRnx 비교 레지스터의 상위 8비트로 복사된다.

1) 강제출력 비교

PWM 파형 발생 모드 외의 다른 모드에서, 비교장치의 일치 출력은 FOCnx 비트에 '1'을 써넣음으로서 강제로 발생시킬 수 있다. 강제 비교 일치는 OCFnx 플래그를 '1'로 만들지 않고, 타이머를 리로드/클리어 하지도 않는다. 그러나 Ocnx 핀은 실제 비교 일치가 발생한 것과 동일하게 업-데이터된다.(COMnx1~COMnx0 비트의 설정은 Ocnx핀을 '1'로 할 것인지 '0'으로 할 것인지 아니면 토글로 할 것인지를 정의한다.)

2) TCNTn 레지스터에 써넣기에 의한 비교 일치 억제

TCNTn 레지스터에 값을 써넣으면, 타이머가 중지되었을 때에도 다음 타이머 클럭 동안 비교 일치가 억제된다. 이것은 타이머/카운터 클럭이 활성화 되었을 때 인터럽트의 트리거 없이 OCRnx가 TCNTn과 동일한 값으로 초기화되도록 해 준다.

3) 출력 비교 장치의 이용

어떤 동작 모드에서, TCNTn에 값을 써넣으면 '1' 타이머 클럭 사이클 동안 비교 일치가 억제되므로, 출력비교 채널을 사용할 때(타이머의 동작 유무와 관계없이) TCNTn를 변경하는 것은 위험하다. 특히 TCNTn에 써넣은 값이 OCRnx값과 동일하면 비교 일치가 발생하지 않으며 그 결과 비정상적인 파형이 발생된다. 가변 TOP 값을 가지는 PWM 모드에서, TCNTn에 TOP값과 동일한 값을 써넣는 경우 TOP 값에 대한 비교 일치는 발생되지 않고 카운터는 0xFFFF까지 카운팅을 계속한다. 유사한 이유로 카운터가 다운 카운팅 중일 때 TCNTn에 BOTTOM 값과 동일한 값을 써넣지 말아야 한다.

Ocnx의 설정은 DDR을 출력으로 설정하기 전에 수행되어야 한다. Ocnx 값을 설정하는 가장 쉬운 방법은 일반모드에서 FOCnx 비트를 이용하는 것이다. Ocnx 레지스터의 값은 파형발생 모드가 변경되더라도 그대로 유지된다. 그리고 COMnx1~0 비트는 비교 값과 함께 이중 버퍼가 아니라는 사실에 주의하여야 한다. COMnx1~0 비트를 변경하면 즉시 영향을 미친다.

(8) 비교 일치 출력 장치

COMnx1~COMnx0 비트는 다음과 같이 두 가지 기능을 가진다.

㉠ 비교 일치 발생시 Ocnx의 상태를 결정
㉡ Ocnx 핀의 출력 소스를 결정

그림 6.36은 COMnx1~COMnx0 비트의 설정이 영향을 미치는 로직의 개략도를 보여준다. 그림에서 I/O 레지스터, I/O 비트, I/O 핀은 굵은 문자로 표현되고 있으며 COMnx1~COMnx0 비트에 의해 영향을 받는 범용 입출력 포트 제어 레지스터 (DDR, PORT)의 일부분을 보여준다. 일반적으로 Ocnx 상태를 말할 때, 기준은 내부 Ocnx 레지스터의 상태를 말하며, Ocnx 핀의 상태를 말하는 것이 아니라는 점에 유의하여야 한다. 그리고 시스템 리셋이 발생하면 Ocnx 레지스터는 '0'이 된다. COMnx1~COMnx0 비트 중 하나라도 '1'이 되면, 범용 입출력 포트 기능은 파형발생 장치의 Ocnx 핀 기능으로 변경된다. 하지만 Ocnx핀의 방향은 여전히 DDR 레지스터의 설정에 의하여 결정된다. 따라서 Ocnx 핀에 해당하는 DDR 레지스터 비트는 Ocnx 값이 출력되기 전에 출력으로 설정되어 있어야 한다. 출력 비교 핀 로직은 출력이 활성화되기 전에 Ocnx 상태의 초기화가 가능하도록 설계되어 있다.

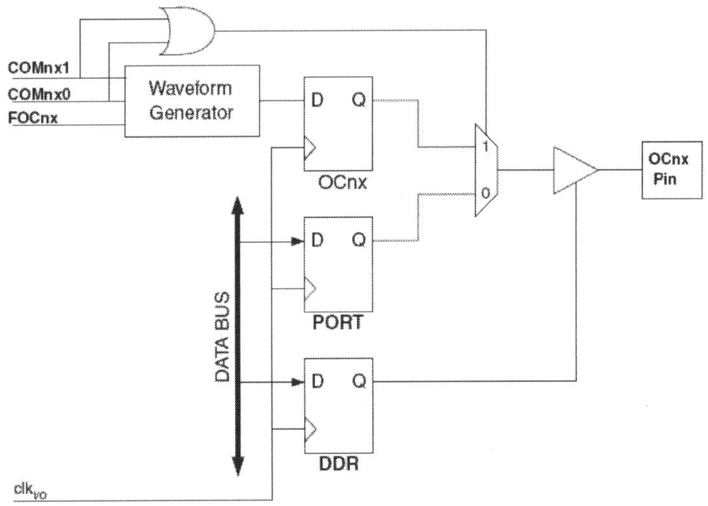

그림 6.36 비교일치 출력 장치 개략도

1) 비교출력 모드와 파형 발생

파형 발생장치는 COMnx1~COMnx0를 일반모드, CTC 모드, PWM 모드에서 각각 다르게 사용한다. 그리고 모든 모드에서 COMnx1~COMnx0를 '0'으로 설정하면 파형발생 장치는 다음 비교 일치시에 Ocnx 레지스터 상에서 어떠한 동작도 발생하지 않는다. PWM 이외의 모드에서 비교 출력 동작은 표 6.13에서, 고속 PWM 모드는 표 6.15에서, 위상 보정 PWM과 위상 주파수 보정 PWM은 표 6.15에서 각각 보여 주고 있다. COMnx1~COMnx0 비트 값을 변경하면, 이 비트에 값을 써넣은 후 첫 번째 비교 일치가 발생했을 때부터 영향을 미치기 시작한다. 그러나 PWM 모드가 아닌 모드에서 FOCnx 스트로브 비트를 사용하면 즉시 영향을 미칠 수 있도록 할 수 있다.

2) 동작모드

파형 발생장치의 동작모드는 파형발생 모드 비트(WGMn3~WGMn0)와 비교출력 모드 비트(COMnx1~COMnx0)에 의하여 결정된다. 그리고 비교 출력 모드 비트는 카운팅 순서에 영향을 미치지 않지만, 파형 발생 모드 비트는 카운팅 순서에 영향을 미친다. PWM 모드에서 COMnx1~COMnx0 비트는 발생된 PWM 출력이 반전될 것인지 아닌지(반전모드, 비반전 모드)를 결정한다. 그러나 PWM 모드가 아닌 모드에서 COMnx1~COMnx0 비트는 비교일치 발생시 출력을 '1'로 할 것인지, '0'으로 할 것인지 아니면 토글로 할 것인지를 결정한다.

① 일반모드

일반모드(WGMn3~0=0)의 동작은 간단하다. 이 모드에서 카운터는 카운팅 방향이 항상 증가형이며 카운트 클리어가 수행되지 않는 자유 증가형 카운터이다. 즉, 16비트의 값으로 최소값(0x0000)에서 최대값(0xffff)까지 증가한 후 다시 최소값이 되는 동작을 반복한다. 일반 동작모드에서 타이머 오버플로 플래그 비트(TOVn)는 TCNTn가 '0'이 되는 타이머 클럭 주기에서 셋 된다. 이 경우 TOVn 플래그는 그 값이 단지 '1'이 되며 '0'이 되지 않는다는 것을 제외하면 TCNTn의 17번째 비트처럼 동작한다. 하지만 타이머 오버플로 인터럽트와 같이 사용하면 TOVn 플래그는 자동으로 클리어 된다. 따라서 타이머 해상도는 소프트웨어적으로 증가될 수 있다.

일반모드에서 고려되어야 할 특별한 점은 없으며, 새로운 타이머 값은 항상 아무 때나 써넣을 수 있다.

입력 캡처 장치는 일반모드에서 쉽게 사용할 수 있지만 외부 사건들 사이의 최대 간격은 카운터의 해상도를 초과 할 수 없다. 만약 사건들 사이의 간격이 너무 길어지면 타이머 오버플로 인터럽트 또는 프리스케일러를 사용하여 캡처 장치의 해상도를 증가시켜야 한다.

출력 비교장치는 어떤 주어진 시점에서 인터럽트를 발생시키기 위하여 사용될 수 있다. 하지만 일반 모드에서 파형을 발생시키기 위하여 출력 비교 장치를 사용하는 것은 권장되지 않는다. 왜냐하면 이것은 너무 많은 CPU 자원을 소비하기 때문이다.

② CTC 모드(Clear Timer on Compare Match Mode)

CTC 모드(WGMn3~WGMn0=4 또는 12)에서 OCRnA 또는 ICRn 레지스터는 카운터의 해상도를 조절하기 위하여 사용된다. CTC 모드에서 카운터는 카운터값(TCNTn)이 OCRnA (WGMn3~WGMn0=4) 또는 ICRn (WGMn3~WGMn0=12)과 일치할 때 '0'으로 클리어 된다. OCRnA 또는 ICRn는 카운터의 최대값(즉 해상도)을 정의한다. 이 모드는 비교 일치 출력 주파수를 더 높게 해 주며 외부사건 카운팅 동작을 간단하게 해준다. 그림 6.37은 CTC 모드의 타이밍도를 보여준다.

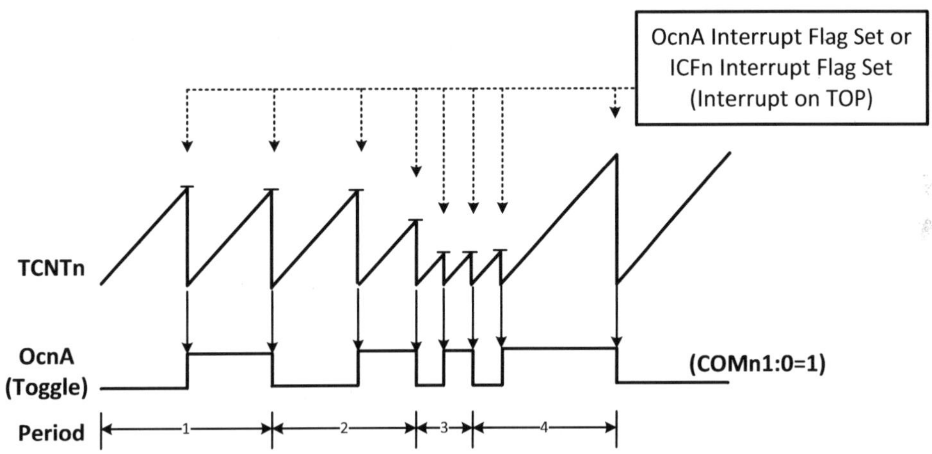

그림 6.37 CTC 모드 타이밍도

카운터값(TCNTn)은 OCRnA 또는 ICRn 레지스터의 값과 비교 일치가 발생할 때까지 증가한 후 비교 일치가 발생하면 카운터((TCNTn)가 '0'이 된다. 인터럽트는 TOP 값을 정의하기 위하여 사용된 레지스터에 해당하는 OCFnA 또는 ICFn 플래그 비트를 사용함으로서 카운터 값이 TOP값에 도달하는 매 순간마다 발생될 수 있다. 만약 인터럽트가 활성화되면 인터럽트 처리 루틴은 TOP 값을 변경하기 위하여 사용될 수 있다. 하지만 카운터가 프리스케일러 없이 또는 낮은 프리스케일러 값을 가지고 있는 상태에서, TOP값을 BOTTOM에 가까운 값으로 변경하는 것은 주의하여야 한다. 왜냐하면 CTC 모드는 이중 버퍼기능을 지원하지 않기 때문이다.

만약 OCRnA 또는 ICRn에 TCNTn의 현재 값보다 낮은 값을 써넣으면 카운터는 비교 일치를 발생시키지 않는다. 이 경우 카운터는 비교 일치를 발생시키지 않은 상태로 일단 최대값까지 카운팅을 진행한 후 0x00에서 다시 증가를 시작한다. 대부분의 경우에 있어서 이러한 특징은 바람직하지 않다. 따라서 다른 대안으로, TOP(WGMn3~WGMn0=15)를 정의하기 위하여 OCRnA를 사용하는 고속 PWM 모드가 있다. 왜냐하면 이 모드에서는 OCRnA가 이중버퍼가 되기 때문이다.

CTC 모드에서 파형 출력을 발생하기 위하여 비교출력 모드 비트를 토글모드(COMnA1~COMnA0=1)로 설정하면, OCnA 출력은 각 비교 일치 순간마다 그 논리 값이 토글이 된다. 그러나 DDR 레지스터 값이 출력(DDR_OcnA=1)으로 설정되지 않으면 OCnA 값은 출력 핀 상에 나타나지 않는다. 발생된 파형은 OCRnA이 0x00일 때 $f_{OCnA} = f_{clk_{I/O}}/2$의 최대 주파수를 가지며, 파형의 주파수는 다음 식에 의하여 정의된다.

$$f_{OCnA} = \frac{f_{clk_{I/O}}}{1 \cdot N \cdot (1 + OCRnA)}$$

여기서, N은 프리스케일러 디바이드(1, 8, 64, 256, or 1024)를 나타낸다.

일반 동작모드에서 TOVn 플래그는 카운터가 최대값에서 0x0000으로 변하는 타이머 클럭 사이클에서 '1'이 된다.

③ 고속 PWM 모드

고속 PWM 모드(WGMn3~0=5,6,7,14,15)는 고주파 PWM 파형을 발생시키는 동작을 수행한다. 고속 PWM 모드는 다른 PWM 모드와 달리 단일 슬로프 동작을 가진다. 카운터는 "BOTTOM"으로부터 "TOP"으로 카운팅 한다. 비반전 비교 일치모드에서, 출력 비교(OCnx) 레지스터는 TCNTn와 OCRnx 사이에 비교 일치가 발생하면 클리어 된다. 반면에, 반전 비교일치 모드의 출력은 비교 일치가 발생하면 '1'이 되고 "BOTTOM"에서 '0'이 된다.

단일 슬로퍼로 동작 하는 고속 PWM의 동작 주파수는 듀얼 슬로프로 동작하는 위상 보정, 위상 주파수 보정 PWM 모드의 동작 주파수의 2배가 된다. 이 높은 주파수는 고속 PWM 모드를 만들며 따라서 전력 레귤레이션, 정류, DAC 응용 등에 적합하다. 그리고 높은 주파수는 코일과 콘덴서의 물리적 크기를 줄여주어 전체적인 가격 절감 효과가 있다. 고속 PWM에서의 PWM 해상도는 8, 9, 10 비트로 고정되게 사용되거나 또는 ICRn, OCRnA에 의하여 정의 될 수 있다. 최소 해상도는 2비트(ICRn 또는 OCRnA를 0x0003으로 설정)이고, 최대 해상도는 16비트(ICRn 또는 OCRnA를 MAX로 설정)이다. PWM 해상도는 다음과 같이 계산된다.

$$R_{FPWM} = \frac{\log(TOP+1)}{\log(2)}$$

고속 PWM 모드에서 카운터는 그 값이 고정된 값 0x00FF, 0x01FF, 0x03FF(WGMn3~WGMn0=5,6,7) 혹은 OCRnA(WGMn3~WGMn0=15)에서 설정된 값에 도달 할 때까지 증가한다. 그리고 다음 클럭 사이클에서 카운터는 '0'이 된다. 그림 6.38은 OCRnA, ICRn를 사용하여 TOP을 정의 할 때의 고속 PWM 모드에 대한 타이밍도를 보여준다. 타이밍도에서는 비 반전과 반전 PWM 출력을 함께 보여준다. 그리고 TCNTn 슬로프 상의 짧은 수평선은 OCRnx과 TCNTn 사이의 비교 일치순간을 나타내며 비교일치가 발생하는 순간 Ocnx 인터럽트 플래그가 셋 된다.

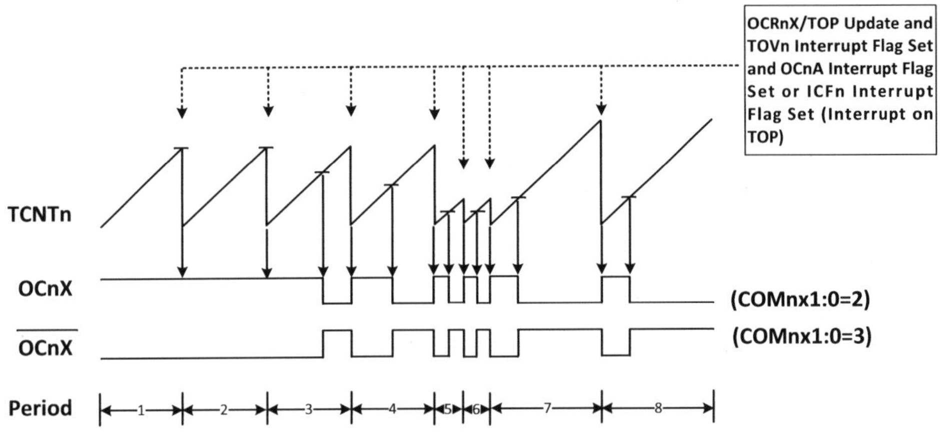

그림 6.38 고속 PWM 모드 타이밍도

타이머/카운터 오버플로 플래그(TOVn)는 카운터가 TOP에 도달할 때마다 '1'이 된다. OCRnA 또는 ICRn 중 어떤 것을 이용하여 TOP를 정의하든지, OCnA 또는 ICFn 플래그는 TOVn이 '1'이 되는 동일한 타이머 클럭 사이클에서 '1'이 된다. 만약 인터럽트 중 하나가 활성화 되었다면, 인터럽트 처리 루틴은 TOP값과 비교값을 변경하기 위하여 사용될 수 있다. 그러나 TOP 값을 변경할 때는 반드시 새로운 TOP 값이 모든 비교 레지스터의 값보다 높거나 같아야 한다. 만약 TOP값이 어떤 비교 레지스터 값 중 하나 보다 낮다면, TCNTn와 OCRnx 사이의 비교 일치는 발생하지 않는다. 만약 고정된 TOP값을 사용한다면, OCRnx에 값을 써넣을 때 사용되지 않는 비트는 모두 '0'이 되어야 한다.

TOP값을 정의하기 위하여 OCRnA와 ICRn을 사용할 때, ICRn의 변경 과정은 OCRnA을 변경 하는 과정과 다르다. 왜냐하면, ICRn 레지스터가 이중 버퍼가 아니므로 낮은 프리스케일러를 사용하거나 또는 프리스케일러를 사용하지 않은 상태에서 동작 중일 때 ICRn이 작은 값으로 변경된다면 새롭게 써넣어진 ICRn 값이 현재 TCNTn 값보다 작아질 수 있으며 그 결과 카운터가 TOP값에서 비교 일치를 발생시키지 못할 수도 있기 때문이다. 이 경우 카운터는 비교 일치를 발생시키지 않은 채로 MAX 값(0xFFFF)으로 일단 카운팅을 진행한 후 0x0000에서 다시 카운팅을 시작한다. 그러나 OCRnA 레지스터가 이중 버퍼이므로 언제든지 OCRnA에 값을 써넣는 것이 가능하다. OCRnA 레지스터에 값을 써넣을 때 그 값은 일단 OCRnA 버퍼 레지스터로 써넣어지며, TCNTn과 TOP값이 일치한 후 뒤이어 오는 다음 타이머 클럭 사이클에서 버퍼 레지스터에 있는 값이 OCRnA 비교 레지스터로 복사된다. 그리고 이와 동일한 타이머 클럭 사이클에서 TCNTn가 클리어되고 TOVn 플래그 비트가 셋 된다. 한편, 고정된 TOP 값을 사용하는 경우, TOP값을 정의하기 위하여 ICRn 레지스터 사용하는 것이 좋은데, 왜냐하면 ICRn을 사용하면 OCRnA 레지스터는 OCnA 상에 PWM 출력을 발생시키기 위하여 사용될 수 있기 때문이다.

하지만 TOP값을 변경하여 베이스 PWM 주파수를 변경할 필요가 있다면, TOP값을 정의하기 위하여 이중 버퍼 특징을 가지고 있는 OCRnA를 사용하는 것이 명백히 더 좋은 선택이 된다. 고속 PWM 모드에서, 비교 장치는 Ocnx 핀에서 PWM 파형을 발생시킨다. 즉, “COMnx1~COMnx0=2”로 설정하면 비반전 PWM이 발생되고, “COMnx1~COMnx0=3”으로 설정하면 반전 PWM 출력이 얻어진다. 그러나 실제 Ocnx 값은 DDR을 출력으로 해야지만 포트 핀에 나타난다. PWM 파형은 OCRnx과 TCNTn 값이 비교 일치하는 순간 OCnx 레지스터를 ‘1’(또는 ‘0’)로 하고, 카운터가 클리어되는 타이머 클럭 사이클(TOP으로부터 BOTTOM으로 변경 되는 순간)에서 OCnx 레지스터를 ‘0’(또는 ‘1’)로 함으로서 발생된다. PWM 출력 주파수는 다음과 같이 계산된다.

$$f_{OCnxPWM} = \frac{f_{clk_{I/O}}}{N \cdot (1 + TOP)}$$

여기서, N은 프리스케일러 디바이드 (1, 8, 64, 256,1024)를 나타낸다.

고속 PWM 모드에서 PWM 파형을 발생시킬 때, OCRnx 레지스터의 최대/최소값은 특별한 경우를 나타낸다. OCRnx가 BOTTOM(0x0000)으로 설정되면 출력은 매 TOP+1 클럭 사이클 동안 좁은 스파이크 형태로 나타나고, OCRnx가 TOP 값과 동일한 값으로 설정되면 COMnx1~COMnx0 비트의 설정 값에 따라 연속적인 ‘1’ 또는 ‘0’이 출력된다. 고속 PWM 모드에서 50% 듀티 사이클을 가지는 파형을 출력하고자 할 때는 각 비교 일치시에 그 값이 토글이 되도록 OCnA 레지스터를 설정(COMnA1~COMnA0=1)하면 된다. 그러나 이것은 단지 OCRnA가 TOP값을 정의(WGMn3~WGMn0=15)하기 위하여 사용될 때만 적용된다. 발생된 파형은 OCRnA가 0x0000일 때 최대 주파수 $f_{OCnA} = f_{clk_{I/O}}/2$ 값을 가진다. 이 특징은 고속 PWM 모드에서는 출력 비교 장치의 이중버퍼 기능이 활성화 된다는 점을 제외하면 CTC 모드의 OCnA 토글과 유사하다.

④ 위상보정 PWM 모드

위상 보정 PWM 모드(WGMn3~WGMn0=1,2,3,10,11)에서는 고해상도 위상보정 PWM 파형을 발생시킨다. 위상 보정 PWM 모드는, 위상과 주파수 보정 PWM 모드와 동일하게 듀얼 슬로프 동작을 기본으로 한다. 카운터는 BOTTOM(0x0000)에서 TOP으로 그리고 TOP에서 다시 BOTTOM으로의 카운팅을 반복적으로 수행한다.

비반전 비교 출력 모드에서, 업-카운팅 하는 동안 TCNTn와 OCRnx 사이의 비교 일치가 발생하면 출력 비교 레지스터(OCnx)는 클리어 되지만 다운-카운팅을 하는 동안 비교 일치가 발생하면 출력 비교 레지스터(OCnx)는 '1'이 된다.

그러나 반전 출력비교 모드에서의 동작은 이와는 반대의 동작을 수행한다. 듀얼 슬로프 동작은 싱글 슬로프 동작보다 낮은 최대 동작 주파수를 가지지만, 듀얼 슬로프 PWM 모드의 대칭적 특성으로 인하여 이들 모드는 모터제어 응용에 주로 사용된다.

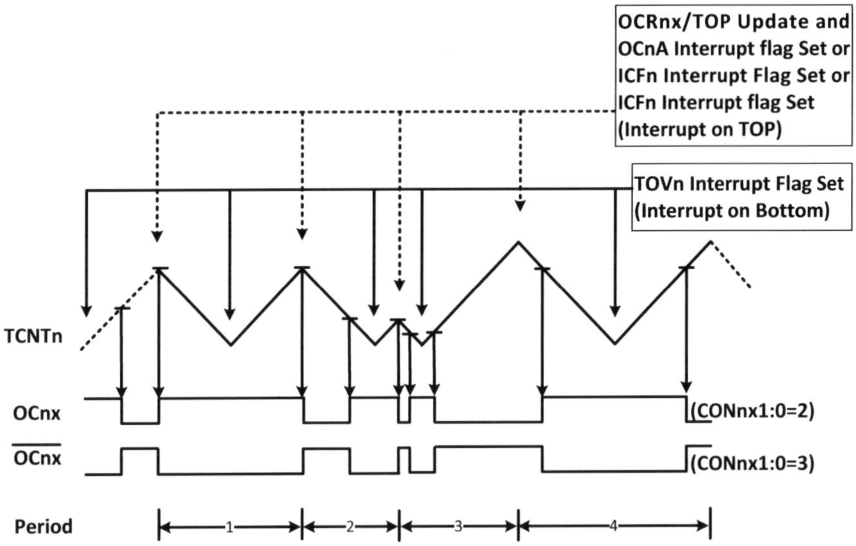

그림 6.39 위상보정 PWM 모드 타이밍도

위상 보정 PWM 모드의 PWM 해상도는 8,9,10 비트로 고정될 수도 있고 ICRn 또는 OCRnA에 의하여 정의 될 수도 있다. 허용된 최소 해상도는 2비트(ICRn 또는 OCRnA를 0x0003으로 설정)이고, 최대 해상도는 16비트(ICRn 또는 OCRnA를 MAX로 설정)이다. PWM 해상도는 다음 식에 의하여 계산된다.

$$R_{PCPWM} = \frac{\log(TOP+1)}{\log(2)}$$

위상 보정 PWM 모드에서 카운터값은 “WGMn3~0=1,2,3”일 때는 각각 고정된 값 0x00FF, 0x01FF, 0x03FF이 될 때까지 증가하고, WGMn3~0=10일 때는 ICRn의 값(TOP)과 일치 할 때까지 증가, “WGMn3~0=11”일 때는 OCRnA의 값(TOP)과 일치 할 때까지 증가한다. 그리고 카운터가 TOP에 도달되면 그 카운트 방향을 감소방향으로 변경한다. 한편, TCNTn 값은 ‘1’ 타이머 클럭 동안 TOP 값과 같은 상태를 유지한다. 그림 6.39는 위상 보정 PWM 모드에 대한 타이밍도를 나타낸다. 그림은 TOP를 정의하기 위하여 OCRnA 또는 ICRn이 사용되었을 때의 위상 보정 PWM 모드를 보여준다. 타이밍도는 비반전과 반전 PWM 출력을 함께 보여주고 있다. TCNTn 슬로프 상의 짧은 수평선은 OCRnx와 TCNTn의 비교 일치 순간을 나타내며 Ocnx 인터럽트 플래그는 비교 일치가 발생했을 때 셋 된다. 그리고 타이머/카운터 오버플로 플래그(TOVn)는 카운터가 BOTTOM에 도달 할 때마다 셋 된다.

TOP값을 정의하기 위하여 OCRnA 또는 ICRn이 사용되었을 때, OCnA 또는 ICFn 플래그는 OCRnx 레지스터가(TOP에서) 이중 버퍼 값으로 업-데이터 되는 타이머 클럭 사이클과 동일한 타이머 클럭 사이클에서 셋 된다. 인터럽트 플래그는 카운터가 TOP값 또는 BOTTOM 값에 도달할 때마다 인터럽트를 발생시키기 위하여 사용된다.

TOP값을 변경할 때, 새로운 TOP값은 모든 비교 레지스터의 값보다 크거나 같아야 한다. 만약 TOP 값이 비교 레지스터의 값보다 작으면 TCNTn와 OCRnx 사이의 비교 일치는 발생하지 않는다. 고정된 TOP 값을 사용하는 경우, OCRnx 레지스터 중의 하나에 값을 써넣을 때 사용하지 않는 비트는 ‘0’으로 마스크 되어야 한다. 그림 6.39에서 3번째 주기와 같이 타이머/카운터가 위상 보정모드로 동작 중 일 때 TOP값을 변경하면 비대칭적 출력이 만들어진다. 이것의 원인은 OCRnx 레지스터의 업-데이터 시점에서 찾을 수 있다. 즉, OCRnx의 업-데이터는 TOP에서 발생되므로, PWM 주기는 TOP에서 시작하고 TOP에서 끝나기 때문이다. 이것은 상승 슬로프의 길이가 새로운 TOP값에 의하여 결정되는 반면 하강 슬로프의 길이는 이전 TOP값에 의하여 결정된다는 것을 의미한다. 이 길이의 차이는 출력에서 비대칭 출력의 결과로 나타난다. 따라서 타이머/카운터가 동작 중일 때 TOP 값을 변경해야 할 필요가 있을 때는 “위상보정 모드”를 사용하는 대신 “위상과 주파수 보정 모드”를 사용하는 것이 좋다. 그러나 고정된 TOP 값을 사용할 때는 두 동작 모드 사이에 실질적 차이가 없다.

위상 보정 PWM 모드에서 비교 장치는 Ocnx핀 상에서 PWM 파형 발생을 발생시키는 역할을 수행한다. “COMnx1~COMnx0=2”로 설정하면 비반전 PWM 모드가 되고 “COMnx1

~COMnx0=3"으로 하면 반전 PWM 출력이 된다. 만약 해당 핀의 DDR이 출력으로 설정되어 있다면 Ocnx핀 상에 실제 출력이 나타난다. 다시 말하면, 카운터가 증가 할 때 OCRnx과 TCNTn 값이 일치하면 OCnx 레지스터가 '1'(또는 '0')이 되고, 카운터가 감소 할 때 OCRnx과 TCNTn 값이 일치하면 OCnx 레지스터가 '0'(또는 '1')이 됨으로서 PWM 파형이 발생된다. 위상 보정 PWM 모드를 사용할 때 PWM 출력 주파수는 다음과 같이 계산된다.

$$f_{OCnxPCPWM} = \frac{f_{clk_{I/O}}}{2 \cdot N \cdot TOP}$$

여기서 N은 프리스케일러 분주값 (1, 8, 64, 256, 1024)을 나타낸다.

위상 보정 PWM 모드에서 PWM 파형 출력을 발생시킬 때, OCRnx 레지스터의 최대/최소 값은 특별한 경우를 나타낸다. 비반전 PWM 모드에서 OCRnx가 BOTTOM 값과 같다면 출력은 연속적으로 '0'이 되고, TOP값과 같다면, 출력은 연속적으로 '1'이 된다. 반전 PWM 모드에서의 출력은 이것과는 반대의 논리 값을 가진다.

또한 "WGMn3~WGMn0=11"로 설정하여 OCnA이 TOP값을 정의하도록 한 상태에서, "COMnA1~COMnA0=1" 이라면, OCnA 출력은 50%의 듀티 사이클을 가지는 토클 출력이 된다.

⑤ 위상/주파수 보정 PWM 모드

"위상/주파수 보정 PWM 모드"(WGMn3~WGMn0=8 또는 9)는 고해상도를 가지는 위상/주파수 보정 PWM 파형을 발생한다. 위상/주파수 보정 PWM 모드는 위상 보정 PWM 모드와 마찬가지로 듀얼 슬로프 동작을 한다. 따라서 카운터는 "BOTTOM" (0x0000)으로부터 "TOP"까지 또는 "TOP"으로부터 "BOTTOM"까지 반복적으로 카운터를 계속한다.

비반전 비교출력 모드에서, 출력 비교 레지스터(OCnx)는 업-카운터시 TCNTn과 OCRnx 값이 일치하면 '0'되고 다운 카운터시 TCNTn과 OCRnx 값이 일치하면 '1'이 된다. 반전 비교출력 모드에서의 동작은 이와 반대이다.

듀얼 슬로프 동작은 싱글 슬로프 동작에 비하여 낮은 최대동작 주파수를 가진다. 하지만 듀얼 슬로프 PWM 모드의 대칭성으로 인하여 이들 모드들은 모터 제어 응용에 사용된다. 위상 보정 PWM 모드가 위상/주파수 보정 PWM 모드와 다른 점은 OCRnx 레지스터의 값이 OCRnx 버퍼 레지스터에 의하여 변경 된다는 점이다.(그림 6.39과 그림 6.40) 위상/주파수 보정 PWM 모드의 PWM 해상도는 ICRn 또는 OCRnA의 의하여 정의 된다. 허용된 최소 해상도는 2비트(ICRn 또는 OCRnA는 0x0003 설정)이고 최대 해상도는 16비트(ICRn 또는 OCRnA는 MAX로 설정)이다.

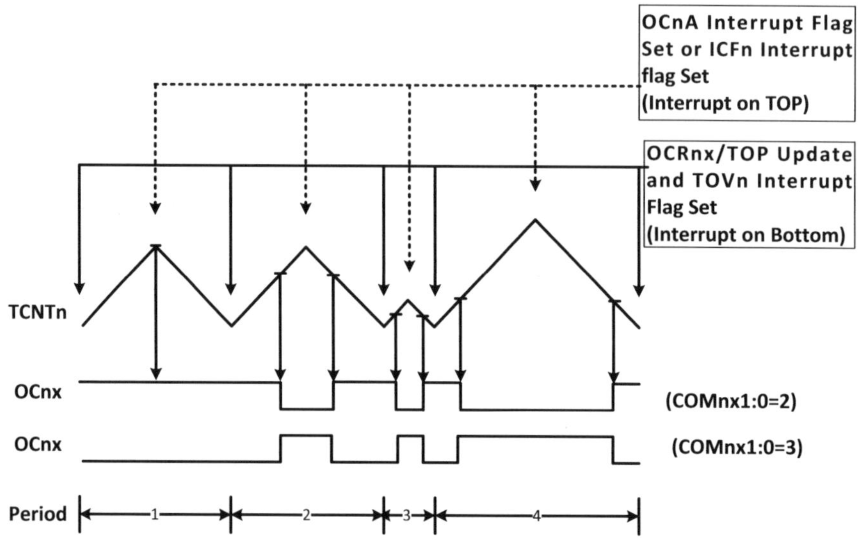

그림 6.40 위상과 주파수 보정 PWM 모드 타이밍도

PWM 해상도는 다음과 같이 계산된다.

$$R_{PFCPPWM} = \frac{\log(TOP+1)}{\log 2}$$

위상/주파수 보정 PWM 모드에서 카운터는 카운터값이 ICRn(WGMn3~WGMn0=8)값 또는 OCRnA(WGMn3~WGMn0=9)값과 일치 될 때까지 증가한다. 그리고 카운터가 TOP값에 도달하면 카운터 방향이 변경된다. TCNTn 값은 '1' 타이머 클럭 사이클 동안 TOP값과 같게 된다. 그림 6.40은 위상/주파주 보정 PWM 모드에 대한 타이밍도이다. 이 그림은 OCRnA 또는 ICRn가 TOP이 되도록 사용되어졌을 때의 위상/주파수 보정 PWM 모드를 보여주며, 비반전 PWM 출력과 반전 PWM 출력도 함께 보여준다. TCNTn 슬로프의 작은 수평선은 OCRnx과 TCNTn사이의 비교 일치 순간을 나타낸다. 그리고 Ocnx 인터럽트 플래그는 비교 일치가 발생하면 '1'이 된다. 타이머/카운터 오버플로 플래그(TOVn)는 OCRnx 레지스터가 이중 버퍼값(BOTTOM에서)으로 갱신되는 시점과 동일한 타이머 클럭 사이클에서 셋 된다. TOP값을 정의하기 위하여 OCRnA 또는 ICRn이 사용되었다면, OCnA 또는 ICFn 플래그는 TCNTn이 TOP에 도달 했을때 셋 된다. 인터럽트 플래그는 카운트가 TOP또는 BOTTOM값에 도달할 때마다 인터럽트를 발생시킬 수 있다. 그리고 TOP값을 변경 할 때는 반드시 TOP 값이 모든 비교 레지스터의 값보다 크거나 같아야 한다. 만약 TOP값이 비교 레지스터의 값보다 작으면, TCNTn과 OCRnx 사이의 비교 일치는 발생하지 않는다.

그림 6.40처럼 출력은 위상 보정 모드와는 대조적으로, 모든 주기 동안 대칭적으로 발생된다. OCRnx 레지스터가 BOTTOM에서 업-데이터 되기 때문에 상승과 하강 슬로프의 길이는 항상 동일하다. 이것은 대칭 출력 펄스를 생성하고 따라서 주파수가 보정된다. TOP값을 정의할 때, 고정된 TOP 값을 사용한다면 ICRn 레지스터를 사용하는 것이 좋다. 왜냐하면 TOP 값을 정의하는데 ICRn를 사용하면 OCRnA 레지스터는 OCnA 핀 상에 PWM 출력을 발생시키기 위하여 사용될 수 있기 때문이다. 하지만, TOP값을 통하여 베이스 PWM 주파수를 변경해야 되는 경우에는, OCRnA의 이중 버퍼 특성 때문에 TOP값으로 OCRnA을 사용하는 것이 더 좋은 선택이 된다. 위상/주파수 보정 모드에서 비교장치는 OCnx 상에 PWM 파형을 발생시킨다. "COMnx1~COMnx0=2"로 설정하면 비반전 PWM 모드가 되고 "COMnx1~ COMnx0=3"으로 설정하면 반전 PWM 모드가 된다. 그리고 포트 핀 방향 레지스터(DDRn)가 출력으로 설정되어 진다면 실제 Ocnx 값이 포트 핀 상에 나타난다. 즉, 카운터가 증가 할 때 OCRnx과 TCNTn 값이 일치하면, OCnx 레지스터를 '1'(또는 '0')로 하고, 카운터가 감소 할 때 OCRnx과 TCNTn 값이 일치하면, OCnx 레지스터를 '0'(또는 '1')로 함으로서 PWM 파형이 발생된다.

위상/주파수 보정 PWM 모드를 사용할 때 PWM 출력 주파수는 다음과 같이 계산된다.

$$f_{OCnxPFCPWM} = \frac{f_{clk_{I/O}}}{2 \cdot N \cdot TOP}$$

여기서, N은 프리스케일러 분주값(1, 8, 64, 256,1024)를 나타낸다.

위상보정 PWM 모드에서 PWM 파형을 발생시킬 때, OCRnx 레지스터의 최대/최소값은 특별한 경우를 나타낸다. 비반전 PWM 모드에서 OCRnx가 BOTTOM값으로 설정되면 출력은 연속적으로 '0'이고, TOP값으로 설정되면 연속적인 '1'이 출력된다. 반전 PWM에서의 출력은 그와 반대의 논리값을 가진다. 만약 OCRnA가 TOP값을 정의(WGMn3~WGMn0=9)하기 위하여 사용되고 "COMnA1~COMnA0=1"이라면, OCnA는 50% 듀티 사이클을 가지고 토글하는 파형을 출력한다.

(9) 타이머/카운터 타이밍도

그림 6.41은 OCFnx의 설정에 대한 타이밍도를 보여준다. 타이머/카운터는 동기식으로 설계되어 있으며 타이머 클럭(clk_{Tn})은 클럭 활성화 신호처럼 보인다. 이 그림은 인터럽트 플래그가 셋 되고, OCRnx 레지스터 값이 OCRnx 버퍼 값으로 업-데이터 될 때의 정보를 포함하고 있다. (이중 버퍼를 이용하는 모드에서만 그렇다)

그림 6.42는 프리스케일러가 활성화 되어있는 상태에서의 동일한 타이밍도를 보여준다. 그림 6.43은 여러 모드에서, TOP 근처에서의 카운터 시퀀스를 보여준다. 위상/주파수 보정 PWM 모드일 때, OCRnx 레지스터는 BOTTOM에서 갱신된다. 타이밍도는 동일하지만, TOP은 BOTTOM으로, TOP-1은 BOTTOM+1 등으로 대치된다. BOTTOM에서 TOVn 플래그를 셋 하는 모드에 대해서도 동일한 이름 변경이 적용된다. 그림 6.44는 프리스케일러가 활성화 되어 있는 상태에서의 동일한 타이밍도를 보여준다.

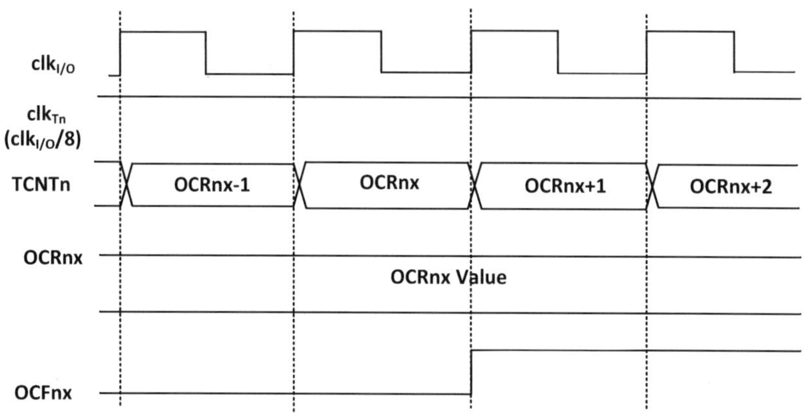

그림 6.41 타이머/카운터 타이밍 다이어그램, 프리스케일러 없음

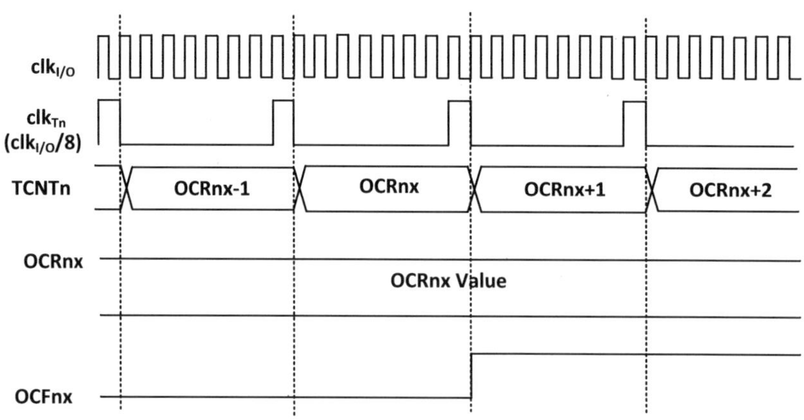

그림 6.42 타이머/카운터 타이밍 다이어그램, 프리스케일러($f_{clk_{I/O}}/8$)

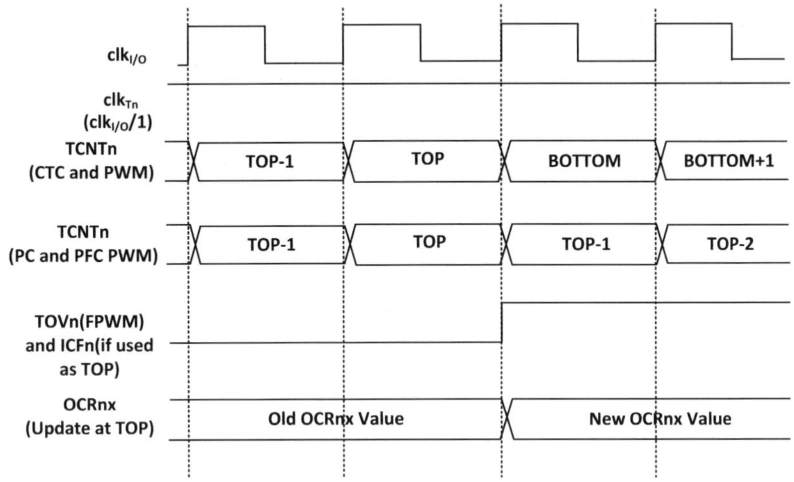

그림 6.43 타이머/카운트 타이밍도, 프리스케일링 없음

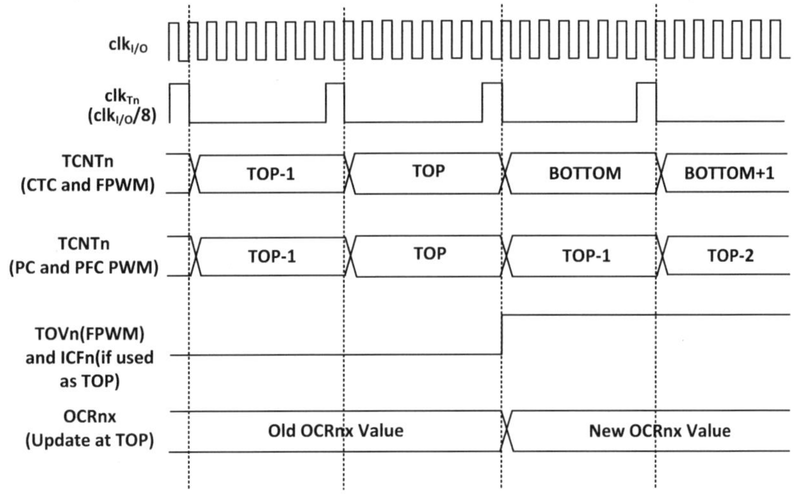

그림 6.44 타이머/카운터 타이밍도, 프리스케일러($f_{clk_{I/O}}/8$)

(10) 타이머/카운트1, 3 관련 레지스터

1) 특수기능 입출력 레지스터 - SFIOR

Bit	7	6	5	4	3	2	1	0
	TSM	–	–	–	ACME	PUD	PSR0	PSR321
Read/Write	R/W	R	R	R	R/W	R/W	R/W	R/W
초기값	0	0	0	0	0	0	0	0

- **Bit 7 : TSM(타이머/카운터 동기화 모드)**
TSM 비트에 '1'을 써넣으면 타이머/카운터는 동기화 모드로 동작 한다. 이 모드에서, PSR0과 PSR321 비트에 써넣어진 값은 그대로 유지된다. 따라서 인가된 해당 프리스케일러 리셋 신호는 그대로 유지된다. 이것은 해당 타이머/카운트가 정지되도록 하여 설정기간 동안 위험요소 없이 동일한 값으로 설정되어질 수 있도록 해준다. TSM비트가 '0'이 되면 PSR0와 PSR321 비트는 하드웨어적으로 클리어 된다. 그리고 그와 동시에 타이머/카운터는 카운팅을 시작한다.

- **Bit 0 : PSR321(타이머/카운터1, 2, 3을 위한 프리스케일러 리셋)**
이 비트가 '1'이 되면 타이머/카운터1,2,3 프리스케일러는 리셋 된다. TSM 비트가 '1'인 경우를 제외하면, 이 비트는 일반적으로 하드웨어에 의하여 즉시 클리어 된다. 타이머/카운터1,2,3는 동일한 프리스케일러를 공유하며, 이 프리스케일러를 리셋 하면 3개의 타이머 모두에게 영향을 미친다.

2) 타이머/카운터 1 제어 레지스터 A -TCCR1A

Bit	7	6	5	4	3	2	1	0
	COM1A1	COM1A0	COM1B1	COM1B0	COM1C1	COM1C0	WGM11	WGM10
Read/Write	R/W	W/R	W/R	W/R	R/W	R/W	R/W	R/W
초기값	0	0	0	0	0	0	0	0

3) 타이머/카운트 3 제어 레지스터 A -TCCR3A

Bit	7	6	5	4	3	2	1	0
	COM3A1	COM3A0	COM3B1	COM3B0	COM3C1	COM3C0	WGM31	WGM30
Read/Write	R/W	W/R	W/R	W/R	R/W	R/W	R/W	R/W
초기값	0	0	0	0	0	0	0	0

- **Bit 7~6 : COMnA1~nA0(채널 A를 위한 비교 출력 모드)**

- **Bit 5~4 : COMnB1~nB0(채널 B를 위한 비교 출력 모드)**

- **Bit 3~2 : COMnC1~nC0(채널 C를 위한 비교 출력 모드)**
COMnA1~COMnA0, COMnB1~COMnB0, COMnC1~COMnC0는 출력 비교핀(OCnA, OCnB, OCnC)의 동작을 결정한다. 만약 COMnA1~COMnA0 비트 중 한 개 이상의 비트가 '1'이면, OCnA 출력이 일반 입출력 핀 기능을 대신하게 되며, COMnB1~COMnB0

비트 중 한 개 이상의 비트가 '1'이면, OCnB 출력이 일반 입출력 핀 기능을 대신하게 된다. 마지막으로 COMnC1~COMnC0 비트 중 한 개 이상의 비트가 '1'이면, OCnC 출력이 일반 입출력 핀 기능을 대신하게 된다. 하지만 OCnA, OCnB, OCnC핀에 해당하는 DDR 비트는 출력장치를 활성화하기 위하여 '1'이 되어야 한다. 그리고 OCnA, OCnB, OCnC가 이 핀에 연결 되었을 때, COMnx1~COMnx0 비트의 기능은 WGMn3~WGMn0의 설정값에 따라 바뀐다.

표 6.16은 WGMn3~WGMn0 비트가 일반모드 또는 CTC 모드로 설정되었을 때, COMnx1~COMnx0 비트의 기능을 보여준다.

표 6.16 PWM 이외의 비교 출력 모드(일반모드, CTC 모드)

COMnA1 COMnB1 COMnC1	COMnA0 COMnB0 COMnC0	동 작 설 명
0	0	일반 포트로 동작
0	1	비교 일치시 : OCnA/OCnB/OCnC 출력 토글
1	0	비교 일치시 : OCnA/OCnB/OCnC 출력 클리어
1	1	비교 일치시 : OCnA/OCnB/OCnC 출력 셋

표 6.17은 WGMn3~WGMn0가 고속 PWM 모드로 설정되었을 때, COMnx1~COMnx0 비트의 기능을 보여준다.

표 6.17 비교 출력 모드, 고속 PWM

COMnA1 COMnB1 COMnC1	COMnA0 COMnB0 COMnC0	동 작 설 명
0	0	일반 포트로 동작
0	1	WGMn3~0=15 : 비교 일치시 OCnA 출력 토글, OCnB, OCnC 출력 차단(일반 포트로 동작). 다른 모든 WGMn 설정 : 일반 포트로 동작, OCnA, OCnB, OCnC은 연결 차단.
1	0	(비반전 모드) 비교 일치시 : OCnA, OCnB, OCnC 클리어, BOTTOM : OCnA, OCnB, OCnC을 셋.
1	1	(반전모드) 비교 일치시 : OCnA, OCnB, OCnC 출력 셋, BOTTOM : OCnA, OCnB, OCnC 출력 클리어.

주의 OCRnA/OCRnB/OCRnC가 TOP과 같고 COMnA1/COMnB1/COMnC1가 1이면 특별한 경우가 발생한다. 이 경우 비교 일치는 무시되지만 BOTTOM에서 셋이나 클리어는 수행된다. 상세한 것은 고속 PWM 모드를 참조한다.

표 6.18은 WGMn3~WGMn0 비트가 위상/주파수 보정 PWM 모드로 설정되었을 때 COMnx1~COMnx0 비트의 기능을 보여준다.

표 6.18 비교 출력 모드, 위상보정과 위상 그리고 주파수 보정 PWM

COMnA1 COMnB1 COMnC1	COMnA0 COMnB0 COMnC0	동 작 설 명
0	0	일반 포트로 동작
0	1	WGMn3:0 = 9 또는 11 : 비교 일치시 OCnA 출력 토글, OCnB/OCnC 출력 차단(일반 포트로 동작). 다른 모든 WGMn 설정 : 일반 포트로 동작, OCnA, OCnB, OCnC은 연결 차단.
1	0	상향 카운팅시 비교 일치 발생 : OCnA, OCnB, OCnC 출력 클리어 하향 카운팅시 비교 일치 발생 : OCnA, OCnB, OCnC 출력 셋
1	1	상향 카운팅시 비교 일치 발생 : OCnA, OCnB, OCnC 출력 셋 하향 카운팅시 비교 일치 발생 : OCnA, OCnB, OCnC 출력 클리어

주의 OCRnA/OCRnB/OCRnC가 TOP과 같고 COMnA1/COMnB1/COMnC1가 '1' 일 때는 특별한 경우가 발생한다. 상세한 것은 고속 PWM 모드 참조한다.

- **Bit 1~0 : WGMn1~n0(파형발생 모드)**

WGMn1~n0 비트는 TCCRnB 레지스터의 WGMn3~WGMn2 비트들과 조합하여 카운터의 카운팅 순서, TOP 카운터 값에 대한 소스, 사용될 파형 발생 형식을 결정한다(표 6.19 참조).

타이머/카운터 장치에 의하여 지원되는 동작모드는 다음과 같다.

㉠ 일반 모드(카운터)

㉡ CTC 모드

㉢ 3가지 PWM 모드

표 6.19 파형발생모드 비트 설명

모드	WGMn 3	WGMn 2	WGMn 1	WGMn 0	타이머/카운터 동작 모드	TOP	OCRnx의 업 데이터 시점	TOVn 플래그가 셋 되는 시점
0	0	0	0	0	일반모드	0xFFFF	즉시	MAX
1	0	0	0	1	위상보정 PWM 모드, 8비트	0x00FF	TOP	BOTTOM
2	0	0	1	0	위상보정 PWM 모드, 9비트	0x01FF	TOP	BOTTOM
3	0	0	1	1	위상보정 PWM 모드, 10비트	0x03FF	TOP	BOTTOM
4	0	1	0	0	CTC 모드	OCRnA	즉시	MAX
5	0	1	0	1	고속 PWM 모드, 8비트	0x00FF	BOTTOM	TOP
6	0	1	1	0	고속 PWM 모드, 9비트	0x01FF	BOTTOM	TOP
7	0	1	1	1	고속 PWM 모드, 10비트	0x03FF	BOTTOM	TOP
8	1	0	0	0	위상과 주파수 보정 PWM 모드	ICRn	BOTTOM	BOTTOM
9	1	0	0	1	위상과 주파수 보정 PWM 모드	OCRnA	BOTTOM	BOTTOM
10	1	0	1	0	위상보정 PWM 모드	ICRn	TOP	BOTTOM
11	1	0	1	1	위상보정 PWM 모드	OCRnA	TOP	BOTTOM
12	1	1	0	0	CTC	ICRn	즉시	MAX
13	1	1	0	1	예약	-	-	-
14	1	1	1	0	고속 PWM	ICRn	BOTTOM	TOP
15	1	1	1	1	고속 PWM	OCRnA	BOTTOM	TOP

4) 타이머/카운트1 제어 레지스터 B - TCCR1B

Bit	7	6	5	4	3	2	1	0
	ICNC1	ICES1	-	WGM13	WGM12	CS12	CS11	CS10
Read/Write	R/W	W/R	R	W/R	R/W	R/W	R/W	R/W
초기값	0	0	0	0	0	0	0	0

5) 타이머/카운터3 제어 레지스터 B - TCCR3B

Bit	7	6	5	4	3	2	1	0
	ICNC3	ICES3	-	WGM33	WGM32	CS32	CS31	CS30
Read/Write	R/W	W/R	R	W/R	R/W	R/W	R/W	R/W
초기값	0	0	0	0	0	0	0	0

- **Bit 7 : ICNCn(입력 캡처 노이즈 제거장치)**

  이 비트를 '1'로 하면 입력 캡처 노이즈 제거장치가 활성화 된다. 노이즈 제거장치가 활성화 되면 입력 캡처 핀으로부터의 입력은 필터링 된다. 필터기능은 ICPn 핀의 값을 연속적으로 4번 샘플링하여 동일할 때만 그 값을 변경한다. 따라서 노이즈 제거장치가 활성화 되면 입력 캡처 신호는 '4' 오실레이터 사이클의 시간지연이 발생된다.

- **Bit 6 : ICESn(입력 캡처 에지 선택)**

  이 비트는 ICPn(입력 캡처핀)의 어느 에지에서 캡처 사건을 트리거 할 것인가를 결정한다. ICESn 비트가 '0'이면, 하강 에지가 트리거로서 사용되며, '1'이면 상승 에지가 트리거로서 사용된다. ICESn 설정값에 따라 캡처가 트리거 될 때, 카운트 값은 ICRn(입력 캡처 레지스터)로 복사된다. 외부의 사건이 캡처되면 입력 캡처 플래그(ICFn)가 셋 되고, 해당 인터럽트가 활성화 되어 있는 경우 ICFn 플래그는 입력 캡처 인터럽트를 발생시킨다. ICRn이 TOP 값으로 사용되면(TCCRnA와 TCCRnB 레지스터의 WGMn3~WGM0 비트 설명 참조), ICPn은 연결이 종료되고 입력 캡처 기능은 비활성화 된다.

- **Bit 5 - 예약 비트**

- **Bit 4~3 : WGMn3~n2(파형 발생 모드)**

  TCCRnA 레지스터 설명 참조

- **Bit 2~0 : CSn2~n0(클럭 선택)**

  3개의 클럭 선택 비트는 타이머/카운터에 의하여 사용되어질 클럭 소스를 선택한다.(그림

6.41, 그림 6.42 참조)

표 6.20 클럭 선택 비트 설명

CSn2	CSn1	CSn0	설 명
0	0	0	클럭 소스 없음(타이머/카운터 정지)
0	0	1	$clk_{I/O}$
0	1	0	$clk_{I/O}/8$
0	1	1	$clk_{I/O}/64/$
1	0	0	$clk_{I/O}/256$
1	0	1	$clk_{I/O}/1024$
1	1	0	T_n 핀을 통하여 공급되는 외부 클럭 소스(하강에지에서 동작)
1	1	1	T_n 핀을 통하여 공급되는 외부 클럭 소스(상승에지에서 동작)

만약 타이머/카운터n이 외부 핀으로부터 클럭을 입력받는 모드를 사용한다면, T_n핀이 출력으로 설정되어 있더라도, T_n 핀 상의 클럭은 카운터로 입력이 된다. 이러한 특징은 카운팅의 소프트웨어 제어를 가능하게 해준다.

6) 타이머/카운터1 제어 레지스터 C – TCCR1C

Bit	7	6	5	4	3	2	1	0
	FOC1A	FOC1B	FOC1C	-	-	-	-	-
Read/Write	W	W	W	R	R	R	R	R
초기값	0	0	0	0	0	0	0	0

7) 타이머/카운터3 제어 레지스터 C – TCCR3C

Bit	7	6	5	4	3	2	1	0
	FOC3A	FOC3B	FOC3C	-	-	-	-	-
Read/Write	W	W	W	R	R	R	R	R
초기값	0	0	0	0	0	0	0	0

- Bit 7 : FOCnA(채널A를 위한 강제 출력 비교)

- Bit 6 : FOCnB(채널B를 위한 강제 출력 비교)
- Bit 5 : FOCnC(채널C를 위한 강제 출력 비교)

FOCnA, FOCnB, FOCnC 비트는 WGMn3~WGM0 비트가 PWM 모드로 지정되지 않을 때만 동작한다. 그리고 FOCnA, FOCnB, FOCnC 비트에 '1'을 써넣으면 파형 발생장치에서 즉시 비교 일치가 발생된다.

또한 OCnA, OCnB, OCnC 출력은 COMnx1~COMnx0 비트의 설정에 따라 변경되며, FOCnA, FOCnB, FOCnC 비트는 스트로보로 사용된다. 그리고 이 값은 COMnx1~ COMnx0 비트에 의하여 결정된다. FOCnA, FOCnB, FOCnC 스트로보는 인터럽트를 발생시키지 않으며, OCRnA를 TOP으로 사용하는 비교일치(CTC) 모드에서 타이머를 클리어 시키지도 않는다. 그리고 FOCnA, FOCnB, FOCnB 비트를 읽으면 항상 '0'으로 읽어진다.

- Bit 4~0 - 예약 비트

8) 타이머/카운터1 -TCNT1(TCNT1H, TCNT1L)

Bit	7	6	5	4	3	2	1	0
	TCNT1H[15..8]							
	TCNT1L[7..0]							
Read/Write	R/W	W/R	W/R	W/R	R/W	R/W	R/W	R/W
초기값	0	0	0	0	0	0	0	0

9) 타이머/카운터3 -TCNT3(TCNT3H, TCNT3L)

Bit	7	6	5	4	3	2	1	0
	TCNT3H[15..8]							
	TCNT3L[7..0]							
Read/Write	R/W	W/R	W/R	W/R	R/W	R/W	R/W	R/W
초기값	0	0	0	0	0	0	0	0

타이머/카운터 레지스터1,3(TCNT1,3)는 타이머/카운터1,3의 16비트 카운터 값을 저장하는 레지스터이다. 타이머/카운터 레지스터1,3(TCNTnH와 TCNTnL를 결합하면 TCNTn이 된다.)는 직접 번지지정에 의하여 읽기/쓰기가 가능하다. CPU는 이들 레지스터를 액세스할 때 상/하

위 바이트 동시 읽기/쓰기가 가능하도록 8비트 임시 상위 바이트 레지스터(TEMP)를 사용하며, 이 임시 레지스터는 다른 모든 16비트 레지스터와 공유된다. 그리고 카운터가 동작하는 동안 TCNTn을 변경하면 TCNTn과 OCRnx 레지스터의 비교 일치가 발생하지 않을 수 있다. 왜냐하면 TCNTn 레지스터에 값을 써넣으면, 모든 비교 장치에서, 쓰기 다음에 오는 타이머 클럭 주기에서의 비교 일치가 억제되기 때문이다.

10) 출력 비교 레지스터 1A – OCR1A(OCR1AH, OCR1AL)

Bit	7	6	5	4	3	2	1	0
	OCR1AH[15..8]							
	OCR1AL[7..0]							
Read/Write	R/W	W/R	W/R	W/R	R/W	R/W	R/W	R/W
초기값	0	0	0	0	0	0	0	0

11) 출력 비교 레지스터 1B – OCR1B(OCR1BH, OCR1BL)

Bit	7	6	5	4	3	2	1	0
	OCR1BH[15..8]							
	OCR1BL[7..0]							
Read/Write	R/W	W/R	W/R	W/R	R/W	R/W	R/W	R/W
초기값	0	0	0	0	0	0	0	0

12) 출력 비교 레지스터 1 C – OCR1C(OCR1CH, OCR1CL)

Bit	7	6	5	4	3	2	1	0
	OCR1CH[15..8]							
	OCR1CL[7..0]							
Read/Write	R/W	W/R	W/R	W/R	R/W	R/W	R/W	R/W
초기값	0	0	0	0	0	0	0	0

13) 출력 비교 레지스터 3 A - OCR3A(OCR3AH, OCR3AL)

Bit	7	6	5	4	3	2	1	0
	OCR3AH[15..8]							
	OCR3AL[7..0]							
Read/Write	R/W	W/R	W/R	W/R	R/W	R/W	R/W	R/W
초기값	0	0	0	0	0	0	0	0

14) 출력 비교 레지스터 3 B - OCR3B(OCR3BH, OCR3BL)

Bit	7	6	5	4	3	2	1	0
	OCR3BH[15..8]							
	OCR3BL[7..0]							
Read/Write	R/W	W/R	W/R	W/R	R/W	R/W	R/W	R/W
초기값	0	0	0	0	0	0	0	0

15) 출력 비교 레지스터 3 C - OCR3C(OCR3CH, OCR3CL)

Bit	7	6	5	4	3	2	1	0
	OCR3CH[15..8]							
	OCR3CL[7..0]							
Read/Write	R/W	W/R	W/R	W/R	R/W	R/W	R/W	R/W
초기값	0	0	0	0	0	0	0	0

출력 비교 레지스터는 카운터값(TCNTn)과 연속적으로 비교되는 16 비트값을 가지고 있다. 비교일치의 발생은 출력 비교 인터럽트를 발생시키기 위하여 사용되거나, 또는 Ocnx 핀에 파형출력을 발생시키기 위하여 사용된다. 즉, 타이머/카운터1,3 출력 비교 레지스터 A(OCRnA)는 타이머/카운터 1,3 레지스터 TCNTn의 값과 비교하여 OCnA 핀에 출력 신호를 발생하기 위한 16비트 값을 저장하는 레지스터이고, 타이머/카운터1,3 출력 비교 레지스터 B(OCRnB)는 타이머/카운터 1,3 레지스터 TCNTn의 값과 비교하여 OCnB 핀에 출력 신호를 발생하기 위한 16비트 값을 저장하는 레지스터이다. 그리고 타이머/카운터1,3 출력 비교 레지스터 C(OCRnC)는 타이머/카운터 1,3 레지스터 TCNTn의 값과 비교하여 OCnC 핀에 출력 신호를 발생하기 위한 16비트 값을 저장하는 레지스터이다.

CPU는 이들 레지스터에 값을 써넣을 때, 상/하위 바이트에 동시에 써넣기 위하여 8비트 임시 상위 바이트 레지스터(TEMP)를 사용하며, 이 임시 레지스터는 다른 모든 16비트 레지스터와 공유된다.

16) 입력 캡처 레지스터 1 - ICR1(ICR1H, ICR1L)

Bit	7	6	5	4	3	2	1	0
	ICR1H[15..8]							
	ICR1L[7..0]							
Read/Write	R/W	W/R	W/R	W/R	R/W	R/W	R/W	R/W
초기값	0	0	0	0	0	0	0	0

17) 입력 캡처 레지스터 3 - ICR3(ICR3H, ICR3L)

Bit	7	6	5	4	3	2	1	0
	ICR3H[15..8]							
	ICR3L[7..0]							
Read/Write	R/W	W/R	W/R	W/R	R/W	R/W	R/W	R/W
초기값	0	0	0	0	0	0	0	0

타이머/카운터 1,3 입력 캡처 레지스터(ICR1,3)는 ICP1,3 핀에 입력 캡처가 발생하였을 때 타이머/카운터1,3 레지스터(TCNT1,3)값을 저장하기 위한 16 비트 레지스터이다. 즉, 입력 캡처 레지스터(ICRn)의 값은 ICPn핀 상에서(또는 옵션에 따라서 타이머/카운터1의 아날로그 비교출력 상에서) 사건이 발생할 때마다 TCNTn 값으로 갱신된다.

입력 캡처 레지스터는 카운터의 TOP 값을 정의하기 위하여 사용될 수도 있다. 입력 캡처 레지스터는 16비트 레지스터이므로 CPU가 이들 레지스터에 값을 써넣을 때는 상/하위 바이트에 모두 동시에 써넣기 위하여 8비트 임시 상위 바이트 레지스터(TEMP)를 사용하며, 이 임시 레지스터는 다른 모든 16비트 레지스터와 공유된다.

18) 타이머/카운터 인터럽트 마스크 레지스터 - TIMSK

타이머/카운터 인터럽트 마스크 레지스터(TIMSK)는 타이머/카운터0,1,2가 발생하는 인터럽트를 개별적으로 인에이블 하는 레지스터이다. 그러나 여기서는 타이머/카운터1에 관련된 비트만 설명한다.

Bit	7	6	5	4	3	2	1	0
	OCIE2	TOIE2	TICIE1	OCIE1A	OCIE1B	TOIE1	OCIE0	TOIE0
Read/Write	R/W	W/R	W/R	W/R	R/W	R/W	R/W	R/W
초기값	0	0	0	0	0	0	0	0

- Bit 5 : TICIE1(타이머/카운터1 입력 캡처 인터럽트 인에이블)

  이 비트가 '1'이고, SREG 레지스터의 'I' 플래그가 '1'이면, 타이머/카운터1 입력 캡처 인터럽트가 활성화 된다. ICF1 플래그가 '1'이 되면 해당 인터럽트 벡터가 수행된다.

- Bit 4 : OCIE1A(타이머/카운터1 출력비교A 일치 인터럽트 인에이블)

  이 비트가 '1'이고 SREG 레지스터의 'I' 플래그가 '1'이면, 타이머/카운터1 출력 비교A 일치 인터럽트가 활성화 된다. TIFR 레지스터의 OCF1A 플래그가 '1'이 되면 해당 인터럽트 벡터가 수행된다.

- Bit 3 : OCIE1B(타이머/카운터1 출력비교B 일치 인터럽트 인에이블)

  이 비트가 '1'이고 SREG 레지스터의 'I' 플래그가 '1'이면, 타이머/카운터1 출력 비교B 일치 인터럽트가 활성화 된다. TIFR 레지스터의 OCF1B 플래그가 '1'이 되면 해당 인터럽트 벡터가 수행된다.

- Bit 2 : TOIE1(타이머/카운터1 오버플로 인터럽트 인에이블)

  이 비트가 '1'이고 SREG 레지스터의 'I' 플래그가 '1'이면 타이머/카운터1 오버플로 인터럽트가 활성화 된다. TIFR 레지스터의 TOV1 플래그가 '1'이 되면 해당 인터럽트 벡터가 수행된다.

19) 확장 타이머/카운터 인터럽트 마스크 레지스터 – ETIMSK

타이머/카운터 인터럽트 마스크 레지스터(TIMSK)는 타이머/카운터1, 타이머/카운터3가 발생하는 인터럽트를 개별적으로 인에이블 하는 레지스터이다.

Bit	7	6	5	4	3	2	1	0
	-	-	TICIE3	OCIE3A	OCIE3B	TOIE3	OCIE3C	OCIE1C
Read/Write	R	R	W/R	W/R	R/W	R/W	R/W	R/W
초기값	0	0	0	0	0	0	0	0

- Bit 7~6 : 예약비트

- **Bit 5 : TICIE3(타이머/카운터3 입력캡처 인터럽트 인에이블)**
  이 비트가 '1'이고 SREG 레지스터의 'I' 플래그가 '1'이면 타이머/카운터3 입력 캡처 인터럽트가 활성화 된다. ETIFR 레지스터의 ICF3 플래그가 '1'이면 해당 인터럽트 벡터가 수행된다.

- **Bit 4 : OCIE3A(타이머/카운터3 출력비교A 일치 인터럽트 인에이블)**
  이 비트가 '1'이고 SREG 레지스터의 'I' 플래그가 '1'이면 타이머/카운터3 출력 비교 일치 인터럽트가 활성화 된다. ETIFR 레지스터의 OCF3A 플래그가 '1'이 되면 해당 인터럽트 벡터가 수행된다.

- **Bit 3 : OCIE3B(타이머/카운트3 출력비교B 일치 인터럽트 인에이블)**
  이 비트가 '1'이고 SREG 레지스터의 'I' 플래그가 '1'이면 타이머/카운터3 출력 비교B 일치 인터럽트가 활성화 된다. ETIFR 레지스터의 OCF3B 플래그가 '1'이 되면 해당 인터럽트 벡터가 수행된다.

- **Bit 2 : TOIE3(타이머/카운터3 오버플로 인터럽트 인에이블)**
  이 비트가 '1'이고 SREG 레지스터의 'I' 플래그가 '1'이면 타이머/카운터3 오버플로 인터럽트가 활성화 된다. ETIFR 레지스터의 TOV3 플래그가 '1'이 되면 해당 인터럽트 벡터가 수행된다.

- **Bit 1 : OCIE3C(타이머/카운터3 출력비교C 일치 인터럽트 인에이블)**
  이 비트가 '1'이고 SREG 레지스터의 'I' 플래그가 '1'이면 타이머/카운터3 출력 비교C 일치 인터럽트가 활성화 된다. ETIFR 레지스터의 OCF3C 플래그가 '1'이 되면 해당 인터럽트 벡터가 수행된다.

- **Bit 0 : OCIE1C(타이머/카운터1 출력비교C 일치 인터럽트 인에이블)**
  이 비트가 '1'이고 SREG 레지스터의 'I'플래그가 '1'이면 타이머/카운터1 출력 캡처C 일치 인터럽트가 활성화 된다. ETIFR 레지스터의 OCF1C 플래그가 '1'이 되면 해당 인터럽트 벡터가 수행된다.

20) 타이머/카운터 인터럽트 플래그 레지스터 – TIFR

타이머/카운터 인터럽트 플래그 레지스터(TIFR)는 타이머/카운터0,1,2가 발생하는 인터럽트 플래그를 저장하는 레지스터이다.

Bit	7	6	5	4	3	2	1	0
	OCF2	TOV2	ICF1	OCF1A	OCF1B	TOV1	OCF0	TOV0
Read/Write	R/W	W/R	W/R	W/R	R/W	R/W	R/W	R/W
초기값	0	0	0	0	0	0	0	0

- Bit 5 : ICF1(타이머/카운터1 입력 캡처 플래그)

이 플래그는 ICP1 핀 상에서 캡처 사건이 발생하면 '1'이 된다. WGMn3~WGM0에 의하여 입력 캡처 레지스터(ICR1)가 TOP 값으로 사용되도록 설정되었다면 카운터 값이 TOP 값에 도달하는 순간 ICF1 플래그는 '1'이 된다.

입력 캡처 인터럽트 벡터가 수행되면 ICF1은 자동으로 클리어 되며, ICF1 비트에 '1'을 써넣어도 클리어 된다.

- Bit 4 : OCF1A(타이머/카운터1 출력비교A 일치 플래그)

이 플래그는 카운터(TCNT1)값과 출력 비교 레지스터A (OCR1A)값 사이에 비교 일치가 발생하면 동일 타이머/클럭 사이클에서 '1'이 된다. 그러나 강제 출력 비교(FOC1A) 스트로보는 OCF1A 플래그를 셋 하지 않는다.

OCF1A는 출력 비교 일치 인터럽트 벡터A가 수행되면 클리어 되며 OCF1A 비트에 '1'을 써넣어도 클리어 된다.

- Bit 3 : OCF1B(타이머/카운터1 출력비교B 일치 플래그)

이 플래그는 카운터(TCNT1)값과 출력 비교 레지스터B(OCR1B)값 사이에 비교일치가 발생하면 동일 타이머/클럭 사이클에서 '1'이 된다. 그러나 강제 출력 비교(FOC1B) 스트로보는 OCF1B 플래그를 셋 하지 않는다.

OCF1B는 출력 비교 일치 인터럽트B 벡터가 수행되면 클리어 되며, OCF1B 비트에 '1'을 써넣어도 클리어 된다.

- Bit 2 : OTV1(타이머/카운터1 오버플로 플래그)

이 플래그의 셋은 WGMn3~WGM0의 설정과 관련이 있다. 일반 모드와 CTC 모드에서 타이머 오버플로가 발생하면 TOV1 플래그는 '1'이 된다.

TOV1는 타이머/카운터1 오버플로 인터럽트 벡터가 수행되면 클리어 되며, TOV1 비트에 '1'을 써넣어도 클리어 된다.

21) 확장된 타이머/카운터 인터럽트 플래그 레지스터 - ETIFR

Bit	7	6	5	4	3	2	1	0
	-	-	ICF3	OCF3A	OCF3B	TOV3	OCF3C	OCF1C
Read/Write	R/W	W/R	W/R	W/R	R/W	R/W	R/W	R/W
초기값	0	0	0	0	0	0	0	0

- Bit 7~6 : 예약비트

- Bit 5 : ICF3(타이머/카운터3 입력캡처 플래그)

이 플래그는 ICP3핀 상에서 캡처 사건이 발생하면 '1'이 된다. WGM3~WGM0를 이용하여 입력 캡처 레지스터(ICR3)가 TOP 값으로 사용되도록 설정하면, ICF3 플래그는 카운트가 TOP 값이 되었을 때 셋 된다.

입력 캡처3 인터럽트 벡터가 수행되면 ICF3는 자동으로 클리어 되며, ICF3 비트에 '1'을 써 넣어도 클리어 된다.

- Bit 4 : OCF3A(타이머/카운트3 출력비교A 일치 플래그)

이 플래그는 카운터(TCNT3)값과 출력 비교 레지스터A(OCR3A)값 사이에 비교 일치가 발생하면 동일 타이머 클럭 사이클에서 셋 된다. 그러나 강제 출력 비교(FOC3A) 스트로보는 OCF3A 플래그를 셋 하지 않는다.

출력 비교 일치3A 인터럽트 벡터가 수행되면 OCF3A는 자동으로 클리어 되며, OCF3A 비트에 '1'을 써넣어도 클리어 된다.

- Bit 3 : OCF3B(타이머/카운트3, 출력비교B 일치 플래그)

이 플래그는 카운터(TCNT3)값과 출력 비교 레지스터B(OCR3B)값 사이에 비교 일치가 발생하면 동일 타이머 클럭 사이클에서 셋 된다. 그러나 강제 출력 비교(FOC3B) 스트로보는 OCF3B 플래그를 셋 하지 않는다.

출력 비교 일치3B 인터럽트 벡터가 수행되면 OCF3B는 자동으로 클리어 되며, OCF3B 비트에 '1'을 써넣어도 클리어 된다.

- Bit 2 : TOV3(타이머/카운터3 오버플로 플래그)

이 비트의 셋은 WGM3~WGM0의 설정과 관련이 있다. TOV3 플래그는 일반 모드와 CTC 모드에서 타이머가 오버플로 되면 셋 된다. WGM3~WGM0 비트가 다른 모드로 설정되었을 때의 TOV3 동작에 대해서는 표 6.7에 나타나 있다.

타이머/카운터3 오버플로 인터럽트 벡터가 수행되면 TOV3는 자동으로 클리어 되며,

TOV3 비트에 ‘1’을 써넣어도 클리어 된다.

- Bit 1 : OCF3C(타이머/카운터3 출력비교C 일치 플래그)

이 플래그는 TCNT3의 값과 OCR3C값 사이에 비교 일치가 발생한 후 ‘1’ 타이머 클럭 사이클 이내에 셋 된다. 그러나 강제 출력 비교(FOC3C) 스트로보 신호는 OCF3C 플래그를 셋 하지 않는다.

OCF3C는 출력 비교 일치3C 인터럽트 벡터가 수행되면 클리어 되며, OCF3C 비트에 ‘1’을 써 넣어도 클리어 된다.

- Bit 0 : OCF1C(타이머/카운터1 출력비교C 일치 플래그)

이 플래그는 카운터(TCNT1)값과 출력 비교 레지스터C(OCR1C) 사이에 비교 일치가 발생한 후 ‘1’ 타이머 사이클 이내에 셋 된다. 그러나 강제 출력 비교(FOC1C) 스트로보 신호는 OCF1C 플래그를 셋 하지 않는다.

OCF1C는 출력 비교 일치1C 인터럽트 벡터가 수행되면 자동으로 클리어 되며, OCF1C 비트에 ‘1’을 써넣어도 클리어 된다.

CHAPTER 07

USART 직렬 통신 포트 (범용동기, 비동기송수신 장치)

마이크로프로세서가 주변 장치와 정보를 교환하는 방법은 크게 직렬통신과 병렬통신으로 나눌 수 있다. 컴퓨터 내부 장치가 서로 정보를 교환 할 때는 통상적으로 고속의 통신 속도를 필요로 하며 한꺼번에 많은 정보를 처리 할 수 있는 병렬 통신 방식을 주로 이용한다. 이는 대용량의 정보를 빠른 시간에 한꺼번에 처리함으로써 컴퓨터의 정보 처리능력을 향상 시킬 수 있기 때문이다. HDD, FDD, VIDEO 카드 등이 대표적인 병렬 통신 방식을 사용하는 장치이다. 하지만 모든 경우에 병렬 통신 방식이 유리하지는 않다. 그 이유는 통신 거리의 제한성, 구현상의 기술적인 어려움과 비용이 너무 비싸다는데 있다. 또한 응용 자체가 고속의 통신속도를 필요로 하지 않을 경우도 많다. 이러한 이유로 컴퓨터가 외부와의 통신을 할 때는 직렬 통신 방식을 많이 이용한다. 직렬 통신 방식이란 데이터를 1비트 단위로 송수신 하는 방식으로서 구현하기가 쉽고, 장거리 송수신이 가능하며, 기존의 통신선로를 쉽게 이용할 수 있어 비용의 절감이 크다는 장점이 있다. 직렬 통신의 대표적인 것으로 RS-232, RS-422, RS-485 등이 있다.

7.1 직렬 통신의 개요

직렬 통신을 크게 구분하면 비동기 방식과 동기 방식의 2가지로 나누어진다. 비동기식 통신 방식은 정보의 송신 및 수신을 위해 사용되는 클럭이 상대편과 독립적으로 운용되면서 송신될 정보가 있을 때마다 정보의 시작(시작 비트)과 정지(정지비트)를 수신측에 알려 주는 정보 전송 형태를 말한다. 이때 전송문자는 7~8 비트로 구성되며 문자의 앞에 시작 비트를 첨가하고 끝에는 정지 비트를 첨가해서 보낸다. 이러한 통신 방식은 다양한 정보 속도를 사용할 수 있으나 전송 성능이 좋지 않고 전송 대역이 커지는 단점이 있다. 하지만 필요한 접속장치와 기기들이 간단하므로 동기식 전송 장비보다 값이 싸다는 장점이 있다.

동기식 통식 방식은 한 문자 단위가 아니라 미리 정해진 수만큼의 문자열을 한 묶음으로 만들어서 일시에 전송하는 방법이다. 이 방법에서는 송신측과 수신측의 동기화를 위한 별도의 클럭이 필요하며, 따라서 데이터 선로 외에 클럭을 공유하기 위한 클럭 선로가 필요하게 된다. 동기식 통신에서는, 송신 측에서 동기 클럭의 1 사이클 마다 1비트의 2진 데이터들을 전송하면, 수신 측에서는 동기 클럭의 한 사이클 간격으로 데이터를 인식하는 것이다. 동기식 전송은 비동기식에 비해 전송 효율이 높다는 장점이 있지만 수신 측에서 비트 계산을 해야 하며, 문자를 조립하는 별도의 기억장치가 필요하다는 단점이 있다. 많은 사람들이 비동기식 통식 방식을 RS-232C로 알고 있지만, RS-232C라는 것은 비동기식 통신 콘트롤러에서 나오는 디지털 신호를 외부와 인터페이스 시키는 전기적인 신호 방식의 하나일 뿐이다.

비동기식 통신 방식을 지원하는 대표적인 콘트롤러는 NS사의 16C450과 16C550이며 그 외 다수의 회사에서 생산된다. 이들 콘트롤러들은 병렬 데이터 신호를 직렬 데이터 신호로 변경해 주는 역할을 한다. 하지만 최근에 생산되는 마이크로컨트롤러들은 대부분 이러한 비동기 직렬 통신기능을 내장하고 있으므로 사용자가 편리하게 이용할 수 있다.

비동기식 통신 콘트롤러는 일반적으로 UART(Universal Asynchronous Receiver/Transmitter)라 부르며 UART에서 나오는 신호는 TTL신호 레벨을 가지기 때문에 노이즈에 약하고 통신 거리에 제약이 있다. 이러한 TTL 신호를 입력 받아 노이즈에 강하고 멀리 갈 수 있게 해주는 인터페이스 IC가 LINE DRIVER/RECEIVER이다. 이중 대표적인 것이 RS-232C, RS-422, RS485 등이며 이들 인터페이스 방식의 특성은 표 7.1에서 나타나 있다. 표 7.1에서 알 수 있듯이 RS-232C 통신 방식은 RS-485와 RS-422에 비하여 통신 속도가 늦고 통신 거리가 짧은 단점이 있으나 하나의 신호 전송에 하나의 전송선로만 필요함으로 비용 절감의 장점이 있다. 현재 RS-422 또는 RS-485 칩의 경우 표 7.1에서 나와 있는 Driver/Receiver의 수보다 훨씬 많이 지원하고 있으며 RS-485인 경우 최대 256의 노드를 가지는 소자도 있다.

표 7.1 통신방식에 따른 특성 비교

사양	RS-232	RS-422	RS-485
동작모드	Single Ended	Single Ended	Differential
최대 Driver/Receiver	1 Driver 1 Receiver	1 Driver 32 Receiver	32 Driver 32 Receiver
최대 통달거리	15m	1.2Km	1.2Km
최대 통신속도	20Kb/s	10Mb/s	10Mb/s
지원 전송방식	전이중방식	전이중방식	반이중방식
최대출력전압	± 25V	-0.25V ~ 6V	-7V ~ 12V
최대입력전압	± 15V	-7V ~ 7V	-7V ~ 12V

7.2 ATmega128의 직렬 통신

ATmega128에서의 직렬통신은 동일한 기능을 수행하는 2개의 USART가 있다. 이것들은 동기 및 비동기 전송 모드에서 모두 전이중 통신이 가능하고 다중 프로세서 통신 모드로 동작하는 것도 가능하며 높은 정밀도를 가지는 보-레이트 발생기도 내장하고 있다.

특 징

- 전이중 방식(독립된 송수신 레지스터)
- 비동기/동기 동작
- 마스터/슬레이브 클럭 동기 동작
- 고 해상도를 보레이트 발생장치
- 5,6,7,8,9 데이터 비트와 1,2 비트의 정지 비트를 가지는 직렬 프레임 지원
- 데이터 오버런 검출 기능
- 하드웨어에 의한 홀/짝수 패리티 발생장치와 패리티 검사 기능
- 프레임 에러 검출기능
- 시작비트 이상 검출 기능과 디지털 저역 통과 필터로 구성된 노이즈필터 기능
- 세 개의 독립 인터럽트 소스(송신완료, 수신완료, 송신 데이터 레지스터 비움)
- 다중 프로세서 통신모드

- 2배속 비동기 통신모드

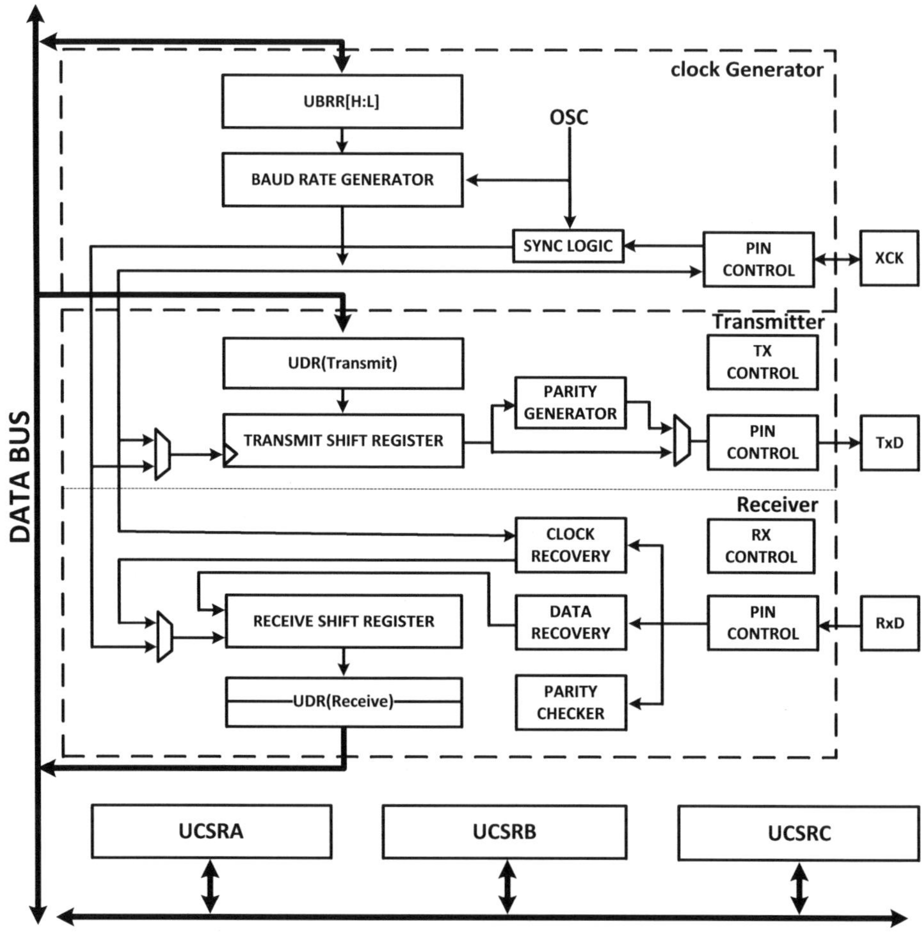

그림 7.1 USART 블럭도

블럭도에서 USART는 점선으로 표시된 3개의 부분으로 구분된다. 위에서부터 클럭 발생장치, 송신장치, 수신장치이다.

제어 레지스터는 모든 장치와 공용이다. 클럭 발생장치는 동기식 슬레이브 동작에 의하여 사용되는 외부 클럭 입력을 위한 동기 로직과 보 레이트 발생장치로 구성된다. XCK(송신 클럭) 핀은 동기 송신 모드에 의하여 사용된다. 송신장치는 하나의 송신 버퍼와 직렬 시프트 레지스터, 패리티 발생장치, 그리고 다른 직렬 프레임 형식을 처리하기 위한 제어 로직으로 구성된다. 송신 버퍼는 프레임들 사이에 시간지연 없이 데이터를 연속적으로 송신 할 수 있게 해준다. 수신장치는 데이터 수신 장치와 클럭 때문에 USART 모듈에서 가장 복잡한 부분이다. 복구 장치는 비동기 데이터 수신을 위하여 사용된다. 수신 장치는 복구 장치와 더불어 하나의 패리티 검사장치, 제어로직, 하나의 시프트 레지스터 그리고 하나의 이중 수신 버퍼(UDR)를 가지고 있다. 수신 장치는 송신장치와 동일한 프레임 형식을 지원하고, 프레임 에러, 데이터 오버런, 패리티 에러를 검출 할 수 있다.

7.3 AVR USART와 AVR UART의 호환성 문제

AVR의 USART는 UART와 다음과 같이 완전한 호환성을 가지고 있다.

- 모든 USART 내부의 비트 위치 동일
- 보 레이터 발생
- 송신동작
- 송신 버퍼 기능
- 수신동작

하지만 수신 버퍼는 2가지가 개선되었다.

㉠ 2번째 버퍼 레지스터가 추가되었다. 2개의 버퍼 레지스터는 원형 FIFO 버퍼처럼 동작한다. 그래서 UDR은 각 수신 데이터를 한번만 읽어야 한다. 더욱 중요한 점은 에러 플래그(FE와 DOR)와 9번째 데이터 비트(RXB8)가 수신 데이터 버퍼에 있는 데이터와 함께 저장된다는 점이다. 그래서 항상 UDR 레지스터를 읽기 전에 상태 비트를 먼저 읽어야 한다. 그렇지 않으면 버퍼 상태가 사라지므로 에러 상태도 사라진다.

㉡ 수신 시프트 레지스터는 3번째 버퍼처럼 동작 할 수 있다. 즉, 버퍼 레지스터가 채워져 있다면 새로운 시작 비트가 검출 될 때까지 수신된 데이터를 직렬 시프트 레지스터에 남겨 놓음으로서 수신 시프트 레지스터는 3번째 버퍼처럼 동작 할 수 있다. 그래서 USART는 DOR(Data OverRun)에러 조건에 좀 더 강인성을 가진다.

다음 제어 비트는 이름을 변경되었다. 그러나 동일한 기능을 가지며 레지스터의 주소도 동일하다.

- CHR9는 UCSZ2로 변경
- OR은 DOR로 변경

7.4 클럭 발생장치

클럭 발생장치는 송, 수신을 위한 기본 클럭을 만들어 낸다. USART는 4가지의 클럭 동작모드를 지원한다.

- 일반 비동기 모드
- 2배속 비동기 모드
- 마스트 동기 모드
- 슬레이브 동기 모드

UCSRC 레지스터의 UMSEL 비트는 동기, 비동기 모드를 선택하는데 사용되며 2배속 비동기 모드는 UCSRA 레지스터의 U2X에 의하여 결정된다. 동기모드 사용시(UMSEL = 1), XCK 핀의 입출력 방향에 의하여 클럭 소스가 내부(마스트 모드)인지 또는 외부(슬레이브 모드)인지 결정된다. XCK 핀은 동기 모드를 사용할 때만 활성화 된다. 그림 7.2는 클럭 발생 로직의 블럭도를 보여준다.

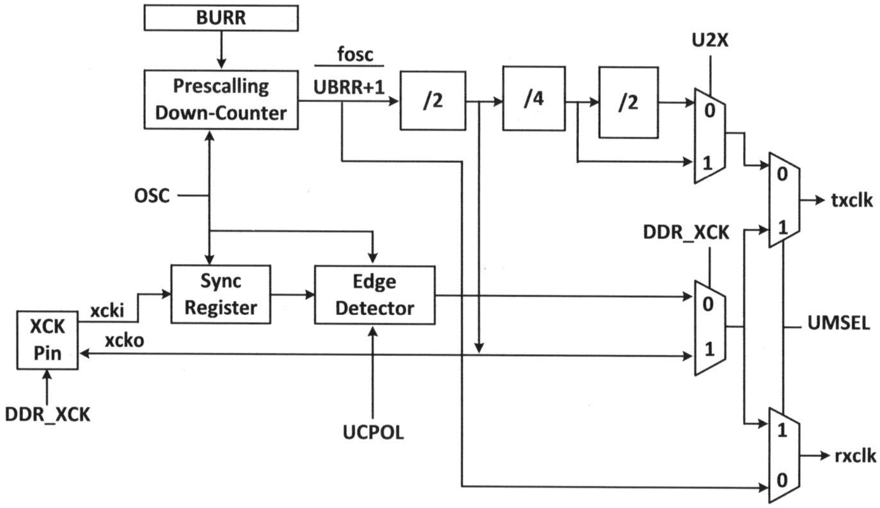

그림 7.2 클럭발생 장치 로직, 블록도

여기서,

- txclk : 송신장치 클럭(내부신호)
- rxclk : 수신장치 베이스 클럭(내부신호)
- xcki : XCK핀(내부신호) 입력. 동기, 슬레이브 동작에서 사용된다.

- xcko : XCK (내부신호)핀 클럭. 출력, 동기 마스트 동작에서 사용된다.
- fosc : XTAL 핀 주파수(시스템 클럭)

(1) 내부클럭 발생 장치(보–레이트 발생기)

내부 클럭 발생장치는 비동기, 동기 마스터 모드 동작을 위하여 사용되며 그림 7.2에서 설명된다. 프로그램 가능한 프리스케일러 또는 보-레이터 발생장치의 기능을 수행하기 위하여 UBRR(USART 보-레이터 레지스터)과 다운-카운터가 연결되어 있다. 시스템 클럭(f_{OSC})에 의하여 동작되는 다운-카운터에는 카운터 값이 '0'이 되거나 새로운 UBRRL 값이 쓰여질 때마다 UBRR 값이 로드된다. 그리고 카운터가 '0'이 될 때마다 하나의 클럭이 발생된다. 이 클럭은 보-레이트 발생장치의 클럭 출력(= fosc/(UBRR+1))이 된다. 송신장치는 보-레이트 발생장치 클럭 출력을 모드에 따라 2, 8, 16 분주한다. 보-레이트 발생장치의 출력은 직접 수신 장치의 클럭으로 사용되고 그리고 데이터 복구장치에서도 사용된다. 하지만 복구 장치는 UMSEL, U2X 그리고 DDR_XCK 비트에 의하여 설정된 모드에 따라서 2,8,16 상태를 이용하는 상태기계를 사용한다.

표 7.2는 보-레이트 계산식을 보여준다.

표 7.2 보-레이터 레지스터 설정값 계산식

동작 모드	보–레이트 계산식(1)	UBRR값 계산식
비동기 일반모드 (U2X=0)	$BAUD=\frac{f_{OSC}}{16(UBRR+1)}$	$UBRR=\frac{f_{OSC}}{16BAUD}-1$
비동기 2배속 모드 (U2X=1)	$BAUD=\frac{f_{OSC}}{8(UBRR+1)}$	$UBRR=\frac{f_{OSC}}{8BAUD}-1$
동기 마스터 모드	$BAUD=\frac{f_{OSC}}{2(UBRR+1)}$	$UBRR=\frac{f_{OSC}}{2BAUD}-1$

주의 (1) 보–레이트는 초당 전송률(bps)로 정의된다.
BAUD : 보 레이트(bps)
f_{OSC} : 시스템 오실레이터 클럭 주파수
UBRR : UBRRH과 UBRRL 레지스터의 값(0 ~ 4095)

1) 배속동작(U2X)

UCSRA 레지스터의 U2X비트를 이용하면 전송율을 2배로 할 수 있다. 이 비트는 비동기 동작 모드에서만 영향을 미친다. 동기 동작 모드에서는 이 비트가 '0'이 된다. 이 비트가 '1'이 되면 보-레이트 발생장치의 분주기가 분주비율을 16분주에서 8분주로 줄이게 된다. 그 결과 비동기 통신에서 송신 보-레이트가 두 배가 된다. 하지만 이 경우 수신 장치는 데이터 샘플링과 클럭 복구 샘플링 수의 반만 이용한다. 따라서 이 모드를 사용할 경우 더 정밀한 보-레이트 설정과 시스템 클럭이 요구된다. 그러나 송신 장치의 경우에는 나쁜 영향을 미치지 않는다.

2) 외부 클럭

외부 클럭은 동기 모드에서 사용된다. XCK핀으로부터 입력되는 클럭은 불안정성을 최소화하기 위하여 동기 레지스터에서 샘플링 된다. 동기 레지스터의 출력은 송신장치나 수신장치에서 사용되기 전에, 반드시 에지 검출장치를 통과해야 한다. 이 과정에서 2 CPU 클럭의 시간지연이 발생된다. 따라서 최대 외부 클럭 주파수는 다음 식에 의하여 제한된다.

$$f_{XCK} < \frac{f_{OSC}}{4}$$

여기서 f_{OSC} 값은 시스템 클럭 소스의 안정도에 따라 달라진다. 그래서 주파수 변동에 따른 데이터의 손실 가능성을 방지하기 위하여 어느 정도 마진을 두어야 한다.

3) 동기 클럭 동작

동기 모드로 사용될 때(UMSEL=1), XCK핀은 클럭 입력(슬레이브 모드)이나 클럭 출력(마스터 모드)으로 사용된다. 클럭 에지와 데이터 샘플링 또는 데이터 변경 사이의 종속관계는 동일하다. 기본 원리는 데이터 입력(RxD 상의)이 데이터 출력(TxD)이 변경되는 에지의 반대 XCK 클럭 에지에서 샘플링 된다는 것이다. 즉 XCK 상승 에지에서 데이터가 변경된 경우는 XCK의 하강 에지에서 샘플링 된다. 그리고 XCK의 하강 에지에서 데이터가 변경된 경우는 XCK의 상승에지에서 샘플링 된다.

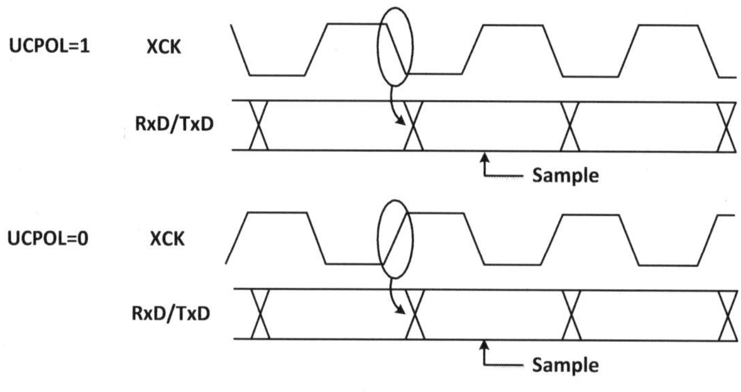

그림 7.3 동기모드 XCK 타이밍

UCSRnC 레지스터의 UCPOLn 비트는 데이터 샘플링과 데이터 변경을 위하여 어떤 XCK 에지를 사용할 것인지를 결정한다. 그림 7.3에서 보는 것과 같이 "UCPOL=0"이면 데이터는 XCK의 상승 에지에서 변경되고, XCK의 하강 에지에서 샘플링 된다. 그러나 "UCPOL=1"이면 데이터는 XCK의 하강 에지에서 변경되고, XCK의 상승 에지에서 샘플링 된다.

7.5 프레임 형식

직렬 데이터 프레임은 동기비트(시작비트와 정지비트)와 에러검출을 위한 패리티 비트(선택사항)를 포함하는 한문자의 데이터 비트로 정의된다. USART는 다음과 같은 형식의 조합으로 30가지의 형식을 지원한다.

- 1 시작비트
- 5,6,7,8,9 데이터 비트
- no, 홀수, 짝수 패리티 비트
- 1,2 정지 비트

하나의 프레임은 시작비트로 시작되고 그 다음에 LSB가 온다. 그리고 다음 데이터 비트들(전체 9비트까지)이 오며, 마지막에는 MSB가 온다. 만약 패리티 비트가 설정되어 있으면 데이터 비트가 온 후 패리티 비트가 정지 비트 전에 온다. 전체 프레임이 송신되면 바로 뒤이어 새로운 프레임이 올 수도 있고 아니면 통신 선로가 아이들 상태(하이)가 될 수도 있다. 그림 7.4는 사용 가능한 프레임 형식의 조합을 보여준다. [ ] 비트는 선택 사항이다.

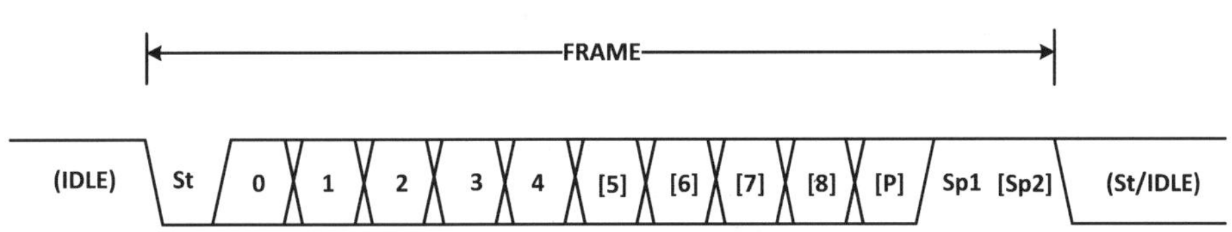

그림 7.4 프레임 형식

여기서,

- St : 시작비트, 항상 low.
- (n) : 데이터 비트 (0 ~ 8).

- P : 패리티 비트. 짝수 또는 홀수.
- Sp : 정지비트, 항상 1.
- IDLE : 송신 선로(RxD/TxD)상에 데이터 전송이 없다.
  IDLE 선로는 '1'이 되어야 한다.

USART의 프레임 형식은 UCSRnB와 UCSRnC 레지스터의 UCSZ2~0 비트, UPM1~0 비트, USBS 비트에 의하여 결정된다. 송신장치와 수신장치는 동일한 설정을 이용한다. 그리고 이들 설정 비트가 송, 수신 중에 변경되면 데이터는 파괴된다. USART 문자길이 비트(UCSZ2~0)는 프레임에서 데이터 비트 수를 결정하는 비트이다. 그리고 USART 패리티 모드 비트(UPM1~0)는 패리티 비트를 활성화하고 패리티 비트의 형식을 결정한다. 정지 비트를 1개 또는 2개로 할 것인가는 USART 정지비트 선택 비트인 USBS 비트에 의하여 결정된다. 또한 수신 장치는 두 번째 정지 비트를 무시하므로 FE(Frame Error)는 첫 번째 정지비트가 0일 경우만 검출된다.

(1) 패리티 비트 계산

패리티 비트는 모든 데이터 비트를 XOR하여 얻어진다. 만약 짝수 패리티가 사용된다면 XOR의 결과는 반전된다. 패리티 비트와 데이터 비트와의 관계는 다음과 같다.

- P_{even} : 홀수 패리티를 사용하는 패리티 비트
- P_{odd} : 짝수 패리티를 사용하는 패리티 비트
- d_n : 한 문자의 n번째 데이터 비트

만약 패리티 비트가 사용된다면 패리티 비트는 직렬 프레임의 마지막 데이터 비트와 첫 번째 정지 비트 사이에 위치한다.

$$P_{even} = d_{n-1} \oplus \cdot\cdot\cdot\cdot \oplus d_3 \oplus d_2 \oplus d_1 \oplus d_0 \oplus 0$$

$$P_{odd} = d_{n-1} \oplus \cdot\cdot\cdot\cdot \oplus d_3 \oplus d_2 \oplus d_1 \oplus d_0 \oplus 1$$

7.6 USART 초기화

USART는 통신을 시작하기 전에 초기화 되어야 하며 초기화 과정은 다음과 같다.

보레이트 설정 → 프레임 형식 설정 → 필요에 따라 송 수신 인에이블

인터럽트 구동형 USART 동작 모드를 사용하기 위해서는 초기화를 하기 전 반드시 SREG 레지스터의 전역 인터럽트 플래그 'I' 비트'를 '0'으로 만들어 전체 인터럽트를 비활성화 시켜야 한다. 그리고 변경된 보-레이터 또는 프레임 형식으로 다시 초기화하기 전에는 반드시 송/수신 중인 데이터가 있는지 확인 하여야 한다. 만약 송수신 중인 데이터가 있는 상태에서 보-레이터를 변경하거나 또는 프레임을 변경하면 송/수신 중인 데이터는 파괴된다. TXC 플래그는 송신장치가 모든 데이터를 전송완료 하였는지를 검사하기 위하여 사용된다. 그리고 RXC 플래그는 수신 버퍼에 읽지 않은 데이터가 있는지 검사하기 위하여 사용된다. 만약 TXC 플래그가 전송완료 검사를 목적으로 사용된다면, TXC 플래그는 각 송신이 일어나기 전(UDR에 쓰기 전)에 반드시 클리어 되어야 한다. 다음과 같은 간단한 USART 초기화 코드 예가 있다. 예제에서는 고정 프레임을 가지는 비동기 폴링 동작을 사용하고 있다고 가정한다. 보-레이트는 함수 파라미터로 주어진다.

직렬 통신 예

```
#define FOSC   1843200          // Clock Speed
#define BAUD   9600
#define MYUBRR FOSC/16/BAUD-1
void main(void){
...
USART_Init (MYUBRR);
...
}
void USART_Init(unsigned int ubrr){
/* Set baudrate*/
UBRRH = (unsigned char)(ubrr>>8);
UBRRL = (unsigned char)ubrr;
```

```
/* Enable receiver and transmitter*/
UCSRB = (1<<(RXEN)|(1<<(TXEN);
/* Set frame format : 8 data,2 stop bit*/
UCSRC = (1<<(USBS)|(3<<(UCSZ0);
}
```

(1) 데이터 송신장치

USART 송신장치는 TXEN 비트(UCSRB)을 '1'로 함으로서 활성화 된다. 송신장치가 활성화 되면, TxD의 범용 포트 기능은 USART 기능으로 대치되고 송신장치의 직렬 출력 핀으로 동작한다. 보-레이트, 동작모드, 프레임 형식은 송신을 시작하기 전에 설정되어야 한다. 만약 동기모드가 사용된다면 XCK핀의 클럭이 송신 클럭으로 사용된다.

1) 송신 프레임(5~8 데이터 비트)

CPU가 직렬 통신을 하기 위해서는 먼저 UDR에 데이터를 써넣어야 한다. 송신 버퍼에 저장된 데이터는 시프트 레지스터가 새로운 프레임을 송신할 준비가 되면 시프트 레지스터로 옮겨진다. 시프트 레지스터가 아이들 상태이거나 이전 프레임의 마지막 정지 비트를 막 끝낸 상태이면 시프트 레지스터로 새로운 데이터가 로드 된다. 시프트 레지스터에 새로운 데이터가 로드되면, 시프트 레지스터는 보-레이트 레지스터에 의하여 주어진 보-레이트로 하나의 완전한 프레임을 전송한다. 8비트 보다 작은 프레임을 사용할 때는 UDR에 쓰여진 여분의 MSB들은 무시된다. 한편, USART는 사용되기 전 반드시 초기화 되어야 한다.

다음 예제는 새로운 데이터를 송신 버퍼에 써넣기 전에 UDRE 플래그를 검사함으로서 송신 버퍼가 비워질 때까지 단순히 대기하는 함수이다. 만약 데이터 비움 인터럽트가 사용된다면 인터럽트 처리 루틴에서 송신버퍼에 데이터를 써넣으면 된다.

직렬통신 송신 예

```
void USART_Transmit(unsigned char data )
{
/*Wait for empty transmit buffer*/
while(!( UCSRA & (1<<(UDRE)));
/* Put data into buffer, sends the data*/
```

```
UDR = data;
}
```

2) 송신프레임(9 데이터 비트)

"UCSZ=7"로 설정하여 9비트 문자 전송모드가 되면, 9번째 비트는 그 문자의 하위 바이트가 UDR에 쓰여지기 전에 먼저 TXB8(UCSRB) 비트에 써넣어야 한다.

다음 예는 9비트 문자를 처리하는 송신 함수를 보여준다. 9번째 비트는 다중 프로세서 통신 모드를 사용 할 때 주소 프레임을 나타내기 위하여, 또는 다른 프로토콜 처리를 위하여 사용될 수 있다.

9비트 문자 송신 예

```
void USART_Transmit( unsigned int data )
{
/* Wait for empty transmit buffer*/
while( !( UCSRA & (1<<UDRE)) );
/* Copy 9th bit to TXB8 */
UCSRB &= ~(1<<TXB8);
if ( data & 0x0100 )  UCSRB |= (1<<TXB8);
/* Put data into buffer, sends the data */
UDR = data;
}
```

3) 송신 플래그와 인터럽트

USART 송신장치는 상태를 표시하는 두 개(UDRE, TXC)의 플래그 비트를 가지고 있다. 두 개의 플래그는 모두 인터럽트를 발생시키기 위하여 사용될 수 있다. 데이터 레지스터 비움(UDRE) 플래그는 송신 버퍼가 새로운 데이터를 받을 준비가 되었는지를 나타낸다. 이 비트는 송신 버퍼가 비어 있으면 '1'이 된다. 그리고 송신 버퍼가 시프트 레지스터로 전송하지 않은 송신 데이터를 가지고 있으면 '0'이 된다.

상위 버전과의 호환성을 위하여 UCSRA 레지스터에 값을 써넣을 때 이 비트는 항상 '0'으로 한다. UCSRB 레지스터의 UDRIE(데이터 레지스터 비움 인터럽트 인에이블) 비트가 '1'이고,

UDRE가 '1'이면 USART 데이터 레지스터 비움 인터럽트가 발생된다. UDRE는 UDR에 값을 써넣으면 '0'이 된다. 인터럽트 구동 데이터 전송이 사용되는 경우, 데이터 레지스터 비움 인터럽트 처리 루틴에서는 UDRE를 '0'으로 하기 위하여 UDR에 새로운 데이터를 써넣거나 또는 데이터 레지스터 비움 인터럽트를 비활성화 하여야 한다. 그렇게 하지 않으면 새로운 인터럽트가 한번 더 발생한 후 인터럽트 루틴이 종료된다.

송신완료 플래그(TXC) 비트는 송신 시프트 레지스터 내의 전체 프레임이 완전히 전송되고 현재 송신 버퍼 내에 새로운 데이터가 없는 경우 '1'이 된다. TXC 플래그 비트는 송신 완료 인터럽트가 수행되거나 혹은 송신완료 플래그 비트(TXC)에 '1'을 써넣으면 '0'이 된다. TXC 플래그는 RS-485 같은 반이중 통신 인터페이스에서 유용하게 사용된다. 왜냐하면 반이중 통신에서는 송신 중에 있을 때 응용 프로그램이 수신모드에 들어가기 위해서 송신이 완료되는 즉시 통신 버스를 릴리즈 시켜야 하기 때문이다. UCSRB 레지스터의 송신완료 인터럽트 인에이블 비트(TXCIE)가 '1'이 되면 USART 송신 완료 인터럽트가 수행되고 TXC 플래그 비트는 '1'이 된다. 송신완료 인터럽트가 사용될 때 인터럽트 처리 루틴은 TXC 플래그 비트를 클리어할 필요가 없다. 이것은 인터럽트가 수행되면 자동으로 클리어 된다.

4) 패리티 발생 장치

패리티 발생장치는 직렬 프레임 데이터를 위하여 패리티를 계산한다. 패리티 비트가 활성화(UPM1=1)되면, 송신장치 제어로직은 송신할 데이터 프레임의 마지막 데이터 비트와 첫 번째 정지비트 사이에 패리티 비트를 삽입한다.

5) 송신부의 비활성화

"TXEN=0"로 하여 송신부를 비활성화 했을 때, 만약 데이터가 송신 중이라면 송신이 완료될 때까지 이 명령은 영향을 미치지 않는다.(즉, 송신 시프트 레지스터와 송신 버퍼 레지스터가 송신 할 데이터를 가지고 있지 않을 때까지) 그리고 송신부가 비활성화 되면 송신부는 더 이상 TxD 핀을 사용하지 않는다.

(2) 데이터 수신장치

USART 수신장치는 UCSRB의 수신 인에이블 비트(RXEN)를 1로 하면 인에이블 된다. 수신부가 활성화 되면 범용 입출력 핀은 직렬통신의 RxD핀으로 사용된다. 그리고 수신을 하기 전에 먼저 보-레이트, 동작모드, 프레임 형식이 설정되어 있어야 한다. 만약 동기동작 모드가 사용되면 XCK핀 상의 클럭이 전송 클럭으로 사용된다.

1) 수신 프레임(5~8 데이터 비트)

수신장치는 유효 시작 비트가 검출되면 데이터 수신을 시작한다. 시작 비트 이후의 각 비트는 보-레이트나 XCK 클럭에서 샘플링 되어 프레임의 첫 번째 정지 비트가 수신될 때까지 수신 시프트 레지스터로 이동한다. 두 번째 정지 비트는 수신장치에 의하여 무시된다. 첫 번째 정지 비트가 수신 되면, 즉, 전체 직렬 프레임이 수신 시프트 레지스터에 모두 입력되면 시프트 레지스터의 내용은 수신 버퍼로 옮겨진다. 수신 버퍼는 UDR I/O 번지를 통하여 읽을 수 있다. 다음 예는 RXC를 폴링 하는 간단한 형태의 USART 수신 함수를 보여준다. 8비트 보다 작은 프레임을 사용할 때는 UDR로부터 읽은 데이터 중 여분의 상위 비트가 '0'으로 마스크된다. 그리고 USART는 수신 함수가 사용되기 전 초기화 되어야 한다.

직렬통신 수신 함수 예

```
unsigned char USART_Receive(void){
/* Wait for data to be received*/
while( !(UCSRA & (1<<(RXC)) );
/* Get and return received data from buffer*/
return UDR;
}
```

2) 수신 프레임(9 데이터 비트)

"UCSZ=7"로 하여 9비트 문자 전송 모드가 사용 되었을 때, 9번째 비트는 UDR로부터 하위 바이트를 읽기 전에 RXB8(UCSRB)을 먼저 읽어야 한다. 이 규칙은 FE, DOR, UPE 상태 플래그에서도 동일하게 적용된다. 따라서 UCSRA로부터 상태를 읽고 나서, UDR로부터 데이터를 읽는다. 이것은 UDR 값을 읽으면 수신 버퍼 FIFO의 상태가 변경되고 결과적으로 FIFO에 저장되어 있는 TXB8, FE, DOR, UPE 비트도 모두 변경되기 때문이다. 다음 예는 9비트 문자와 상태 비트를 처리하는 간단한 USART 수신 함수 예를 보여준다.

직렬통신 9 비트 문자 수신 함수 예

```
unsigned int USART_Receive(void){
unsigned char status, resh, resl;
/* Wait for data to be received */
```

```
while(!(UCSRA & (1<<RXC)));
/* Get status and 9th bit, then data from buffer*/
status = UCSRA;
resh = UCSRB;
resl = UDR;
/* If error, return-1*/
if( status & (1<<FE)|(1<<DOR)|(1<<UPE) ) return-1;
/* Filter the 9th bit, then return*/
resh = (resh >> 1) & 0x01;
return((resh << 8) | resl);
}
```

3) 수신완료 플래그와 인터럽트

USART 수신장치는 수신 상태를 나타내는 한 개의 플래그 비트를 가진다. 수신완료 플래그(RXC)는 수신버퍼 내에 읽지 않은 데이터가 있는지를 나타낸다. 이 플래그는 수신 버퍼에 읽지 않는 데이터가 존재할 때 '1'이 된다. 그리고 수신 버퍼가 비어 있으면(즉 읽지 않은 데이터가 없으면) '0'이 된다. 만약 수신 장치가 비활성화(RXEN = 0)되면 수신 버퍼는 비워지고 RXC비트는 0이 된다.

수신완료 인터럽트 인에이블 비트(RXCIE(UCSRB))가 '1'이고, RXC 플래그가 '1'이면 USART 수신 완료 인터럽트가 수행된다. 인터럽트 구동형 수신 모드가 사용될 때, 수신완료 인터럽트 처리 루틴에서는 반드시 UDR로부터 수신된 데이터를 읽어서 RXC 플래그를 클리어 하여야 한다. 만약 RXC 플래그를 클리어 하지 않으면 새로운 인터럽트가 한번 발생한 후 인터럽트 루틴이 종료된다.

4) 수신 에러 플래그

USART 수신 장치는 다음과 같은 3개의 에러 플래그를 가지고 있다.

- 프레임 에러(FE)
- 데이터 오버런(DOR)
- 패리티 에러(UPE)

3개 모두 UCSRA를 읽음으로서 액세스 될 수 있다. 3개의 에러 플래그는 모두 그 에러 플래그가 에러 상태를 나타내는 프레임과 함께 수신버퍼 내에 존재한다.

에러 플래그의 버퍼링으로 인하여, USCRA는 반드시 수신 버퍼(UDR)보다 먼저 읽어야 한다. 왜냐하면 UDR을 먼저 읽으면 버퍼의 에러 플래그 위치가 변경되기 때문이다. 그리고 모든 에러 플래그들은 해당 플래그에 쓰기를 하면 변경될 수 있다.

하지만 상위 버전과의 호환성을 위하여, UCSRA에 값을 쓰기 전에 모든 플래그들은 '0'으로 설정되어야 한다. 그리고 어떠한 에러 플래그들도 인터럽트를 발생할 수는 없다.

프레임 에러(FE) 플래그는 수신버퍼에 저장된, 즉 다음에 읽어야 할 프레임의 첫 번째 정지 비트의 상태를 나타낸다. 정지 비트가 정상적('1')으로 읽혀지면 FE 플래그는 '0'이다. 그리고 정지 비트가 비정상적('0')으로 읽혀지는 경우 FE 플래그는 '1'이 된다. 이 플래그는 동기 파괴 검출, 브레이크 조건 검출, 프로토콜 처리를 위하여 사용될 수 있다. 수신부가 첫 번째 정지 비트를 제외하고 모두 무시하기 때문에, FE 플래그는 USBS(UCSRC) 비트의 설정에 의하여 영향을 받지 않는다.

상위 버전과의 호환성을 위하여 UCSRA에 쓸 때 이 비트는 항상 '0'으로 설정해야 한다.

데이터 오버런(DOR) 플래그는 "수신버퍼가 채워져 있는 상태"로 인한 데이터 상실을 나타낸다. 수신 버퍼가 모두 채워져 있는 상태(2 문자)이고, 수신 시프트 레지스터에 새로운 문자가 들어오기를 기다리는 상태에서 새로운 시작 비트가 검출되면 데이터 오버런 에러가 발생한다. 만약 DOR 플래그가 '1'이면 UDR로부터 읽은 마지막 프레임과 UDR로부터 읽을 다음 프레임 사이에 하나 이상의 직렬 프레임이 상실되었음을 의미한다. 상위 기종과의 호환성을 위하여 이 비트는 UCSRA에 쓰기 할 때 항상 '0'으로 한다. DOR 플래그는 수신된 프래임이 시프트 레지스터로부터 수신버퍼로 성공적으로 이동되면 클리어 된다.

패리티 에러(UPE) 플래그는 수신 버퍼에 있는 다음 프레임이 수신시 패리티 에러를 발생했음을 나타낸다. 만약 패리티 검사가 비활성화 상태이면 UPE 비트는 항상 '0'으로 읽혀진다. 상위 버전과의 호환성을 위하여 UCSRA에 값을 써넣을 때 항상 '0'으로 설정한다.

- **패리티 검사 장치**

패리티 검사장치는 USART 패리티 모드(UPM1)가 '1'일 때 활성화 된다. 수행될 패리티 검사의 형태(짝수/홀수)는 UPM0 비트에 의하여 결정된다.

패리티 검사 장치가 활성화되면, 패리티 검사 장치는 수신된 프레임 데이터 비트의 패리티를 계산하고, 그 결과를 수신된 패리티 비트와 비교한다. 검사 결과는 수신데이터, 정지비트와 함께 수신 버퍼에 저장된다. 만약 프레임이 패리티 에러를 발생했다면, 패리티 에러(UPE) 플래그는 소프트웨어적으로 읽을 수 있다.

만약 수신된 버퍼로부터 읽혀질 다음 문자가 패리티 에러를 가지고 있고 검사 당시 패리티 비트 검사가 활성화(UPM1=1) 되어 있었다면 UPE 비트는 '1'이 된다. 이 비트는 수신 버퍼(UDR)를 읽을 때까지 유효하다.

5) 수신장치의 비활성화

송신장치와는 대조적으로 수신장치의 비활성화는 즉시 이루어진다. 수신 중 수신 장치가 비활성화 되면 수신 중인 데이터는 상실된다. 수신 장치가 비활성화 되면, 수신 장치는 더 이상 RxD핀을 사용하지 않는다. 수신 장치 버퍼 FIFO는 수신 장치가 비활성화 되면 비워지며 버퍼에 남아있는 데이터는 상실된다.

6) 수신버퍼 비우기

수신 버퍼를 비우기 위해서는 RXC 플래그 비트가 '0'이 될 때까지 UDR을 읽으면 된다. 수신버퍼 FIFO는 수신 장치가 비활성화 되면 비워지며, 따라서 읽지 않고 남아 있는 데이터는 상실된다. 만약 버퍼가 정상동작 중 비워진다면 에러 조건이 발생하므로 RXC 플래그가 클리어 될 때까지 UDR을 읽어야 한다.

다음 예는 수신 버퍼를 비우는 방법을 알려준다.

직렬통신 수신 버퍼 비우기

```
void USART_Flush( void){
unsigned char dummy;
while( UCSRA & (1<<(RXC) ) dummy = UDR;
}
```

주의 예제 코드에서 USART는 비동기 데이터 수신을 처리하기 위한 클럭 복구장치와 데이터 복구장치를 가지고 있다. 클럭 복구 로직은 내부적으로 발생된 보-레이트 클럭을 RxD핀으로 입력되는 비동기 직렬 프레임과 동기화하기 위하여 사용된다. 데이터 복구 로직은 각 수신 비트를 샘플링하고 저역 통과 필터를 통과 시킨다. 그래서 수신 장치의 노이즈 내성을 개선한다. 비동기 수신 장치 동작 범위는 내부 보-레이터 클럭의 정확도, 수신 프레임의 수신율, 그리고 프레임의 크기에 따라 바뀐다.

7.7 비동기 클럭 복구

클럭 복구 로직은 내부 클럭과 수신되는 직렬 데이터 프레임을 동기화 한다. 그림 7.5는 수신 프레임 시작비트의 샘플링 과정을 보여준다. 이 샘플율은 일반 모드 보-레이트의 16배이고, 2배속 모드 보-레이트의 8배이다. 수직 화살표는 샘플링 과정에 따른 동기 변화를 보여준다. 여기서 2배속 모드(U2X=1) 동작을 사용할 때 시간 변화가 더 크다는 점에 유의하라. '0' 표시 샘플은 RxD 선로가 아이들 상태일 때(즉 통신 하지 않을 때) 샘플된 것이다.

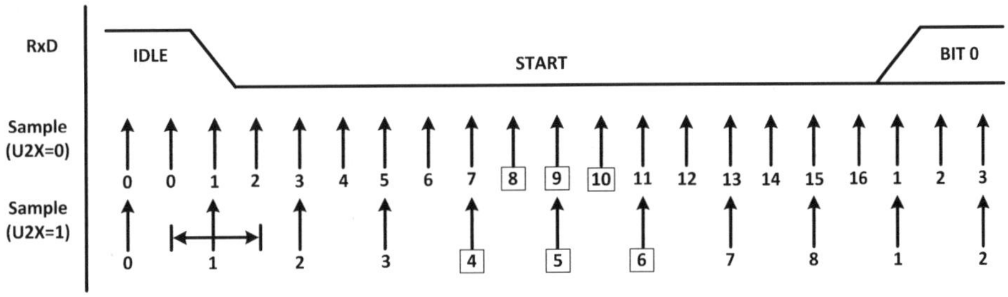

그림 7.5 시작비트 샘플링

클럭 복구 로직이 RxD 선로상에서 "아이들(HIGH)상태 → 시작(LOW)상태"로 변화되는 상태 천이 신호를 검출하면 시작 비트 검출 과정이 시작된다. 그림 7.5에서와 같이 샘플 1이 첫 번째 "LOW" 샘플을 나타낸다고 하면, 클럭 복구 로직은 유효 시작 비트가 수신되었는지를 구분하기 위하여 일반모드에서는 샘플 8,9,10을 그리고 2배속 모드에서는 샘플 4,5,6을 사용한다(그림에서 박스 안의 샘플숫자로 나타낸다). 만약 2개 또는 3개 이상의 샘플이 논리적 "HIGH"를 가진다면 첫 번째 비트는 노이즈로 판단되어 버려지고 수신 장치는 다음 상태 천이(HIGH → LOW)시점을 찾기 시작한다. 하지만 만약 유효 시작 비트가 검출되면 클럭 복구 로직은 시작 비트에 동기화 되고 데이터 복구가 시작된다. 동기화 과정은 각 시작 비트에서 반복적으로 이루어진다.

(1) 비동기 데이터 복구

데이터 복구 클럭이 시작 비트에 동기화 되면 데이터 복구가 시작된다. 데이터 복구 장치는 일반모드에서 각 비트에 대해 16 스테이트를 가지는 상태 기계를 사용하고, 2배속 모드에서는 8 스테이트를 가지는 상태 기계를 사용한다. 그림 7.6은 데이터 비트와 패리티 비트의 샘플링을 보여준다. 각 샘플에는 복구장치의 상태와 동일한 숫자가 붙는다.

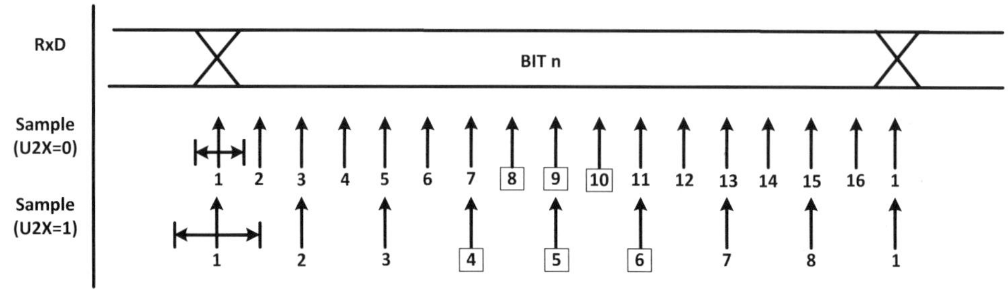

그림 7.6 데이터와 패리티 비트의 샘플링

수신된 비트에 대한 논리레벨은 수신된 비트의 중앙부에서 샘플된 3개의 논리값에 의하여 결정된다. 중앙부 샘플은 그림 7.7에서 박스 내부에 샘플 번호를 적음으로써 강조되었다. 처리 과정은 다음과 같다. 만약 2개 또는 3개 샘플 모두가 "HIGH"값을 가지면 수신된 비트는 '1'로 저장된다. 그러나 만약 2개 또는 3개 샘플 모두가 "LOW"이면 수신된 비트는 '0'으로 저장된다. 이러한 처리과정은 RxD 핀으로 입력된 신호에 대한 저역 통과 필터처럼 동작한다. 이러한 복구 과정은 첫 번째 정지 비트를 포함한 하나의 완전한 프레임이 수신될 때까지 반복된다. 수신 장치는 단지 프레임의 첫 번째 정지 비트만을 사용한다는 점에 주의하여야 한다. 그림 7.7은 정지 비트의 샘플링과 다음 프레임의 시작 비트를 보여준다.

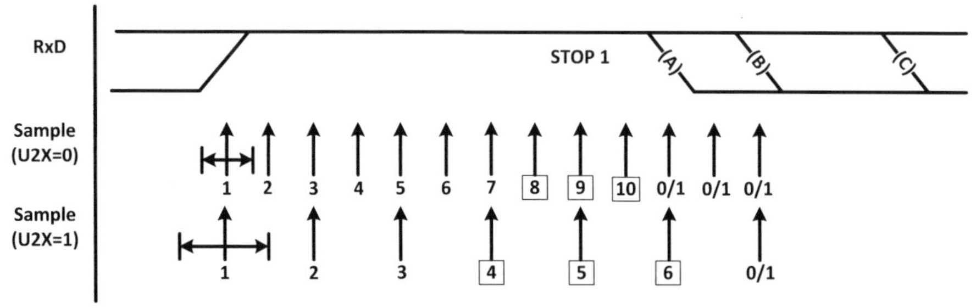

그림 7.7 정지비트 샘플링과 다음 시작 비트 샘플링

정지 비트에 대해서도 프레임의 다른 비트에서 수행된 것과 동일한 처리과정이 수행된다. 만약 정지 비트가 '0'으로 저장되면 프레임 에러(FE)플래그는 '1'이 된다. 새로운 프레임의 시작 비트를 나타내는 새로운 상태천이(HIGH → LOW)는 처리과정 동안 사용된 마지막 비트 직 후에 올 수 있다. 일반 속도 모드에서 1번째 "LOW" 샘플은 그림 7.7에서 (A)점으로 표현될 수 있다. 그러나 2배속 모드에서 첫 번째 "LOW" 샘플은 (B)까지 지연되어야 한다. (C)는 최대 정지비트 길이를 나타낸다.

(2) 비동기 동작범위

수신 장치의 동작 범위는 비트 수신율과 내부적으로 발생된 보-레이트 사이의 차이에 따라 달라진다. 만약 송신 장치가 프레임을 너무 빠르거나 또는 너무 느린 비트 송신율로 보내면, 또는 내부적으로 발생된 수신 장치의 보-레이트가 비슷한 기본 주파수를 가지지 않는다면, 수신 장치는 프레임을 시작 비트에 동기화 시킬 수 없다. 다음 식은 데이터 수신율과 내부 수신장치 보-레이트를 계산하기 위하여 사용된다.

$$R_{slow} = \frac{(D+1)S}{S-1+D \cdot S+S_F} \qquad R_{fast} = \frac{(D+2)S}{(S+1)S+S_M}$$

D : 데이터 비트와 패리티 비트의 합(D = 5~10 비트)

S : 비트 당 샘플 수. 일반 속도 모드에서 S = 16, 2배속 모드에서 S = 8

S_F : 비트를 검출하기 위하여 샘플링 하는 횟수의 첫 번째 샘플 번호
일반 모드에서 S_F = 8 그리고 2배속 모드에서 S_F = 4

S_M : 비트를 검출하기 위하여 샘플링하는 횟수의 중간 샘플 번호
일반 모드에서 S_M = 9 그리고 2배속 모드에서 S_M = 5

R_{slow} : 수신 장치 보-레이트에서 사용될 수 있는 가장 느린 데이터 수신율

R_{fast} : 수신 장치 보-레이트에서 사용될 수 있는 가장 빠른 데이터 수신율

표 7.2와 표 7.3은 통신이 가능한 최대 수신 장치 보-레이트 허용 오차를 보여준다. 일반 속도 모드는 2배속 모드 보다 넓은 보-레이트 가변 범위를 가지고 있다.

표 7.3 일반속도 모드(U2X =0)에서의 권장 최고 수신 보레이트 오차

D #(Data +Parity Bit)	R_{slow}%	R_{fast}%	Max Total Reeor %	Recommended Max Receiver Error %
5	93.20	106.67	+6.67/-6.8	± 3.0
6	94.12	105.79	+5.79/-5.88	± 2.5
7	94.81	105.11	+5.11/-5.19	± 2.0
8	95.36	104.58	+4.58/-4.54	± 2.0
9	95.81	104.14	+4.14/-4.19	± 1.5
10	96.17	103.78	+3.78/-3.83	± 1.5

표 7.4 2배속모드(U2X =1)에서의 권장 최고 수신 보레이트 오차

D #(Data + Parity Bit)	R_{slow}%	R_{fast}%	Max Total Reeor %	Recommended Max Receiver Error %
5	94.12	105.66	+6.66/-5.88	± 3.0
6	94.92	104.92	+4.92/-5.08	± 2.5
7	95.52	104.35	+4.35/-4.48	± 2.0
8	96.00	103.90	+3.90/-4.00	± 2.0
9	96.39	103.53	+3.53/-3.61	± 1.5
10	96.70	103.23	+3.23/-3.30	± 1.5

권장되는 수신 장치 최대 보-레이트 허용오차는 수신 장치와 송신 장치가 최대 토털 에러를 동일하게 나누어 가진다는 가정 하에서 만들어졌다. 수신 장치 보-레이트 오차는 두 가지 원인에 의하여 발생된다. 첫 번째 원인은 수신 장치의 시스템 클럭(XTAL)이 공급전압과 온도 변화에 따라 조금씩 변한다는 것이다. 시스템 클럭을 발생시키기 위하여 크리스털을 사용하는 경우 이러한 문제는 잘 발생되지 않지만 레조네이터를 사용하는 시스템 클럭은 레조네이터의 강인성에 따라 2% 이상 차이가 나기도 한다. 두 번째 원인은 원하는 보-레이트를 발생하기 위하여 시스템 클럭을 분주할 때 보-레이트 발생장치가 시스템 클럭을 항상 정확히 분주하기 어렵다는 것이다. 이 경우 가능하면 허용 가능한 낮은 오차를 발생시키는 UBRR 값을 사용하는 것이 좋다.

7.8 다중 프로세서 통신 모드

다중 프로세서 통신 모드는 1개의 마스터 프로세서가 여러 개의 슬레이브 프로세서에게 특정한 주소를 전송함으로서 1개의 슬레이브만 지정하여 데이터를 전송하는 동작 모드이다. 이를 위하여 마스터인 송신측에서는 특별한 모드 설정이 필요 없지만 여러 개의 슬레이브인 수신측에서는 UCSRnA 레지스터의 MPCMn 비트를 '1'로 지정하여야 한다. 즉, UCSRnA 레지스터의 MPCMn 비트가 '1'이면, USART 수신 장치로부터 수신된 프레임에 대한 필터링 기능이 활성화된다. 필터링 기능이 활성화 되면 주소 정보를 포함하지 않는 프레임은 폐기되어 수신

버퍼로 입력되지 않는다. 이것은 여러 개의 MCU와 직렬 버스를 이용하여 통신하는 CPU가 처리해야 하는 입력 프레임의 수를 효과적으로 줄여준다.

송신 장치는 MPCMn의 설정에 영향을 받지 않는다. 그러나 송신 장치가 다중 프로세스 통신 모드를 사용하는 시스템의 일부 일 때는 다르게 사용되어야 한다.

만약 수신 장치가 5~8 데이터 비트를 가지는 프레임을 수신하도록 설정되었다면, 첫 번째 정지 비트는 프레임이 데이터 정보인지 아니면 주소 정보인지를 나타낸다. 만약 수신 장치가 9 데이터 비트를 가지는 프레임을 수신 하도록 설정되었다면, 9번째 비트(RXB8)는 주소 프레임과 데이터 프레임을 구분하기 위하여 사용된다. 프레임 형식 비트(첫번째 정지 비트 또는 8번째 비트)가 '1'이면 프레임은 주소를 포함하고 있다. 그러나 프레임 형식 비트가 '0'이면 프레임은 데이터 프레임이 된다.

다중 프로세서 통신모드에서는 마스터 MCU로부터 데이터를 수신하기 위하여 다수의 슬레이브 MCU가 활성화 될 수 있다. 이것은 어느 CPU가 주소지정 되었는지를 찾아내기 위하여 먼저 주소 프레임을 디코딩함으로서 이루어진다. 만약 특정한 슬레이브 MCU가 지정되었으면, 이 MCU는 다음 데이터를 수신한다. 한편 다른 슬레이브 MCU는 다른 주소 프레임이 수신될 때까지 수신된 데이터를 폐기한다.

(1) MPCMn 사용법

MCU가 마스트 MCU로 동작되면, 마스트 MCU는 9비트 프레임 형식(UCSZ=7)을 가진다. 9번째 비트(TXB8)는 주소 프레임이 전송 될 때는 '1'이 되고 데이터 프레임이 전송될 때는 '0'이 된다. 이 경우 슬레이브 MCU는 9비트 프레임 형식을 사용하도록 설정되어야 한다.

다음은 다중 프로세서 통신 모드에서 데이터를 교환하기 위한 절차를 보여준다.

① 모든 슬레이브 MCU는 다중 프로세서 통신모드(UCSRA 레지스터의 MPCM=1)를 사용한다.

② 마스트 MCU가 주소 프레임을 슬레이브 MCU에 전송하면, 모든 슬레이브 MCU는 이 프레임을 수신한다. 이때 슬레이브 MCU에서 RXC 플래그는 '1'이 된다.

③ 각 슬레이브 MCU는 수신된 UDR 레지스터를 읽고 그것이 자신의 주소인지 판단한다. 만약 자신의 주소이면 MPCMn 비트를 클리어하고, 자신의 주소가 아니면 MPCMn 설정을 그대로 유지한 채 다음 주소 바이트를 기다린다.

④ 주소 지정된 MCU는 새로운 주소 프레임이 수신될 때까지 모든 데이터 프레임을 수신한다. 이때 다른 슬레이브 MCU는 MPCMn 비트를 '1'로 유지하고, 수신된 데이터 프레임은 폐기한다.

⑤ 주소 지정된 MCU가 마지막 데이터 프레임을 수신하면 MPCMn 비트를 '1'로 하고, 마스터로부터 새로운 주소 프레임이 수신되기를 기다린다. 그리고 프로세서는 ②~⑤번 동작을 반복 수행한다.

5~8 비트 데이터 프레임 형식 중의 하나를 사용하는 것도 가능하지만, 수신 장치가 n 또는 n+1 문자 프레임 형식으로 변경되어야 하기 때문에 실용적이지 않다. 이것은 송신 장치와 수신 장치가 동일한 문자 길이로 설정되어야 하므로 전이중 동작이 어렵게 만든다. 만약 5~8 비트 문자 프레임이 사용된다면, 첫 번째 정지 비트가 프레임 형식을 나타내는데 사용되어야 하므로 송신 장치는 두 개의 정지 비트(USBS=1)를 사용하도록 설정되어야 한다. 또한 MPCMn와 TXC가 동일한 I/O 메모리를 공유하고 있으므로, SBI와 CBI 명령을 사용하여 MPCMn 비트를 클리어 하거나 셋 하면 의도하지 않게 TXC가 클리어 되어 질 위험성이 있으므로 주의하여야 한다.

7.9 USART 레지스터 설명

1) UDRn(USARTn I/O 데이터 레지스터)

Bit	7	6	5	4	3	2	1	0	
	RXBn[7..0]								Read
	TXBn[7..0]								Write
Read/Write	R/W	W/R	W/R	W/R	R/W	R/W	R/W	R/W	
초기값	0	0	0	0	0	0	0	0	

UDRn 레지스터는 USARTn 모듈의 송수신 데이터 버퍼의 기능을 수행하며, 송수신 데이터 버퍼 레지스터는 동일한 번지를 가진다. 송신 데이터 버퍼 레지스터(TXBn)는 송신할 데이터가 저장되는 장소이다. UDRn 레지스터를 읽으면 수신된 데이터를 얻을 수 있다. 그리고 5,6,7 비트 문자 프레임에서 사용되지 않는 상위 비트들은 송신장치에서는 무시되고, 수신 장치에서는 '0'으로 설정된다.

UCSRnA 레지스터의 UDREn 플래그가 '1'이 되면 송신버퍼에 값을 써넣을 수 있게 된다. UDREn 플래그가 셋 되지 않은 상태에서 UDRn 레지스터에 써넣어진 데이터는 송신 장치에 의하여 무시된다. 송신장치가 활성화 되고 데이터가 송신 버퍼에 써넣어지면, 송신장치는 시프트 레지스터가 비어 있을 때 데이터를 송신 시프트 레지스터로 이동시킨다. 그러면 데이터는 TxD 핀을 통하여 직렬로 전송된다.

수신 버퍼는 2단 구조를 가지는 FIFO로 구성되어 있다. FIFO는 수신 버퍼가 액세스될 때마다 그 상태를 변화시킨다. 수신 버퍼의 이러한 동작으로 인하여 SBI, CBI와 같은 명령을 사용할 수 없다. 그리고 비트 테스트 명령(SBIC, SBIS)을 사용할 경우에는 주의하여야 한다. 왜냐하면 이들은 FIFO의 상태를 변화시키기 때문이다.

2) UCSRnA(USART 상태 제어 레지스터 A)

Bit	7	6	5	4	3	2	1	0
	RXCn	TXCn	UDREn	FEn	DORn	UPEn	U2Xn	MPCMn
Read/Write	R	R/W	R	R	R	R	R/W	R/W
초기값	0	0	0	0	0	0	0	0

- **Bit 7 : USART 수신완료 플래그**

  이 비트는 수신완료 상태를 나타낸다. 이 플래그 비트는 수신버퍼에 읽지 않은 데이터가 있으면 '1'이 되고, 수신 버퍼가 비어 있으면(즉 읽지 않은 데이터가 없으면) '0'이 된다. 만약 수신 장치가 비활성화 상태이면 수신 버퍼는 비워지고, RXCn 비트는 '0'이 된다. RXCn 플래그 비트는 수신완료 인터럽트를 발생시키기 위하여 사용될 수 있다.

- **Bit 6 : USART 송신완료 플래그**

  이 플래그 비트는 송신 완료 상태를 나타낸다. 송신 시프트 레지스터의 전체 프레임이 출력되고 현재 송신버퍼(UDRn)에 새로운 데이터가 없으면 '1'이 된다. 그리고 송신 완료 인터럽트가 수행되어지면 TXCn 플래그 비트는 자동으로 클리어 된다. 또한 해당 비트에 '1'을 써넣어도 클리어 된다. TXCn 플래그는 송신완료 인터럽트를 발생시킬 수 있다.

- **Bit 5 : USART 데이터 레지스터 비움 플래그**

  UDREn 플래그는 송신 버퍼가 새로운 데이터를 받아들일 준비가 되었다는 것을 나타낸다. UDREn가 '1'이면 버퍼는 비어 있고 값을 써넣을 수 있다. UDREn 플래그는 데이터 레지스터 비움 인터럽트를 발생시킬 수 있다. UDREn는 리셋 후 송신장치가 준비되었음을 나타내기 위하여 '1'이 된다.

- **Bit 4 : 프레임 에러**

만약 수신 버퍼에 있는 다음 문자가 프레임 에러를 가지면 이 비트가 '1'이 된다. 즉 수신 버퍼에 있는 다음 문자의 첫 번째 정지 비트가 '0'일 때 이 비트가 '1'이 된다. 이 비트는 수신 버퍼(UDRn)가 읽혀질 때까지 유효하다. FE_n 비트는 수신된 데이터의 정지 비트가 '1'이면 '0'이 된다. UCSRnA를 읽으면 이 비트는 항상 '0'이 된다.

- **Bit 3 : 데이터 오버런**

만약 데이터 오버런 조건이 검출되면 이 비트가 '1'이 된다. 데이터 오버런은 수신 버퍼가 채워져 있고(2문자), 수신 시프트 레지스터가 새로운 한 문자를 기다리고 있는 상태에서, 새로운 시작 비트가 검출되면 발생한다. 이 비트는 수신 버퍼(UDRn)가 읽혀질 때까지 유효하다. UCSRnA를 읽으면 이 비트는 항상 '0'이 된다.

- **Bit 2 : 패리티 에러**

만약 패리티 검사가 활성화(UPMn1=1) 되어 있고 수신 버퍼에 있는 다음 문자가 수신 당시 패리티 에러를 가지면 이 비트는 '1'이 된다. 이 비트는 수신 버퍼(UDRn)가 읽혀질 때까지 유효하다. UCSRnA에 값을 써넣으면 이 비트는 항상 '0'이 된다.

- **Bit 1 : 2배속 USART**

이 비트는 비동기 모드 동작에서만 영향을 미친다. 동기 모드 동작일 때는 이 비트에 '0'을 써넣는다. 이 비트가 '1'이면 비동기 통신을 위한 송신 보 레이트 분주비가 16에서 8로 변경되어 실질 보-레이트가 2배가 된다.

- **Bit 0 : 다중프로세서 통신모드**

이 비트는 다중프로세서 통신 모드를 활성화 한다. "MPCMn=1"이면 주소정보를 가지지 않은 USART 수신 장치에 의하여 수신된 모든 수신 프레임은 무시된다. 송신장치는 "MPCMn=1"에 의하여 영향을 받지 않는다.

2) UCSRnB(USARTn 제어 상태 레지스터 B)

Bit	7	6	5	4	3	2	1	0
	RXCIEn	TXCIEn	UDRIEn	RXENn	TXENn	UCSZn2	RXB8n	TXB8n
Read/Write	R/W	R/W	R/W	R/W	R/W	R/W	R	R/W
초기값	0	0	0	0	0	0	0	0

- **Bit 7 : 수신완료 인터럽트 인에이블**

이 비트가 '1'이면 RXC 플래그 인터럽트가 활성화된다. USART 수신 완료 인터럽트는

"RXCIE=1", SREG 레지스터의 전체 인터럽트 인에이블 비트 'I'가 '1', 그리고 UCSRnA 레지스터의 RXC 비트가 '1'이면 발생된다.

- **Bit 6 : 송신완료 인터럽트 인에이블**

  이 비트가 '1'이면 TXCn 플래그 인터럽트가 활성화된다. USARTn 송신 완료 인터럽트는 TXCIEn가 '1', SREG 레지스터의 전체 인터럽트 인에이블 플래그 'I' 비트가 '1', UCSRnA 레지스터의 TXCn 비트가 '1'이면 발생된다.

- **Bit 5 : USART 데이터 레지스터 비움 인터럽트 레지스터**

  이 비트가 '1'이면 UDREn 플래그 인터럽트가 발생한다. UDRIEn 비트가 '1', SREG 레지스터의 전체 인터럽트 인에이블 비트 'I'가 '1', UDRE 비트가 '1'이면 데이터 레지스터 비움 인터럽트가 발생된다.

- **Bit 4 : 수신장치 인에이블**

  이 비트가 '1'이면 수신부가 활성화 된다.

- **Bit 3 : 송신장치 인에이블**

  이 비트가 '1'이면 송신부가 활성화 된다.

- **Bit 2 : 문자 길이**

  이 비트는 UCSZn1~0와 함께 송수신 프레임의 데이터 비트의 수를 결정한다.

- **Bit 1 : 수신 데이터 비트8**

  9비트 데이터 프레임 모드로 동작시, 수신된 9번째 데이터 비트가 저장된다. 반드시 UDRn의 8비트 데이터를 읽기 전에 먼저 읽어야 한다.

- **Bit 0 : 송신 데이터 비트8**

  이 비트는 9비트 프레임 모드로 동작시, 송신될 9번째 데이터 비트를 저장하고 있다. 반드시 UDRn에 8비트 데이터를 쓰기 전에 먼저 써넣어야 한다.

3) UCSRnC(USART 상태 제어 레지스터 C)

Bit	7	6	5	4	3	2	1	0
	-	UMSELn	UPMn1	UPMn0	USBSn	UCSZn1	UCSZn0	UCPOLn
Read/Write	R/W	R/W	R/W	R/W	R/W	R/W	R/W	R/W
초기값	0	0	0	0	0	1	1	0

- Bit 7 : **예약 비트**

- Bit 6 : **USART 모드선택 비트**

  이 비트는 동기, 비동기 모드를 결정한다.

  0 : 비동기 모드

  1 : 동기 모드

- Bit 5~4 : **패리티 모드**

  이 비트는 패리티 검사를 활성화하고 패리티 발생 형태를 결정한다. 이 비트가 활성화되면 송신장치는 자동으로 패리티를 발생하여 각 데이터 프레임마다 패리티를 추가하여 송신한다. 수신 장치는 수신된 데이터에 대한 패리티 값을 생성하고 이를 UPMn0의 설정값과 비교한다. 만약 두 값이 일치하지 않으면 UCSRnA 레지스터의 UPEn 플래그가 '1'이 된다.

표 7.5 UPMn 비트 설정

UPMn1	UPMn0	패리티 모드
0	0	비활성화
0	1	예약
1	0	활성화, Even Parity
1	1	활성화, Odd Parity

- Bit 3 : **정지비트 선택**

  이 비트는 송신 장치에 의하여 삽입될 정지 비트의 수를 결정한다. 수신 장치는 이 설정을 무시한다.

- Bit 2~1 : **문자길이**

  UCSZn1~0는 UCSZn2 비트와 함께 송수신 프레임의 데이터 비트 수를 결정한다.

표 7.6 UCSZn 비트 설정

UCSZn2	UCSZn1	UCSZn0	문자크기
0	0	0	5 비트
0	0	1	6 비트
0	1	0	7 비트
0	1	1	8 비트
1	0	0	예 약
1	0	1	예 약
1	1	0	예 약
1	1	1	9 비트

- Bit 0 : **클럭 극성**

이 비트는 동기모드에서만 사용된다. 비동기 모드가 사용되면 이 비트는 '0'이 된다. UCPOLn 비트는 데이터 출력 비트 변경 시점과 데이터 입력 샘플링 시점, 그리고 동기클럭(XCKn) 사이의 관계를 결정한다.

표 7.7 UCPOLn 비트 설정

UCPOLn	송신 데이터 비트 변경 시점 (TxDn 핀의 출력)	수신 데이터 비트 샘플링 시점 (RxDn 핀의 입력)
0	XCKn 상승에지	XCKn 하강에지
1	XCKN 하강에지	SCKn 상승에지

4) USART 보-레이트 설정 레지스터 – UBRRnL, UBRRnH

Bit	7	6	5	4	3	2	1	0
	-	-	-	-	UBRRnH[11..8]			
	UBRRnL[7..0]							
Read/Write	R	R	R	R	R/W	R/W	R/W	R/W
	R/W	W/R	W/R	W/R	R/W	R/W	R/W	R/W
초기값	0	0	0	0	0	0	0	0
	0	0	0	0	0	0	0	0

- Bit 15~12 : **예약비트**

- **Bit 11~0 : USARTn 보-레이트 레지스터**

  USARTn은 보-레이트를 가지고 있는 12비트 레지스터이다. UBRRnH은 4개의 상위 비트를 가지고 있고 UBRRnL은 USARTn 보-레이트의 나머지 하위 8비트를 가지고 있다. UBRRnL에 값을 써넣는 순간 보-레이트 프리스케일러의 변경이 시작된다. 그리고 데이터 전송 중 보-레이트를 변경하면 전송중인 데이터는 파괴된다.

5) 보레이트 설정 예

표준 크리스털과 레조네이터 주파수에서, 가장 일반적으로 사용되는 비동기 동작을 위한 보 레이트는 표 7.7에서 설정된 UBRR을 사용함으로서 발생될 수 있다.

실제 보 레이트를 나타내는 UBRR 값은 목표로 하는 보-레이트와 0.5%의 차이가 있을 수 있다. 더 높은 오차율도 허용할 수 있지만, 수신장치는 오차율이 높으면 높을수록 노이즈에 약하게 된다. 특히 직렬 프레임이 커지면 노이즈에 더욱 약하게 된다. 여기서 오차값은 다음과 같이 계산된다.

$$Error[\%] = [\frac{BaudRate_{Closest\_Match}}{BaudRate} - 1] \bullet 100\%$$

표 7.8 일반적으로 사용되는 오실레이터 주파수에 대한 UBRR 설정 예(1)

보-레이터 (bps)	$f_{osc} = 1.0000MHz$				$f_{osc} = 1.8432MHz$				$f_{osc} = 2.0000MHz$			
	U2X=0		U2X=1		U2X=0		U2X=1		U2X=0		U2X=1	
					UBRR		Error		UBRR		Error	
	UBRR	Error %	UBRR	Error %	UBRR	Error %	UBRR	Error %	UBRR	Error %	UBRR	Error %
2400	25	0.2	51	0.2	47	0.0	95	0.0	51	0.2	103	0.0
2800	12	0.2	25	0.2	23	0.0	47	0.0	25	0.2	51	0.2
9600	6	−7.0	12	0.2	11	0.0	23	0.0	12	0.2	25	0.2
14.4K	3	8.5	8	−3.5	7	0.0	15	0.0	8	−3.5	16	2.1
19.2K	2	8.5	6	−7.0	5	0.0	11	0.0	6	−7.0	12	0.2
28.8K	1	8.5	3	8.5	3	0.0	7	0.0	3	8.5	8	−3.5
38.4K	1	−18.6	2	8.5	2	0.0	5	0.0	2	8.5	6	−7.0
57.6K	0	8.5	1	8.5	1	0.0	3	0.0	1	8.5	3	8.5
76.8K	−	−	1	−18.6	1	−25.0	2	0.0	1	−18.6	2	8.5
115.2K	−	−	0	8.5	0	0.0	1	0.0	0	8.5	11	8.5
230.4K	−	−	−	−	−	−	0	0.0	−	−	−	−
250K	−	−	−	−	−	−	−	−	−	−	0	0.0
MAX(1)	62.5Kbps		125kbps		115.2kbps		230.4kbps		125kbps		250kbps	

표 7.8 일반적으로 사용되는 오실레이터 주파수에 대한 UBRR 설정 예(2)

보-레이터 (bps)	$f_{OSC}=3.6864MHz$				$f_{OSC}=4.0000MHz$				$f_{OSC}=7.3728MHz$			
	U2X=0		U2X=1		U2X=0		U2X=1		U2X=0		U2X=1	
	UBRR	Error %	UBRR	Error %	UBRR	Error %	UBRR	Error %	UBRR	Error %	UBRR	Error %
2400	95	0.0	191	0.0	103	0.2	207	0.2	191	0.0	383	0.0
2800	47	0.0	95	0.0	51	0.2	103	0.2	95	0.0	191	0.0
9600	23	0.0	47	0.0	25	0.2	51	0.2	47	0.0	95	0.0
14.4K	15	0.0	31	0.0	16	2.1	34	-0.8	31	0.0	63	0.0
19.2K	11	0.0	23	0.0	12	0.2	25	0.2	23	0.0	47	0.0
28.8K	7	0.0	15	0.0	8	-3.5	16	2.1	15	0.0	31	0.00
38.4K	5	0.0	11	0.0	6	-7.0	12	0.2	11	0.0	23	0.0
57.6K	3	0.0	7	0.0	3	8.5	8	-3.5	7	0.0	15	0.0
76.8K	2	0.0	5	0.0	2	8.5	6	-7.0	5	0.0	11	0.0
115.2K	1	0.0	3	0.0	1	8.5	3	8.5	3	0.0	7	0.0
230.4K	0	0.0	1	0.0	0	8.5	1	8.5	1	0.0	3	0.0
250K	0	-7.8	1	-7.8	0	8.5	1	8.5	1	-7.8	3	-7.8
0.5M	–	–	0	-7.8	–	–	0	0.0	0	-7.8	1	-7.8
1M	–	–	–	–	–	–	–	–	–	–	0	-7.8
MAX(1)	23.4Kbps		460.8Kbps		250Kbps		0.5Mbps		460.8Kbps		921.6Kbps	

표 7.8 일반적으로 사용되는 오실레이터 주파수에 대한 UBRR 설정 예(3)

보-레이터 (bps)	$f_{OSC}=8.0000MHz$				$f_{OSC}=11.0592MHz$				$f_{OSC}=14.7456MHz$			
	U2X=0		U2X=1		U2X=0		U2X=1		U2X=0		U2X=1	
	UBRR	Error %	UBRR	Error %	UBRR	Error %	UBRR	Error %	UBRR	Error %	UBRR	Error %
2400	207	0.2	416	-0.1	287	0.0	575	0.0	383	0.0	767	0.0
2800	103	0.2	207	0.2	143	0.0	287	0.0	191	0.0	383	0.0
9600	51	0.2	103	0.2	71	0.0	143	0.0	95	0.0	191	0.0
14.4K	34	-0.8	68	0.6	47	0.0	95	0.0	63	0.0	127	0.0
19.2K	25	0.2	51	0.2	35	0.0	71	0.0	47	0.0	95	0.0
28.8K	16	2.1	34	-0.8	23	0.0	47	0.0	31	0.0	63	0.0
38.4K	12	0.2	25	0.2	17	0.0	35	0.0	23	0.0	47	0.0
57.6K	16	-3.5	16	2.1	11	0.0	23	0.0	15	0.0	31	0.0
76.8K	6	-7.0	12	0.2	8	0.0	17	0.0	11	0.0	23	0.0
115.2K	3	8.5	8	-3.5	5	0.0	11	0.0	7	0.0	15	0.0
230.4K	1	8.5	3	8.5	2	0.0	5	0.0	3	0.0	7	0.0
250K	1	0.0	3	0.0	2	-7.8	5	-7.8	3	-7.8	6	5.3
0.5M	0	0.0	1	0.0	–	–	2	-7.8	1	-7.8	3	-7.8
1M	–	–	0	0.0	–	–	–	–	0	-7.8	1	-7.8
MAX(1)	0.5Mbps		1Mbps		691.2Mbps		1.3824Mbps		921.6Mbps		1.8432Mbps	

표 7.8 일반적으로 사용되는 오실레이터 주파수에 대한 UBRR 설정 예(4)

보-레이터 (bps)	$f_{OSC} = 16.0000MHz$			
	U2X=0		U2X=1	
	UBRR	Error %	UBRR	Error %
2400	416	-0.1	832	0.0
2800	207	0.2	416	-0.1
9600	103	0.2	207	0.2
14.4K	68	0.6	138	-0.1
19.2K	51	0.2	103	0.2
28.8K	34	-0.8	68	0.6
38.4K	25	0.2	51	0.2
57.6K	16	2.1	34	-0.8
76.8K	12	0.2	25	0.2
115.2K	8	-3.5	16	2.1
230.4K	3	8.5	8	-3.5
250K	3	0.0	7	0.0
0.5M	1	0.0	3	0.0
1M	0	0.0	1	0.0
MAX(1)	1Mbps		2Mbps	

CHAPTER 08

A/D 변환기

물리계에서 존재하는 모든 값들은 실질적으로 모두 아날로그 신호이지만 마이크로프로세서에서의 정보처리 방법은 모두 디지털 신호 처리 방식을 사용한다. 따라서 마이크로프로세서 외부에서 발생하는 신호를 마이크로프로세서 내부에서 처리하기 위해서는 아날로그 신호를 디지털 신호로 변경하여야 할 필요가 있으며 아날로그 신호를 디지털 신호로 변경시켜주는 장치를 A/D 변환기라고 한다. 그리고 ATmega128은 10 비트 분해능을 가지는 A/D 변환장치를 내장하고 있다.

8.1 A/D 변환기의 원리

A/D 변환기는 아날로그 신호를 디지털 형태의 데이터로 변환하는 특수한 장치이다. 그림 8.1은 일반적인 A/D 변환기의 블록도를 보여준다. 그림에서 A/D 변환기의 입력은 0~3V로 변하는 아날로그 전압신호이고 출력은 2진수의 디지털 값이다. 그림 8.1에서 A/D 변환기는

아날로그 입력 전압을 4비트의 2진 데이터로 변환하며 다른 변환기와 마찬가지로 입력과 출력이 정확히 정의 되어야 한다. 표 8.1은 A/D 변환기의 동작 상태를 보여준다. 여기서 A/D 변환기의 입력이 0일 때 출력은 2진수 0000이 되고, 입력이 0.2일 때 출력은 2진수 0001이 된다는 것을 나타낸다. 즉, 입력이 0.2V 증가 할 때마다 출력 이진수는 1씩 증가하여 최대 3V가 입력될 때 출력은 2진수 1111이 된다.

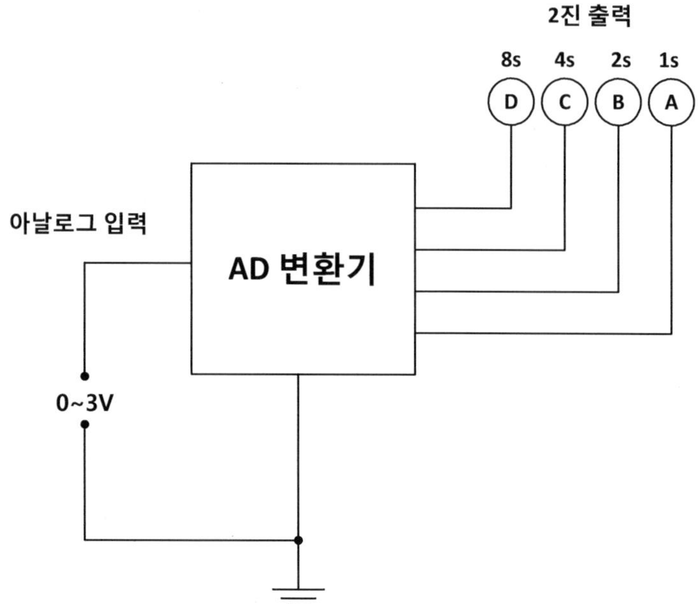

그림 8.1 A/D 변환기 블록도

A/D 변환기의 진리표는 간단해 보이지만 진리표를 실제 회로로 구현하기 위해서는 복잡한 전자회로가 필요하다. 이 A/D 변환기 회로에는 전압 비교기, AND 게이트 BCD 카운터 및 A/D 변환기가 포함되어 있다. A/D 변환기는 그림 8.2와 같이 연속된 아날로그 입력을 불연속의 디지털 출력으로 변환하게 되는데, 이때 중요한 점은 A/D 변환의 분해능이다. 즉, 한정된 아날로그 입력을 몇 비트의 디지털 값으로 변환하는가 하는 점이다.

표 8.1 A/D 변환기의 진리표

아날로그 입력	2진 출력			
전압[V]	D	C	B	A
0	0	0	0	0
0.2	0	0	0	1
0.4	0	0	1	0
0.6	0	0	1	1
0.8	0	1	0	0
1.0	0	1	0	1
1.2	0	1	1	0
1.4	0	1	1	1
1.6	1	0	0	0
1.8	1	0	0	1
2.0	1	0	1	0
2.2	1	0	1	1
2.4	1	1	0	0
2.6	1	1	0	1
2.8	1	1	1	0
3.0	1	1	1	1

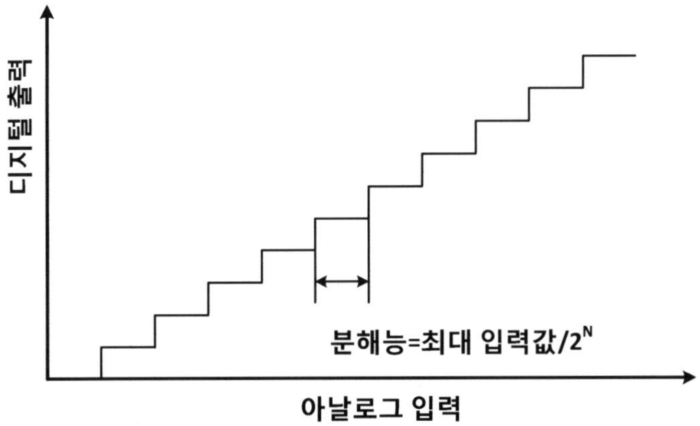

그림 8.2 A/D 변환기 분해능

A/D 변환기의 분해능은 사용할 A/D 변환기를 선택하는데 있어서 중요한 요소이다. 왜냐하면 디지털 출력 1스텝 변화에 대한 아날로그 입력 전압의 변화 폭을 정의하고 있기 때문이다. A/D 변환기의 분해능이 우수하다는 의미는 디지털 신호 1스텝 변동에 대한 아날로그 신호의 변화 폭이 작다는 것을 의미하므로 분해능이 클수록 보다 더 작은 아날로그 변동신호를 감지할 수 있게 된다. A/D 변환기를 선택하는데 있어서 다음으로 중요한 요소는 A/D 변환 시간이다. A/D 변환시간은 아날로그 입력의 변화율과 관계가 있는데 아날로그 입력의 변화율이 클수록 빠른 A/D 변환 시간을 가지는 A/D 변환기를 사용해야 정확한 아날로그 신호를 검출할 수 있게 된다. 단위 시간당 A/D 변환 횟수를 변환율이라고 하며 일반적으로 분해능을 높게 하면 변환율은 저하된다. A/D 변환기는 보통 그림 8.3에서와 같이 아날로그 멀티플렉스, 샘플 & 홀드, A/D 변환기로 구성된다. 아날로그 멀티플렉스는 다수의 아날로그 입력을 하나의 A/D 변환기를 통하여 디지털 값으로 변환하기 위하여, 다수의 아날로그 입력 중 하나를 선택할 수 있는 아날로그 신호 선택 회로이다. 멀티플렉스를 통하여 선택된 아날로그 신호는 샘프 & 홀드 회로로 입력된다. 샘플 & 홀드 회로는 입력된 아날로그 신호를 샘플링하고 한번의 A/D 변환이 완료될 때까지 그 값을 유지시켜주는 회로이다. 샘플 & 홀드 회로를 거치면 아날로그 신호는 디지털 값으로 변환되기 위한 이산화된 아날로그 신호로 변경된다. 이렇게 이산화된 아날로그 신호는 A/D 변환기로 입력되어 최종적으로 디지털 값으로 변경된다. 물론 단일 아날로그 입력일 경우에는 아날로그 멀티플렉스가 필요 없으며 또한 샘플 & 홀드 회로가 필요 없는 적분형이나 병렬 A/D 변환기도 있다.

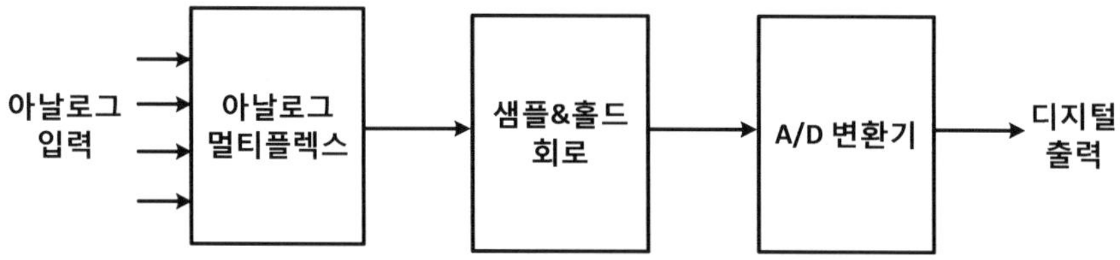

그림 8.3 A/D 변환기의 일반적 구성

(1) 샘플 & 홀드 회로

샘플 & 홀드 회로는 그림 8.4와 같이 샘플링 회로와 홀드 회로로 구성되어 있다.

그림 8.4(a)는 스위치가 위쪽으로 연결되어 입력 아날로그 신호가 콘덴서 C에 충전되는 샘플링 동작을 보여주며, 그림 8.4(b)는 스위치가 아래쪽으로 연결되어 외부 아날로그 신호가 차단됨으로서 콘덴서 전압이 일정하게 유지되는 홀드 동작을 나타낸다. 그림 8.4(C)는 MOSFET를 이용한 샘플&홀드 회로의 예를 보여준다. 그림 8.4(C)에서는 스위치의 역할을 MOSFET가

대신하고 있다. 게이트에 제어입력을 인가하여 FET가 온 되면 아날로그 입력 전압이 출력 콘덴서에 충전됨으로서 입력전압이 콘덴서에 샘플링 된다. 그리고 MOSFET가 오프되면 단위 이득을 가지는 연산증폭기를 통하여 콘덴서에 홀드된 전압이 출력된다.

이 상태를 나타낸 것이 그림 8.5이다. 그림 8.5의 점선 파형은 아날로그 입력 전압이다. 이 전압이 샘플&홀드 회로에 인가되면 그림 8.5의 실선 파형과 같이 된다. 즉 샘플링 기간에 아날로그 전압값을 샘플링 하고, 홀드 기간에는 이 값이 일정하게 유지되고 있다는 것을 알 수 있다. 이 홀드 기간 중에 A/D 변환기가 동작하여 A/D 변환이 실행된다. 그림 8.6은 샘플 & 홀드 출력 파형을 좀 더 상세히 살펴본 그림이다. 먼저 제어 신호에 의하여 샘플 전압이 인가되면 샘플전압은 즉시 아날로그 입력전압을 추종하지 못하고 약간의 시간이 지연된 후 입력전압을 추종해 가게 되는데 이 지연 시간을 데이터 획득 시간이라고 한다. 이 원인은 홀드용 콘덴서 C를 충전하기 위해 시간이 걸리기 때문이고, 지연시간은 FET를 포함한 입력저항과 콘덴서 C의 시정수에 의하여 결정된다. 또한 제어 신호가 홀드 기간에 들어갔을 때 출력 전압은 표본점의 전압값을 유지해야 하지만 실제로는 그림 8.6과 같이 홀드된 전압은 시간이 지남에 따라서 서서히 그 값이 감소하게 된다. 이것을 전압강하라고 한다. 이것은 홀드 콘덴서의 전하가 OP AMP의 바이어스 전류나 FET의 누설전류에 의하여 방전되어 단자 전압이 떨어지기 때문이다. 이 전압강하는 직접 A/D 변환기의 변환 오차로 나타나기 때문에 양자화 오차 이내로 억제하여야 한다.

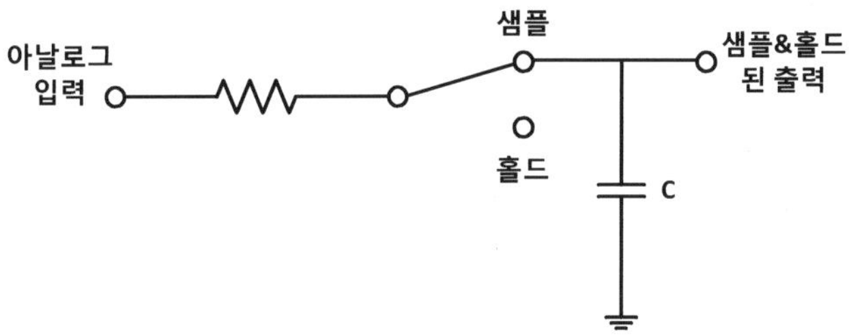

(a) 샘플동작

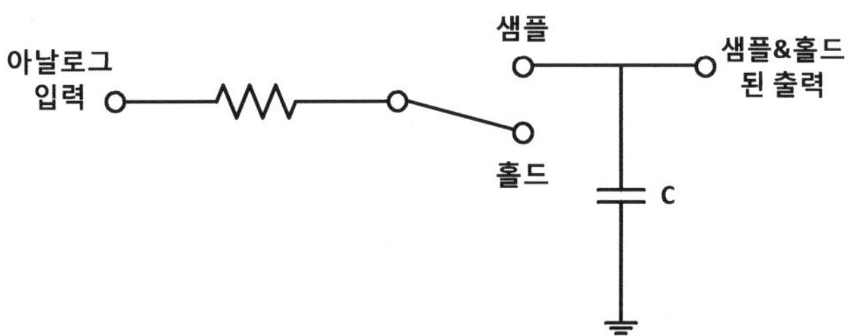

(b) 홀드 동작

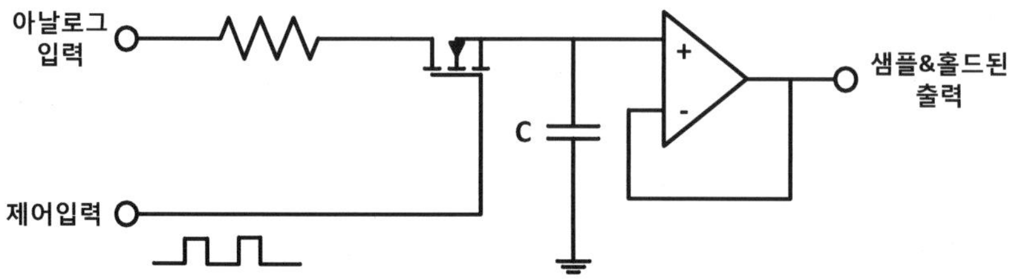

(c) MOSFET에 의한 샘플 & 홀드회로

그림 8.4 샘플 & 홀드 회로

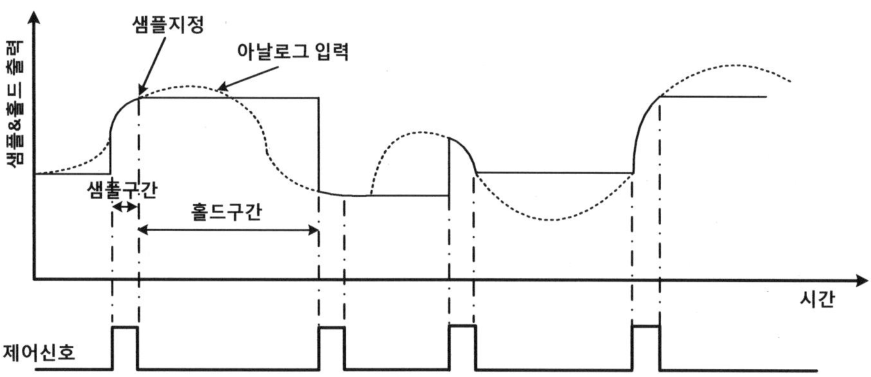

그림 8.5 실제의 샘플 & 홀드 출력 파형

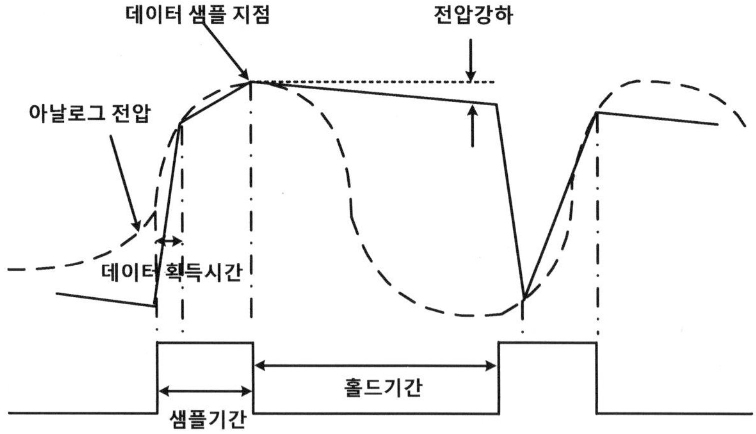

그림 8.6 샘플 & 홀드 출력 파형

8.2 A/D 변환기의 종류

(1) 카운터 램프형 A/D 변환기

그림 8.7의 왼쪽에서 입력된 아날로그 전압입력은 전압 비교기에 의해 D/A 변환기의 출력 전압과 비교된다. A에 입력된 아날로그 입력 전압이 B에 입력된 D/A 변환기의 출력보다 크면 전압 비교기의 출력에 의해 BCD 카운터는 업-카운터 상태로 동작한다. 업-카운터 상태의 동작은 D/A 변환기로부터 입력되는 귀환전압이 아날로그 입력 전압보다 커질 때까지 계속된다. D/A 변환기로부터 입력되는 귀환 전압이 아날로그 입력 전압보다 커지면 전압 비교기의 출력에 의해 BCD 카운터는 카운터 상태를 정지한다.

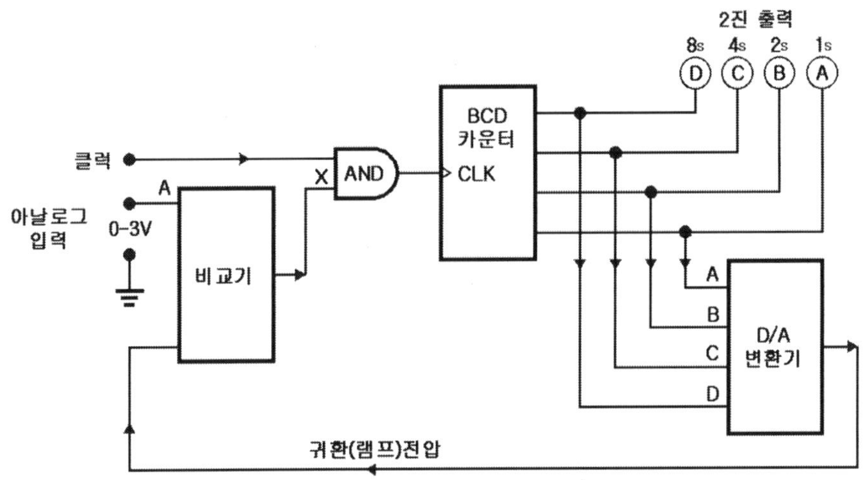

그림 8.7 카운터 램프형(추적형) A/D 변환기 블록도

아날로그 입력전압이 최대 3V이고 이때 디지털 출력이 1111이라고 한다면, 아날로그 입력전압이 2V일 때 카운터는 2진수 1010까지 증가한 후 정지한다. 카운터의 카운트 상태가 다시 시작되려면 카운터의 내용이 000으로 리셋 되어야 한다. 그림 8.7의 A/D 변환기를 좀 더 상세히 살펴보자. 비교기의 출력 X가 1이고 BCD 카운터의 내용이 000이며 아날로그 입력이 0.55V라고 가정하자. X가 1이면 클럭 펄스는 AND 게이트를 통과하여 BCD 카운터의 CLK 단자에 인가된다. 카운터의 내용은 첫 번째 클럭 펄스에 의해 0001로 변하고 그림 8.7의 오른쪽 윗 부분의 1의 자리 표시기가 켜지게 된다. 또한 0001의 데이터는 D/A 변환기에 입력된다.

표 8.1에 의해 2진수 0001은 D/A 변환기의 출력을 0.2V로 만들고 0.2V의 전압은 비교기의 입력 B로 귀환한다. 비교기는 입력 A(0.55V)와 입력 B(0.2V)를 비교하여 입력 A가 크기 때문에

1을 출력한다. 비교기의 1의 출력은 AND 게이트를 동작시켜서 다음 번 클럭 펄스가 카운터에 전달되도록 한다. 카운터의 내용은 클럭 펄스에 의해 1이 증가하여 0010이 되고 0010은 D/A 변환기에 전달된다.

표 8.1에 의해 2진수 0010은 D/A 변환기의 출력을 0.4V로 만들고 0.4V의 전압은 입력 B로 귀환된다. 다시 비교기는 입력 A(0.55V)와 입력B(0.4V)를 비교하여 입력 A가 크기 때문에 1을 출력한다. 그리고 비교기의 1의 출력은 AND 게이트를 동작시켜서 다음 번 클럭 펄스가 카운터에 전달되도록 한다. 카운터의 내용은 클럭 펄스에 의해 1이 증가하여 0011이 되고 0011은 D/A 변환기에 전달된다.

표 8.1에 의해 2진수 0011은 D/A 변환기의 출력을 0.6V로 만들고, 0.6V의 전압은 비교기의 입력 B로 귀환한다. 비교기는 입력 A(0.55V)와 입력B(0.6V)를 비교하여 입력 B가 크기 때문에 0을 출력한다. 비교기의 0의 출력은 AND 게이트를 동작하지 못하게 하므로 다음 번 클럭 펄스는 카운터에 전달되지 못한다. 카운터는 더이상 증가하지 못하고 0011에서 정지된다.

(2) 전압 비교기형 A/D변환기

전압 비교기는 두 개의 입력 전압을 비교하여 결과를 출력하는 장치이다. 그림 8.8은 전압 비교기의 블록도를 보여준다. 입력 A의 전압이 입력 B의 전압보다 크면 출력은 1이 되고 입력 B의 전압이 입력 A의 전압보다 크면 출력은 0이 된다. 이러한 출력 상태를 그림 8.8에서는 $A > B = 1$, $B > A = 0$로 나타낸다.

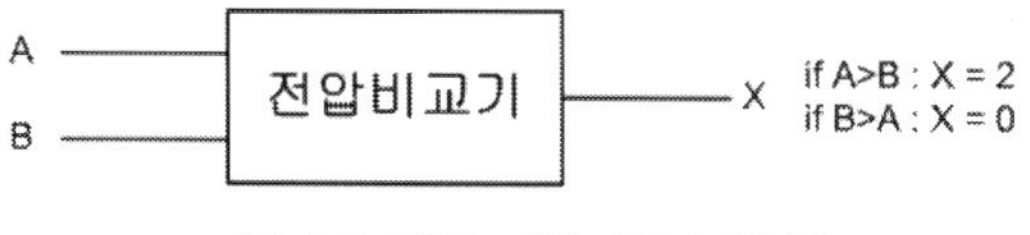

그림 8.8 전압 비교기의 블록도

그림 8.9는 3 비트 병렬 비교형 A/D 변환기를 보여준다. 여기서 아날로그 입력전압 V_i는, OP amp를 이용하여, 저항에 의하여 분압된 각 기준전압과 비교되어진다. 예를 들어 입력전압 V_i가 $(7/8)V_r > V_i \geq (6/8)V_r$의 값을 가지면 회로에서 OP amp의 출력은 0b11111110이 되고 이 값은 엔코드로 입력되어 최종출력 0x06을 출력단자 Q로 출력하게 된다. 여기서 모든 비교는 한 단계로 완료되므로 매우 빠른 변환시간을 가지지만 높은 분해능을 갖게 하려면 정밀저항 회로와 비교기의 수가 많아져 회로가 복잡해지고 가격이 비싸지는 것이 단점이다. 이 방식은 가격이 높더라도 매우 빠른 처리속도가 요구되는 영상신호 처리, 디지털 메모리 오실로스코프, 레이다 등의 분야에 사용된다.

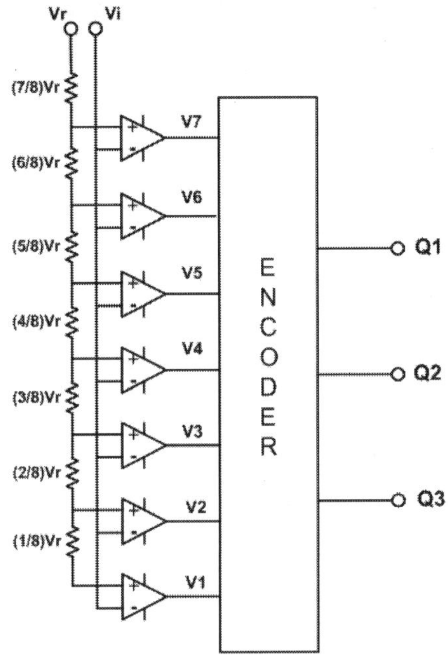

V_i	V_1	V_2	V_3	V_4	V_5	V_6	V_7	Q_1	Q_2	Q_3
$V_r > V_i \geq (7/8)V_r$	1	1	1	1	1	1	1	1	1	1
$(7/8)V_r > V_i \geq (6/8)V_r$	1	1	1	1	1	1	0	0	1	1
$(6/8)V_r > V_i \geq (5/8)V_r$	1	1	1	1	1	0	0	1	0	1
$(5/8)V_r > V_i \geq (4/8)V_r$	1	1	1	1	0	0	0	0	0	1
$(4/8)V_r > V_i \geq (3/8)V_r$	1	1	1	0	0	0	0	1	1	0
$(3/8)V_r > V_i \geq (2/8)V_r$	1	1	0	0	0	0	0	0	1	0
$(2/8)V_r > V_i \geq (1/8)V_r$	1	0	0	0	0	0	0	1	0	0
$(1/8)V_r \geq V_i$	0	0	0	0	0	0	0	0	0	0

그림 8.9 3 비트 병렬 비교형 A/D 변환기 회로와 입출력값

(3) 램프형 A/D 변환기

그림 8.10은 램프형 A/D 변환기를 보여준다. 램프형 A/D 변환기는 그림 8.7의 카운터 램프형 A/D 변환기와 비슷한 동작을 하며 그림 8.10의 왼쪽에서 볼 수 있듯이 램프파 발생기가 추가되어 있다. 램프파 발생기는 그림 8.11(a)와 같은 삼각형 톱니파를 발생한다. 그림 8.11(a)는 그림 8.10의 변환기의 입력 A에 3V의 전압이 가해진 경우의 예를 보여주고 있다. 여기서 램프파의 전압이 입력 A의 전압보다 작다면 전압 비교기의 출력은 '1'이 되고, AND 게이트를

통해 클럭 펄스가 카운터에 전달된다. 그림 8.11(a)는 램프 전압이 아날로그 입력 전압보다 작은 동안 3개의 클럭 펄스가 카운터에 인가되는 상태를 보여주고 있다. 그림 8.11(a)의 'Y'점에서 전압 비교기의 출력은 '0'이 되고, AND 게이트를 통한 클럭 펄스의 전달은 차단된다. 카운터는 0011의 상태에서 정지하며 2진수 0011은 입력에 3V의 전압이 인가되었음을 나타낸다.

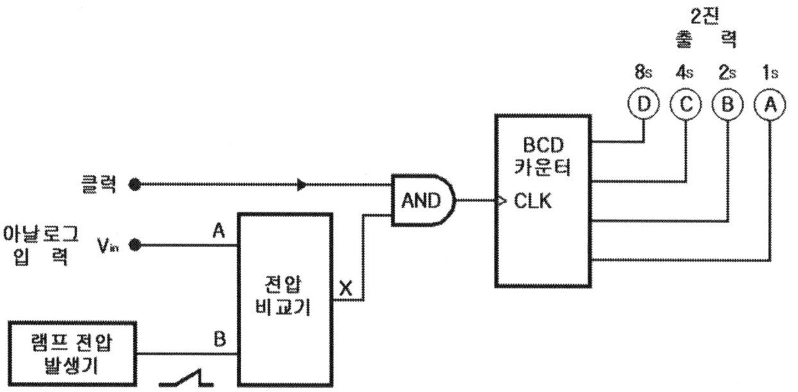

그림 8.10 램프형 A/D 변환기 블럭도

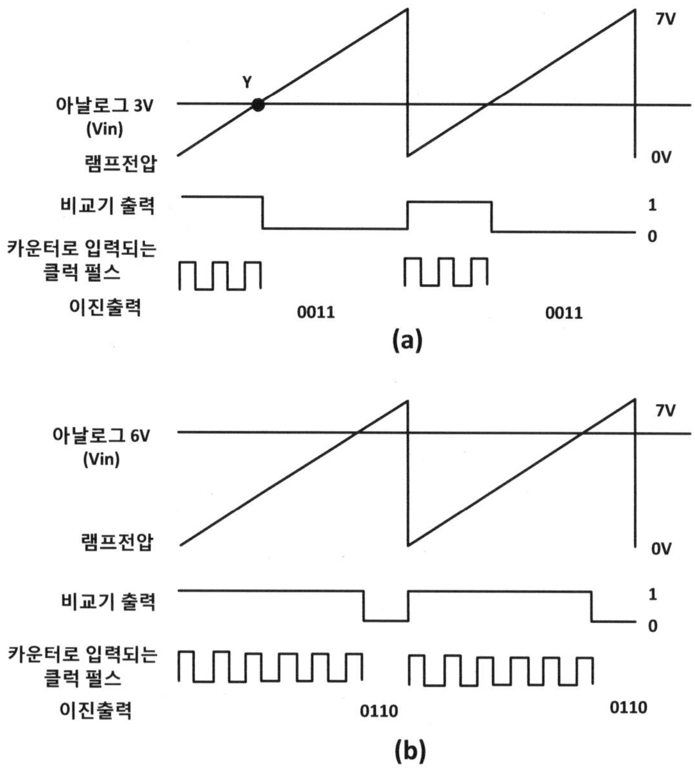

그림 8.11 램프파 발생기

그림 8.11(b)는 6V의 아날로그 입력 전압이 인가된 상태를 나타내고 있다. 램프파 발생기에서 발생된 전압이 입력 A의 전압보다 커지기 전까지 비교기의 출력 X는 1이 되고, 따라서 AND 게이트를 통해 클럭 펄스가 카운터에 입력되어 카운터의 상태는 계속 증가한다. 그러나 램프파 발생기의 전압이 입력전압 V_{in}보다 커지는 Z점에서 비교기의 출력은 0이 된다. 이때 AND 게이트의 출력은 0이 되고 클럭 펄스는 카운터에 전달되지 못하므로 카운터의 상태는 0110에서 정지하여 아날로그 입력전압이 6V라는 것을 나타낸다. 램프형 A/D 변환기는 아날로그 입력전압이 높아질수록 카운터를 하기 위한 시간이 길어지는 단점이 있다. 예를 들어 변환결과를 8비트 2진수로 나타내려면 카운터에 필요한 클럭 펄스는 255개가 된다. 이와 같이 변환시간이 길어지는 단점을 줄이기 위해 축차 근사형 A/D 변환기가 사용된다.

(4) 축차 근사형 A/D 변환기

축차 근사형 A/D 변환기는 중속도용으로 많이 이용되고 있는 것으로서 회로구성이 간단하고 비교적 정밀도가 높다.

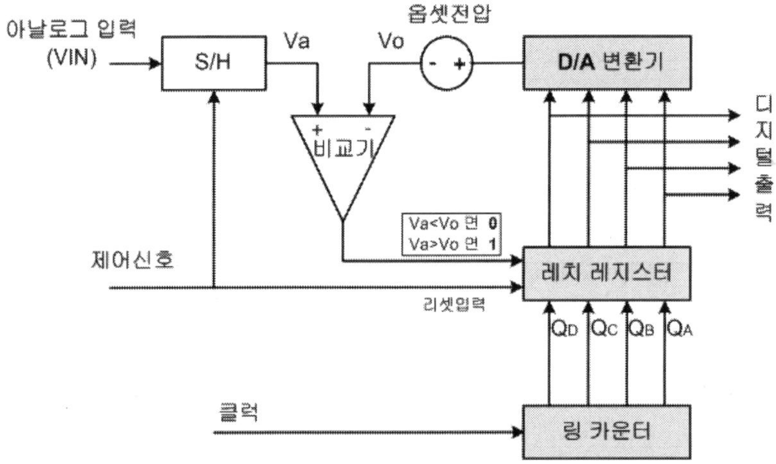

그림 8.12 축차 비교형 A/D 변환기

그림 8.12는 축차 비교형 A/D 변환기를 보여준다. 이 회로의 기본 동작은 샘플&홀드된 아날로그 전압 V_a와 D/A 변환기의 귀환전압 V_o를 비교기로 축차 비교하면서 디지털 값을 결정해가는 방법이다. 예를 들어 풀 스케일 레인지가 0~0.8V인 아날로그 전압을 4비트 디지털 값(1LSB = 0.05V)으로 변화하는 경우를 생각해보자. 단 현재 아날로그 입력 V_a를 0.64라 가정한다.

① 최초에 리셋 신호에 의해 래치 레지스터를 클리어 한다. 따라서 D/A 변환기의 아날로그 출력도 0V로 된다. 그러나 옵셋 전압으로서 1/2LSB 만큼 빼기 때문에 비교기의 역상 입력 전압 V_o는 -0.025V가 된다.

② 다음에 클럭 입력 '1'에서 링 카운터의 MSB를 '1'로 셋 한다. 이것은 즉시 래치 레지스터의 MSB(Q_D)에 입력되고 D/A 변환기 입력은 1000이 된다. 즉 D/A 변환기의 출력은 0.4V로 되지만 (1/2)LSB의 0.025V를 빼기 때문에 비교기 입력 V_o=0.375V가 된다.

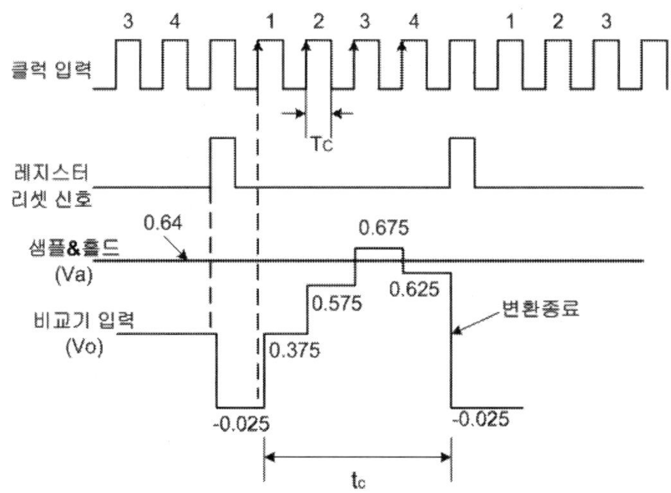

그림 8.13 4비트 축차 근사형 A/D 변환기 동작

③ 여기서 아날로그 입력 V_a=0.64V와 V_o=0.375V가 비교되고 $V_a > V_o$의 판정 결과로 래치 레지스터의 Q_D는 '1'로 된다.

④ 다음의 클럭 입력 2에서 링 카운터의 '1'을 오른쪽(LSB 방향)으로 시프트 한다. 이것은 래치 레지스터의 비트 Q_C에 입력됨으로서 래치 레지스터의 출력은 Q_D, Q_C, Q_B, Q_A =1100이 된다. 이것이 재차 D/A변환기로 변환되어 아날로그 전압 0.6V로 된다. 여기서 0.025V가 빼지기 때문에 Vo=0.575V가 된다.

⑤ V_a=0.64V와 V_0=0.575V가 비교되어 $V_a > V_o$라는 것을 알 수 있고 래치 레지스터의 Q_C는 '1'로 래치되어 Q_D, Q_C, Q_B, Q_A=1100 그대로 이다.

⑥ 다음의 클럭3에서 링 카운터의 '1'을 다시 오른쪽으로 시프트 한다. 이것은 래치 레지스터의 출력을 Q_D, Q_C, Q_B, Q_A=1110으로 한다. 그 때문에 D/A변환기 출력은 0.7V, 비교기

입력 V_o는 0.7V이 되고, 여기서 옵셋값 0.025V를 빼면 비교기 입력 V_o는 0.657V가 된다.

⑦ V_a=0.64V와 V_o=0.675V가 비교되어 이번에는 $V_a < V_o$라는 것을 알 수 있다. 그래서 래치 레지스터의 Q_B를 0으로 귀환하여 Q_D, Q_C, Q_B, Q_A=1100이 된다.

⑧ 다음의 클럭 4에서 링 카운터의 1을 다시 오른쪽으로 시프트 한다. 그러면 래치 레지스터의 출력은 0.65V, 비교기 입력 V_o=0.625V가 된다.

⑨ V_a=0.64V와 V_o=0.625V가 비교되어 $V_a > V_o$라는 것을 알 수 있다. 그래서 래치 레지스터의 Q_A는 1인 상태로 해서 모든 동작은 종료된다.

⑩ 이상의 결과 래치 레지스터의 출력, 즉 디지털 출력은 Q_D, Q_C, Q_B, Q_A=1101로 된다.

이상과 같이 축차 근사형 A/D 변환기의 변환시간 t_C는 아날로그 입력 전압의 크기에 의하지 않고 일정하며 클럭 주기 T_C와 비트수 n의 곱으로 주어진다. 이것은 앞에서 설명한 카운트 램프형 A/D 변환기의 변환시간이 최대 $2^n \times T_C$이었던 것에 비해 고속의 변환 시간을 가진다는 것을 알 수 있다. 또한 카운터 램프형에서는 (1/2)LSB의 옵셋 전압을 D/A변환기 출력에 가산했지만 축차 근사형에서는 D/A변환기의 출력에서 (1/2)LSB의 전압을 빼고 있다는 차이점에 주의해야 한다.

축차 근사형 A/D변환기의 특징은 다음과 같다.

① 변환시간은 디지털 출력의 비트수로 결정되고 아날로그 입력 전압의 크기와는 관계가 없이 일정(nT_C)하다.

② 그 때문에 A/D변환의 타이밍을 외부의 클럭과 동기 시킬 수 있으므로 마이컴과 조합한 시스템에서 사용하기 간편하다.

③ 변환속도가 $1us$~수$100ns$, 분해능 8~18 비트인 것이 시판되고 있고 응용범위가 넓어 디지털 오디오, PCM 통신에도 사용되고 있다.

④ 축차 근사형에서는 MSB에서 순서에 따라 '1'비트씩 비교하는 방식이므로 변환 결과의 디지털 출력을 직렬 방식으로 인출 할 수도 있다.

⑤ 변환 중에서 아날로그 입력 전압은 일정한 전압으로 유지해 두어야 하기 때문에 반드시 샘플 & 홀드가 필요하다.

8.3 ATmega128 내장 A/D 변환기의 특징

① 10 비트 분해능
② 0.5 LSB Intergral Non-linearity(적분 비선형성)
③ ±2 LSB 절대 정밀도
④ 13~260 μs 변환시간
⑤ 76.9 kSPS (최대 분해능에서 15 kSPS)
⑥ 8 개의 멀티플렉스된 단극 입력 채널
⑦ 7 개의 차동 입력 채널
⑧ 10x/200x(선택가능)의 이득을 가지는 2 개의 차동 입력 채널
⑨ ADC 결과를 읽을 때 좌 정렬 옵션 선택 가능
⑩ 0~VCC ADC 입력전압 범위
⑪ 선택 가능한 2.56V ADC 기준전압
⑫ 자유구동(Free Running)모드 또는 단일 변환(Single Conversion)모드 선택 가능
⑬ A/D 변환완료 인터럽트
⑭ 슬립모드 노이즈 저감장치

ATmega128은 10 비트 축차 근사형 A/D 변환기를 내장하고 있다. 내장된 A/D 변환기는 포트 F의 핀으로부터 8개의 단극성 전압 입력을 받을 수 있도록 해주는 8 채널 아날로그 멀티플렉스와 연결되어 있다. 각 단극성 전압 입력은 0V(GND)를 기준으로 한다. 또한 ATmega128은 표 8.5와 같이 한 개의 지정된 핀을 기준으로 하는 16 가지의 차동 전압 입력 조합을 지원하는데, 이들 입력 조합 중 두 개의 차동 입력(ADC1,ADC0과 ADC3,ADC2) 조합은 프로그램 가능한 이득단을 가지고 있어서 A/D변환 전단에서 차동 입력 전압을 0dB(1x), 20dB(10x), 46dB(200x) 단계로 증폭 할 수 있다. 그리고 7개의 차동 아날로그 입력 채널은 모두 ADC1을 (-) 공통 단자로 사용하고 있으며, 이때 ADC1을 제외한 나머지 A/D 변환기의 입력은 모두(+)입력 단자로 사용된다. 또한, 1x 또는 10x 이득이 사용되면 8비트 해상도가 되고, 200x 이득이 사용되면 7비트 해상도가 된다.

A/D 변환기는 샘플 &홀드 회로를 내장하고 있어서 A/D 변환기 입력전압은 변환기간 동안 일정한 값을 유지한다. 그림 8.14는 A/D 변환기의 블록도를 보여준다. A/D 변환기는 독립된 아날로그 전원핀(AVCC)을 가지고 있으며 AVCC는 "VCC± 0.3V" 이내의 전압 오차를 가져야 한다. 그리고 ADC는 기준전압으로 사용될 수 있는 내부 2.56V 전압 발생장치가 내장되어

있다. 기준 전압은 노이즈 내성을 높이기 위하여 AREF핀에 외부 콘덴서를 부착하여 디커플링 되어야 한다.

8.4 ATmega128 내장 A/D 변환기의 동작

ATmega128에 내장된 A/D 변환기는 아날로그 전압을 10비트 디지털 신호로 변환한다. 최소 전압은 "GND"이고 최대전압은 "AREF핀 전압-1LSB"가 된다. 그리고 그림 8.14에서 보는 바와 같이 ADMUX 레지스터의 REFS1~0 비트의 설정값에 따라 AVCC 또는 내부 2.56V 중 하나를 선택적으로 AREF 핀에 연결할 수 있다. 또한, 내부 기준전압은 노이즈 내성을 높이기 위하여 AREF 핀에 콘덴서를 연결하여 디커플링 되어야 한다.

아날로그 입력 채널과 차동 이득은 ADMUX 레지스터의 MUX 비트에 의하여 결정된다. ADC를 단극성 입력으로 사용할 때는 GND와 ADC 입력 핀 중 하나가 사용된다. 이때 전압기준으로 내부 고정 밴더갭 기준전압(내부 2.56V)이 사용될 수도 있다.

만약 차동 채널이 선택되면 차동 이득단은 선택된 입력 채널 쌍 사이의 전압 차이를 선택된 이득 값으로 증폭한다. 이 증폭된 값은 ADC의 아날로그 입력이 된다. 그러나 단극성 채널이 사용되면 이득 증폭기는 모두 바이패스 된다.

ADC는 ADCSRA 레지스터의 ADC 인에이블 비트(ADEN)를 '1'로 하면 활성화 되며, 기준전압과 입력 채널의 선택은 "ADEN=1"이 될 때까지 영향을 미치지 못한다. 그리고 ADC는 "ADEN=0"이 되면 전력을 소비하지 않으므로 전력 소비 방지를 위하여 슬립 모드에 진입할 때는 반드시 미리 ADC를 오프 하여야 한다.

앞에서 언급한 바와 같이 ADC는 10 비트 해상도를 가지며 그 값은 ADC 레지스터(ADCH와 ADCL)에 저장된다. 변환결과는 기본적으로 오른쪽 자리맞춤을 이용하지만 ADMUX 레지스터의 ADLAR 비트가 '1'이면 왼쪽 자리맞춤으로 할 수 있다. 만약 결과가 왼쪽 자리맞춤이고 8비트 이상의 정밀도가 요구되지 않는다면 ADCH만 읽어도 충분하다. 그러나 10비트의 해상도를 가지기 위해서는 반드시 ADCL을 먼저 읽고 ADCH를 읽어야 한다. 왜냐하면 ADCL을 한번 읽으면 ADC가 데이터 레지스터를 액세스 할 수 없기 때문이다. 이것은 ADCL을 읽은 후 동일 변환에 속해 있는 ADCH을 읽기 전에 다른 A/D 변환이 완료되었을 때, ADC 데이터 레지스터는 새로운 값으로 업-데이트되지 않는다는 것을 의미하며, ADCL을 읽은 후에 발생한 새로운 변환결과는 상실된다. 즉, ADCH를 읽어야만 ADC가 ADCH와 ADCL 레지스터를 액세스하는 것이 다시 허용된다. ADC는 변환이 완료되었을 때 발생되는 자체 인터럽트를 가지고 있다.

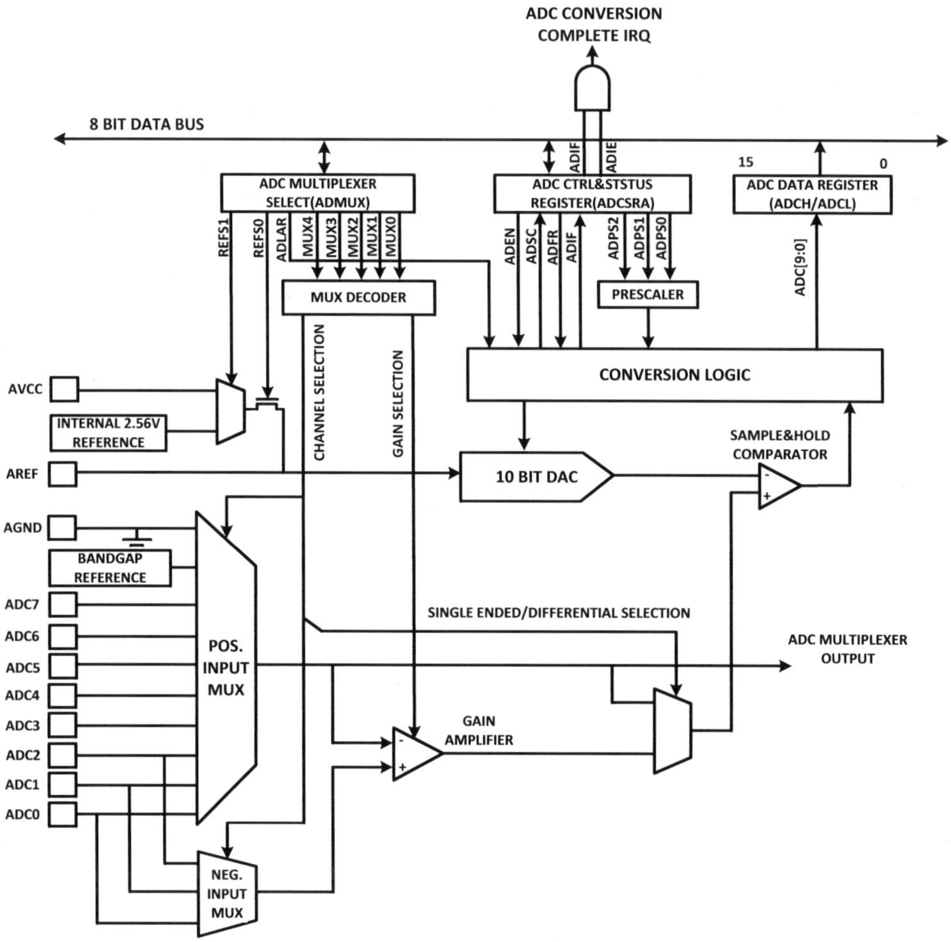

그림 8.14 ADC 블록도

그리고 ADCH와 ADCL을 읽는 사이에 ADC가 후속되는 다른 A/D 변환을 완료하는 경우, 그 데이터는 ADC가 데이터 레지스터를 액세스할 수 없으므로 파괴되지만, 이 경우에도 A/D 변환 완료 인터럽트는 발생된다는 점을 주의하여야 한다.

8.5 변환시작

ADC 변환은 ADC 변환 시작 비트(ADSC)에 '1'을 써넣으면 시작된다. 이 비트는 변환이 진행 중인 동안 '1'을 유지하고 변환이 완료되면 하드웨어적으로 '0'이 된다. 만약 변환이 진행

중인 동안 다른 데이터 채널이 선택되면 ADC는 채널 변경을 수행하기 전에 먼저 현재 수행 중인 변환을 종료한 후 채널을 변경한다.

ADCSRA 레지스터의 ADFR 비트를 '1'로 하면 자유구동 모드가 선택된다. 자유구동 모드에서, ADC는 ADC 데이터 레지스터를 연속적으로 샘플링하고 갱신한다. 자유구동모드에서, 첫 번째 변환은 ADCSRA 레지스터의 ADSC 비트에 '1'을 써넣음으로서 시작되는데, 이때 ADC는 ADC 인터럽트 플래그 비트(ADIF)의 값에 관계없이 연속적인 변환을 수행한다.

8.6 프리스케일링과 변환 타이밍

ATmega128의 ADC는 최대 해상도를 얻기 위하여 50kHz ~ 200kHz 사이의 입력 클럭 주파수를 사용하는 축차 근사 회로를 가지고 있다. 만약 10비트 이하의 낮은 해상도가 필요하다면 ADC에 대한 입력 클럭 주파수는 보다 높은 샘플율을 얻기 위하여 200 kHz 이상이 입력 클럭 주파수를 사용하여야 한다. ADC 모듈은 100 kHz 이상의 CPU 주파수로부터 필요한 ADC 클럭 주파수를 발생시키기 위하여 프리스케일러를 내장하고 있으며, 분주값은 ADCSRA 레지스터의 ADPS 비트에 의하여 결정된다. 프리스케일러는 ADCSRA 레지스터의 ADEN 비트를 '1'로 하여 ADC가 활성화 되는 순간 카운팅을 시작한다. 그리고 프리스케일러는 "ADEN=1"인 동안 동작을 계속 유지하다가 "ADEN=0"이 되면 리셋 상태가 된다.

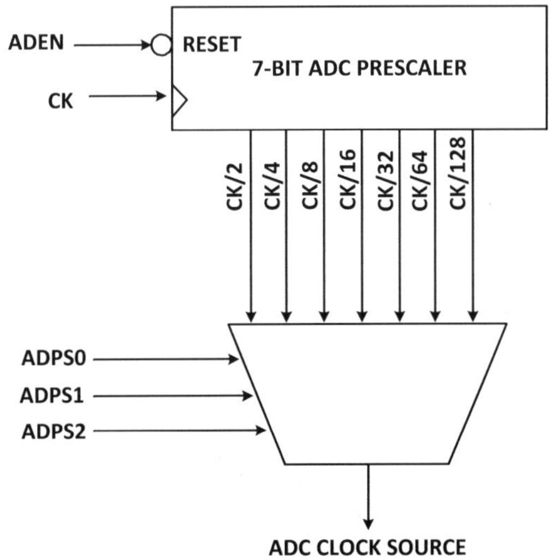

그림 8.15 ADC 프리스케일러

ADCSRA 레지스터의 ADSC 비트를 '1'로 하여 단극성 변환을 시작 할 때, A/D변환은 뒤이어 오는 ADC 클럭 사이클의 상승 에지에서 시작된다. 이때 일반변환 시간은 13 ADC 클럭 사이클이 되지만, ADCSRA의 ADEN 비트를 '1'로 하여 ADC를 인에이블 시킨 후 첫 번째 변환은 아날로그 회로를 초기화하기 위하여 25ADC 클럭 사이클이 걸린다. 이것은 샘플&홀드 동작이 일반 변환이 시작된 후에는 1.5ADC 클럭 사이클이 걸리지만, 첫 번째 변환 시작 이후에는 13.5 ADC클럭 사이클이 걸리기 때문이다. 변환이 완료되면 그 결과는 ADC 데이터 레지스터에 저장되고 ADIF 플래그 비트는 '1'이 된다.

단일변환 모드에서 ADSC는 AD 변환 완료와 동시에 클리어 되고 소프트웨어적으로 ADSC가 다시 '1'이 되면 ADC 클럭의 첫 번째 상승 에지에서 새로운 변환이 시작된다. 한편, 자유구동 모드에서는 "ADSC=1"이 되면 변환이 시작되고 변환이 완료되는 즉시 새로운 변환이 다시 시작된다.

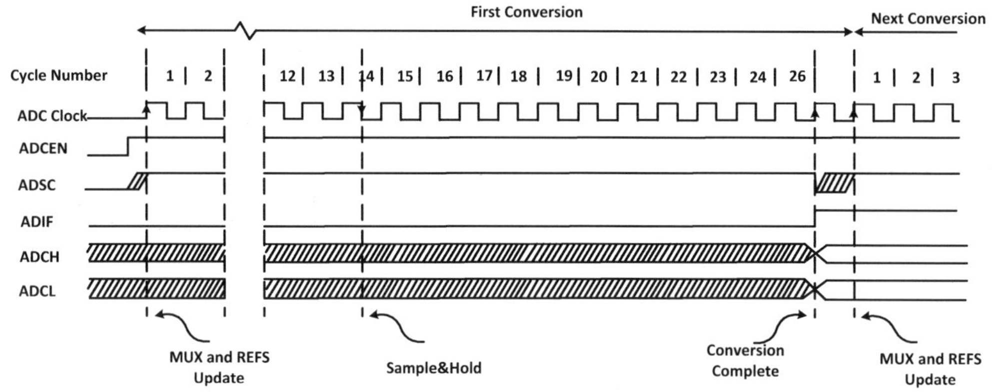

그림 8.16 ADC 타이밍도, 첫 번째 변환(단일변환 모드)

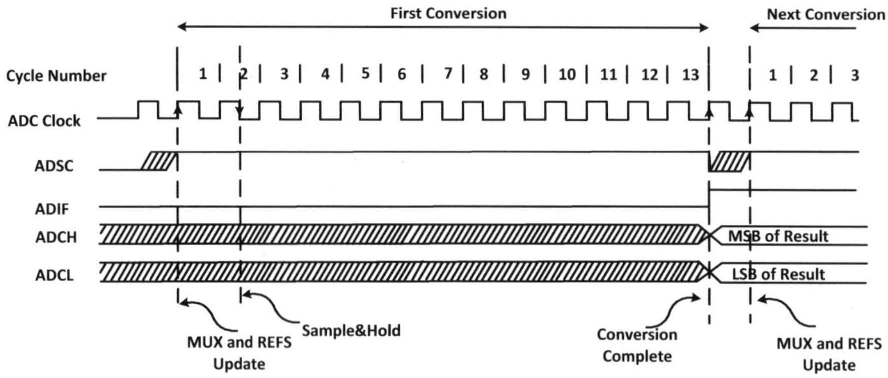

그림 8.17 ADC 타이밍도, 단일변환 모드

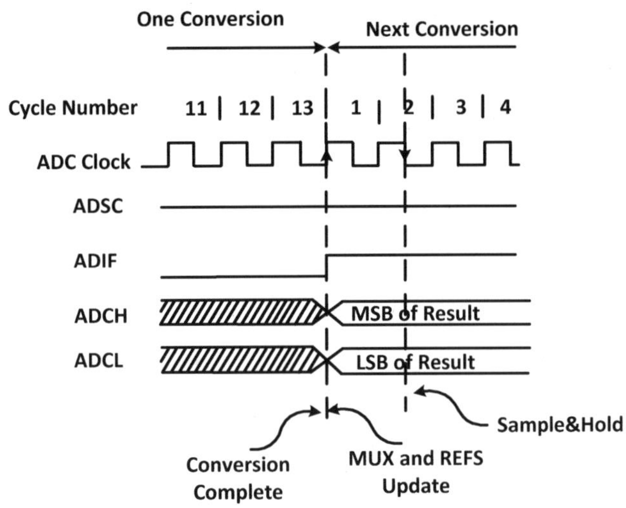

그림 8.18 ADC 타이밍도, 자유구동변환 모드

표 8.2 ADC 변환시간

조건	샘플 & 홀드 (변환시작으로부터의 주기)	변환시간 (주기)
ADEN=1 이후 최초 변환	13.5	25
그 후의 일반변환(단극성 입력)	1.5	13
그 후의 일반변환(차동입력)	1.5/2.5	13/14

8.7 차동이득 채널

차동이득 채널을 사용할 때는 몇 가지 고려해야 할 사항이 있다. 차동 변환은 ADC 클럭 주파수의 1/2 클럭 주파수를 가지는 내부 클럭 CK_{ADC2}에 동기된다. 이 동기화는 CK_{ADC2}의 특정 에지에서 샘플&홀드를 발생시키는 방법을 사용하는 ADC 인터페이스에 의하여 자동으로 수행된다. CK_{ADC2}가 “LOW”일 때 사용자에 의하여 시작된 A/D 변환(모든 단일변환과 첫 번째 자유구동변환)은 단극성 변환과 동일한 변환시간(프리스케일된 다음 클럭 사이클로부터 13ADC 클럭 사이클)을 가진다. 그러나 CK_{ADC2}가 “HIGH”일 때 사용자에 의하여 시작된 A/D 변환은 동기화 메커니즘 때문에 14ADC 클럭 사이클이 걸린다. 한편, 자유구동 모드에서의 새로운 A/D 변환은 이전 변환이 완료된 직후 즉시 시작된다. 그리고 이 순간 CK_{ADC2}는 '1'이므로, 자동으로 시작된 모든 자유구동 A/D 변환(첫 번째 변환을 제외한 모든 A/D변환)은 14ADC 클럭 사이클이 걸린다. 이득단은 모든 이득 설정에서 4kHz의 대역폭으로 최적화 되었다. 따라서 더 높은 주파수는 비선형 증폭이 될 수 있다. 따라서 A/D 변환되어질 입력 신호가 이득단 대역폭 보다 높은 주파수 성분을 가진다면 외부 저주파 통과 필터가 사용되어야 한다. 하지만 ADC 클럭 주파수는 이득단 대역폭 제한과 관계없다. 즉 ADC 클럭 주기는 6us이며 이 채널의 대역폭과 관계없이 채널이 12kSPS에서 샘플 되도록 해 준다.

8.8 채널 또는 기준전압 변경

ADMUX 레지스터의 MUXn과 REFS1~0 비트는 각각 채널 선택과 기준 전압선택을 위하여 사용되는 레지스터이다. 이들 레지스터는 CPU가 랜덤 액세스할 수 있도록 하기 위하여 하나의 임시 레지스터를 이용하여 만들어진 단일 버퍼화된 레지스터이다. 이렇게 버퍼화된 레지스터는 채널과 기준전압 선택이 A/D 변환기간 동안 하나의 안정점에서 이루어 질 수 있도록 해준다. 채널과 기준전압의 선택은 변환이 시작되기 전까지 연속적으로 변경된다. 그러나 변환이 시작되면 ADC에 대한 충분한 샘플링 시간을 확보하기 위하여 채널과 기준전압의 변경은 불가능해진다. 채널과 기준전압의 연속적인 변경은 변환이 완료되기 전 마지막 ADC 클럭 사이클에서 재개될 수 있다. 한편, A/D 변환은 ADSC에 값을 써넣은 후 오는 다음 상승 ADC 클럭 에지에서 시작된다. 따라서 프로그램 작성시 ADSC에 값을 써넣은 후 하나의 ADC 클럭 사이클이 경과할 때까지 ADMUX에 새로운 채널 또는 기준전압 선택 값을 써넣지 않도록 주의하여야 한다.

차동 채널을 변경 할 때는 특별히 주의가 필요하다. 왜냐하면 새로운 차동 채널이 선택되었을 때 선택된 채널의 이득단은 새로운 값을 안정화 시키는데 125us가 필요하기 때문이다. 그러므로 A/D 변환은 새로운 채널이 선택된 후 125us가 지난 후 시작되어야 정확한 값을 얻을 수 있다. 또한 ADC 기준 전압을 변경(ADMUX 레지스터의 REFS1~0비트를 변경)한 후 오는 첫 번째 차동 변환에 대해서도 동일한 안정화 시간이 필요하다. 한편, JTAG 인터페이스가 활성화되면 PORTF7~4의 ADC채널 기능은 JTAG에 의하여 사용된다.

(1) ADC 입력 채널

채널을 변경할 때 사용자는 올바른 채널이 선택되도록 하기 위하여 다음 사항을 지켜야 한다.

① **단일 변환 모드** : 항상 변환을 시작하기 전에 먼저 채널을 선택한다.
채널 선택은 ADSC에 '1'을 써넣고 나서 1ADC 클럭 사이클 후에 변경된다. 하지만 가장 간단한 방법은 채널을 변경하기 전 변환이 완료되기를 기다리는 것이다.

② **자유구동 모드** : 첫 번째 변환이 시작되기 전 채널을 먼저 선택하여야 한다.
채널 선택은 ADSC에 '1'을 써넣고 나서 1ADC 클럭 사이클 후에 변경된다. 하지만 가장 간단한 방법은 첫 번째 변환이 완료되도록 기다렸다가 채널을 변경하는 것이다. 이때 두 번째 A/D 변환은 이미 자동으로 시작되었으므로 이전에 선택된 채널을 그대로 사용하지만 그 후 연속되는 AD 변환은 새로운 채널을 사용한다.

③ **차동이득 채널로 변경** : 첫 번째 변환은 정확성이 떨어진다. 왜냐하면 자동 옵셋 제거회로가 정상화 되는데 시간이 필요하기 때문이다. 따라서 사용자는 첫 번째 결과를 적절히 버리면 된다.

(2) ADC 기준전압

ADC 기준전압 V_{ref}은 ADC의 변환 범위를 나타낸다. V_{ref}를 넘는 단극성 채널값은 0x3ff (1111111111b)에 가까운 값이 된다. V_{ref} 전압으로는 ㉠ "AVCC", ㉡ "내부 2.56V" 또는 ㉢ "외부 AREF 핀으로 입력되는 전압" 중 하나가 선택될 수 있다. 외부 AVCC 핀은 스위치를 통하여 ADC에 연결될 수 있고, 내부 2.56V 기준 전압은 내부 밴드갭 기준전압(V_{BG})으로부터 내부 증폭기를 통하여 발생된다. 어느 경우든지 외부 ARFF 핀은 ADC에 직접 연결된다. 그리고 AREF 핀과 그라운드 사이에 콘덴서를 연결하면 기준전압 V_{ref}의 노이즈를 줄일 수 있다. 또한 V_{ref}는 AREF 핀에서 전압계를 통하여 측정할 수 있다. V_{ref}는 고 임피던스 소스이므로 단지 콘덴서만이 시스템에 연결될 수 있다. 만약 사용자가 AREF 핀에 연결된 외부 고정 전압원을 사용한다면 사용자는 다른 기준 전압 옵션을 사용할 수 없다. 왜냐하면 다른 기준 전압을 사용하는 경우 이 전압이 AREF핀에 연결된 외부 고정 전압원과 단락이 발생하기 때문이다. 그러나 외부 전압이 AREF핀에 연결되지 않으면, 사용자는 AVCC 또는 2.56V 중 하나를 기준전압으로 선택할 수 있다. 기준 전압 소스를 변경한 후 수행되는 첫 번째 ADC변환은 부정확하므로 그 값을 사용하지 않는 것이 좋다.

8.9 ADC 노이즈 제거 장치

ATmega128의 ADC 모듈에는 CPU 또는 다른 입출력 주변장치들로부터 발생하는 노이즈를 저감하기 위하여, 슬립모드 기간 동안 ADC를 활성화 할 수 있도록 해주는 노이즈 제거장치가 있다. 이 노이즈 제거장치는 노이즈 저감모드와 아이들 모드에서 사용될 수 있다. 이러한 노이즈 제거장치를 사용하기 위해서는 다음과 같은 사용 절차가 반드시 필요하다.

① ADC가 활성화되어 있고 변환 중이 아님을 확인한다. 반드시 단일 변환 모드가 선택되어야 하고 ADC 변환완료 인터럽트가 활성화 되어야 한다.

② ADC 노이즈 저감 모드(또는 아이들 모드)에 진입하여 CPU가 정지되면, ADC가 변환을 시작한다.

③ 만약 ADC 변환이 완료되기 전 다른 인터럽트가 발생하지 않는다면 ADC 인터럽트는 CPU를 슬립모드로부터 탈출시키고, ADC 변환 완료 인터럽트 루틴을 수행한다. 만약 ADC 변환이 완료되기 전 다른 인터럽트가 CPU를 슬립모드로부터 탈출시키면 그 인터럽트가 수행되며, ADC 변환완료 인터럽트 요청은 ADC변환이 완료되었을 때 발생된다. 그리고 CPU는 새로운 슬립 명령이 실행되기 될 때까지 활성 모드 상태를 그대로 유지한다.

아이들 모드와 ADC 노이즈 저감 모드 이외의 다른 슬립모드로 들어갈 때는 ADC가 자동으로 턴 오프 되지 않는다. 따라서 사용자는 과도한 전력 소비를 피하기 위하여 그러한 슬립모드에 들어가기 전에 미리 "ADEN = 0"으로 하는 것이 좋다. 만약 ADC가 아이들 모드와 ADC 노이즈 저감 모드 이외의 다른 슬립모드에서 활성화되고, 사용자가 차동 변환을 원한다면, 사용자는 ADC를 오프하고 슬립모드로부터 탈출한 후 ADC를 턴 온 하여 사용하는 것이 좋다.

(1) 아날로그 입력회로

그림 8.19는 단극성 채널을 위한 아날로그 입력회로를 보여주고 있다. ADCn에 인가된 아날로그 소스는 그 채널이 ADC를 위한 입력으로 선택되는 것과는 별개로 핀 커패시턴스와 입력 누설성분의 영향을 받게 된다. 채널이 선택되면 소스는 직렬 저항(입력 핀의 저항과 결합된)을 통하여 샘플&홀드(S/H)콘덴서를 구동해야 한다. ADC는 10kΩ 또는 그 보다 작은 출력 임피던스를 가지는 아날로그 신호에 대하여 최적화되어 있다. 만약 그러한 소스가 사용되면 샘플링 시간이 무시되지만, 더 높은 임피던스를 가진 소스가 사용되면 샘플링 시간은 S/H 콘덴서를 충전하기 위하여 소스가 필요로 하는 시간에 따라 달라질 수 있고 이 값은 매우 광범위 할

수 있다.

따라서 사용자는 신호의 변화시간이 길고(낮은 주파수) 저 임피던스 소스를 사용하는 것이 좋다. 왜냐하면 이것은 콘덴서 S/H에 전달되는 충전시간을 최소화해주기 때문이다.

만약 차동 이득 채널이 사용된다면, 입력회로는 약간 달라지며, 수백 kΩ 이하의 임피던스를 가지는 소스를 사용하는 것이 좋다. 예상치 못한 신호 컨벌루션으로부터 발생되는 왜곡을 막기 위하여, 어떤 종류의 채널에 있어서도 나이키스트 주파수($f_{ADC}/2$) 보다 높은 신호성분이 입력되어서는 안 된다. 따라서 사용자는 어떤 신호를 ADC 입력으로 인가하기 전에 저역 통과 필터를 사용하여 미리 고주파 성분을 제거하는 것이 좋다.

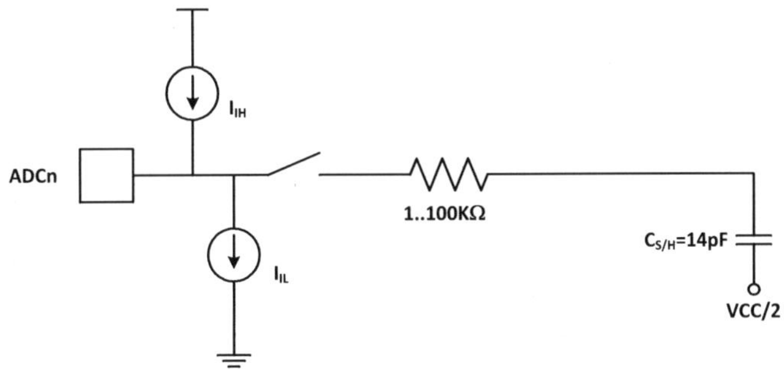

그림 8.19 아날로그 입력회로

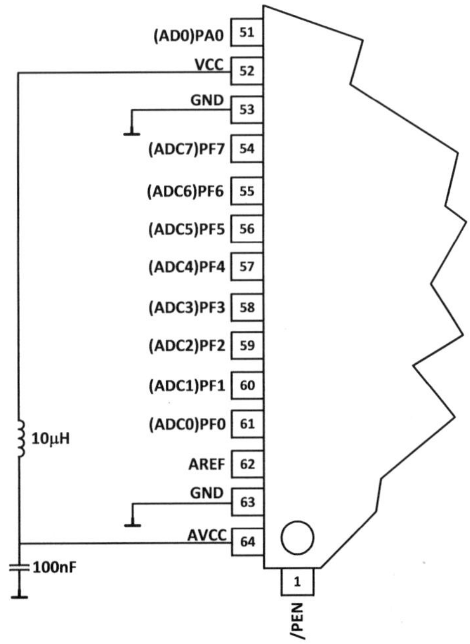

그림 8.20 ADC 전원 연결

(2) 아날로그 노이즈 제거 기법

CPU의 내/외부 디지털 회로는 아날로그 측정의 정확도에 영향을 미치는 EMI를 발생한다. 만약 변환 정확도가 중요하다면, 다음과 같은 기법을 적용하여 노이즈 크기를 감소시켜야 한다.

① 아날로그 신호 경로를 가능한 짧게 유지하며, 아날로그 신호를 그라운드 판 주변에 배치한다. 그리고 고주파수의 디지털 신호선과 멀리 떨어지게 배치한다.

② CPU의 AVCC 핀은 그림 8.20과 같이 LC 필터를 통하여 디지털 VCC 전압 공급 장치에 연결한다.

③ CPU로부터 생성되는 노이즈를 줄이기 위하여 ADC 노이즈 제거장치 기능을 사용한다.

④ 만약 어떤 ADC 포트 핀이 디지털 출력으로 사용된다면, 이것들은 A/D 변환이 진행 중인 동안 그 값을 변경하지 않는 것이 좋다.

(3) 옵셋 보상 기법

이득단은 차동 측정의 옵셋을 가능한 제거해 주는 옵셋 제거회로를 내장하고 있다. 아날로그 경로에서 남아 있는 옵셋은 양쪽 차동 입력에 대하여 동일 채널을 선택함으로써 직접 측정될 수 있다. 이러한 잔존 옵셋값은 측정결과로부터 소프트웨어적으로 추출될 수 있다. 옵셋 수정기능을 가지고 있는 소프트웨어를 사용하면 채널의 옵셋을 1LSB 이하로 줄일 수도 있다.

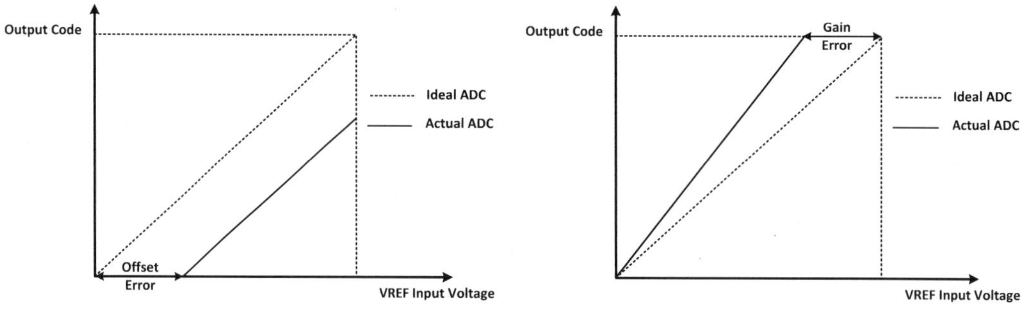

(a) 옵셋 오차 (b) 이득오차

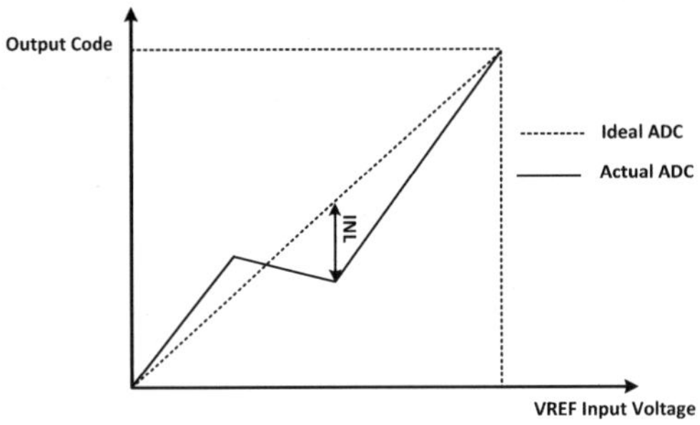

(c) 적분 비선형 오차

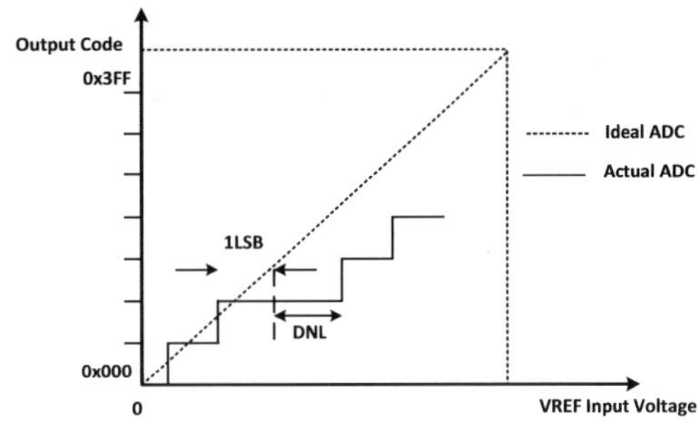

(d) 차동 비선형 오차

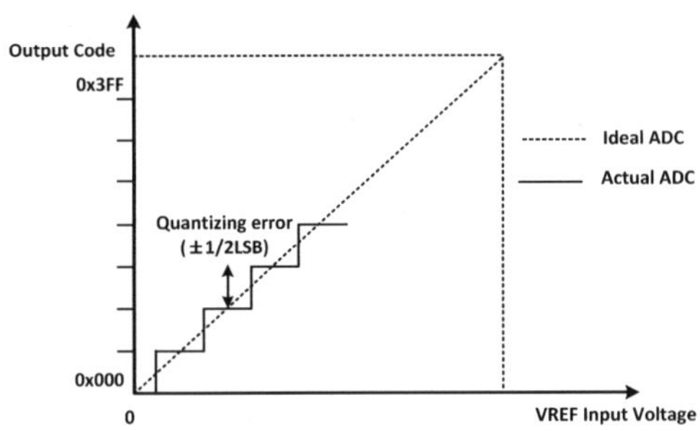

(e) 양자화 오차

그림 8.21 ADC 오차의 종류

(4) ADC 정확도 정의

N비트 단극성 ADC는 0~ V_{ref} 사이의 전압값을 선형적으로 변환한다. 가장 낮은 디지털 값은 '0'이고 가장 높은 디지털 값은 "2^n-1"이다. 이때 A/D 변환기에서는 여러 가지 요인으로 인하여 오차가 발생할 수 있는데 오차의 종류는 다음과 같다.

- **옵셋오차** : 그림 8.21(a)에서와 같이 변환결과가 이상적인 디지털 값에서 벗어나는 것을 말하며, 디지털 값이 최소치인 '0'일 때의 아날로그 입력값으로 표현된다. 옵셋값은 변환된 디지털 값에서 일정치를 더하거나 빼면 소프트웨어적으로 보정이 가능하다.
- **이득 오차** : 그림 8.21(b)와 같이 변환결과가 이상적인 값에서 일정한 비율만큼 벗어나는 것인데, 이는 디지털 값이 최대치인 경우의 아날로그 입력과 최대 아날로그 입력인 V_{ref}의 차이로 표현한다. 이는 변환된 디지털 값에서 일정치를 곱하거나 나눔으로써 소프트웨어적으로 쉽게 보정할 수 있다.
- **적분 비선형 오차** : 그림 8.21(c)와 같이 옵셋 오차나 이득 오차를 보상한 후 디지털 값이 이상적인 값에서 가장 크게 벗어나는 양이다. 이러한 오차는 A/D 변환기의 사용자가

보정하기 어렵다.

- **차동 비선형 오차** : 그림 8.21(d)와 같이 1 비트의 변화를 발생하는 아날로그 값이 이상적인 경우에서 가장 크게 벗어나는 양이다. 이러한 오차는 A/D 변환기의 사용자가 보정하기 어렵다.
- **양자화 오차** : 그림 8.21(e)와 같이 양자화 오차는 1 비트의 디지털 값의 변화를 일으키는 아날로그 값의 한계인데, 이는 그림에서와 같이 항상 ±0.5LSB로서 일정하며 A/D 변환기가 속성적으로 가지는 불가피한 오차이다. 이 오차를 작게 하려면 분해능이 높은 A/D변환기를 사용하여야 한다.

8.10 A/D 변환기 변환 결과

변환이 완료되면 변환 결과는 ADC 결과 레지스터(ADCL, ADCH)에 저장된다. 그리고 단극성 변환에서 변환결과는 다음과 같이 계산된다.

$$ADC = \frac{V_{IN} \times 1024}{V_{REF}}$$

여기서 V_{IN}은 선택된 입력핀 전압이고 V_{REF}는 선택된 전압기준을 나타낸다. 그리고 변환결과값 0x000는 0V를 나타내고 0x3FF는 "선택된 기준전압-1 LSB"를 나타낸다. 만약 차동 채널이 사용되면 그 결과는 다음과 같이 계산된다.

$$ADC = \frac{(V_{POS} - V_{NEG}) \times GAIN \times 512}{V_{REF}}$$

여기서 V_{POS}는 (+)입력핀 전압, V_{NEG}은 (-)입력핀 전압, "GAIN"은 선택된 이득값, V_{REF}은 선택된 전압 기준이다.

이 변환결과는 0x200(-512D)~0x1FF(+511D) 사이에서 2의 보수 형태로 나타난다.

만약 사용자가 변환 결과의 극성만을 빨리 알기 원한다면 변환결과의 부호를 나타내는 MSB(ADCH 레지스터의 ADC9 비트)를 읽으면 된다. 만약 이 비트가 '1'이면 결과는 (-)이고 이 비트가 '0'이면 그 결과는 (+)이다. 그림 8.22는 차동 입력 범위의 디코딩을 보여준다. 표 8.3은 차동 입력 채널 쌍(ADCn, ADCm)이 "GAIN"의 이득값과 "VREF"의 기준전압을 가지고 선택되었을 때의 결과 출력 코드를 보여준다.

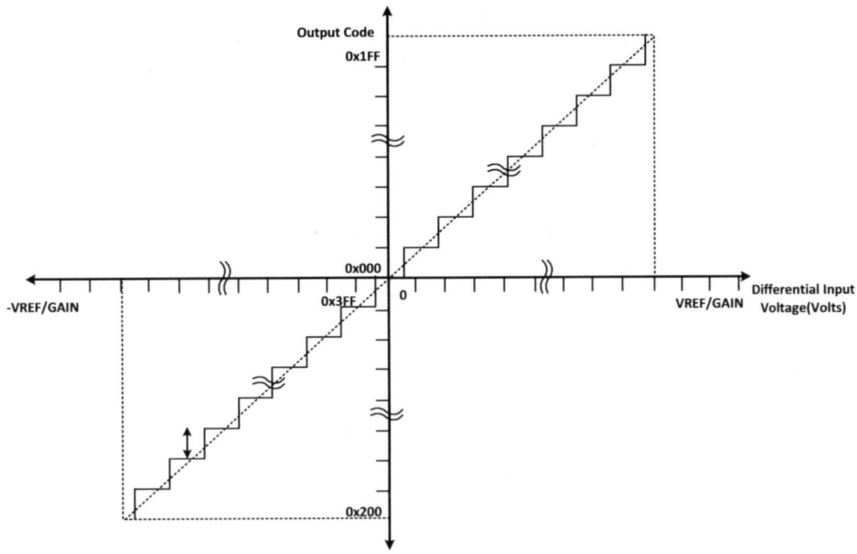

그림 8.22 차동측정범위

표 8.3 입력전압과 출력코드 사이의 관계

V_{ADCn}	코드 값	10진수값
$V_{ADCm} + V_{REF}\ /GAIN$	0x1FF	511
$V_{ADCm} + (511/512)\,V_{REF}/GAIN$	0x1FF	511
$V_{ADCm} + (510/512)\,V_{REF}/GAIN$	0xFE	510
…	…	…
$V_{ADCm} + (1/512)\,V_{REF}\ /GAIN$	0x001	1
V_{ADCm}	0x000	0
$V_{ADCm} - (1/512)\,V_{REF}\ /GAIN$	0x3FF	-1
…	…	…
$V_{ADCm} - (511/512)\,V_{REF}\ /GAIN$	0x201	-511
$V_{ADCm} - V_{REF}\ /GAIN$	0x200	-512

예 ADMUX = 0xED(ADC3–ADC2, 10x 이득, 기준전압 = 2.56V, 왼쪽정렬), ADC3의 전압이 300 mV, ADC2의 전압이 500 mV인 경우.

– ADCR = 512 * 10 * (300 – 500) / 2560 = –400 = 0x270, ADCL = 0x00, ADCH = 0x9C가 된다. 만약 오른 정렬이 되도록 ADLAR=0로 설정하면 ADCL = 0x70, ADCH = 0x02이 된다.

8.11 ADC 관련 레지스터

1) ADMUX(ADC 멀티플렉스 선택 레지스터)

Bit	7	6	5	4	3	2	1	0
	REFS1	REFS0	ADLAR	MUX4	MUX3	MUX2	MUX1	MUX0
Read/Write	R/W	R/W	W/R	W/R	R/W	R/W	R/W	R/W
초기값	0	0	0	0	0	0	0	0

- Bit 7~6 : REFS1~0(기준 선택 비트)

이 비트는 표 8.4에서와 같이 ADC의 기준전압을 결정한다. 만약 이 비트가 AD 변환기간 동안 변경된다면, 변경된 기준전압은 이 변환이 완료(ADCSRA의 ADIF 비트가 셋)될 때까지 영향을 미치지 않는다. 그리고 만약 외부 기준 전압이 AREF핀에 인가되면 내부 기준전압은 사용하지 않는다.

표 8.4 ADC를 위한 전압기준 선택

REFS1	REFS0	기 준 전 압
0	0	외부의 AREF 핀으로 입력된 전압, 내부 기준전압(V_{ref}) 오프
0	1	외부 AVCC 핀으로 입력된 전압, AREF에 외부 콘덴서 부착
1	0	예 약
1	1	2.56V 내부 기준전압, AREF 핀에 외부 콘덴서 부착

- Bit 5 : ADLAR(ADC 왼쪽 맞춤 결과)

ADLAR 비트는 ADC 데이터 레지스터에 있는 ADC 변환 결과의 자리 맞춤을 결정하는 비트이다. 이 비트가 '1'이면 왼쪽 자리 맞춤이 되고, 이 비트가 '0'이면 오른쪽 자리 맞춤이 된다. 이 비트를 변경하면 수행 중인 변환에 관계없이 즉시 ADC 데이터 레지스터에 영향을 미친다.

- Bit 4~0 : MUX4~0(아날로그 채널과 이득 선택 비트)

표 8.5에서와 같이 이 비트는 ADC의 아날로그 입력 채널과 차동 채널 이득을 선택하는데 사용된다. 만약 이들 비트가 ADC 변환 중인 동안 변경되면 변경된 값은 변환이 완료(ADCSRA의 ADIF 비트가 셋)될 때까지 영향을 미치지 못한다.

표 8.5 입력 채널과 GAIN 선택

MUX4~0	단극성 입력	차동입력(+)	차동입력(−)	이득
00000	ADC0	N/A		
00001	ADC1			
00010	ADC2			
00011	ADC3			
00100	ADC4			
00101	ADC5			
00110	ADC6			
00111	ADC7			
01000	N/A	ADC0	ADC0	10x
01001		ADC1	ADC0	10x
01010		ADC0	ADC0	200x
01011		ADC1	ADC0	200x
01100		ADC2	ADC2	10x
01101		ADC3	ADC2	10x
01110		ADC2	ADC2	200x
01111		ADC3	ADC2	200x
10000		ADC0	ADC1	1x
10001		ADC1	ADC1	1x
10010		ADC2	ADC1	1x
10011		ADC3	ADC1	1x
10100		ADC4	ADC1	1x
10101		ADC5	ADC1	1x
10110		ADC6	ADC1	1x
10111		ADC7	ADC1	1x
11000		ADC0	ADC2	1x
11001		ADC1	ADC2	1x
11010		ADC2	ADC2	1x
11011		ADC3	ADC2	1x
11100		ADC4	ADC2	1x
11101		ADC5	ADC2	1x
11110	1.22V(VBG)	N/A		
11111	0V(GND)			

2) ADCSRA(ADC 제어, 상태 레지스터 A)

Bit	7	6	5	4	3	2	1	0
	ADEN	ADSC	ADFR	ADIF	ADIE	ADPS2	ADPS1	ADPS0
Read/Write	R/W	R/W	W/R	W/R	R/W	R/W	R/W	R/W
초기값	0	0	0	0	0	0	0	0

- Bit 7 : ADEN(ADC 활성화)

  "ADEN=1"이면 ADC가 활성화 되며 "ADEN=0"이면 ADC는 비활성화 된다. 그리고 변환이 진행되는 동안 "ADEN=0"으로 하여 ADC를 비활성화 하면 진행 중인 변환은 종료된다.

- Bit 6 : ADSC(ADC 변환 시작)

  단일 변환 모드에서 "ADSC=1"이 되면 A/D 변환이 시작된다. 그리고 자유구동 모드에서 "ADSC=1"이 되면 첫 번째 A/D 변환이 시작된다. ADC가 활성화 된 상태에서, ADSC에 값을 써넣은 후 첫 번째 A/D 변환, 또는 ADC가 활성화됨과 동시에 ADSC에 값을 써넣은 후의 첫 번째 변환은 일반적인 13 ADC클럭 사이클이 아니고 25 ADC클럭 사이클이 된다. 왜냐하면 이 첫 번째 변환은 ADC의 초기화를 수행하기 때문이다. ADSC는 변환이 진행되는 동안 '1'을 유지하며 변환이 완료되면 '0'이 된다. 하지만 이 비트에 '0'을 써넣는 것은 아무런 영향을 미치지 않는다.

- Bit 5 : ADFR(ADC 자유구동모드 선택)

  "ADFR=1"로 설정하면 ADC는 자유구동 모드로 동작한다. 이 모드에서, ADC는 데이터 레지스터를 연속적으로 샘플링 하고 갱신한다. 즉 한번 변환이 시작되면 반복적으로 변환을 수행한다. 따라서 사용자는 원하는 시간에 A/D 변환기의 데이터 레지스터를 자유롭게 읽을 수 있다. 이 비트가 '0'이면 자유구동 모드는 중지된다.

- Bit 4 : ADIF(ADC 인터럽트 플래그)

  ADC 변환이 완료되고 데이터 레지스터가 갱신되면 이 비트가 '1'이 된다. 만약 "ADIE=1"이고 SREG 레지스터의 'I' 비트가 '1'이면 ADC 변환완료 인터럽트가 수행된다. 해당 인터럽트 처리 벡터가 수행되면 ADIF는 하드웨어적으로 클리어 된다. 또한 ADIF 플래그에 직접 '1'을 써넣어도 클리어 된다. 만약 ADCSRA 상에서 SBI와 CBI 명령어와 같은 "read-modify-write" 명령어가 수행되면 팬딩된 인터럽트가 비활성화 될 수 있다는 점에 주의해야 한다.

- **Bit 3 : ADIE(ADC 인터럽트 인에이블)**
  "ADIE=1"이고 SREG 레지스터의 'I' 비트가 '1'이면 ADC 변환완료 인터럽트가 활성화된다.

- **Bit 2~0 : ADPS2~0(ADC 프리스케일러 선택비트)**
  이들 비트는 XTAL 주파수와 ADC 입력 클럭과의 사이에 분주비를 결정한다. 즉 ADC에 인가되는 클럭의 분주비를 결정한다. 이 클럭 주파수가 변경되면 ADC 변환시간이 변경된다.

표 8.6 ADC 프리스케일러 선택

ADPS2	ADPS1	ADPS0	분주비
0	0	0	2
0	0	1	2
0	1	0	4
0	1	1	8
1	0	0	16
1	0	1	32
1	1	0	64
1	1	1	128

3) ADCL, ADCH(ADC 데이터 레지스터)

- **ADLAR=0 : 오른쪽 정렬**

Bit	7	6	5	4	3	2	1	0
ADCH	-	-	-	-	-	-	ADC9	ADC8
ADCL	ADC7	ADC6	ADC5	ADC4	ADC3	ADC2	ADC1	ADC0
Read/Write	R	R	R	R	R	R	R	R
	R	R	R	R	R	R	R	R
초기값	0	0	0	0	0	0	0	0
	0	0	0	0	0	0	0	0

- ADLAR=1 : 왼쪽 정렬

Bit	7	6	5	4	3	2	1	0
ADCH	ADC9	ADC8	ADC7	ADC6	ADC5	ADC4	ADC3	ADC2
ADCL	ADC1	ADC0	-	-	-	-	-	-
Read/Write	R	R	R	R	R	R	R	R
	R	R	R	R	R	R	R	R
초기값	0	0	0	0	0	0	0	0
	0	0	0	0	0	0	0	0

ADC 변환이 완료되면, 그 결과는 ADCH, ADCL 레지스터에 저장된다. 차동 채널이 사용되었다면 그 결과는 2의 보수 형태로 표현된다. ADCL을 읽을 때 ADC 데이터 레지스터는 ADCH 값이 읽혀질 때까지 새로운 값으로 갱신되지 않는다. 그리고 만약 결과가 왼쪽 맞춤이고 8비트 이상의 정밀도가 요구되지 않으면 ADCH를 읽는 것만으로 충분하다. 그렇지 않다면 ADCL을 읽은 후 그 다음에 ADCH를 읽어야 한다. ADMUX 레지스터의 ADLAR 비트는 레지스터 결과 값의 정렬 방식을 결정한다. 즉 "ADLAR=1"이면 결과 값은 왼쪽 맞춤 정렬이 되며 "ADLAR=0"이면 그 결과는 오른쪽 맞춤 정렬이 된다.

- ADC9~0 : ADC 변환 결과

이들 비트는 변환 결과를 나타낸다.

CHAPTER 09

아날로그 비교기

아날로그 비교기는 AIN0 핀(+)의 입력값과 AIN1(-)핀의 입력값을 비교하여, 만약 AIN0핀의 값이 AIN1핀의 값보다 크면 ACO(아날로그 비교기 출력)로 '1'을 출력하고 그 반대인 경우는 ACO(아날로그 비교기 출력)로 '0'을 출력하는 기능을 수행한다. 아날로그 비교기의 출력은 타이머/카운터1 입력 캡처 기능을 트리거 하도록 설정할 수도 있다. 그리고 비교장치는 아날로그 비교기 이외에 개별 인터럽트를 트리거 할 수도 있는데, 사용자는 비교장치 출력의 상승에지, 하강에지, 토글 에지 중 하나에서 인터럽트가 트리거될 수 있도록 선택하면 된다.

그림 9.1은 비교장치의 블럭도와 주변회로 로직을 보여준다.

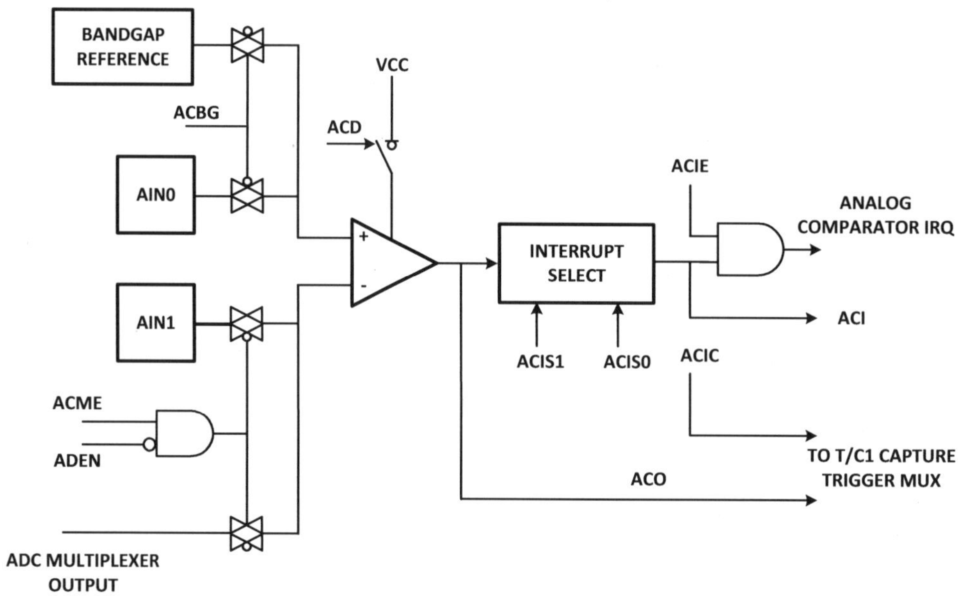

그림 9.1 아날로그 비교기 블록도

9.1 아날로그 비교기 관련 레지스터

1) SFIOR(특수기능 입출력 레지스터)

Bit	7	6	5	4	3	2	1	0
	TSM	–	–	–	ACME	PUD	PSR0	PSR321
Read/Write	R/W	R	R	R	R/W	R/W	R/W	R/W
초기값	0	0	0	0	0	0	0	0

- Bit 3 : ACME(아날로그 비교기 멀티플렉스 인에이블)

  이 비트가 '1'이고 ADC가 오프(ADCSRA 레지스터의 ADEN=0)되면, A/D 변환장치의 입력 신호(ADC0~ADC7)중 하나를 선택하여 아날로그 비교장치의 (-)입력으로 사용할 수 있다. 그러나 이 비트가 '0'이면 AIN1이 아날로그 비교장치의 (-)입력이 된다.

2) ACSR(아날로그 비교기 제어 그리고 상태 레지스터)

Bit	7	6	5	4	3	2	1	0
	ADC	ACBG	ACO	ACI	ACIE	ACIC	ACIS1	ACIS0
Read/Write	R/W	R/W	R	R/W	R/W	R/W	R/W	R/W
초기값	0	0	N/A	0	0	0	0	0

- **Bit 7 : ACD(아날로그 비교기 비활성화)**

이 비트가 '1'이면 아날로그 비교기에 대한 전원이 오프 된다. 이 비트는 아날로그 비교기를 오프 하기 위하여 언제든지 '1'이 될 수 있으며, 이것은 액티브 모드와 아이들 모드에서 전력 소비를 줄여준다. ACD 비트를 변경할 때는 ACSR 레지스터의 ACIE 비트를 클리어 하여 아날로그 비교기 인터럽트를 비활성화 하여야 한다. 그렇지 않으면 이 비트를 변경할 때 인터럽트가 발생 될 수 있으므로 주의하여야 한다.

- **Bit 6 : ACBG(아날로그 비교기 밴드 갭 선택)**

이 비트가 '1'이면 내부 고정 밴드갭 기준전압(1.23V)이 아날로그 비교기의 (+)입력이 되고, 이 비트가 '0'이면 AIN0 핀으로 입력되는 전압이 아날로그 비교기의 (+)입력이 된다.

- **Bit 5 : ACO(아날로그 비교기 출력)**

이 비트는 아날로그 비교기의 출력을 나타낸다. 만약 AIN0 핀의 값이 AIN1 핀의 값보다 크면 아날로그 비교기 출력 ACO는 '1'이 되고, 그 반대인 경우는 아날로그 비교기 출력 ACO는 '0'이 된다.

아날로그 비교기의 출력은 클럭과 동기화되어 ACO에 직접 연결되며, 클럭과의 동기화로 인하여 1~2 클럭 주기의 시간 지연이 발생한다.

- **Bit 4 : ACI(아날로그 비교기 인터럽트 플래그)**

ACI 비트는 아날로그 비교기 인터럽트(ACIS1와 ACIS0에 의하여 정의된 인터럽트 모드로)가 발생되면 하드웨어적으로 셋 되고, 해당 인터럽트 벡터가 처리되면 하드웨어적으로 클리어 된다. 이 플래그 비트를 클리어 하는 다른 방법은 이 비트에 1을 써넣는 방법이다.

한편, 아날로그 비교장치 인터럽트는 "ACIE=1"이고 SREG의 'I' 비트가 '1'이면 발생된다.

- **Bit 3 : ACIE(아날로그 비교기 인터럽트 인에이블)**

"ACIE=1"이고 SREG 레지스터의 'I' 비트가 '1'이면 아날로그 비교기 인터럽트가 활성화

되고 '0'이면 인터럽트는 비활성화 된다.

- **Bit 2 : ACIC(아날로그 비교기 입력 캡처 인에이블)**

"ACIC=1"이면 아날로그 비교기의 출력은 타이머/카운터1 입력 캡처 인터럽트의 트리거 신호로 사용된다. 이 경우 비교기 출력은 입력 캡처 회로의 앞쪽 로직에 직접 연결되어, 비교기가 노이즈 제거장치와 타이머/카운터1 입력 캡처 인터럽트의 에지 선택 기능을 이용할 수 있도록 해주고, 이 값이 '0'이면 이 기능은 비활성화 된다.

한편, 비교장치가 타이머/카운터1 입력 캡처 인터럽트를 트리거 하도록 하기 위하여 TIMSK 레지스터의 TICIE1 비트는 '1'이 되어야 한다.

- **Bit 1~0 : ACSI1~0(아날로그 비교기 인터럽트 모드 선택)**

ACS1~0 비트는 표 9.1과 같이 비교장치가 아날로그 비교기 인터럽트를 발생하는 모드를 결정한다. ACIS1~ACIS0 비트를 변경하는 경우, 아날로그 비교기의 인터럽트가 발생할 수 있으므로 이 비트를 변경 할 때는 반드시 ACSR 레지스터의 ACIE 비트를 '0'으로 하여 인터럽트를 금지시켜야 한다.

표 9.1 ACIS1, ACIS0 설정

ACIS1	ACIS0	인터럽트 모드
0	0	출력의 상승에지와 하강에지에서 모두에서 아날로그 비교기 인터럽트 발생
0	1	예 약
1	0	출력의 하강에지에서 아날로그 비교기 인터럽트 발생
1	1	출력의 상승에지에서 아날로그 비교기 인터럽트 발생

9.2 아날로그 비교기 멀티플렉스 입력

아날로그 비교기의 (-)입력으로 AIN1을 사용하는 대신 ADC7~0핀 중 하나를 선택하여 사용하는 것이 가능하다. 이 경우 ADC 멀티플렉스는 아날로그 비교기의 (-)입력을 선택하기 위하여 사용된다. 따라서 이 기능을 사용하기 위해서는 ADC가 오프되어야 한다.

표 9.2 아날로그 비교기 멀티플렉스 입력

ACME	ADEN	MUX2~0	아날로그 비교기 (-) 입력
0	x	xxx	AIN1
1	1	xxx	AIN1
1	0	000	ADC0
1	0	001	ADC1
1	0	010	ADC2
1	0	011	ADC3
1	0	100	ADC4
1	0	101	ADC5
1	0	110	ADC6
1	0	111	ADC7

만약 SFIOR 레지스터의 아날로그 비교기 멀티플렉스 인에이블 비트(ACME)가 '1'이 되고 ADC가 오프(ADCSRA 레지스터의 ADEN=0)된다면 ADMUX 레지스터의 MUX2~0는 아날로그 비교기의 (-)핀을 대치하기 위한 ADC 입력핀을 결정하는데 사용된다. 이것은 표 9.2에서 보여준다. 그러나 만약 "ACME=0"가 되거나 "ADEN=1"이 되면 AIN1이 아날로그 비교기의 (-)입력으로 사용된다.

예제 9.1 아날로그 비교장치 실험

AIN0핀의 아날로그 입력과 AIN1의 아날로그 입력을 비교하여 AIN0의 전압이 AIN1의 전압보다 높으면 포트B에 연결된 LED를 모두 점등하고 그 반대이면 포트B의 LED를 모두 소등하는 프로그램을 작성하시오.

```
#include<iom128.h>
#include<ina90.h>
void init_sys(void){
DDRE=0xf3;    //PE.3,PE.2 : input
ACSR=0x7b;    // analog comparator enable
__enable_interrupt();
}
void main(void){
```

```
init_sys();
   while(1);
   }
#pragma vector=ANA_COMP_vect
__interrupt void analog_comp(void){
   __disable_interrupt();
   PORTB^=0xff;   //toggle
   __enable_interrupt();
}
```

CHAPTER

10

직렬 주변장치 인터페이스(SPI)

SPI는 모토롤러사에 의하여 개발된 근거리용 직렬 통신 규격으로 MOSI, MISO, SCK, /SS등 4개의 통신선을 사용하는 고속 동기식 직렬 통신 방식이다. 이것은 ATmega128과 주변장치 사이 또는 AVR과 AVR 사이에 고속 데이터 전송이 가능하게 해준다. ATmega128의 SPI는 다음과 같은 특징이 있다.

- 전이중, 3선 동기식 데이터 전송
- 마스터/슬레이브 동작
- LSB 우선 또는 MSB 우선 데이터 전송
- 프로그램 가능한 비트 전송률(7종류)
- 송신완료 인터럽트 플래그
- 쓰기 충돌 플래그 보호
- 아이들 모드로부터 탈출
- 2배속(CK/2) 마스터 SPI 모드

그림 10.1은 SPI의 블록도를 보여준다.

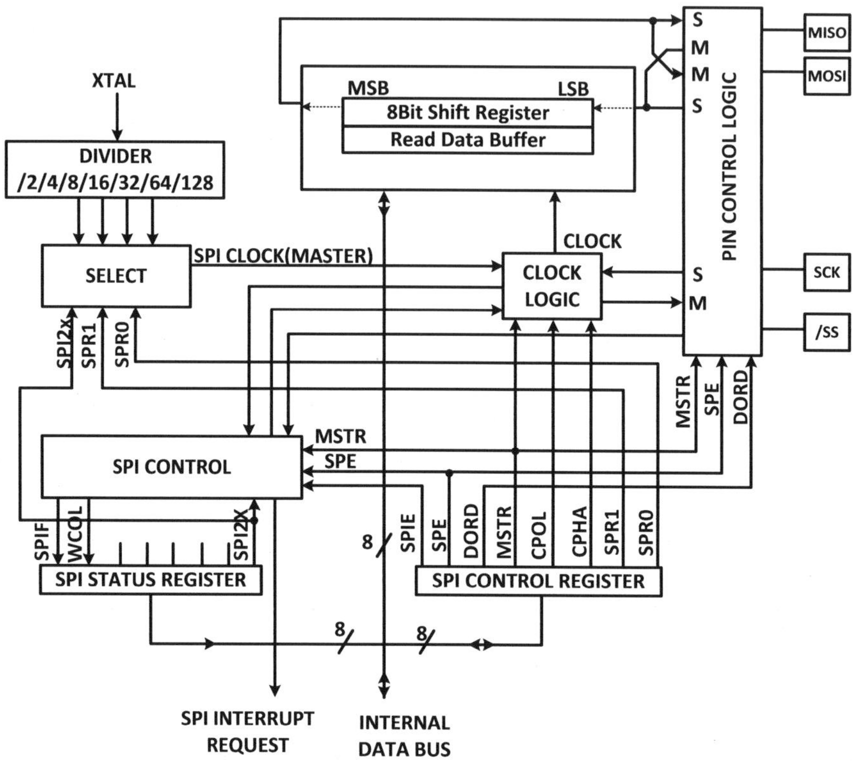

그림 10.1 SPI 블럭도

그림 10.2는 SPI를 이용한 마스터와 슬레이브의 상호 연결 모습을 보여준다. 시스템은 두 개의 시프트 레지스터와 마스트 클럭 발생장치로 구성된다. 마스터가 슬레이브에게 데이터를 전송하기 위해서는 먼저 SPI 마스터가 통신하기를 원하는 슬레이브의 /SS(슬레이브 선택 핀)를 "LOW"로 하여 통신 사이클을 초기화한다. 초기화가 완료되면 마스트와 슬레이브는 지정 시프트 레지스터에 송신할 데이터를 준비를 한다. 그리고 마스트는 데이터를 교환하기 위하여 SCK 선로에 클럭 펄스를 발생한다. 데이터는 항상 MOSI를 통하여 마스트로부터 슬레이브로 시프트되고, MISO를 통하여 슬레이브로부터 마스트로 시프트 된다. 이것은 마치 16비트 환형 큐처럼 동작한다. 즉, 그림 10.2에서 보는 바와 같이 마스터의 8비트 시프트 레지스터와 슬레이브의 8비트 시프트 레지스터의 데이터는 SCK 클럭에 동기되어 16비트 환형 큐에서의 시프트 동작과 같이 시프트를 수행한다. 8개의 SCK 클럭이 지나면 마스터와 슬레이브의 8비트의 데이터는 상호 전송이 완료된다. 데이터 패킷의 전송이 완료되면, 마스터는 슬레이브 선택 라인(/SS)을 'HIGH'로 하여 슬레이브의 동작을 정지시킨다.

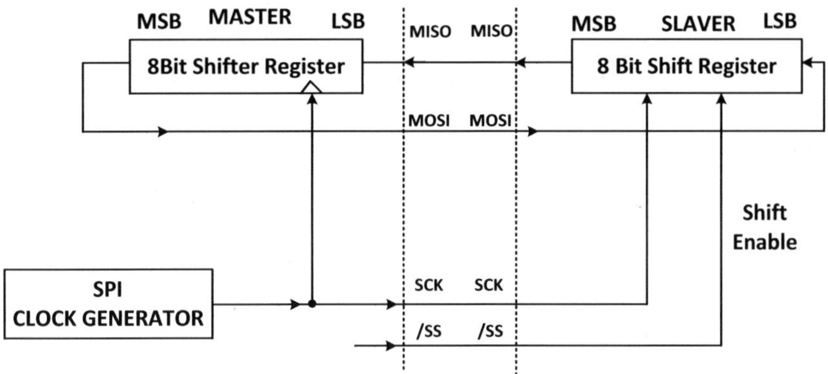

그림 10.2 SPI 마스터 슬레이브 상호연결

SPI는 4개의 신호선이 있는데 SPI가 활성화 되면 각 신호선은 표 10.1과 같이 초기화된다. 표 10.1에서 보는바와 같이 SPI가 마스터로 동작할 때 /SS 신호의 방향은 자동으로 처리되지 않으며 사용자가 출력으로 정의하여야 한다.

표 10.1 SPI 핀 기능

핀	방향, 마스터 SPI	방향, 슬레이브 SPI
MOSI	사용자 정의	입력
MISO	입력	사용자 정의(출력)
SCK	사용자 정의(출력)	입력
/SS	사용자 정의(출력)	입력

그 후 SPI 데이터 레지스터에 1바이트를 써넣으면 SPI 클럭 발생장치가 시작된다. 그리고 이 클럭에 동기되어 하드웨어적으로 8비트를 슬레이브로 시프트 시킨다. 1바이트가 완전히 시프트 되면 SPI 클럭 발생장치는 정지되고, 송신종료 플래그(SPIF)가 셋 된다. 여기서 만약 SPCR 레지스터의 SPI 인터럽트 인에이블 비트(SPIE)가 셋 되어 있다면 인터럽트가 요청된다. 이후 SPDR에 데이터를 써넣으면 마스터는 다음 바이트를 시프트하기 시작하며 이와 같은 전송을 계속 하다가 /SS핀에 “HIGH” 신호를 출력하면 데이터 패킷의 전송이 종료된다. 전송이 종료되면 마지막으로 수신된 바이트는 다음에 사용하기 위하여 버퍼 레지스터에 남겨진다.

슬레이브로 설정되면 /SS 핀은 자동으로 입력핀으로 동작하며, SPI 인터페이스는 /SS 핀이 “HIGH”인 동안 “MISO”가 ”tri-state” 상태를 가지는 슬립 상태를 유지한다. 이 상태에서 사용자는 소프트웨어적으로 SPI 데이터 레지스터(SPDR)의 내용을 업-데이터 할 수 있다. 그러나 데이터는 /SS핀이 "LOW"로 될 때까지 SCK핀 상의 수신 클럭 펄스에 의하여 시프트 아웃되지 않는다. /SS 핀을 "LOW"로 하여 1바이트를 완전히 시프트하게 되면 송신완료 플래그(SPIF)가 셋 된다. 만약 SPCR 레지스터의 SPI 인터럽트 인에이블 비트가 셋 되어 있다면 인터럽트가 요청된다. 수신된 데이터를 읽기 전 슬레이브는 송신할 새로운 데이터를 SPDR 레지스터에 써넣을 수 있다. 일반적으로 마지막 수신 바이트는 나중에 사용하기 위하여 버퍼에 그대로 둔다. SPI 시스템에서, 송신측은 단일 버퍼를 가지며 수신측은 이중 버퍼를 가진다. 이것은 전체 시프트 사이클이 완료된 후에, (즉, 8비트 데이터 전송이 완료된 후에) 송신할 데이터를 SPI 데이터 레지스터에 써넣어야 한다는 것을 의미한다. 하지만 데이터를 수신할 때, 수신된 한 문자는 다음 문자가 완전히 수신되기 전에 SPI 데이터 레지스터로부터 읽어야 한다. 그렇지 않으면 수신된 첫 번째 바이트는 상실된다. SPI 슬레이브 모드에서 제어로직은 SCK핀의 클럭 신호를 입력 받는다. 이때 클럭 신호의 정상적인 입력을 보장받기 위한 최소 "LOW/HIGH" 주기는 다음과 같아야 한다.

- 최소 "LOW" 주기 : 2 CPU 클럭 사이클 보다 길어야 한다.
- 최소 "HIGH" 주기 : 2 CPU 클럭 사이클 보다 길어야 한다.

SPI가 인에이블 되면, MOSI, MISO, SCK, SS핀의 데이터 방향은 표 10.1과 같이 된다. 다음 코드 예는 SPI를 마스터 모드로 초기화하는 방법과 간단한 송신을 수행하는 방법을 보여 준다. 예에서 DDR_SPI는 SPI 핀을 제어하는 실제 데이터 방향 레지스터로 설정되어야 하며, DD_MOSI, DD_MISO, DD_SCK는 이들 핀을 위한 실제 데이터 방향 비트로 설정되어야 한다. 예를 들어, 만약 MOSI가 PB5라면 DD_MOSI는 DDB5로 설정되고 DDR_SPI는 DDRB로 설정된다.

SPI 마스터 송신 함수 예

```
void SPI_MasterInit(void){
/* Set MOSI and SCK output, all others input */
DDR_SPI = (1<<DD_MOSI)|(1<<DD_SCK);
/* Enable SPI, Master, set clock rate fck/16 */
SPCR = (1<<SPE)|(1<<MSTR)|(1<<SPR0);
}
void SPI_MasterTransmit(char cData){
/* Start transmission */
```

```
SPDR = cData;
/* Wait for transmission complete */
while(!(SPSR & (1<<(SPIF)))
}
```

다음 코드 예는 SPI를 슬레이브로 초기화하고 간단한 수신을 수행하는 것을 보여준다.

SPI 슬레이브 수신 예

```
void SPI_SlaveInit(void){
/* Set MISO output, all others input */
DDR_SPI = (1<<(DD_MISO);
/* Enable SPI */
SPCR = (1<<(SPE);
}
char SPI_SlaveReceive(void){
/* Wait for reception complete */
while(!(SPSR & (1<<(SPIF)))
/* Return data register */
return SPDR;
}
```

10.1 /SS핀 기능

(1) 슬레이브 모드

SPI가 슬레이브 모드로 설정되면 슬레이브 선택(/SS)핀은 자동으로 입력핀으로 설정 되며 /SS가 "LOW"이면 SPI가 활성화된다. MISO는 사용자에 의하여 출력으로 설정되어야 하고 그 외 다른 모든 핀은 입력핀이 된다. /SS가 "HIGH"이면 MISO를 제외한 모든 핀은 입력 핀 상태를 유지하며, SPI는 입력되는 데이터를 수신하지 않는 아이들 상태가 된다. 한편, SPI

로직이 리셋되면 /SS 핀은 "HIGH"가 된다는 점에 주의하여야 한다. /SS핀은, 마스트 클럭 발생장치를 이용하여, 슬레이브 비트 카운터의 동기 상태를 유지하기 위한 패킷/바이트 동기화를 위하여 사용된다. /SS 핀이 "HIGH"이면 SPI 슬레이브는 송/수신 로직을 즉시 리셋하고, 시프트 레지스터에 있는 데이터를 버린다.

(2) 마스터 모드

SPCR 레지스터의 MSTR 비트를 '1'로 하여 SPI가 마스트 모드로 설정되면, 사용자는 DDRB0 비트를 사용하여 /SS핀의 방향을 출력으로 설정할 수 있다. 만약 /SS가 출력으로 설정되면 그 핀은 SPI 시스템에 영향을 미치지 않는 일반 출력핀이 되며 SPI 슬레이브의 /SS 핀을 구동하는데 사용된다. 만약 /SS 핀이 마스터 모드에서 입력으로 설정되면, 마스터 SPI 동작을 보장하기 위하여 풀업 저항과 같은 외부 회로를 통하여 "HIGH" 상태를 유지 하여야 한다. 만약 마스터 모드에서 이 핀이 입력으로 설정되고 "LOW" 상태로 되면, SPI는 이를 외부에서 다른 마스터가 SPI를 슬레이브로 지정하고 SPI에게 데이터를 전송하기 시작하는 것으로 해석한다. 그러면 SPI는 버스 충돌을 방지하기 위하여 스스로 SPCR 레지스터의 MSTR 비트를 '0'으로 클리어 하여 슬레이브 모드로 변경한다. 따라서 MOSI와 SCK 단자는 자동으로 입력핀으로 변경되고, SPSR 레지스터의 SPIF 비트가 '1'로 되면서 인터럽트가 요청된다. 이러한 경우에는 사용자가 이 인터럽트 서비스 루틴에서 SPI를 다시 마스터 모드로 설정하면 된다. 그래서 인터럽트 구동 SPI 송신이 마스터 모드에서 사용되었을 때, 그리고 /SS 핀이 "LOW"가 될 가능성이 존재할 때, 인터럽트는 항상 MSTR 비트가 '1'인가를 검사해서 만약 MSTR 비트가 '0'이 되었다면, 사용자는 SPI 마스트 모드로 다시 인에이블 되도록 MSTR 비트를 '1'로 하여야 한다. /SS 신호를 중심으로 SPI 데이터 전송을 요약 설명하면 다음과 같다.

먼저, SPI를 마스터로 설정하고 /SS 신호를 출력으로 설정하여 "LOW" 상태를 출력시키면 슬레이브가 지정된다. 그 다음, SPDR 레지스터에 전송할 바이트를 써넣으면 SPI는 클럭을 발생하고 하드웨어적으로 이 데이터를 1비트씩 8비트만큼 시프트하여 슬레이브로 전송한다. 1바이트의 전송이 끝나면 클럭은 정지되고 SPIF 비트가 '1'로 되면서 SPI 전송완료 인터럽트가 요청된다. 이후 SPDR 레지스터에 새로운 1바이트를 써넣으면 그 다음 전송이 시작된다. 이와 같이 전송을 계속하다가 데이터 패킷을 종료하려면 /SS 핀에 "HIGH"신호를 출력하면 된다.

10.2 SPI 관련 레지스터

1) SPI 제어 레지스터-SPCR

Bit	7	6	5	4	3	2	1	0
	SPIE	SPE	DORD	MSTR	CPOL	CPHA	SPR1	SPR0
Read/Write	R/W	R/W	R/W	R/W	R/W	R/W	R/W	R/W
초기값	0	0	0	0	0	0	0	0

- **Bit 7 : SPIE(SPI 인터럽트 인에이블)**

SPSR 레지스터의 SPIF 비트가 '1'이고, 전체 인터럽트 인에이블 비트가 '1'인 상태에서 SPIE 비트를 '1'로 하면 SPI 인터럽트가 활성화된다.

- **Bit 6 : SPE(SPI 인에이블)**

SPE 비트가 '1'이면 SPI가 활성화된다. 이 비트는 SPI 동작을 활성화하기 위하여 반드시 '1'이 되어야 한다.

- **Bit 5 : DORD(데이터 순서)**

DORD 비트가 '1'이면 데이터의 LSB가 먼저 전송되고, '0'이면 데이터의 MSB가 먼저 전송된다.

- **Bit 4 : MSTR(마스터/슬레이브 선택)**

이 비트가 '1'이면 SPI 마스터 모드가 선택된다. 그러나 이 비트가 '0'이면 SPI 슬레이브 모드가 선택된다. 만약 /SS가 입력으로 설정되고 MSTR이 '1'인 동안 "LOW"가 되면 MSTR은 클리어 된다. 그리고 SPSR의 SPIF는 '1'이 된다. 사용자는 SPI 마스터 모드를 재 활성화하기 위하여 MSTR을 셋 하여야 한다.

- **Bit 3 : CPOL(클럭 극성)**

"CPOL=1"이면 SCK는 아이들 구간에서 "HIGH"가 된다. "CPOL=0"이면 SCK는 아이들 구간에서 "LOW"가 된다. 그림 10.3과 그림 10.4에서 예를 보여 준다.

CPOL 기능은 다음과 같다.

표 10.2 CPOL 기능

CPOL	선두 에지	후미 에지
0	상승에지	하강에지
1	하강에지	상승에지

- **Bit 2 : CPHA(클럭 위상)**

클럭 위상 비트 CPHA의 설정은 SCK의 선두 에지에서 데이터를 샘플링 할 것인지 후미 에지에서 샘플링 할 것인지를 결정한다.

그림 10.3과 그림 10.4는 예를 보여준다. CPHA 기능은 다음과 같다.

표 10.3 CPHA 기능

CPHA	선두 에지	후미 에지
0	sample	setup
1	setup	sample

- **Bit 1~ 0 : SPR1~SPR0(SPI 클럭율 선택 0,1)**

이 두개의 비트는 마스터로 설정된 장치의 SCK 클럭 주파수를 결정한다. SPR1과 SPR0 비트는 슬레이브에는 영향을 미치지 않는다. SCK와 오실레이터 클럭 주파수f_{OSC}의 관계는 다음과 같다.

표 10.4 SCK와 오실레이터 주파수사이의 관계

SPI2X	SPR1	SPR0	SCK 주파수
0	0	0	$f_{OSC}/4$
0	0	1	$f_{OSC}/16$
0	1	0	$f_{OSC}/64$
0	1	1	$f_{OSC}/128$
1	0	0	$f_{OSC}/2$
1	0	1	$f_{OSC}/8$
1	1	0	$f_{OSC}/32$
1	1	1	$f_{OSC}/64$

2) SPI 상태 레지스터-SPSR

Bit	7	6	5	4	3	2	1	0
	SPIF	WCOL	-	-	-	-	-	SPI2X
Read/Write	R	R	R	R	R	R	R	R/W
초기값	0	0	0	0	0	0	0	0

- Bit 7 : SPIF(SPI 인터럽트 플래그)

  직렬 전송이 완료되면 SPIF 플래그는 '1'이 된다. 그리고 SREG 레지스터의 'I' 비트가 '1'이고 SPCR 레지스터의 SPIE 비트가 '1'이면 인터럽트가 활성화 된다. 만약 /SS가 입력이고, SPI가 마스터 모드라면 이것은 SPIF 플래그를 셋 한다. 해당 인터럽트가 수행되면 SPIF는 하드웨어적으로 클리어 된다. 그리고 SPIF가 '1'인 상태에서 SPI 상태 레지스터를 읽고 난 후 SPI 데이터 레지스터를 액세스하면 SPIF는 클리어 된다.

- Bit 6 : WCOL(쓰기 충돌 플래그)

  만약 데이터 전송 중 SPI 데이터 레지스터(SPDR)에 값이 써넣어지면 WCOL 비트는 '1'이 된다. WCOL 비트(그리고 SPIF 비트)는 WCOL이 '1'인 상태에서 SPI 상태 레지스터를 읽고 난 후 SPI 데이터 레지스터를 액세스하면 클리어 된다.

- Bit 5~1 : 예약 비트

- Bit 0 : SPI2X(2배속 SPI 비트)

  이 비트에 '1'을 써넣으면, SPI가 마스트 모드일 때 SPI 속도(SCK 주파수)는 2배가 된다. 이것은 최소 SCK 주기가 2CPU 클럭 주기가 된다는 것을 의미한다.

  SPI가 슬레이브로 설정되면 SPI는 f_{OSC} /4 이하의 주파수에서만 동작한다.

  ATmega128의 SPI 인터페이스는 프로그램 메모리와 EEPROM 다운로딩을 위하여 사용된다.

3) SPI 데이터 레지스터-SPDR

SPI 데이터 레지스터는 레지스터 파일과 SPI 시프트 레지스터 사이에 데이터 전송을 위하여 사용되는 읽기/쓰기 레지스터이다.

레지스터에 값을 써넣으면 데이터 전송이 시작된다. 레지스터를 읽으면 시프트 레지스터 수신 버퍼가 읽혀진다.

10.3 데이터 모드

SPI는 4개의 모드(모드0~3)를 가지고 있다. 이들 모드는 SPI의 데이터 입출력 방법을 결정한다. 모드 설정은 SPI 제어 레지스터(SPCR)에 있는 2개의 비트(CPOL, CPHA)에 의하여 결정되고, 클럭 극성은 CPOL 제어 비트에 의하여 결정된다. 이것은 "active hive"를 사용할 것인지 또는 "active low"를 사용할 것인지를 결정한다. 클럭위상 제어 비트(CPHA)는 2개의 서로 다른 전송 형식을 결정한다. 마스터와 슬레이브 장치 사이의 정상적인 통신을 위해서는 슬레이브와 마스트가 동일한 모드로 설정되어야 한다. 표10.5는 CPOL과 CPHA를 이용한 SPI 모드 설정을 보여준다. 클럭 극성은 전송 형식에는 크게 영향을 미치지 않는지만, 이 비트를 바꾸면 클럭 신호가 반전된다("active high"→"active low", "idle low"→"idle high"). 하지만 클럭 위상의 설정은 2개의 서로 다른 타이밍 중 하나를 선택한다. 마스터와 슬레이브의 MOSI 핀과 MISO 핀은 서로 직접 연결된다. 그림 10.3과 10.4는 두 장치(마스터와 슬레이브)의 타이밍도를 보여준다. 여기서 /SS핀은 슬레이브의 슬레이브 선택 입력이다. 마스터의 /SS 핀은 그림에 나타나 있지 않다. 슬레이브의 /SS핀은 "high"로 함으로서(만약 입력 핀으로 설정되었다면) 비활성화 되거나 또는 출력 핀으로서 설정함으로써 비활성화 되어야 한다.

1) 모드0(CPHA=0, CPOL=0)와 모드1(CPHA=0, CPOL=1)

그림 10.3은 CPHA가 0인 SPI 전송장치의 타이밍을 보여준다. 여기서 SCK 클럭에 대한 2개의 파형이 보여진다(CPOL=0와 CPOL=1). SPI가 슬레이브로 설정되었을 때, 전송은 /SS의 하강 에지에서 시작된다. 이것은 슬레이브의 SPI을 활성화 시키고, SPDR에 저장된 데이터의 MSB를 MISO핀으로 출력시킨다. 실제 전송은 마스터의 SPDR에 값을 써넣어 클럭 신호가 발생되면서 시작된다. "CPHA=0"인 경우, SCK 신호는 첫 번째 SCK 클럭 사이클의 첫 번째 반주기 동안 '0'인 상태를 유지한다. 이것은 데이터가 마스터와 슬레이브의 입력선로 상에서 안정화 되도록 해준다. 입력선 상의 데이터는 SCK 클럭의 에지에서 읽혀진다.(CPOL=0이면 상승에지에서, CPOL=1이면 하강에지에서) 또한 SCK 클럭의 에지(CPOL=0이면 하강에지, CPOL=1이면 상승에지)는 데이터가 1비트 시프트되어 MOSI와 MISO핀으로 출력되도록 해준다. 따라서 8개의 클럭 펄스가 입력되면 8비트의 데이터 전송이 완료된다. 전송이 완료되면 마스트와 슬레이브의 SPI 인터럽트 플래그(SPIF)는 '1'이 되고 수신된 바이트는 수신 버퍼에 전송된다.

2) 모드2(CPHA=1, CPOL=0)와 모드3(CPHA=1, CPOL=1)

그림 10.4는 "CPHA=1"인 SPI 전송 타이밍을 보여준다. 여기서 SCK 클럭에 대한 2개의 파형(CPOL=0에 대한 파형과 CPOL=1에 대한 파형)이 보여진다.

앞에서의 경우와 동일하게 /SS의 하강에지에서 슬레이브가 선택되고 활성화된다.

하지만 "CPHA=0"인 경우와는 달리 전송이 시작되지 않으며, 이 단계에서 슬레이브의 MSB는 출력되지 않는다. 실제 전송은 마스터의 SPDR 레지스터에 값을 써넣어 클럭 신호가 발생되도록 함으로서 시작된다. SCK 신호의 첫번째 에지(CPOL=0일 때 상승에지, CPOL=1일 때 하강에지)는 마스터와 슬레이브가 SPDR에 있는 데이터 바이트의 MSB를 출력하도록 한다. 그림 10.4에서는 모드0과 모드2에서와 같은 시간지연(SCK의 반주기) 현상이 없다. SCK 선로는 그 논리 레벨을 첫 번째 SCK클럭 사이클의 시작 시점에서 즉시 변경한다. 입력 선로의 데이터는 SCK 선로의 에지(CPOL=0일 때는 하강에지, CPOL=1일 때는 상승에지)에서 읽을 수 있다. 8클럭 사이클이 지나면 전송이 완료되며, 마스트와 슬레이브 장치에서 SPI 인터럽트 플래그(SPIF)는 '1'이 된다. 그리고 수신된 바이트는 수신 버퍼에 저장된다.

3) SPI 전송 충돌

만약 전송이 진행되는 동안 SPDR에 값을 써넣으면 쓰기 충돌이 발생한다.

송신측의 SPDR 레지스터는 단일 버퍼를 가지므로 SPDR에 값을 써넣으면 SPI 시프트 레지스터에 직접 데이터 값을 써넣어지게 된다. 이러한 쓰기동작은 현재 전송중인 데이터와 충돌을 일으키며, 쓰기 충돌 에러가 발생되어 SPSR의 WCOL 비트가 '1'이 된다. 이 경우 쓰기 동작은 수행되지 않으며 진행 중인 전송은 방해받지 않고 계속된다. 쓰기 충돌은 일반적으로 슬레이브 에러이다. 왜냐하면 마스터가 전송을 시작하면 슬레이브는 제어권을 가지지 못하기 때문이다. 하지만 마스터는 전송이 진행될 때 전송 충돌 여부를 알 수 있다. 따라서 비록 SPI 로직이 마스터에서와 슬레이브에서 발생한 이러한 에러를 검출할 수 있다고 하더라도 마스터는 쓰기 충돌 에러를 발생시키지 말아야 한다.

표 10.5 CPOL과 CPHA의 기능

	선두에지	후미 에지	SPI 모드
CPOL=0, CPHA=0	sample(rising)	setup(falling)	0
CPOL=0, CPHA=1	setup(rising)	sampling(falling)	1
CPOL=1, CPHA=0	sample(falling)	setup(rising)	2
CPOL=1, CPHA=1	setup(falling)	sample(rising)	3

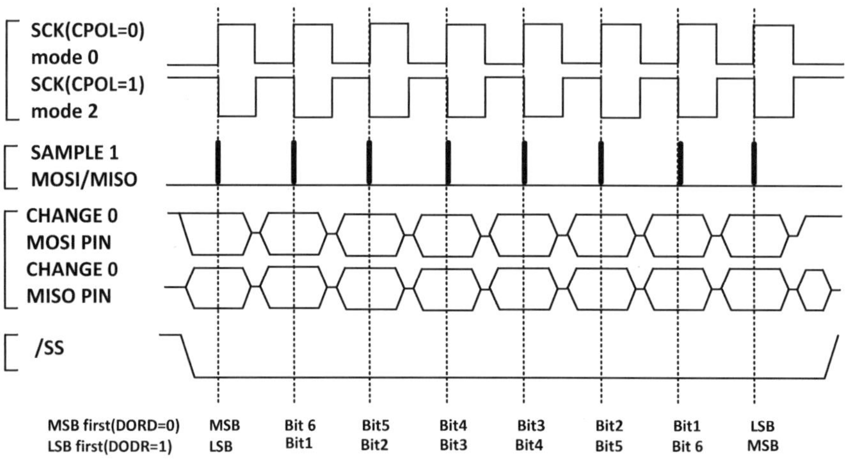

그림 10.3 SPI 송신 형식(CPHA = 0)

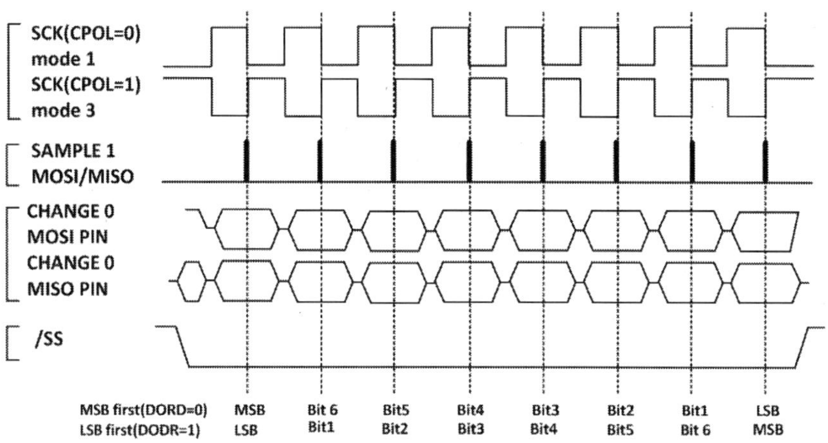

그림 10.4 SPI 송신 형식(CPHA = 1)

CHAPTER 11

TWI 직렬 통신 포트

TWI(Two-wire Serial Interface)직렬통신 포트는 I^2C 버스로 통신하는 방식을 말한다. 근거리용 표준 직렬통신 방식인 I^2C 버스는 1980년대 초 필립스사가 제안한 단거리용 2선식 직렬 통신 버스로서, 마이크로컨트롤러에 외부 메모리 또는 I/O 소자들을 연결하기 위하여 고안된 방법이다. 일반적으로 마이크로컨트롤러에 외부 메모리 또는 I/O 소자를 연결할 때는 어드레스 버스와 데이터 버스를 사용하는 병렬 통신 방식이 사용되지만, 제품의 소형화가 필요하거나 또는 리모콘과 같이 무선통신이 필요한 경우 직렬 통신 방식을 사용하면 유리한 경우가 있다. 이러한 이유로, 필립스에서는 2선 방식의 양 방향 직렬 통신용 버스인 I^2C를 개발하였는데, TWI를 이용하면 마스트와 슬레이브 사이에서 2선식 직렬 통신 방식으로 데이터를 송수신할 수 있다.

Atmega128의 TWI는 다음과 같은 특징을 가지고 있다.

- 간단하지만 강력하고 융통성 있는 통신 인터페이스(단지 2선만이 필요함)
- 마스트/슬레이브 동작 지원
- 송신장치와 수신장치로 동작 가능

- 128개의 서로 다른 슬레이브 주소 지원
- 다중 마스트 속성 지원
- 400 kHz의 데이터 전송속도
- 슬류-레이트 제한 출력 구동장치
- 노이즈 저감 회로 내장
- 프로그램을 통하여 주소지정 가능한 슬레이브
- 슬립모드에 있을 때 주소 인식을 통하여 슬립모드로부터 탈출 가능

TWI는 마이크로프로세서 응용에 매우 적합하도록 구성되어 있다. TWI 프로토콜은 그림 11.1과 같이 시스템 설계자가 2개의 양방향 버스 클럭(SCL)과 데이터 선로(SDA)를 이용하여 128개의 장치를 상호 연결할 수 있도록 해준다. 유일하게 외부에 설치해야 하는 부품은 각 버스에 설치되는 풀업 저항이다. 버스에 연결된 모든 장치는 각각 자신만의 고유 주소를 가지고 있으며 TWI 프로토콜을 통하여 버스 충돌을 방지 할 수 있다. TWI를 이해하기 위해서는 표 11.1에 나오는 용어를 이해하는 것이 중요하다. 그림 11.1에서 보면 모든 버스 선로에는 풀업저항이 연결되어 있는데, 그 이유는 모든 TWI 사용 장치의 버스 구동 회로가 오픈 드레인 또는 오픈 콜렉터로 구성되어 있기 때문이다. 이러한 회로의 구성으로 인하여 인터페이스의 기본 동작은 "Wired-AND" 동작을 하게 된다. 즉, 1개 이상의 TWI 장치가 '0'을 출력하면 TWI 버스의 신호는 "LOW"가 되고, 모든 TWI 장치가 '1'을 출력(tri-state 상태)하면 TWI 버스의 신호는 "HIGH"가 된다(tri-state 상태에서는 풀업 저항으로 인하여 모든 선로가 "HIGH"가 된다).

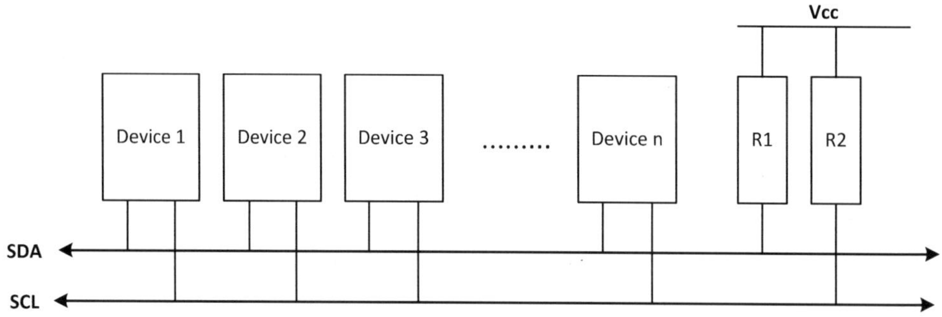

그림 11.1 TWI 버스 연결

표 11.1 TWI 용어 설명

용 어	설 명
마스터	전송을 시작하거나 종료하는 장치. 마스터는 또한 SCK 클럭을 발생
슬레이브	마스터에 의해 주소지정된 장치
전송장치	버스에 데이터를 전송하는 장치
수신장치	버스로부터 데이터를 읽는 장치

TWI 버스로 연결된 모든 AVR은 버스 동작을 하기 위하여 전원을 공급 받아야 하고, 버스에 연결된 장치의 개수는 버스 커패시턴스(400pF)와 7비트 슬레이브 주소 영역에 의하여 결정된다. TWI의 전기적 특성에 대한 상세한 설명은 다음에 설명된다. 2가지 정도의 설명이 있는데 그 중 하나는 유효 버스 속도는 100KHz 이하이고 최대 버스 속도는 400KHz 라는 것이다.

11.1 데이터 전송과 프레임 형식

TWI 버스에서 전송되는 각 데이터 비트는 클럭 라인의 펄스에 동기되어 전송된다. 따라서 그림 11.2와 같이 클럭 라인이 "HIGH"일 때 데이터 라인의 신호는 안정화 되어 있어야 한다. 이러한 법칙의 유일한 예외는 시작상태와 정지 상태를 발생시키기 위한 규칙뿐이다.

(1) 시작조건과 정지조건

마스터는 데이터 전송을 시작하고 종료하는 역할을 수행한다. 즉, 시작조건과 정지 조건 사이에는 버스가 사용 중이지 않으며 다른 마스터가 버스의 제어권을 중지 시키려고 시도하지 않는다고 가정한다면, 마스터가 버스 상에 시작 조건을 출력하면 전송이 시작되고, 마스터가 정지조건을 버스에 출력하면 전송이 중지된다.

한편, 시작과 정지 조건 사이에 새로운 시작 조건이 출력되는 특별한 경우가 발생할 수 있는데, 이것을 반복 시작 조건이라 한다. 반복 시작조건은 마스터가 버스의 제어권을 양도하지 않은 상태에서 새로운 전송을 시작할 때 사용된다. 반복 시작조건에서, 반복 시작 이후 다음 정지 시점까지 버스는 사용하고 있는 상태가 된다. 이것은 시작 동작과 동일하다. 그리고 이후 특별한 언급이 없다면 시작은 시작과 반복시작 모두를 설명하기 위하여 사용된다. 그림

11.3에 표현된 것처럼, 시작조건과 정지조건은 SCL 선로가 "HIGH"일 때 SDA 선로의 값을 변경함으로써 출력된다.

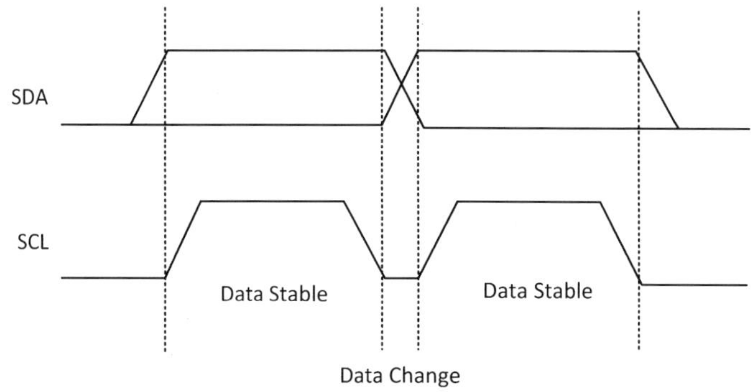

그림 11.2 데이터 유효성

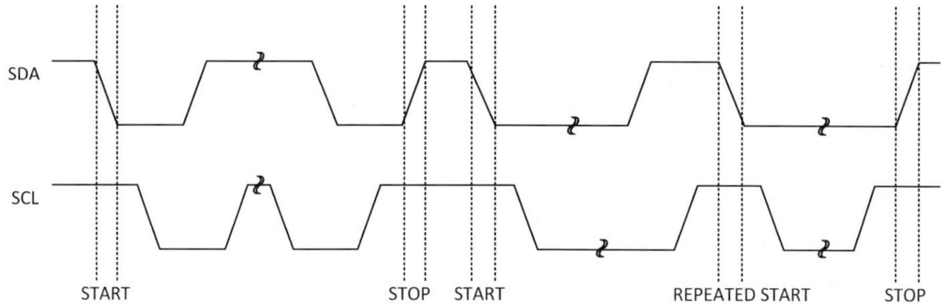

그림 11.3 시작, 반복 시작과 정지 조건

1) 시작조건의 표현

"START"는 마스터가 슬레이브에 전송 시작을 알리기 위한 것으로 I^2C 버스를 사용하겠다는 신호의 시작이다. 이 신호는 1비트 형태로 구현되며 SCL이 "HIGH"상태일 때 SDA의 하강 에지가 오면 "START"신호로 해석된다. 시작신호는 "STOP" 이전에 여러 번 나올 수도 있다. 첫 번째 시작신호와 달리 두 번째 시작 신호는 반복시작 신호라고 하는데 보통 디바이스 안에 내부적인 주소가 있어서 이 주소를 지정하고 데이터를 읽을 경우에 사용된다.

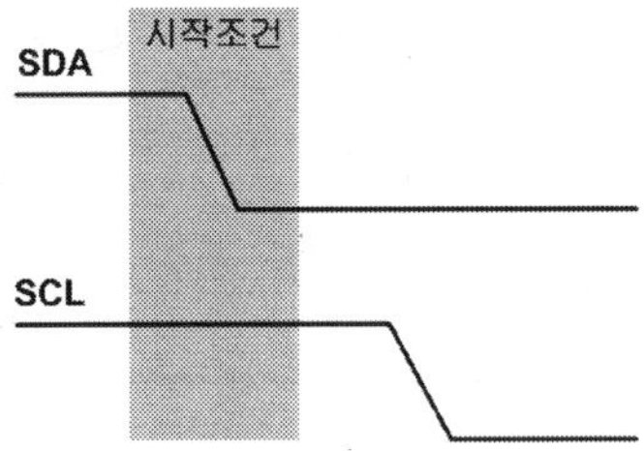

2) 정지조건의 표현

"STOP"은 MCU가 슬레이브에 전송을 종료한다는 것을 알리기 위한 것으로, I^2C 버스를 더 이상 사용하지 않겠다는 신호이다. 이 신호는 1비트 형태로 구현되며 SCL이 "HIGH" 상태일 때 SDA의 상승에지가 오면 정지신호로 해석된다.

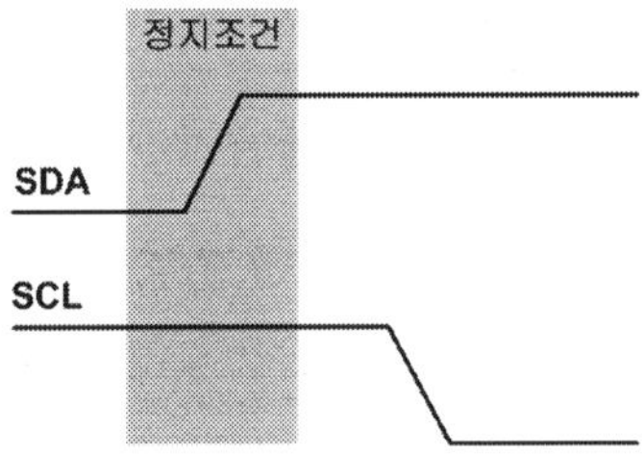

(2) 주소 패킷 형식

TWI 버스로 전송되는 모든 주소 패킷은 모두 9비트(주소 비트(7비트) + 읽기/쓰기 제어비트(1비트) + 응답비트(1비트))길이를 가진다. 만약 읽기/쓰기 비트가 '1'이면 읽기 동작이 수행되고, 읽기/쓰기 비트가 '0'이면 쓰기 동작이 수행된다. 하나의 슬레이브가 자신의 주소를 인식하면, 9번째 SCL 사이클(ACK 사이클)에서 SDA를 "LOW"로 함으로써 응답하게 된다. 만약 주소 지정된 슬레이브가 동작 중(busy)이거나, 또는 다른 이유로 인하여 마스터의 요청에 응답하지 못하면, SDA 라인은 "ACK" 클럭 사이클에서 "HIGH" 상태를 유지한다. 그러면 마스터는 정지 조건을 전송하거나 또는 새로운 전송을 시작하기 위해서 반복 시작 조건을 전송한다. 슬레이브 주소와 읽기/쓰기 비트로 구성된 주소 패킷은 각각 "SLA+R" 또는 "SLA+W"라고 한다. 슬레이브 주소를 전송할 때는 주소 바이트의 MSB가 먼저 전송된다. 슬레이브 주소는 설계자가 원하는 번지를 사용할 수 있다. 그러나 주소 0000 000은 전체 호출을 위하여 예약되어 있다. 전체 호출 주소(0000 000)가 출력되면, 모든 슬레이브는 "ACK" 사이클에서 SDA 라인을 "LOW"로 함으로서 응답한다. 전체호출은 마스터가 다수의 슬레이브에게 동일한 메시지를 전송할 때 사용된다. 버스 상에서 전체 호출 주소에 이어 쓰기 비트까지 전송되면, 모든 슬레이브는 "ACK" 사이클에 SDA 라인을 "LOW"로 하여 전체 호출에 응답한다. 뒤이어 오는 데이터 패킷은 전체 호출에 응답한 모든 슬레이브가 수신한다.

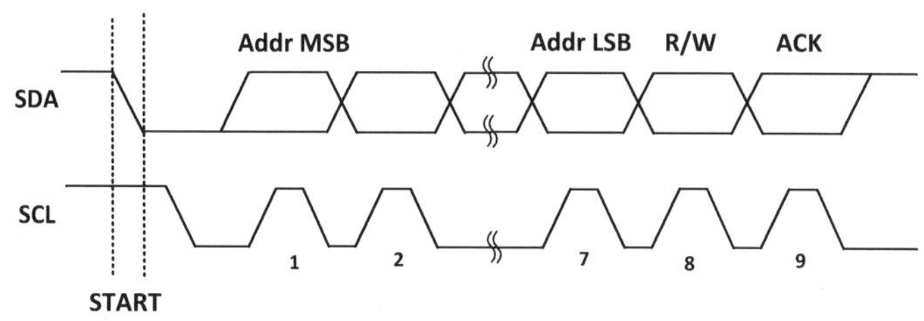

그림 11.4 주소 패킷 형식

그러나 전체호출 주소에 뒤이어 전송되는 읽기 비트는 의미가 없다는 것에 주의하라. 왜냐하면 만약 다수의 슬레이브가 서로 다른 데이터를 전송하기 시작하면 버스 충돌이 발생하기 때문이다. 한편, 형식 1111 xxx의 모든 주소는 상위 버전을 위하여 예약되어 있다.

(3) 데이터 패킷 형식

TWI 버스로 전송되는 모든 데이터 패킷은 9비트(1데이터 바이트+1응답 비트) 길이를 가진다. 데이터를 전송하는 동안, 마스터는 클럭, 시작 그리고 정지 조건을 발생시킨다. 한편 수신 장치는 수신 응답을 해야 할 책임이 있다. 수신 응답(ACK)은 수신 장치가 9번째 SCL 사이클 구간 동안 SDA 선로를 "LOW"로 함으로서 이루어진다. 만약 수신 장치가 SDA 선로를 "HIGH" 상태로 그대로 유지한다면 "NACK" 신호가 전송된다. 수신 장치가 마지막 바이트를 수신 완료했거나 또는 어떤 이유로 몇 개의 바이트를 수신하지 못했을 때는 마지막 바이트 수신 이후 "NACK"를 전송함으로서 송신장치에게 그 정보를 알려 주어야 한다. 한편, 한 바이트의 데이터를 전송할 때는 MSB가 먼저 전송된다.

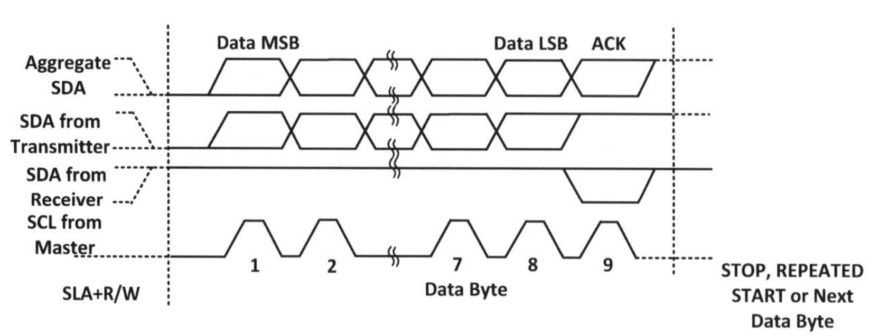

그림 11.5 데이터 패킷 형식

1) 1비트 DATA 신호 표현

마스터에서 슬레이브에 데이터를 전달하거나 슬레이브에서 데이터를 읽어 올 때, 데이터의 1비트를 표현하기 위해서는 SCL이 "LOW" 상태에서 전송하고자 하는 비트 데이터를 SDA 신호선에 출력하고 SCL 신호선을 "HIGH"상태로 만든다. 슬레이브 또는 마스터는 SCL이 "HIGH" 상태일 때의 SDA 신호 상태를 보고 SDA 신호가 "HIGH"이면 '1'로 "LOW"이면 '0'으로 판단한다.

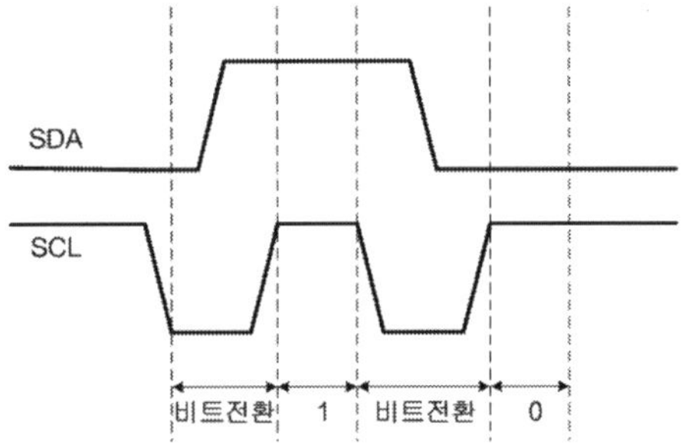

2) ACK 표현

슬레이브는 마스터가 전송한 데이터(주소와 읽기 쓰기를 결정하는 것도 데이터로 취급한다)를 제대로 수신 받았다거나 또는 슬레이브에서 마스터로 데이터를 전송할 경우, 8비트 데이터 다음에 ACK 신호를 전송한다. ACK도 일종의 데이터이기 때문에 SCL의 상태가 "LOW"일 때 SDA의 상태를 "HIGH" 또는 "LOW"로 출력하고 SCL의 상태가 "HIGH"일 때 SDA의 상태를 마스터가 읽으면 된다. 이때 SDA 상태가 "LOW"라면 정상적인 통신이 이루어진 것이고 만약 "HIGH"라면 정상적인 통신이 실패한 것으로 판단한다.

(3) 주소 패킷과 데이터 패킷을 하나의 전송단위로 결합하기

하나의 전송단위는 기본적으로 [시작조건 + SLA+R/W + 하나 이상의 데이터 패킷 + 정지 조건]으로 구성되며, 시작 조건 다음에 정지 조건이 오는 비어 있는 메시지는 허용되지 않는다. SCL 선로의 "Wired-AND"는 마스터와 슬레이브 사이에 핸드 쉐이킹을 위하여 사용할 수 있다는 점에 주의하여야 한다. 슬레이브가 SCL 라인을 "LOW"로 하면 SCL 라인의 "LOW" 구간을 늘일 수 있다. 이것은 마스터에 의하여 설정된 클럭 속도가 슬레이브에게 너무 빠른 경우, 또는 슬레이브가 데이터 전송 사이에 처리를 위한 부가 시간이 필요한 경우에 유용하다. 슬레이브가 SCL 선로의 "LOW" 구간을 늘리는 것은 마스터에 의하여 결정되는 SCL "HIGH" 구간에는 영향을 미치지 않는다. 하지만 결과적으로 슬레이브가 SCL 듀티 사이클을 늘리면 TWI 전송속도는 감소한다.

그림 11.6은 전형적인 데이터 전송 신호를 보여준다. 응용 소프트웨어에 의하여 적용된 소프트웨어 프로토콜에 따라, SLA+R/W와 정지 조건 사이에 다수의 데이터 바이트가 전송될 수 있다.

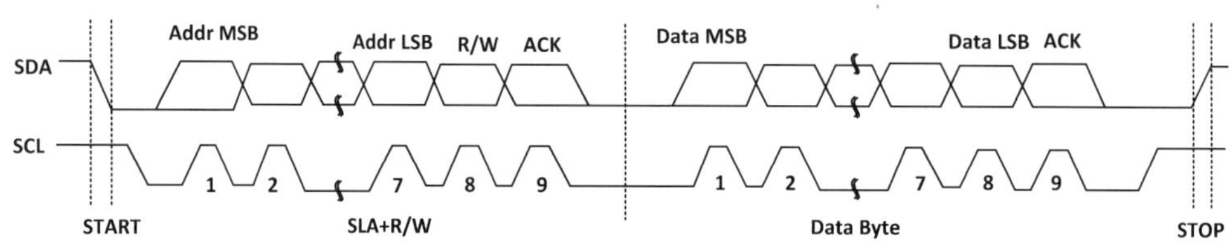

그림 11.6 전형적인 데이터 전송 신호

11.2 다중 마스터 버스 시스템과 중재 그리고 동기화

TWI 프로토콜은 버스 시스템이 다수의 마스터를 가질 수 있도록 해준다. 그러나 두 개 이상의 마스터가 동시에 전송을 시작하는 경우, 전송이 정상적으로 수행될 수 있도록 하기 위해서는 특별한 주의가 필요하다. 다중 마스터 시스템에서는 2가지 문제가 발생한다.

① 중재문제 : 단지 하나의 마스터만이 전송을 완료 할 수 있도록 하기 위한 어떤 알고리듬이 적용되어야 한다. 모든 다른 마스터는 자신이 선택되지 못했다는 사실을 인식하면 전송을 중지해야 한다. 이러한 선택 과정을 중재라고 한다. 버스를 점유하고자 하는 마스터가 중재과정에서 선택되지 못하면, 이 마스터는 버스 점유에 성공한 마스터에 의하여 자신이 주소지정이 되었는지를 검사하기 위하여 즉시 슬레이브 모드로 전환해야 한다.

② SCK 클럭 동기화 문제 : 각 마스터는 서로 다른 SCL 주파수를 사용할 수 있다. 따라서 전송이 일정한 형식으로 처리되기 위해서는 모든 마스터의 직렬 클럭을 동기화하기 위한 어떤 기법이 개발되어야 한다. 이것은 중재과정에 있어서도 필요하다.

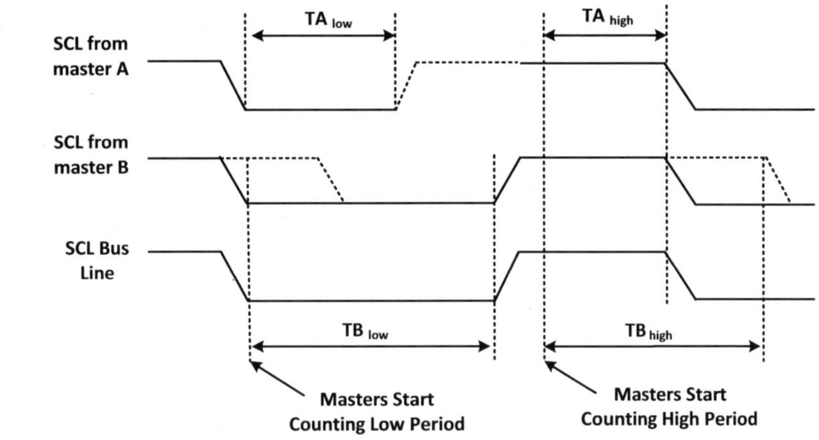

그림 11.7 다중 마스터 사이의 SCL 동기화

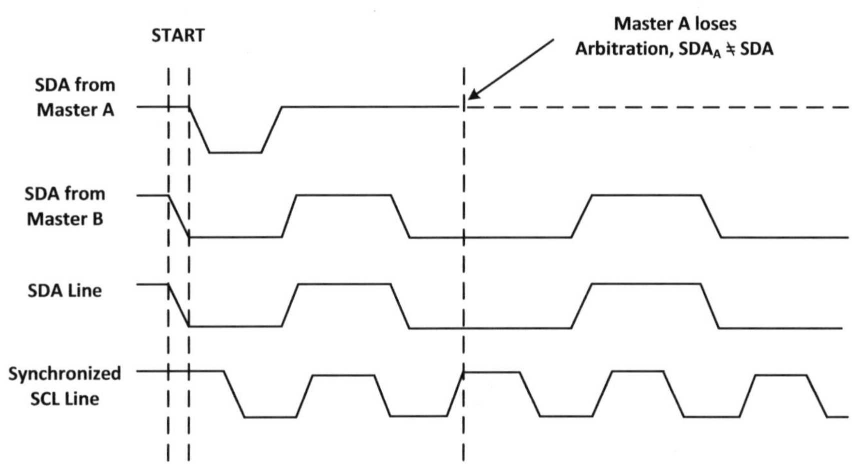

그림 11.8 두 마스터 사이의 중재

이 두 가지 문제를 해결하기 위하여, 버스선로의 "Wired-AND"가 사용될 수 있다. 즉 모든 마스터로부터 출력되는 직렬 클럭을 "Wired-AND"하면, 결합된 클럭의 "HIGH" 주기는 가장 짧은 "HIGH" 주기를 가지는 마스터의 "HIGH" 주기와 같아지고, 결합 클럭의 "LOW" 주기는 가장 긴 "LOW" 주기를 가진 마스터의 "LOW" 주기와 같아진다. 모든 마스터는 SCL 선로를 감시하고 있다가 연결된 SCL 선로가 각각 "HIGH" 또는 "LOW"가 되면 SCL "HIGH" 그리고 "LOW" 타임 아웃 주기를 카운터하기 시작한다. 중재는 데이터를 출력한 후, 모든 마스터가 연속적으로 "SDA" 선로를 감시함으로서 수행된다. 만약 SDA 선로로부터 읽은 값이 마스터가 출력한 값과 일치하지 않는다면 중재에서 탈락한 것이다. 다른 마스터가 "LOW"인 SDA 값을 출력하는 동안 어떤 마스트가 "HIGH"인 SDA 값을 출력하면 중재에서 탈락할 수 있다. 중재에서 탈락한 마스터는 즉시 슬레이브 모드로 전환하여 버스 점유 제어권을 획득한 마스터로부터 주소 지정되었는지 검사하여야 한다. 이 경우 SDA 선로는 "HIGH" 상태로 남아 있어야 하지만, 중재에서 탈락한 마스터가 현재의 데이터 또는 주소 패킷의 끝까지 클럭 신호를 발생하도록 하는 것은 허용된다. 중재는 단지 하나의 마스터만 남을 때까지 계속된다. 그리고 이것은 많은 비트를 필요로 한다. 만약 다수의 마스터가 동일한 슬레이브를 주소 지정하려 한다면 중재는 데이터 패킷까지 계속될 것이다.

다음 상황에서는 중재가 허용되지 않는다.

- 반복 시작 조건과 하나의 데이터 비트 사이
- 정지 조건과 하나의 데이터 비트 사이
- 반복 시작과 정지 조건 사이

비정상적인 중재 조건이 발생하지 않도록 하는 것은 사용자 소프트웨어의 몫이다. 이것은 다중 마스터 시스템에서 모든 데이터 전송장치가 동일한 조건의 "SLA+R/W"와 데이터 패킷을 사용해야 한다는 것을 의미한다. 다르게 말하면, 모든 전송은 동일한 수의 데이터 패킷을 가져야 한다는 것이다. 그렇지 않으면 중재 결과는 정의되지 않는다.

11.3 TWI 모듈의 구조

TWI 모듈은 그림 11.9에서와 같이 몇 개의 하부 모듈로 구성된다.
굵은 선 안에 그려진 모든 레지스터는 데이터 버스를 통하여 액세스할 수 있다.

1) SCL과 SDA 핀

이들 핀은 AVR의 TWI와 나머지 MCU 시스템 부분과의 인터페이스를 수행한다. 출력 구동장치는 TWI 사양을 충족할 수 있도록 하기 위한 슬류 레이트 제한 장치를 가지고 있다. 입력단은 스파이크 억제 장치를 가지고 있으며 50ns 보다 짧은 스파이크 신호는 여기서 제거된다. AVR의 내부 풀업은 SCL과 SDA에 해당하는 포트 비트를 설정함으로서 활성화 될 수 있다.

2) 비트율 발생장치

이 장치는 마스터 모드로 동작할 때 SCL 클럭 주기를 제어한다. SCL 클럭 주기는 TWI 비트율 레지스터(TWBR)와 TWI 상태 레지스터(TWSR)의 프리스케일러 비트에 의하여 결정된다. 슬레이브 동작은 비트율 또는 프리스케일러의 설정과 상관없다. 그러나 슬레이브 모드에서의 CPU 클럭 주파수는 적어도 SCL 주파수의 16배 이상이 되어야 한다. 슬레이브는 SCL의 "LOW" 주기를 늘릴 수 있으며 따라서 평균 TWI 버스 클럭 주기를 줄일 수 있다. SCL 주파수는 다음 식에 의하여 발생된다.

$$SCLferquency = \frac{CPU\ Clock\ frequency}{16 + 2(TWBR) \cdot 4^{TWPS}}$$

- TWBR : TWI 비트 레이트 레지스터의 값
- TWPS : TWI 상태 레지스터의 프리스케일러 값

주의 풀 업 레지스터 값은 SCL 주파수와 용량성 버스라인 부하에 따라 선택되어진다.

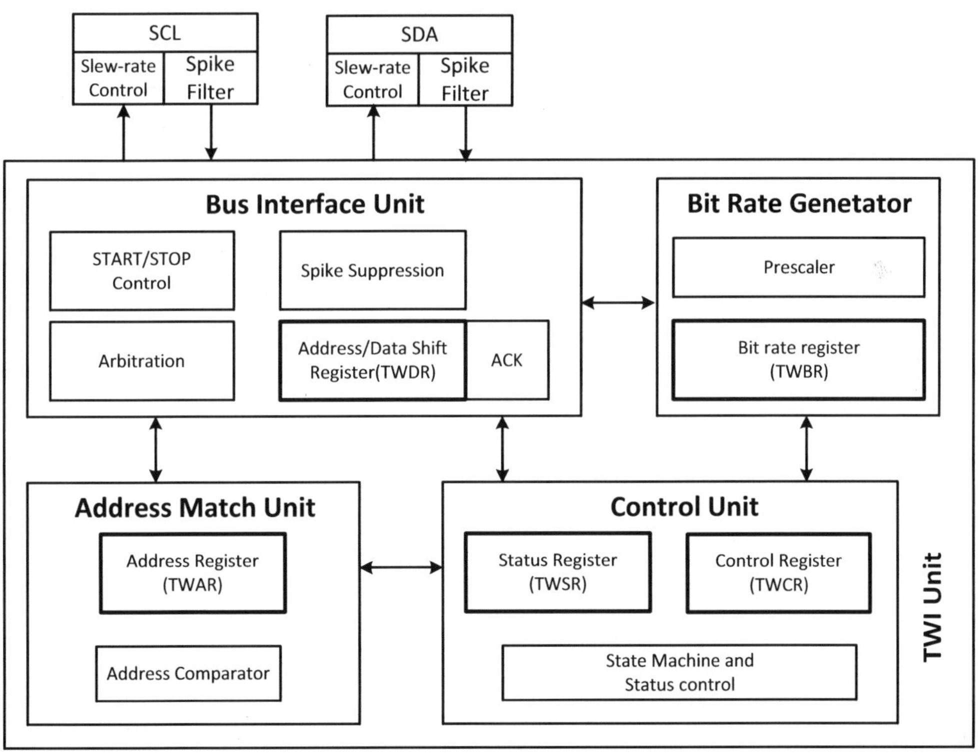

그림 11.9 TWI 모듈의 구조 개략도

3) 버스 인터페이스 장치

이 장치는 데이터/주소 시프트 레지스터(TWDR), 시작/정지 제어장치와 중재 검출하드웨어로 구성된다. TWDR은 주소나 전송될 데이터 바이트 또는 주소나 수신된 데이터 바이트를 가지고 있다. 버스 인터페이스 장치는 8비트 TWDR과 함께 송신되거나 수신되어질 (N)ACK 비트를 가지고 있는 레지스터를 가지고 있다.

이 (N)ACK 레지스터는 응용 소프트웨어에 의하여 직접 액세스될 수 없다. 하지만 수신할 때 이것은 TWI 제어 레지스터(TWCR)를 조작함으로서 셋 하거나 클리어 할 수 있다. 송신 모드에서 수신된 (N)ACK의 값은 TWSR의 값에 의하여 결정된다. 시작/정지 제어장치는 시작, 반복시작, 정지 조건을 검출하고 시작, 반복시작, 정지 조건을 발생한다. AVR MCU가 슬립모드에 있더라도 마스터에 의하여 주소지정 되면 슬립모드로부터 탈출하여 MCU를 활성화함으로서 시작/정지 제어장치는 시작, 정지 조건을 검출 할 수 있다. 만약 TWI가 마스터로서 전송을 시작한다면 중재가 처리중인지를 결정하기 위하여, 중재 검출 하드웨어는 연속적으로 전송을 감시한다. 만약 TWI가 중재에서 탈락하면 제어장치에 그 정보가 전달된다. 그러면 그 상황에 맞는 동작이 취해지고 적절한 상태코드가 발생된다.

4) 주소일치 검출 장치(Address Match Unit)

주소 일치 검출 장치는 수신된 주소가 TWI 주소 레지스터(TWAR)에 있는 7비트 주소와 일치하는지를 검사한다. 만약 TWAR의 TWI 전체 호출 인식 인에이블 비트가 '1'이면, 모든 수신 주소 비트는 전체 호출 주소와 비교되어진다. 주소가 일치하는 경우 제어장치에게 알려서 적절한 동작을 할 수 있도록 한다. TWI는 TWCR의 설정 값에 따라서 그 주소를 인식할 수도 있고 하지 못할 수도 있다. 그리고 주소 일치 검출장치는 마스트에 의하여 주소지정을 받으면 CPU가 슬립모드로부터 탈출할 수 있도록 함으로써, AVR CPU가 슬립모드에 있더라도 주소를 비교 할 수 있도록 해준다. 만약 TWI 파워다운모드에서 주소일치 비교 동작을 수행하는 동안 INT0와 같은 다른 인터럽트가 발생하여 CPU를 슬립모드로부터 탈출 시키게 된다면, TWI는 동작을 포기하고 아이들 상태로 되돌아간다. 만약 이것이 어떤 문제를 일으키게 된다면, 파워다운 모드로 진입할 때 TWI 주소일치 인터럽트가 유일하게 활성화된 인터럽트인가를 반드시 확인해야 한다.

5) 제어장치

제어장치는 TWI 버스를 감시하고 TWI 제어 레지스터(TWCR)의 설정에 해당하는 응답을 발생한다. 응용 프로그램이 요청한 어떤 사건이 TWI 버스에서 발생하면 TWI 인터럽트 플래그

(TWINT)가 발생된다. 그리고 다음 클럭 사이클에서 TWI 상태 레지스터(TWSR)는 사건을 확인할 수 있는 상태코드로 변경된다. TWSR은 TWI 인터럽트 플래그가 발생 했을 때의 해당 상태정보와 관련된 내용을 가지고 있다. 다른 모든 경우, TWSR은 해당 상태정보가 유용하지 않다는 특수한 상태코드를 가지고 있다. TWINT 플래그가 '1'이면 SCL 선로는 "LOW"를 유지한다. 이것은 TWI 송신을 계속하도록 허용하기 전에 응용 소프트웨어가 그 수행과제를 종료할 수 있도록 해준다.

TWI 플래그는 다음 조건에서 '1'이 된다.

- TWI가 "시작/반복시작" 조건을 송신한 후
- TWI가 "SLA+R/W"를 송신한 후
- TWI가 주소 바이트를 송신한 후
- TWI가 중재 탈락 한 후
- TWI가 자신의 슬레이브 주소 또는 일반 호출에 의하여 주소 지정된 후
- TWI가 데이터 바이트를 수신한 후
- 슬레이브로 주소 지정된 동안, "정지" 또는 "반복시작"가 수신된 후
- 잘못된 "시작" 또는 "정지" 조건이 의해 버스 에러가 발생했을 때

11.4 TWI 레지스터 설명

1) TWBR(TWI 비트율 레지스터)

Bit	7	6	5	4	3	2	1	0
	TWBR7	TWCR6	TWCR5	TWBR4	TWBR3	TWBR2	TWBR1	TWBR0
Read/Write	R/W	R/W	R/W	R/W	R/W	R/W	R/W	R/W
초기값	0	0	0	0	0	0	0	0

- Bit 7~0 : TWBR7~0(TWI 비트율 레지스터)

  TWBR은 비트율 발생장치를 위한 분주비를 결정한다. 비트율 발생장치는 마스터 모드에서 SCL 클럭 주파수를 발생하는 주파수 분주기이다.

2) TWCR(TWI 제어 레지스터)

TWCR은 TWI의 동작을 제어하기 위하여 사용된다.

Bit	7	6	5	4	3	2	1	0
	TWINT	TWEA	TWSTA	TWSTO	TWWC	TWEN	-	TWIE
Read/Write	R/W	R/W	R/W	R/W	R	R/W	R	R/W
초기값	0	0	0	0	0	0	0	0

- Bit 7 : TWINT(TWI 인터럽트 플래그)

  이 비트는 TWI가 현재의 작업을 종료하고 응용 소프트웨어의 응답을 기다릴 때 하드웨어적으로 셋 된다. 만약 SREG의 'I' 비트와 TWCR의 TWIE 비트가 '1'이면 MCU는 TWI 인터럽트 벡터로 분기한다. TWINT 플래그가 '1'인 동안, SCL의 "LOW" 구간은 늘어난다. TWINT 플래그는 해당 비트에 '1'을 써넣어 소프트웨어적으로 클리어 되어야 한다. 즉 인터럽트 루틴이 실행되더라도 하드웨어적으로 자동으로 클리어 되지 않는다. 그리고 이 플래그를 클리어 하면 TWI의 동작이 시작된다. 그래서 TWI 주소 레지스터(TWAR), TWI 상태 레지스터(TWSR), TWI 데이터 레지스터(TWDR)에 대한 모든 액세스는 이 플래그가 클리어 되기 전에 설정이 완료되어 있어야 한다.

- Bit 6 : TWEA(TWI 인에이블 응답 비트)

  TWEA 비트는 응답 펄스의 발생을 제어한다. 즉, TWEA 비트가 '1'일 때 다음 조건이 충족되면 TWI 버스상에 ACK 펄스가 발생된다.

  - 자신의 주소가 수신 되었을 때
  - TWAR 레지스터의 TWGCE 비트가 '1'인 동안 전체 호출이 수신 되었을 때
  - 마스터 수신 모드 또는 슬레이브 수신 모드에서 데이터 바이트가 수신 되었을 때

  TWEA 비트가 '0'이면, 디바이스는 가상적으로 TWI 버스와 일시적으로 분리된다. 주소 인식은 TWEA 비트에 다시 '1'을 써넣음으로서 재개될 수 있다.

- Bit 5 : TWSTA(TWI START 조건 비트)

  TWI 직렬 버스 상에서 마스터가 되기를 원하면 응용 프로그램은 TWSTA 비트에 '1'을 써넣는다. TWI 하드웨어는 버스가 사용가능한지 검사한다. 그리고 버스가 사용가능하면 "시작조건"을 버스 상에 발생시킨다. 하지만 만약 버스가 비어 있는 상태가 아니면, TWI는 "정지조건"이 검출될 때까지 기다린다. 그리고 버스 마스터 상태를 선언하기 위한 새로운 "시작조건"을 발생시킨다.

"시작조건"이 전송되면 TWSTA는 소프트웨어적으로 클리어 된다.

- **Bit 4 : TWSTO(TWI STOP 조건 비트)**

마스터 모드에서 TWSTO 비트에 '1'을 써넣으면 TWI 버스 상에 "정지조건"이 발생된다. "정지조건"이 버스 상에서 수행되면, TWSTO 비트는 자동으로 클리어 된다.

슬레이브 모드에서 TWSTO 비트를 '1'로 하면 TWI가 에러 상태로부터 해제 되면서 정상적인 슬레이브 모드의 수신대기 상태(SCL과 SDA 선로가 하이 임피던스 상태)가 된다.

- **Bit 3 : TWWC(TWI 쓰기 충돌 플래그)**

TWWC 비트는 TWINT가 "LOW"일 때 TWI 데이터 레지스터(TWDR)에 쓰기를 하면 '1'이 된다. 이 플래그는 TWINT가 "HIGH"일 때 TWDR 레지스터에 값을 써넣으면 클리어 된다.

- **Bit 2 : TWEN(TWI 인에이블 비트)**

TWEN 비트는 TWI 동작을 인에이블 하고 TWI 인터페이스를 활성화 한다. TWEN이 '1'이면, TWI가 SCL, SDA 핀에 연결된 입출력 핀의 제어권을 가지며, 슬류율 제한 장치와 스파이크 킬러를 활성화 한다. 만약 이 비트가 '0'이면 TWI 기능은 꺼진다. 그리고 어떤 수행중인 TWI 동작도 고려하지 않고 모든 TWI 전송은 종료된다.

- **Bit 1 : 예약 비트**

- **Bit 0 : TWIE(TWI 인터럽트 인에이블)**

이 비트가 '1'이고, SREG의 'I' 비트가 '1'이면 TWINT가 "HIGH"인 한 TWI 인터럽트 요청이 활성화 된다.

3) TWSR(TWI 상태 레지스터)

TWSR로부터 읽은 값은 5비트의 상태값과 2비트의 프리스케일러 값을 포함하고 있다.

Bit	7	6	5	4	3	2	1	0
	TWS7	TWS6	TWS5	TWS4	TWS3	-	TWPS1	TWPS0
Read/Write	R	R	R	R	R	R	R/W	R/W
초기값	1	1	1	1	1	0	0	0

- **Bit 7~3 : TWS7~3(TWI 상태 비트)**

  이들 5비트는 TWI 로직과 2선 직렬 버스의 상태를 나타낸다. 그리고 상태 비트를 검사할 때는 프리스케일러 값을 마스크 하여야 한다.

- **Bit 2 : 예 약**

- **Bit 1~0 : TWPS1~0(TWI 프리스케일러 비트)**

  이 비트는 읽기/쓰기가 가능하며 비트율 프리스케일러 값을 결정한다.

표 11.2 TWI 비트율 프리스케일러

TWPS1	TWPS0	프리스케일러값
0	0	1
0	1	4
1	0	16
1	1	64

4) TWDR(TWI 데이터 레지스터)

송신 모드에서 TWDR은 다음에 전송할 데이터 바이트를 가지고 있다. 그리고 수신모드에서 TWDR은 수신된 마지막 데이터 바이트를 가지고 있다. TWI가 데이터 바이트를 시프트 하고 있는 도중이 아니면 이 값을 써넣을 수 있다. TWDR에 데이터를 써넣는 동작은 TWI 인터럽트 플래그(TWINT)가 '1'이 될 때 발생된다. 따라서 첫 번째 인터럽트가 발생하기 전에는 사용자가 데이터 레지스터를 초기화 할 수 없다. TWDR의 데이터는 TWINT가 '1'인 동안 안정한 상태로 남아 있다. 데이터가 시프트 아웃되는 동안, 동시에 버스의 데이터가 시프트 인 될 수 있다. TWDR은 TWI 인터럽트에 의하여 슬립모드로부터 탈출한 후를 제외 하고는 항상 버스에 존재하는 마지막 바이트를 가지고 있다. TWI 인터럽트에 의하여 슬립모드로부터 탈출한 직후의 TWDR 내용은 정의 되지 않는다. 그리고 버스 점유권을 상실한 경우에는 마스터로부터 슬레이브로의 전송 중에 있는 데이터가 상실되지 않는다.

또한 ACK 비트의 처리는 TWI 로직에 의하여 자동으로 제어되므로 CPU가 ACK 비트를 직접적으로 액세스 할 수는 없다.

Bit	7	6	5	4	3	2	1	0
	TWD7	TWD6	TWD5	TWD4	TWD3	TWD2	TWD1	TWD0
Read/Write	R/W	R/W	R/W	R/W	R/W	R/W	R/W	R/W
초기값	1	1	1	1	1	1	1	1

- **Bit 7~0 : TWD7~0(TWI 데이터 레지스터)**
  이 8개의 비트는 다음에 송신될 데이터를 가지고 있거나 TWI 버스에서 수신된 마지막 데이터 바이트를 가지고 있다.

5) TWAR(TWI(Slave)주소 레지스터)

TWAR은 TWI가 슬레이브 모드 송수신 장치로 프로그램 되었을 때만 유효하고 마스터 모드에서는 필요 없는 7비트 슬레이브 주소를 가지고 있다. 다중 마스터 시스템에서, TWAR은 다른 마스터에 의하여 슬레이브로 주소 지정될 수 있는 마스터에서 설정되어야 한다. TWAR의 LSB는 일반 호출 주소(0x00)의 인식을 인에이블 하기 위하여 사용된다. 수신된 직렬 주소에서 슬레이브 주소(또는 일반 호출 주소)를 찾는 주소 비교장치가 있다. 만약 일치가 발견되면 인터럽트 요청이 발생된다.

Bit	7	6	5	4	3	2	1	0
	TWA6	TWA5	TWA4	TWA3	TWA2	TWA1	TWA0	TWGCE
Read/Write	R/W	R/W	R/W	R/W	R/W	R/W	R/W	R/W
초기값	1	1	1	1	1	1	1	0

- **Bit 7~1 : TWA6~0(TWI(Slave) 주소 레지스터)**
  이 7 비트는 TWI 장치의 슬레이브 주소를 가지고 있다.

- **Bit 0 : TWGCE(TWI 전체 호출 인식 인에이블 비트)**
  만약 이 비트가 '1'이면 TWI 버스의 전체 호출 인식 기능이 활성화 된다.

11.5 TWI의 동작

AVR TWI는 바이트 단위를 사용하고 인터럽트를 기본으로 사용한다. 인터럽트는 한 바이트 수신 또는 시작조건 전송 등과 같은 버스 사건이 발생되면 트리거 된다.

TWI가 인터럽트를 기본으로 사용하기 때문에 응용 소프트웨어는 TWI 바이트 전송 기간 동안 다른 동작을 수행 할 수 있다. TWCR의 TWI 인터럽트 인에이블(TWIE) 비트는 SREG의 전체 인터럽트 플래그('I')와 함께 TNINT 플래그가 인터럽트 요청을 할 수 있도록 허용할 것인지 아닌지를 응용 소프트웨어가 결정할 수 있도록 해준다. 만약 TWIE 비트가 '0'이면 응용 소프트웨어는 TWI 버스상의 동작을 감시하기 위하여 TWINT 플래그를 폴링 하여야 한다. TWINT 플래그가 발생하면 TWI는 동작을 정지하고 응용 프로그램의 응답을 기다린다. 이 경우 TWI 상태 레지스터(TWSR)은 TWI 버스의 현재 상태를 나타내는 값을 가지고 있다. 응용 소프트웨어는 TWCR과 TWDR 레지스터를 조작함으로서 TWI가 다음 TWI 버스 사이클에서 어떻게 동작 할 것인지를 결정 할 수 있다. 그림 11.10은 응용 프로그램이 TWI 하드웨어와 어떻게 인터페이스 하는가 하는 예를 보여준다. 여기서 마스터는 하나의 데이터 바이트를 슬레이브로 전송한다.

① TWI 전송에서 첫 번째 단계는 시작 조건을 전송하는 것이다. 시작조건의 전송은 TWI 하드웨어에게 시작 조건을 전송하도록 지시하는 명령값을 TWCR에 써넣음으로서 이루어진다. 어떤 값을 써넣어야 되는지는 뒤에서 설명한다. 중요한 점은 TWCR 레지스터에 값을 써넣을 때 TWINT 비트를 '1'로 해야 한다는 점이다. TWINT 비트에 '1'을 써넣으면 TWINT 비트는 클리어 된다. 이렇게 하는 이유는 TWINT 비트가 '1'인 동안에는 TWI가 어떠한 동작도 시작하지 않기 때문이다.

응용 프로그램이 TWINT를 클리어하면 TWI는 즉시 시작 조건의 전송을 시작한다.

② 시작 조건이 전송완료 되면 TWINT 플래그는 '1'이 되며 TWSR은 시작 조건이 성공적으로 전송되었다는 것을 나타내는 상태코드로 변경된다.

③ 응용 소프트웨어는 시작조건이 성공적으로 전송되었는지를 확인하기 위하여 TWSR 값을 검사한다. 만약 TWSR이 성공적인 수행을 나타내지 않으면, 응용 소프트웨어는 에러 처리루틴을 호출하는 것과 같은 특별한 동작을 취해야 한다.

그러나 상태코드가 정상 전송을 나타내면 응용 프로그램은 TWDR 레지스터에 "SLA+W"값을 써넣음으로서 슬레이브 주소 전송을 시도한다.(TWDR은 주소와 데이터 전송을 모두를 위하여 사용된다는 점을 기억하라.)

즉, TWDR에 원하는 “SLA+W”값을 저장한 후, TWCR에 특정한 값을 써넣어 TWI가 TWDR의 “SLA+W”가 의미하는 전송을 하도록 하드웨어에게 명령을 내린다. 어떤 값이 써넣어지는지는 뒤에서 설명한다. 중요한 점은 TWCR 레지스터에 값을 써넣을 때 TWINT 비트를 ‘1’로 해야 한다는 점이다. TWINT 비트에 ‘1’을 써넣으면 TWINT 비트는 클리어 된다. 이렇게 하는 이유는 TWINT 비트가 ‘1’인 동안에는 TWI가 어떠한 동작도 시작하지 않기 때문이다. 응용 프로그램이 TWINT를 클리어하면 TWI는 즉시 주소패킷의 전송을 시작한다.

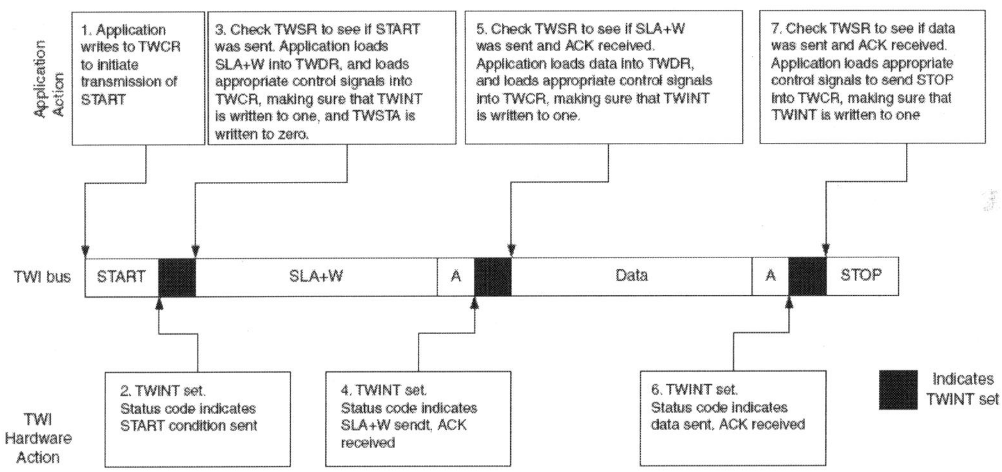

그림 11.10 일반적인 데이터 전송시 TWI와 응용 프로그램의 인터페이스

④ 주소 패킷의 전송이 완료되면, TWINT 플래그는 다시 ‘1’이 된다. 그리고 TWSR은 주소패킷이 성공적으로 전송되었음을 나타내는 상태코드로 변경된다. 또한 상태코드는 슬레이브가 패킷에 대해 확인신호로 응답을 했는지에 대한 정보도 가지고 있다.

⑤ 응용 소프트웨어는 이제 주소 패킷이 성공적으로 전송되었는지를 확인하고, ACK의 값이 성공적인 주소패킷 전송을 나타내는 값인지를 확인하기 위하여 TWSR의 값을 검사한다. 만약 TWSR이 성공적인 주소 패킷 전송을 나타내지 않으면, 응용 소프트웨어는 에러처리 루틴을 호출하는 것과 같은 특별한 동작을 수행한다.

상태코드가 패킷이 성공적으로 전송되었음을 나타낸다면, 응용 소프트웨어는 TWDR에 데이터 패킷을 저장하고, TWI 하드웨어가 TWDR에 표현된 데이터 패킷을 전송하도록 명령을 내리는 특정값을 TWCR에 써넣는다. 어떤 값이 써넣어지는지는 뒤에서 설명한다.

하지만 TWINT 비트에 ‘1’을 써넣어 TWINT 비트를 클리어 해야 된다는 사실은 매우 중요하다. 왜냐하면 TWCR 레지스터의 TWINT가 '1'이면 TWI는 어떠한 동작도 수행하지 않기 때문이다. 따라서 응용 프로그램이 TWINT를 클리어하면 TWI는 즉시 데이터 패킷의 전송을 시작한다.

⑥ 데이터 패킷의 전송이 완료되면 TWINT 플래그는 '1'이 된다. 그리고 TWSR은 데이터 패킷이 성공적으로 전송되었음을 나타내는 상태코드로 변경된다. 또한 이 상태코드는 슬레이브가 패킷에 대해 확인코드로 응답했는지에 대한 정보도 가지고 있다.

⑦ 응용 소프트웨어는 이제 데이터 패킷이 성공적으로 전송되었는지를 확인하고, ACK의 값이 예상 값인지를 확인하기 위하여 TWSR의 값을 검사한다.

만약 TWSR이 성공적인 데이터 패킷 전송을 나타내지 않으면, 응용 소프트웨어는 에러 처리 루틴을 호출하는 것과 같은 특별한 동작을 수행한다. 상태코드가 패킷이 성공적으로 전송되었음을 나타내면, 응용 소프트웨어는 TWI 하드웨어가 정지조건을 전송하도록 명령을 내리는 특정값을 TWCR에 써넣는다. 어떤 값이 써넣어지는지는 나중에 설명한다.

하지만 TWINT 비트에 '1'을 써넣어 TWINT 비트를 클리어 해야 된다는 사실은 매우 중요하다. 왜냐하면 TWCR 레지스터의 TWINT가 '1'이면 TWI는 어떠한 동작도 수행하지 않기 때문이다. 따라서 응용 프로그램이 TWINT를 클리어하면 TWI는 즉시 정지조건의 전송을 시작한다. 정지 조건이 전송된 후에는 TWINT가 '1'이 되지 않는다는 점에 주의해야 한다.

다음의 예제 코드는 간단하지만 TWI 전송에 필요한 모든 원리를 보여준다. 이 프로그램은 다음과 같이 요약될 수 있다.

① TWI가 동작을 종료하고 응용 프로그램의 응답을 기다릴 때, TWINT 플래그는 '1'이 된다. SCL 선로는 TWINT가 클리어 될 때까지 "LOW" 상태가 된다.

② TWINT 플래그가 '1'이 되면, 사용자는 모든 TWI 레지스터를 다음 TWI 버스 사이클을 위한 값으로 변경하여야 한다. 예처럼 TWDR에는 다음 버스 사이클에서 전송될 값이 저장된다.

③ 모든 TWI 레지스터가 변경되고 다른 처리 중인 응용 소프트웨어 작업이 종료된 후, TWCR에 값을 써넣는다. TWCR에 값을 써넣을 때는, TWINT 비트에 '1'을 써 넣어 TWINT 플래그 비트를 클리어 하여야 한다. TWINT 비트가 클리어 되면 TWI는 TWCR

의 설정에 의하여 지정된 동작을 수행하기 시작한다.

다음과 같은 C-언어 코드 예에서 몇 가지 정의는 인클루드 파일에 의하여 이미 생성되어 있고 이를 이용한다고 가정한다.

표 11.3

	C-언어 코드	설 명
1	TWCR = (1〈〈TWINT)|(1〈〈TWSTA)|(1〈〈TWEN)	시작조건 전송
2	while (!(TWCR & (1〈〈TWINT)))	TWINT 플래그 비트가 셋 되기를 기다린다. 이것은 시작조건이 전송완료 되었음을 나타낸다.
3	if((TWSR & 0xF8) != START) ERROR();	TWI 상태 레지스터 검사. 프리스케일러 비트 마스크. 만약 상태가 "START"와 다르면 "ERROR"로 분기.
	TWDR=SLA_W; TWCR=(1〈〈TWINT)|(1〈〈TWEN);	TWDR 레지스터에 SLA_W 저장. 주소전송을 위하여 TWCR의 TWINT 비트 클리어
4	while(!(TWCR & (1〈〈TWINT)));	TWINT 플래그가 셋 될 때까지 대기. 이것은 SLA+W가 전송 완료 되었고 ACK/NACK가 수신되었음을 나타낸다.
5	if((TWSR & 0xF8)!=MT_SLA_ACK) ERROR();	TWI 상태 레지스터 값 검사. 프리스케일러 비트 마스크. 상태값이 MT_SLA_ACK와 다르면 ERROR로 분기
	TWDR = DATA; TWCR = (1〈〈TWINT)|(1〈〈TWEN);	TWDR로 데이터 저장. 데이터 전송을 위하여 TWINT 비트 클리어
6	while(!(TWCR&(1〈〈TWINT)));	TWINT 플래그가 셋 될 때까지 대기. 이것은 데이터가 전송완료 되고 ACK/NACK가 수신되었다는 것을 나타낸다.
7	if((TWSR&0xF8)!=MT_DATA_ACK) ERROR();	TWI 상태 레지스터 값 검사. 프리스케일러 비트 마스크. 상태가 MT_DATA_ACK와 다르면 ERROR로 분기
	TWCR=(1〈〈TWINT)|(1〈〈TWEN)|(1〈〈TWSTO);	정지조건 전송

(1) TWI 송수신 모드

TWI는 마스터 송신모드(MT), 마스터 수신 모드(MR), 슬레이브 송신모드(ST), 슬레이브 수신 모드(SR) 중 하나로 동작 할 수 있다. 이들 모드 중 일부는 동일 응용 프로그램에서 함께 사용될 수 있다. 예를 들어 TWI는 EEPROM에 데이터를 쓰기 위하여 MT 모드로 사용될 수도 있고, EEPROM으로부터 데이터를 다시 읽어내기 위해서 MR 모드로도 사용될 수 있다. 그리고 만약 다른 마스터가 시스템에 존재한다면, 이들 중 일부가 TWI로 데이터를 전송하게 되고, 이때 나머지가 SR 모드가 사용될 수 있다. 어느 모드를 사용할 것인가 하는 것은 응용 소프트웨어에 의하여 결정된다. 가능한 상태 코드는 그림 11.12~18에서 각 모드에서의 상세한 데이터 전송 그림과 함께 설명된다. 이들 그림은 다음과 같은 약어를 가지고 있다.

S　: 시작(START) 조건
Rs　: 반복시작(REPEATED START)조건
R　: 읽기 비트(high level at SDA)
W　: 쓰기 비트(low level at SDA)
A　: 응답 비트(low level at SDA)
A　: Not acknowledge 비트 (high level at SDA)
Data : 8 비트 데이터
P　: 정지(STOP)조건
SLA : 슬레이브 주소

그림 11.12~그림 11.18에서 원은 TWINT 플래그가 '1'이라는 것을 표시하기 위하여 사용된다. 원안의 숫자는 TWSR에 저장된 상태코드를 나타내며, 이때 프리스케일러의 값은 '0'이거나 '0'으로 마스크 된다. 그리고 이 시점에서, 응용 프로그램은 TWI 전송을 계속하거나 또는 완료하기 위한 동작들을 수행하여야 한다. TWI 송신은 TWINT 플래그가 소프트웨어에 의하여 클리어 될 때까지 일시 중지된다.

TWINT 플래그가 '1'일 때, 소프트웨어의 동작은 TWSR의 상태코드에 따라 결정된다. 각 상태 코드에 대한 소프트웨어 동작과 후속되는 직렬 전송에 대한 상세한 내용은 표 11.3 ~ 표 11.6에서 보여준다. 이들 표에서 프리스케일러 비트는 '0'으로 마스크 된다.

1) 마스터 송신 모드

마스터 송신 모드에서 데이터는 슬레이브 수신 장치로 전송된다. 마스터 모드에 들어가기 위해서는 반드시 시작 조건이 먼저 전송되어야 한다. 그 다음에 오는 주소 패킷형식은 마스터 전송모드로 할 것인지 마스터 수신모드로 할 것인지를 결정한다. 만약 "SLA+W"가 전송되면 마스터 송신(MT) 모드에 진입하고, "SLA+R"가 전송되면 마스터 수신(MR) 모드에 진입한다. 여기서 언급한 모든 상태 코드는 프리스케일러 비트가 '0'이거나 '0'으로 마스크 되어 있다는 가정을 한다.

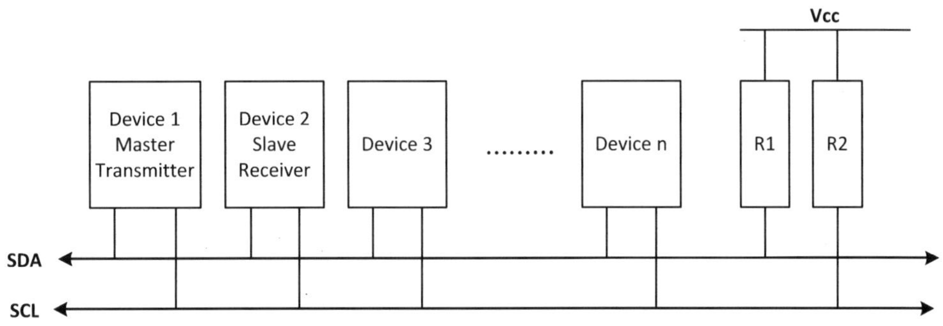

그림 11.11 마스터 송신 모드에서의 데이터 전송

TWCR에 다음과 같은 값을 써넣으면 시작 조건이 전송된다.

TWCR	TWINT1	TWEA	TWSTA	TWSTO	TWWC	TWEN	–	TWIE
값	1	X	1	0	X	1	0	X

TWI를 활성화하기 위하여 TWEN이 '1'이 되어야 하고, 시작조건을 전송하기 위하여 TWSTA이 '1'이 되어야 한다. 그리고 TWINT는 TWINT 플래그를 클리어 하기 위하여 '1'이 되어야 한다. 그러면 TWI는 2선 직렬 버스를 검사하여, 버스가 사용 가능해지면 즉시 시작 조건을 발생시킨다. 시작 조건이 전송되면 TWINT 플래그는 하드웨어적으로 '1'이 되고, TWSR의 상태코드는 0x08이 된다.(표 11.4 참조)

마스터 송신모드(MT) 모드에 진입하기 해서는 "SLA+W"가 전송되어야 한다. 이것은 TWDR에 "SLA+W"를 써넣음으로서 수행된다. 그 후, 송신을 계속하기 위해서는 TWINT 비트에 '1'을 써넣어 TWINT 비트를 클리어 시키면 된다. 이것은 TWCR에 다음 값을 써넣음으로서 수행된다.

TWCR	TWINT1	TWEA	TWSTA	TWSTO	TWWC	TWEN	–	TWIE
값	1	X	0	0	X	1	0	X

"SLA+W"가 송신 되고 응답 비트가 수신 되면 TWINT는 다시 '1'이 된다. 그리고 TWSR의 상태 코드는 현재의 상태를 나타내는 값으로 변경된다.

마스터 모드에서 사용 가능한 상태코드는 0x18, 0x20, 0x38이다. 이들 상태코드에 대한 동작은 표 11.3에 상세하게 언급되어 있다. "SLA+W"가 성공적으로 전송되면 다음에는 데이터 패킷이 전송된다. 이것은 TWDR에 데이터를 써넣으면 수행된다.

TWDR은 TWINT가 '1'일 때 써넣어야 한다. 만약 그렇지 않으면 액세스가 불가능하게 되고, TWCR 레지스터의 쓰기 충돌 비트(TWWC)가 '1'이 된다.

TWDR을 업-데이트 한 후, 전송을 계속하기 위해서는 TWINT 비트에 '1'을 써넣어 TWINT 비트를 클리어 시키면 된다. 이것은 TWCR에 다음 값을 써넣음으로서 수행된다.

TWCR	TWINT1	TWEA	TWSTA	TWSTO	TWWC	TWEN	–	TWIE
값	1	X	0	0	X	1	0	X

이러한 동작은 마지막 바이트가 전송될 때까지 반복되고, 송신은 정지 조건을 발생되거나 또는 반복 시작조건을 발생되면 종료된다.

정지 조건은 TWCR에 다음 값을 써넣으면 발생된다.

TWCR	TWINT1	TWEA	TWSTA	TWSTO	TWWC	TWEN	–	TWIE
값	1	X	0	1	X	1	0	X

반복 시작 조건은 TWCR에 다음 값을 써넣으면 발생된다.

TWCR	TWINT1	TWEA	TWSTA	TWSTO	TWWC	TWEN	–	TWIE
값	1	X	1	0	X	1	0	X

반복 시작 조건(0x010)이 전송되면, TWI(2선 직렬 인터페이스)는 정지 조건의 전송 없이 동일한 슬레이브를 다시 액세스하거나, 또는 새로운 슬레이브를 액세스할 수 있다. 반복 시작은 마스터가 정지조건을 전송하지 않은 상태에서 여러 개의 슬레이브를 연속적으로 액세스하는 것이 가능하도록 해준다. 이때 마스터 송신 모드와 마스터 수신 모드는 버스의 통제권을 상실하지 않는다.

표 11.4 마스터 송신모드를 위한 상태 코드

상태코드 (TWSR) 프리스케일러 비트 = 0	TWI 버스 상태와 TWI 하드웨어 인터페이스	응용 소프트웨어 응답					TWI 하드웨어의 다음 동작
		To/from TWDR	To TWCR				
			STA	STO	TWEA	TWEA	
0x08	시작조건 전송 완료	SLA+W 로드	0	0	1	X	SLA+W 송신; ACK or NOT ACK 수신
0x10	반복 시작조건 전송 완료	SLA+W 또는	0	0	1	X	SLA+W 송신; ACK or NOT ACK 수신
		SLA+R 로드	0	0	1	X	SLA+R 송신; 마스터 수신모드로 변경
0x18	SLA+W 전송완료, ACK 수신	데이터 로드 또는	0	0	1	X	데이터 송신, ACK or NOT ACK 수신
		No TWDR action 또는	1	0	1	X	반복 시작 조건 송신
		No TWDR action or	0	1	1	X	정지조건 전송, TWSTO flag 리셋
		No TWDR action	1	1	1	X	정지조건에 이어 시작 조건 전송, TWSTO flag 리셋
0x20	SLA+W 전송완료, NACK 수신	데이터 로드 or	0	0	1	X	데이터 송신,ACK or NOT ACK 수신
		No TWDR action or	1	0	1	X	반복 시작 조건 송신
		No TWDR action or	0	1	1	X	정지조건 전송, TWSTO flag 리셋
		No TWDR action	1	1	1	X	정지조건에 이어 시작 조건 전송, TWSTO flag 리셋
0x28	데이터 바이트 송신 완료, ACK 수신	데이터 로드 or	0	0	1	X	데이터 송신,ACK or NOT ACK 수신
		No TWDR action or	1	0	1	X	반복 시작 조건 송신
		No TWDR action or	0	1	1	X	정지조건 전송, TWSTO flag 리셋
		No TWDR action	1	1	1	X	정지조건에 이어 시작 조건 전송, TWSTO flag 리셋

상태코드 (TWSR) 프리스케일러 비트 = 0	TWI 버스 상태와 TWI 하드웨어 인터페이스	응용 소프트웨어 응답					TWI 하드웨어의 다음 동작
		To/from TWDR	To TWCR				
			STA	STO	TWEA	TWEA	
0x30	데이터 바이트 송신 완료, NACK 수신	데이터 로드 or	0	0	1	X	데이터가 전송, ACK, 또는 NACK 수신.
		No TWDR action or	1	0	1	X	반복 시작조건 전송.
		No TWDR action or	0	1	1	X	정지 조건이 전송되고 TWSTO 플래그는 리셋.
		No TWDR action	1	1	1	X	정지조건에 이어 시작조건이 전송되고 TWSTO 플래그는 리셋.
0x38	SLA+W 또는 데이터 바이트 전송시 중재 탈락	No TWDR action or	0	0	1	X	TWI 버스를 해제하고 주소지정 되지 않은 슬레이브 모드로 진입.
		No TWDR action	1	0	1	X	버스가 free 상태가 되면 시작조건 전송

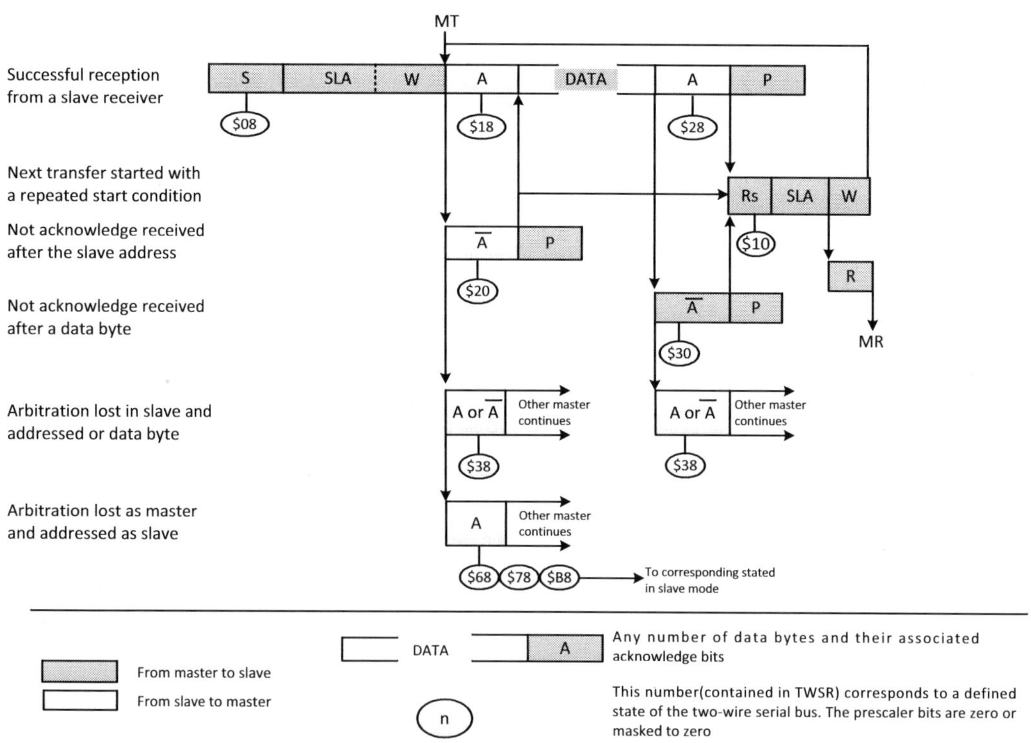

그림 11.12 마스터 송신 모드에서의 형식과 상태

2) 마스터 수신 모드

마스터 수신 모드에서, 데이터는 슬레이브 송신장치로부터 수신된다(그림 11.13) 마스터 모드로 진입하기 위하여 시작 조건이 먼저 전송된다.

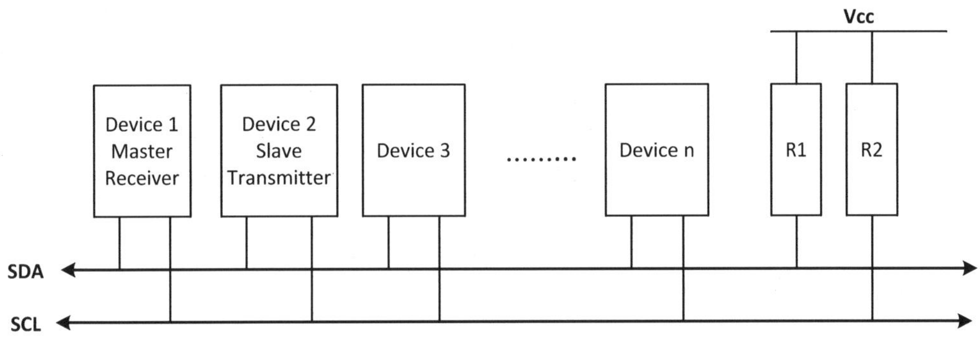

그림 11.13 마스터 수신 모드에서의 데이터 전송

그 다음에 오는 주소 패킷의 형식은 마스터 전송모드에 진입할 것인가 또는 마스터 수신 모드에 진입할 것인가를 결정한다. 만약 "SLA+W"가 전송되면 마스터 송신(MT) 모드에 진입하고 "SLA+R"이 전송되면 마스터 수신(MR) 모드에 진입한다. 여기서 언급된 모든 상태 코드는 프리스케일러가 '0'이거나 '0'으로 마스크 된 것으로 가정한다. 시작 조건은 TWCR에 다음 값을 써넣음으로서 전송된다.

TWCR	TWINT1	TWEA	TWSTA	TWSTO	TWWC	TWEN	–	TWIE
값	1	X	1	0	X	1	0	X

TWEN은 TWI를 활성화하기 위하여 '1'이 되어야 하고, TWSTA는 시작 조건을 전송하기 위하여 '1'이 되어야 한다. 그리고 TWINT는 TWINT 플래그를 클리어 하기 위하여 '1'이 되어야 한다. TWI는 2선 직렬 버스를 검사하여 버스가 사용되지 않는 상태이면 시작 조건을 전송한다. 시작 조건이 전송된 후, TWINT 플래그는 하드웨어적으로 '1'이 되고 TWSR의 상태 코드는 0x08이 된다(표 11.4 참조).

마스터 수신(MR) 모드에 진입하기 위해서는 "SLA+R"이 전송되어야 한다. 이것은 TWDR에 "SLA+R"을 써넣고, 다음과 같이 TWINT 비트에 '1'을 써넣어 TWINT 비트를 클리어 하면 전송이 수행된다.

TWCR	TWINT1	TWEA	TWSTA	TWSTO	TWWC	TWEN	–	TWIE
값	1	X	0	0	X	1	0	X

"SLA+R"이 전송되고 응답 비트가 수신되면, TWINT는 다시 '1'이 되고 TWSR의 상태코드가 이용가능하게 된다. 마스터 모드에서 이용 가능한 상태코드는 0x38, 0x40, 0x48이다. 각 상태코드에 대한 각각의 동작은 표 11.4에서 상세히 설명된다. TWINT 플래그가 하드웨어에 의하여 '1'이 되면, 수신된 데이터를 TWDR 레지스터로부터 읽을 수 있다. 이러한 동작은 마지막 바이트가 수신될 때까지 반복된다.

마지막 바이트가 수신된 후, 마스터 수신(MR)장치는 마지막으로 수신된 데이터 이후 NACK를 전송함으로써 슬레이브 송신장치(ST)에게 응답한다. 전송은 정지 조건 또는 반복 시작 조건을 발생함으로써 종료된다.

정지 조건은 TWCR에 다음 값을 써넣음으로서 발생된다.

TWCR	TWINT1	TWEA	TWSTA	TWSTO	TWWC	TWEN	–	TWIE
값	1	X	0	1	X	1	0	X

반복 시작 조건은 다음 값을 TWCR에 써넣음으로서 발생된다.

TWCR	TWINT1	TWEA	TWSTA	TWSTO	TWWC	TWEN	–	TWIE
값	1	X	1	0	X	1	0	X

반복 시작 조건(0x10) 이후 TWI는 동일한 슬레이브를 다시 액세스하거나 또는 정지 조건을 전송하지 않고 새로운 슬레이브를 액세스 할 수 있다. 반복 시작은 버스의 제어권을 상실하지 않은 상태에서 마스터 전송 모드와 마스터 수신 모드로, 마스터가 슬레이브들 사이를 스위치 할 수 있도록 해준다.

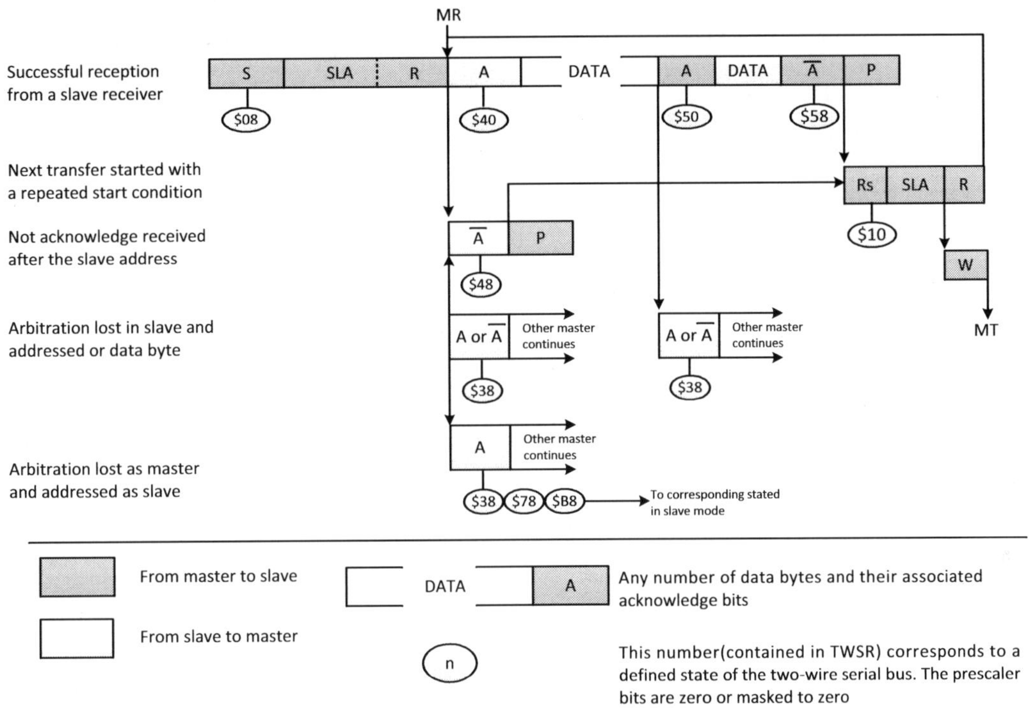

그림 11.14 마스터 수신 모드에서의 형식과 상태

표 11.5 마스터 수신 모드에 대한 상태 코드

상태코드값 (TWSR) 프리스케일러 비트=0	TWI 버스의 상태와 TWI 인터페이스 하드웨어	응용 프로그램 응답					TWI 하드웨어에 의해 취해지는 다음 동작
		To/from TWDR	To TWCR				
			STA	STO	TWINT	TWEA	
0x08	시작조건 전송 완료	Load SLA+R	0	0	1	x	SLA+R 전송, ACK 또는 NOT ACK 수신
0x10	반복시작 조건 전송 완료	Load SLA+R or	0	0	1	x	SLA+R 송신, ACK 또는 NOT ACK 수신.
		Load SLA+W	0	0	1	x	SLA+W 송신, 마스터 송신 모드로 변경.
0x38	SLA+R, 또는 NOT ACK 비트에서 중재권 상실	No TWDR action or	0	0	1	x	TWI 버스 해제, 그리고 주소지정되지 않은 슬레이브 모드로 진입
		No TWDR action	1	0	1	x	버스가 프리이면 시작조건 송신

상태코드값 (TWSR) 프리스케일러 비트=0	TWI 버스의 상태와 TWI 인터페이스 하드웨어	응용 프로그램 응답					TWI 하드웨어에 의해 취해지는 다음 동작
		To/from TWDR	To TWCR				
			STA	STO	TWINT	TWEA	
0x40	SLA+R 전송완료; ACK 수신	No TWDR action or	0	0	1	0	데이터 수신, NOT ACK 리턴
		No TWDR action	0	0	1	1	데이터 수신,ACK 리턴
0x48	SLA+R 전송완료; NOT ACK 수신	No TWDR action or	1	0	1	x	Repeated START 송신.
		No TWDR action or	0	1	1	x	정지조건 송신 그리고 TWSTO flag 리셋.
		No TWDR action	1	1	1	x	정지조건에 이어 시작조건 전송, TWSTO flag 리셋
0x50	데이터 수신; ACK 리턴	Read data byte or	0	0	1	0	데이터 수신, NOT ACK 리턴
		Read data byte	0	0	1	1	데이터 수신, ACK 리턴
0x58	데이터 수신 완료; NOT ACK 리턴	Read data byte or	1	0	1	x	Repeated START 송신
		Read data byte or	0	1	1	x	STOP condition 전송,TWSTO flag 리셋
		Read data byte	1	1	1	x	정지조건에 이어 시작조건 전송, TWSTO flag 리셋

3) 슬레이브 수신 모드

슬레이브 수신모드에서 데이터는 마스터 송신장치로부터 수신된다.(그림 11.15) 여기서 언급된 모든 상태 코드는 프리스케일러 비트가 '0'이거나 '0'으로 마스크된 것으로 가정한다. 슬레이브 송신 모드로 초기화하기 위하여 TWAR와 TWCR는 다음과 같이 초기화 되어야 한다.

TWAR	TWA6	TWA5	TWA4	TWA3	TWA2	TWA1	TWA0	TWGCE
값	Device's Own Slave Address							

상위 7비트는 마스터로부터 주소지정 되었을 때, 2선 직렬 인터페이스가 응답하는 주소이다. 만약 LSB가 '1'이면 TWI는 전체 호출 주소(0x00)에 응답한다. 그렇지 않으면 전체 호출 주소를

무시한다.

TWCR	TWINT1	TWEA	TWSTA	TWSTO	TWWC	TWEN	–	TWIE
값	0	X	0	0	0	1	0	X

TWEN은 TWI를 활성화하기 위하여 '1'이 되어야 하고, TWEA 비트는 자신의 슬레이브 주소 또는 전체 호출 주소에 응답할 수 있도록 '1'이 되어야 한다. 그리고 TWSTA와 TWSTO는 반드시 '0'이 되어야 한다.

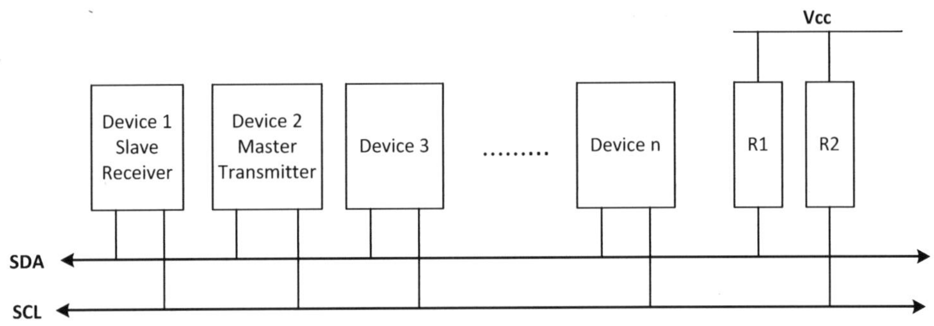

그림 11.15 슬레이브 수신 모드에서의 데이터 전송

TWAR와 TWCR이 초기화 되면 TWI는 데이터 방향 비트에 앞서 전송되는 자신의 슬레이브 주소에 의하여 주소 지정될 때까지(또는 전체 호출 주소 지정될 때까지) 기다린다. 만약 방향 비트가 '0'이면 TWI는 슬레이브 수신(SR) 모드로 동작한다. 그러나 방향 비트가 '1'이면 슬레이브 송신(ST) 모드에 진입한다. 자신의 슬레이브 주소와 쓰기 비트가 수신되면, TWINT 플래그는 '1'이 되고 유효 상태 코드는 TWSR로부터 읽을 수 있다.

상태 코드는 적절한 소프트웨어 동작을 결정하기 위하여 사용된다. 각 상태 코드에 대한 동작은 표 11.6에서 상세히 설명된다. TWI가 마스터 모드에 있는 동안, 중재에 의하여 버스 사용권을 상실하면 슬레이브 수신장치 모드에 진입한다(0x68과 0x78의 상태). 만약 TWEA 비트가 전송 도중에 리셋 된다면, TWI는 다음 데이터가 수신된 후 SDA에 "Not ACK"('1')를 리턴한다. 이것은 슬레이브가 더 이상 데이터를 수신할 수 없다는 사실을 나타내기 위하여 사용될 수 있다. TWEA가 '0'인 동안 TWI는 자신의 슬레이브 주소에 응답하지 않는다. 그러나 2선 직렬 버스는 여전히 모니터링 되고 있으며 주소인식은 TWEA를 '1'로 함으로써 언제든지 재개될 수 있다. 이것은 TWEA 비트가 2선 직렬 버스로부터 TWI를 임시로 분리시키기 위하여 사용된다는 것을 의미한다. 아이들 모드가 아닌 모든 슬립 모드에서, TWI에 대한 클럭 시스템은

턴 오프 된다. 만약 TWEA 비트가 '1'이면 인터페이스는, 클럭 소스로서 2선 직렬 버스 클럭을 사용함으로서 여전히 자신의 슬레이브 주소 혹은 전체 호출 주소에 대하여 응답을 할 수 있다. 그러면 그 부분은 슬립 모드로부터 탈출하게 되고 탈출하는 동안과 탈출하고 나서 TWINT 플래그에 '1'을 써넣어 TWINT 플래그를 클리어할 때까지, TWI는 SCL이 "LOW"인 상태를 유지한다. 그 후에는 AVR 클럭이 정상적으로 동작함에 따라서 데이터 수신이 정상적으로 수행된다. 만약 AVR이 "long start-up time"으로 설정되어 있다면 SCL 선로는 긴 시간동안 "LOW"인 상태를 유지하게 되는데 이 기간 동안 다른 데이터 전송은 불가능하다. TWDR은 이들 슬립모드로부터 깨어날 때 버스 상에 존재하는 마지막 바이트를 반영하지는 않는다.

표 11.6 슬레이브 수신 모드에 대한 상태 코드

상태코드값 (TWSR) 프리스케일러 비트=0	TWI 버스의 상태와 TWI 인터페이스 하드웨어	응용 프로그램 응답					TWI 하드웨어에 의해 취해지는 다음 동작
		To/from TWDR	To TWCR				
			STA	STO	TWINT	TWEA	
0x60	자신의 SLA+W 수신완료; ACK 수신	No TWDR action or	X	0	1	0	데이터 수신,NOT ACK 리턴
		No TWDR action	X	0	1	1	데이터 수신, ACK 리턴
0x68	마스터로서 SLA+R/W에서 중재권 상실; 자신의 SLA+W 수신완료;ACK 수신	No TWDR action or	X	0	1	0	데이터 수신,NOT ACK 리턴
		No TWDR action	X	0	1	1	데이터 수신, ACK 리턴
0x70	General call address 수신완료; ACK 수신	No TWDR action or	X	0	1	0	데이터 수신,NOT ACK 리턴
		No TWDR action	X	0	1	1	데이터 수신, ACK 리턴
0x78	마스터로서 SLA+R/W에서 중재권 상실; General call address 수신; ACK 수신	No TWDR action or	X	0	1	0	데이터 수신,NOT ACK 리턴
		No TWDR action	X	0	1	1	데이터 수신, ACK 리턴
0x80	자신의 SLA+W로 이미 주소지정됨; 데이터 수신완료; ACK 수신 returned	Read data byte or	X	0	1	0	데이터 수신,NOT ACK 리턴
		Read data byte	X	0	1	1	데이터 수신, ACK 리턴

0x88	자신의 SLA+W로 이미 주소지정됨; 데이터 수신완료; NOT ACK 수신	Read data byte or	0	0	1	0	주소지정되지 않은 슬레이브 모드로 변경: no recognition of own SLA or GCA
		Read data byte or	0	0	1	1	주소지정되지 않은 슬레이브 모드로 변경: own SLA will be recognized; GCA will be recognized if TWGCE = "'1" "
		Read data byte or	1	0	1	0	주소지정되지 않은 슬레이브 모드로 변경: no recognition of own SLA or GCA; a START condition will be transmitted when the bus becomes free
		Read data byte	1	0	1	1	주소지정되지 않은 슬레이브 모드로 변경: own SLA will be recognized; GCA will be recognized if TWGCE = "'1"'; a START condition will be transmitted when the bus becomes free
0x90	이미 general call로 주소 지정됨 ; 데이터 수신완료; ACK 수신	Read data byte or	X	0	1	0	데이터 수신,NOT ACK 리턴
		Read data byte	X	0	1	1	데이터 수신, ACK 리턴
0x98	이미 general call로 주소지정됨; 데이터 수신완료; NOT ACK 수신	Read data byte or	0	0	1	0	주소지정되지 않은 슬레이브 모드로 변경: no recognition of own SLA or GCA
		Read data byte or	0	0	1	1	주소지정되지 않은 슬레이브 모드로 변경: own SLA will be recognized; GCA will be recognized if TWGCE = "'1" "

		Read data byte or	1	0	1	0	주소지정되지 않은 슬레이브 모드로 변경: no recognition of own SLA or GCA; a START condition will be transmitted when the bus becomes free
		Read data byte	1	0	1	1	주소지정되지 않은 슬레이브 모드로 변경: own SLA will be recognized; GCA will be recognized if TWGCE = “"1”"; a START condition will be transmitted when the bus becomes free
0xA0	슬레이브로 주소지정되어 있는 동안 정지조건 또는 반복 시작조건 수신	No Action	0	0	1	0	주소지정되지 않은 슬레이브 모드로 변경: no recognition of own SLA or GCA
			0	0	1	1	주소지정되지 않은 슬레이브 모드로 변경: own SLA will be recognized; GCA will be recognized if TWGCE = “"1” “
			1	0	1	0	주소지정되지 않은 슬레이브 모드로 변경: no recognition of own SLA or GCA; a START condition will be transmitted when the bus becomes free
			1	0	1	1	주소지정되지 않은 슬레이브 모드로 변경: own SLA will be recognized; GCA will be recognized if TWGCE = “"1”"; a START condition will be transmitted when the bus becomes free

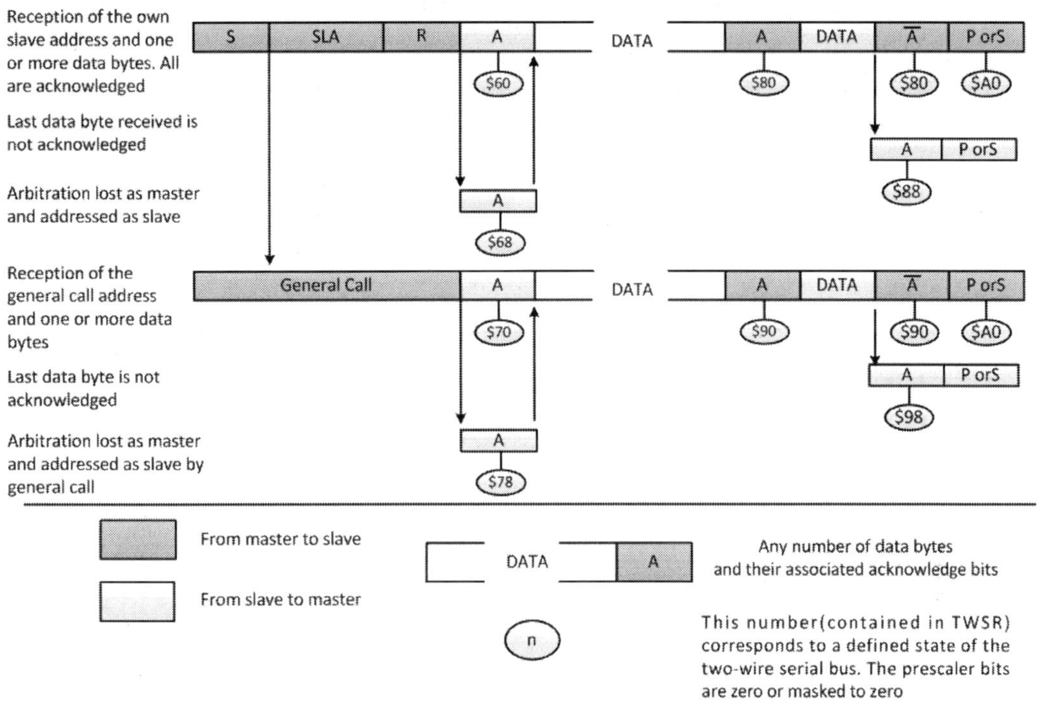

그림 11.16 슬레이브 수신 모드에서의 형식과 상태

4) 슬레이브 송신모드

슬레이브 송신 모드에서 데이터는 마스터 수신 장치(그림 11.17)로 전송된다. 여기에서 언급된 모든 상태코드는 프리스케일러가 '0'이거나 '0'으로 마스크된 것으로 가정한다.

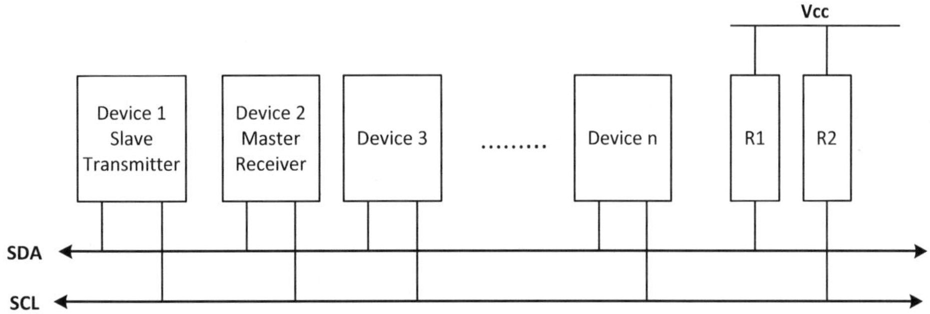

그림 11.17 슬레이브 송신 모드에서의 데이터 전송

슬레이브 송신 모드로 초기화하기 위하여, TWAR과 TWCR은 다음과 같이 초기화 되어야 한다.

TWAR	TWA6	TWA5	TWA4	TWA3	TWA2	TWA1	TWA0	TWGCE
값	Device's Own Slave Address							

상위 7비트는 마스터에 의하여 주소지정 되었을 때 TWI(2선 직렬 인터페이스)가 응답해야할 주소이다. 만약 LSB가 '1'이라고 하면, TWI는 전체호출주소(0x00)에 응답한다. 그렇지 않으면 전체 호출은 무시된다.

TWCR	TWINT1	TWEA	TWSTA	TWSTO	TWWC	TWEN	–	TWIE
값	0	1	0	0	0	1	0	X

TWEN은 TWI를 인에이블 하기 위하여 '1'이 되어야 하고, TWEA 비트는 디바이스 자신의 슬레이브 주소의 응답이나 전체 호출 주소의 응답을 활성화하기 위하여 '1'이 되어야 한다. TWSTA와 TWSTO는 '0'이 되어야 한다. TWAR와 TWCR이 초기화 되면, TWI는 데이터 방향 비트에 뒤이어 전송되는 자신의 슬레이브 주소에 의하여 주소 지정될 때까지 기다린다.(또는 전체 호출 주소 지정될 때까지 기다린다.)

만약 방향 비트가 '1'이면, TWI는 ST(슬레이브 송신) 모드로 동작하고 '0'이면 SR(슬레이브 수신) 모드에 진입한다. 자신의 슬레이브 주소와 쓰기 비트가 수신되면, TWINT 플래그는 '1'이 되고 유효 상태 코드를 TWSR로부터 읽을 수 있다. 상태 코드는 적절한 소프트웨어 동작을 결정하기 위하여 사용될 수 있다. 상태코드에 대한 동작은 표 11.7에서 설명된다. TWI가 마스터 모드에 있는 동안 중재에 의하여 버스 통제권을 상실하면 슬레이브 송신모드가 된다(상태 0xB0를 보라).

만약 어떤 전송구간에서 TWEA 비트가 '0'이었다면, TWI는 마지막 송신 바이트를 전송한다. 그러면 마스터 수신 장치가 마지막 바이트 수신 이후 "NACK"을 송신했느냐 또는 "ACK"을 송신했느냐에 따라서 0xC0 상태 또는 0xC8 상태에 진입하게 된다. TWI는 주소 지정되지 않은 슬레이브 모드로 전환되고, 만약 그 마스터가 전송을 계속한다면 그 마스터를 무시한다. 그래서 마스터 수신 장치는 직렬 데이터로서 모두 '1'인 데이터를 수신한다. 비록 슬레이브가 마지막 바이트를 전송(TWEA=0, 마스터는 NACK를 기다림)했더라도, 마스터가 ACK를 전송하여 부가적인 데이터 바이트를 요청하면, 상태 0x0C8에 진입한다. TWEA가 '0'이면, TWI는 자신의 슬레이브 주소에 응답하지 않는다. 하지만 2선 직렬 버스는 여전히 감시되어지고 주소 인식은 TWEA를 '1'로 함으로써 언제든지 재개된다. 이것은 TWEA 비트가 임시로 TWI를 2선 직렬 버스로부터 차단하기 위하여 사용된다는 것을 의미한다. 아이들 모드를 제외한 모든 슬립 모드에서 TWI에 대한 클럭 시스템은 턴 오프 된다. 만약 TWEA 비트가 '1'이라면, 인터페이스는 클럭 소스로서 2선 직렬 버스 클럭을 사용함으로서 여전히 자신의 슬레이브 주소 또는 전체 호출 주소에 응답할 수 있다. 그러면 그 부분은 슬립 모드로부터 탈출하게 되고, 슬립모드로부터 탈출하는 동안 TWI는 SCL이 "LOW"인 상태를 유지한다. 그리고 슬립모드로부터 탈출한 후에도 TWINT 플래그에 '1'을 써넣어 TWINT 플래그를 클리어할 때까지, TWI는 SCL이 "LOW"인 상태를 유지한다. 그 후에는 AVR 클럭이 정상적으로 동작함에 따라서 데이터 수신이 정상적으로 수행된다. 만약 AVR이 "long start-up time"으로 설정되어 있다면 SCL 선로는 긴 시간동안 "LOW"인 상태를 유지하게 되는데 이 기간 동안 다른 데이터의 전송은 불가능하다. TWI(2선 직렬 인터페이스) 데이터 레지스터(TWDR)는 이들 슬립모드로부터 탈출할 때 버스 상에 존재하는 마지막 바이트를 반영하지는 않는다.

표 11.7 슬레이브 송신 모드에 대한 상태코드

상태코드 값(TWSR) 프리스케일러 비트=0	TWI 버스의 상태와 TWI 인터페이스 하드웨어	응용 프로그램 응답					TWI 하드웨어에 의해 취해지는 다음 동작
		To/from TWDR	To TWCR				
			STA	STO	TWINT	TWEA	
0xA8	자신의 SLA+R 수신 ; ACK 수신	Load data byte or	x	0	1	0	마지막 데이터 송신, NOT ACK 수신
		Load data byte	x	0	1	1	데이터 전송, ACK 수신
0xB0	SLA+R/W에서 마스터로서의 중재권 상실;	Load data byte or	x	0	1	0	마지막 데이터 송신,NOT ACK 수신
	자신의 SLA+R 수신; ACK 수신	Load data byte	x	0	1	1	데이터 송신, ACK 수신
0xB8	TWDR에서 데이터 바이트 송신 ,ACK 수신	Load data byte or	X	0	1	0	마지막 데이터 송신, NOT ACK 수신
		Load data byte	X	0	1	1	데이터 송신, ACK 수신
0xC0	TWDR에서 데이터 바이트 송신, NOT ACK 수신	No TWDR action or	0	0	1	0	주소지정되지 않은 슬레이브 모드로 변경: no recognition of own SLA or GCA
		No TWDR action or	0	0	1	1	주소지정되지 않은 슬레이브 모드로 변경: own SLA will be recognized; GCA will be recognized if TWGCE = ""1" "

상태코드 값(TWSR) 프리스케일러 비트=0	TWI 버스의 상태와 TWI 인터페이스 하드웨어	응용 프로그램 응답					TWI 하드웨어에 의해 취해지는 다음 동작
		To/from TWDR	To TWCR: STA	STO	TWINT	TWEA	
		No TWDR action or	1	0	1	0	주소지정되지 않은 슬레이브 모드로 변경: no recognition of own SLA or GCA; a START condition will be transmitted when the bus becomes free
		No TWDR action	1	0	1	1	주소지정 되지 않은 슬레이브 모드로 변경: own SLA will be recognized; GCA will be recognized if TWGCE = “"1”"; a START condition will be transmitted when the bus becomes free
0xC8	TWDR에서 마지막 데이터 바이트 송신 (TWEA = "0"); ACK 수신	No TWDR action or	0	0	1	0	주소지정되지 않은 슬레이브 모드로 변경: no recognition of own SLA or GCA
		No TWDR action or	0	0	1	1	주소지정되지 않은 슬레이브 모드로 변경: own SLA will be recognized; GCA will be recognized if TWGCE = “"1”"
		No TWDR action or	1	0	1	0	주소지정되지 않은 슬레이브 모드로 변경: no recognition of own SLA or GCA; a START condition will be transmitted when the bus becomes free
		No TWDR action	1	0	1	1	주소지정되지 않은 슬레이브 모드로 변경: own SLA will be recognized; GCA will be recognized if TWGCE = “"1”"; a START condition will be transmitted when the bus becomes free

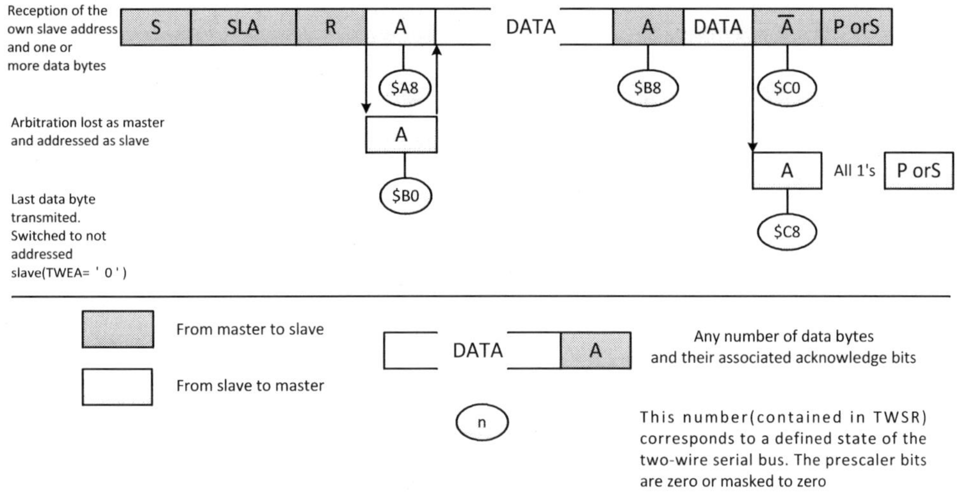

그림 11.18 슬레이브 전송 모드에서의 형식과 상태

5) 기타 상태

정의된 TWI 상태에 해당하지 않는 2개의 상태 코드가 있다.(표 11.8 참조)

상태 0xF8은 TWI 플래그가 '1'이 아니므로 사용 가능한 유용한 정보가 아니라는 것을 나타낸다. 이것은 서로 다른 상태를 사이에서 나타난다. 그리고 TWI가 직렬 전송장치에 포함되어 있지 않을 때 나타난다.

표 11.8 기타 상태들

상태코드 (TWSR) 프리스케일러 비트 = 0	TWI 버스의 상태와 TWI 인터페이스 하드웨어	응용 소프트웨어 응답					TWI 하드웨어에 의한 다음 동작
		To/from TWDR	To TWCR				
			STA	STO	TWINT	TWEA	
0xF8	No relevant state information available; TWINT = "0"	No TWDR action	No TWCR action				대기 또는 현재 전송을 계속 진행
0x00	비 정상적인 시작, 정지조건으로 인한 버스 에러	No TWDR action	0	1	1	x	단지 내부 하드웨어만 영향을 받는다. STOP 조건이 버스상에 전송되지 않는다. 모든 경우, 버스는 해제되고 TWSTO는 클리어 된다.

상태 0x00은 2선 직렬 버스 전송 중에 에러가 발생했음을 나타낸다. 버스 에러는 시작 또는 정지 조건이 형식 프레임의 비정상적 위치에서 발생했을 때 발생한다. 그러한 비정상 위치의 예는 주소 바이트 전송구간, 데이터 바이트 전송구간 응답비트 전송구간이 있다. 버스에러가 발생하면 TWINT는 '1'이 된다. 버스에러를 복구하려면 TWSTO 플래그를 '1', TWINT를 '0'으로 하여야 한다. 이렇게 설정하면 TWI는 주소 지정되지 않은 슬레이브 모드가 되고, TWSTO 플래그는 클리어 된다.(TWCR 레지스터의 다른 비트에는 영향을 미치지 않는다.) 그리고 SDA와 SCL선로는 사용 해제되며 정지 조건은 전송되지 않는다.

6) TWI 모드들의 결합

어떤 상황에서는 원하는 동작을 완료하기 위하여 몇 개의 TWI 모드를 결합하여 사용해야할 경우가 있다. 예를 들어, 직렬 EEPROM으로부터 데이터를 읽는 경우를 생각해 보자. 이 경우 데이터 전송은 일반적으로 다음 단계를 포함한다.

① 전송이 시작된다.
② 읽어야 할 EEPROM 번지를 지정한다.
③ 읽기를 수행한다.
④ 전송이 종료된다.

이때 데이터는 마스터로부터 슬레이브로 그리고 슬레이브로부터 마스터로 전송된다. 먼저 마스터는 MT 모드로 전환하여 읽기를 원하는 주소를 슬레이브에게 전송한다. 그리고 다시 MR 모드로 전환하여 슬레이브로부터 전송되는 데이터를 읽게 된다. 여기서, 마스터는 이 모든 단계 동안 버스 제어권을 유지해야 하며, 그 단계들은 섬세한 동작으로 수행되어야 한다. 만약 다중 마스터 시스템에서 이 원리가 위반되면, 다른 마스터가 EEPROM에 있는 데이터 포인터를 ②단계와 ③단계 사이에서 변경할 수도 있다. 그러면 마스터는 잘못된 데이터를 읽게 된다. 이러한 전송 방향의 변경은 주소 바이트의 전송과 데이터의 수신 사이에 재시작 조건(REPEATED START)을 전송함으로서 완성된다. 재시작(REPEATED START) 조건이 전송된 이후 마스터는 버스 점유권을 그대로 유지하게 된다. 그림 11.19는 이러한 전송의 흐름을 보여준다.

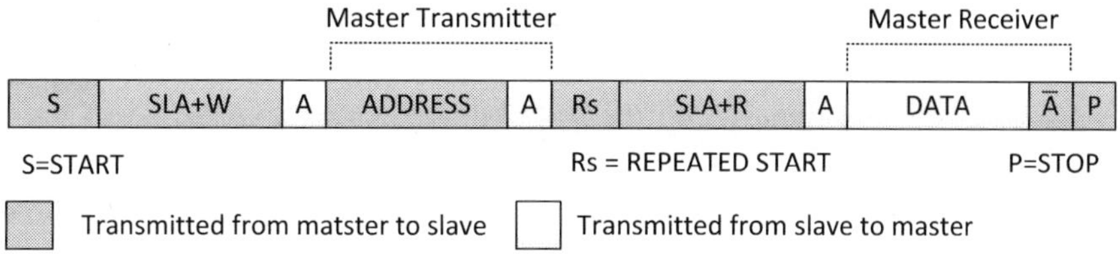

그림 11.19 직렬 EEPROM을 액세스 하기 위한 TWI 모드들의 결합

(2) 다중 마스터 시스템과 중재

만약 여러 개의 마스터가 동일 버스에 연결되어 있다면, 하나 또는 그 이상의 마스터에서 동시에 송신을 시작할 수 있다. TWI 표준은 마스터 중 하나만 송신을 하도록 허용함으로서 전송 중 데이터가 파괴되지 않도록 하여 그러한 상황을 제어할 수 있게 해준다. 중재 상태의 예는 아래에서 설명된다. 여기서 두 개의 마스터가 하나의 슬레이브 수신 장치에게 데이터를 전송하려 한다고 가정한다.

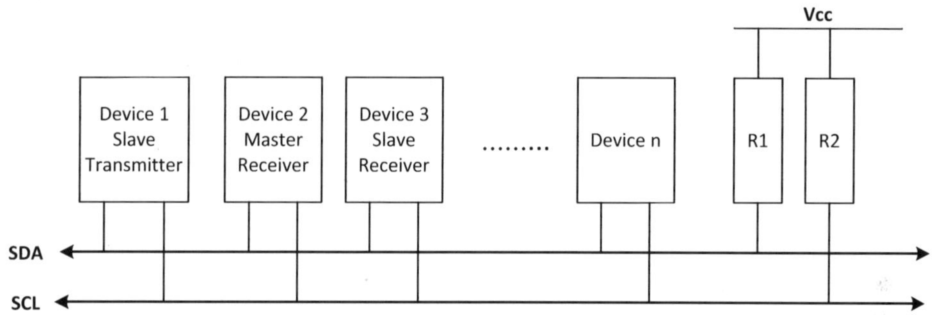

그림 11.20 중재 예

이 경우 중재기간 동안 아래와 같은 몇 가지의 다른 상황이 발생할 수 있다.

① 두 개 이상의 마스터가 동일한 슬레이브와 동일한 통신을 수행하려고 하는 경우 슬레이브나 마스터는 버스 점유상태에 대하여 알지 못한다.

② 두 개 이상의 마스터가 서로 다른 데이터 또는 방향 비트를 가지고 동일한 슬레이브를 액세스하려고 하는 경우 쓰기/읽기 비트에서 또는 데이터 비트에서 중재가 발생한다. 다른 마스터가 SDA 상에 '0'을 출력하려고 하는 동안 '1'을 출력하려고 하는 마스터는 중재에서 버스 점유권을 상실한다. 버스 점유에 실패한 마스터는 주소 지정되지 않은 슬레이브 모드로 전환되든지 또는 버스가 사용 가능할 때까지 기다렸다가 응용 소프트웨어 동작에 따라 새로운 시작 조건을 전송한다.

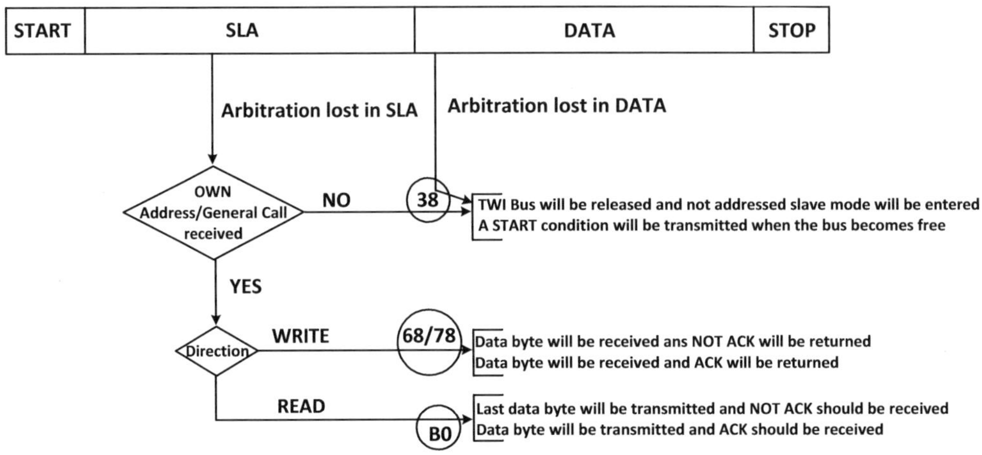

그림 11.21 중재에 의하여 발생 가능한 상태 코드

③ 두 개 이상의 마스터가 서로 다른 슬레이브를 액세스하려고 하는 경우, 중재는 SLA 비트에서 발생한다. 다른 마스터가 '0'을 출력하는 동안 SDA 상에 '1'을 출력하려고 시도하는 마스터는 중재에서 탈락한다.

SLA에서 중재에 탈락한 마스터는 버스점유에 성공한 마스터에 의하여 주소지정 되었는지를 검사하기 위하여 슬레이브 모드로 절환한다. 만약 주소지정 되었으면, 읽기/쓰기 비트의 값에 따라 SR 또는 ST 모드로 절환한다. 만약 주소지정 되지 않았으면 주소 지정되지 않은 슬레이브 모드로 절환하거나 또는 버스가 사용가능할 때까지 기다렸다가 응용 소프트웨어 동작에 따라 새로운 시작 조건을 송신한다. 그림 11.21은 이러한 상황을 요약하여 보여준다. 원 안의 값은 가능한 상태값을 나타낸다.

CHAPTER

12

ATmega128 프로그래밍 기초실습

ED-4513 마이크로프로세서 콤보II는 그림 12.1과 같이 디지털 입출력 실습, ADC 실습, 직렬 통신 실습, 타이머 실습, 외부 인터럽트 실습 등과 같이 내부 기능을 이용한 기초적인 실습과 FND 응용 실습, 문자형 LCD 응용 실습, 도트 매트릭스 응용 실습, 그래픽 LCD 응용 실습, 직류전동기 구동 응용실습, 스텝 모터 구동 응용실습, 키 패드 응용 실습, 이더넷 통신, USB 통신 등 응용 회로 실습이 가능하다. 또한 별도의 모듈로 구성되어 있는 센서 회로 모듈에는 다양한 종류의 광센서, 온도센서, 적외선 센서, 근접센서, 마그네틱 센서, 레이저 센서 등이 구성되어 있어 각종 센서를 응용한 프로그램 작성도 실습할 수 있도록 되어 있다.

그림 12.1 ED-4513 마이크로프로세서 콤보II

12.1 범용 입출력 포트 제어 실습

(1) LED를 이용한 범용 입출력 포트 출력 실습

1) 회로의 구성

범용 입출력 포트 출력 실습을 위한 회로는 그림 12.3과 같이 구성되어 있다. 8×2개의 LED로 구성되어 있으며 각각 하나의 포트에 설정될 수 있다. 그림 12.4는 LED 출력 회로를 ON/OFF 하는 스위치와 포트를 설정할 수 있는 스위치를 보여준다.

그림 12.4에서 LED의 ON/OFF는 그림 12.5의 SW37 선택 그림을 참고하여 설정한다. 또한 각 LED를 어느 포트에 연결하여 사용할 것인가는 그림 12.5에서와 같이 SW38과 SW39 선택 스위치를 이용하여 결정될 수 있다.

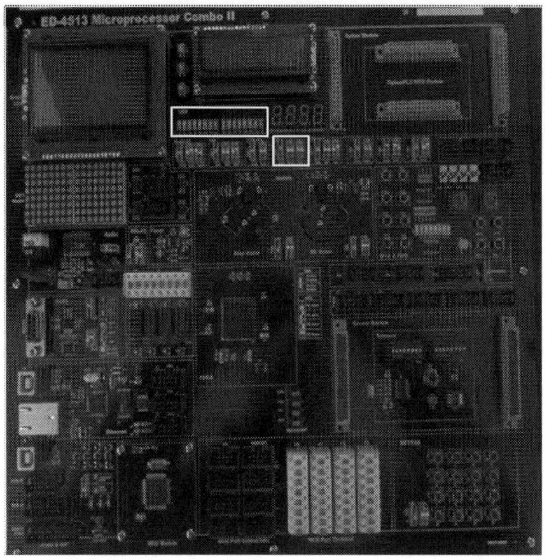

그림 12.2 LED ON/OFF와 포트 설정 스위치

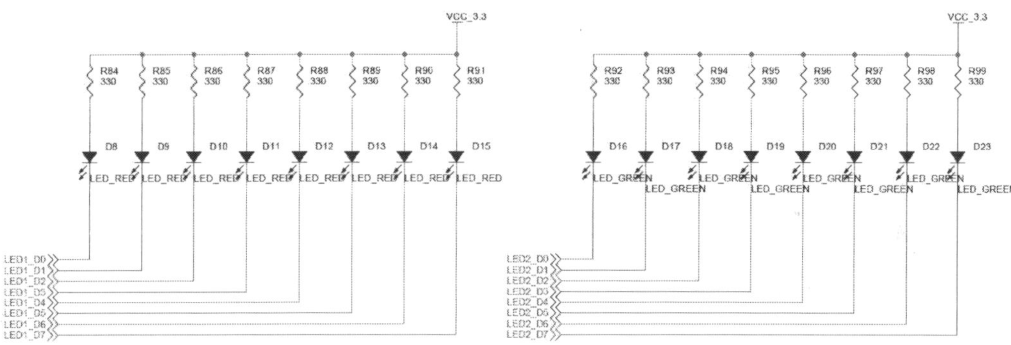

그림 12.3 LED 회로

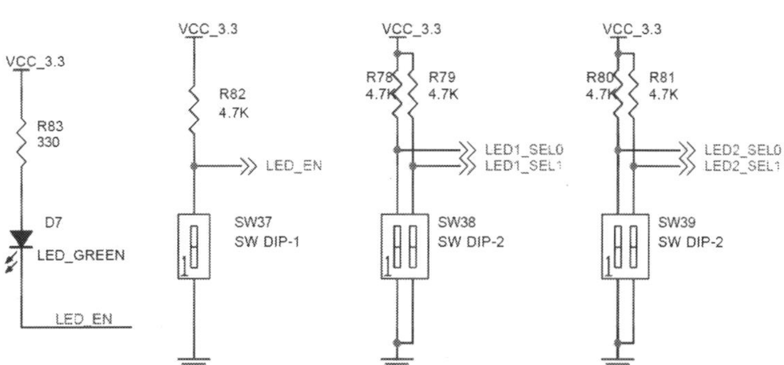

그림 12.4 LED ON/OFF 스위치와 포트 설정 스위치 회로도

이때 두 LED가 하나의 포트에 연결 될 수도 있고 서로 다른 포트에 연결될 수도 있다. 두 스위치의 위치에 따라 PORTA~PORTD 중 하나를 설정하여 사용할 수 있다.

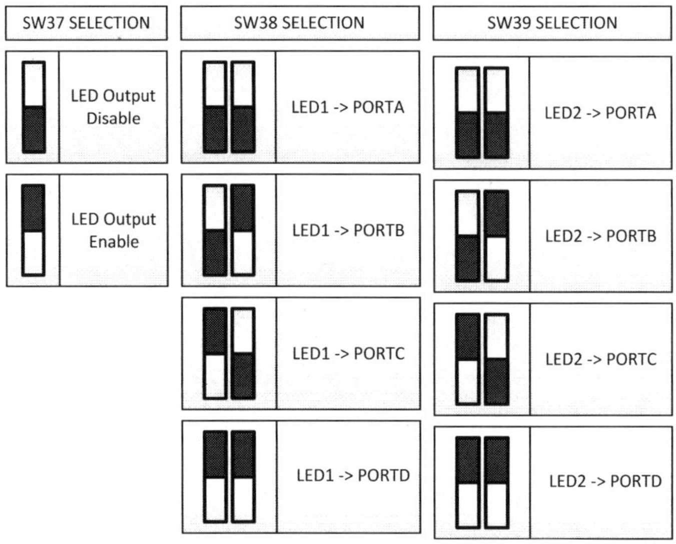

그림 12.5 LED ON/OFF 스위치 설정과 포트 선택

2) 프로그램

예제 12.1.1

포트 A, B에 연결된 LED로 임의의 값을 출력한다.

```
#include<iom128.h>
#include<ina90.h>
void main(void){
DDRA=0xff;        // 포트 A를 출력으로 사용
DDRB=0xff;        // 포트 B를 출력으로 사용
while(1){
PORTA=0x01;       // 포트 A로 값을 출력 한다.
PORTB=0x02;       // 포트 B로 값을 출력 한다.
}
}
```

예제 12.1.2

포트 A에 연결된 LED가 일정 시간마다 1비트씩 상위로 이동하여 최상위 비트의 LED가 점등되면 정지한다.(단, 초기값은 0x01)

```
#include<iom128.h>
#include<ina90.h>
void delay(void);
void main(void){
unsigned int i;
DDRA=0xff;        // 포트 A를 출력으로 사용
i=0x01;
while(1){
PORTA=~i;         // 포트 A로 값을 출력한다.
i=i<<1;
if(i>=0x80) i=0x80;
delay();
}
}
void delay(void){
unsigned int i,j;
for(i=0;i<60000;i++) for(j=0;j<10;j++);
}
```

예제 12.1.3

포트 A에 연결된 LED의 0번 비트를 점등하여 일정 시간마다 1 비트씩 최상위까지 이동하였다가 다시 최하위 비트까지 이동하는 동작을 무한 반복하는 동작을 수행한다.

```
#include<iom128.h>
#include<ina90.h>
void delay(void);
void main(void){
unsigned int i,dir_flag;
```

```
DDRA=0xff;        // 포트 A를 출력으로 사용
i=0x01;
dir_flag=1;
while(1){
  if(i==0x80)dir_flag=0;
  if(i==0x01)dir_flag=1;
   PORTA=~i;   // 포트 A로 값을 출력한다.
  if(dir_flag==1)    i=i<<1;
       else if(dir_flag==0) i=i>>1;
       delay();
  }
}
void delay(void){
unsigned int i,j;
for(i=0;i<60000;i++) for(j=0;j<10;j++);
}
```

예제 12.1.4

포트 A에 연결된 LED의 상위 바이트와 하위 바이트가 교대로 점등한다.

```
#include<iom128.h>
#include<ina90.h>
void main(void){
unsigned int i;
DDRA=0xff;        // 포트 A를 출력으로 사용
while(1){
PORTA=0x0f;
for(i=0;i<60000;i++);
PORTA=0xf0;
for(i=0;i<60000;i++);
}
}
```

(2) LED와 스위치를 이용한 범용 포트 입출력 실습

1) 회로의 구성

범용 입출력 포트의 입출력 실습은 LED와 Tactile 스위치 그리고 토글 스위치를 이용하여 이루어진다.

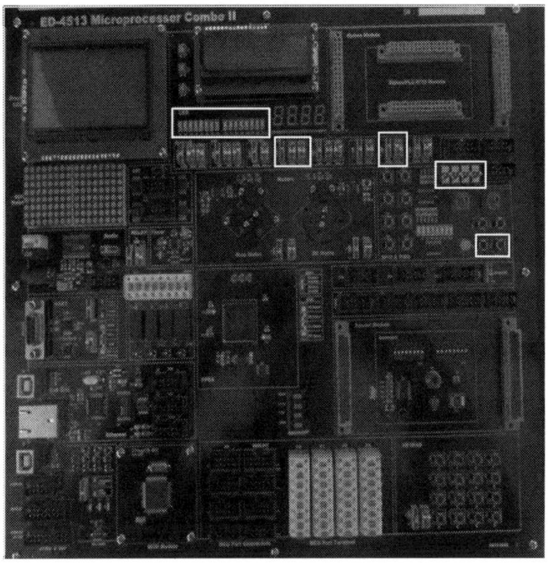

그림 12.6 LED 출력과 스위치 입력

LED는 입출력 포트 실습(1)에서와 동일하게 포트 A와 포트 B로 설정한다. 그리고 입력은 그림 12.7과 같이 구성된 Tactile 스위치와 토글 스위치를 사용한다. 입력 스위치의 ON/OFF와 포트 설정은 SW28과 SW29에 의해서 결정된다. 그림 12.8과 같이 SW28은 스위치 회로의 ON/OFF를 결정하고 SW29는 입력으로 사용될 포트를 결정한다. 여기서는 입력 스위치 연결 포트가 PORTC가 되도록 설정한다.

그림 12.7의 회로에서 보는 바와 같이 스위치는 모두 풀업 저항과 연결되어 있기 때문에 스위치가 눌러지지 않으면 '1'이 입력되고 스위치가 눌러지면 '0'이 입력된다. 각각의 Tactile 스위치는 설정된 입력 포트의 0번 비트와 1번 비트에 연결되고, 토글 스위치는 2,3,4,5번 비트에 연결된다. 아래의 예제들은 Tactile 스위치와 토글 스위치를 이용하여 발생된 신호를 설정된 입력포트를 통하여 입력받아 출력 포트로 출력하는 프로그램이다. 예제를 통하여 알 수 있듯이 입출력 포트는 각각의 비트를 독립적으로 제어할 수 있다.

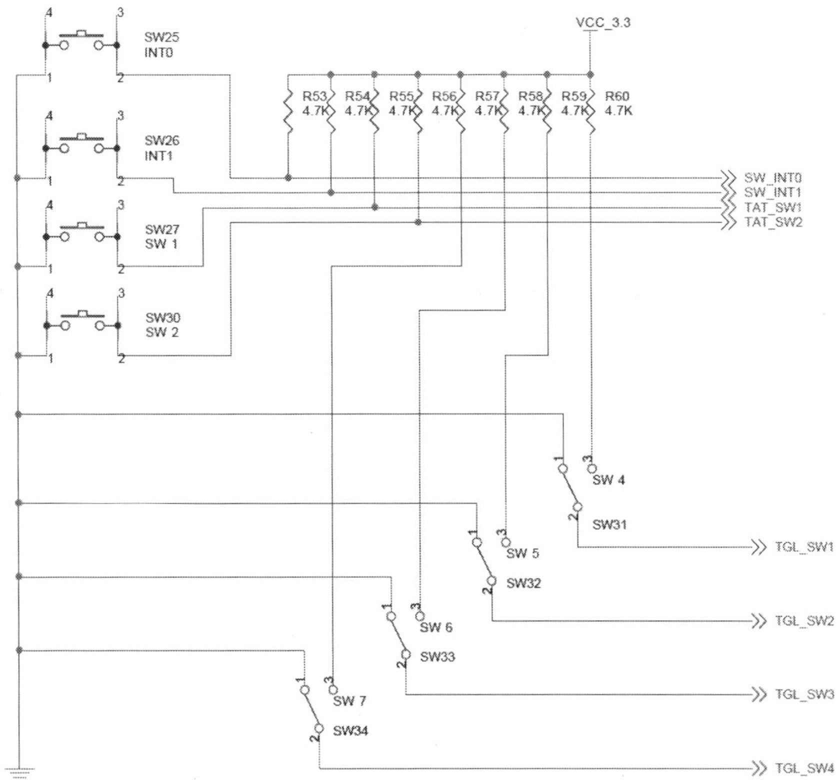

그림 12.7 스위치 회로

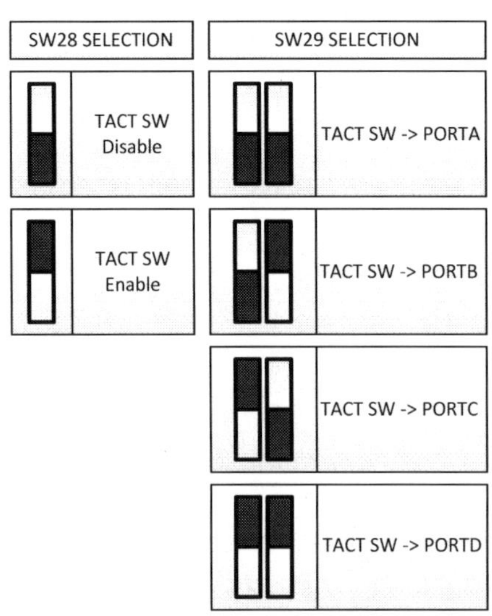

그림 12.8 스위치 ON/OFF 설정과 포트 선택

예제 12.1.5

포트 C를 통하여 입력되는 스위치 신호를 포트 A에 연결된 LED에 출력한다.

```
#include<iom128.h>
#include<ina90.h>
void main(void)
{
  char a;
  DDRA=0xff;     // A 포트를 출력으로 설정
  DDRC=0x00;     // C 포트를 입력으로 설정
  PORTA=0xff;    // A 포트 초기화
  while(1){
  a=PINC;
  PORTA=a;
  }
}
```

예제 12.1.6

포트 C를 통하여 입력되는 스위치 신호를 포트 A에 연결된 LED에 출력한다.(비트 제어)

```
#include<iom128.h>
#include<ina90.h>
void main(void)
{
  char a;
  DDRA=0xff;     // A 포트를 출력으로 설정
  DDRC=0x00;     // C 포트를 입력으로 설정
  PORTA=0xff;    // A 포트 초기화
  while(1){
  a=PINC_Bit0;
  PORTA_Bit0=a;
  }
}
```

예제 12.1.7

포트 C의 7, 6번 비트에 연결된 2색 LED 점등하기(녹색과 적색이 교대로 점등된다)

```
#include<iom128.h>
#include<ina90.h>
void main(void)
{
  unsigned int i,j;
  DDRC=0xff;     // C 포트를 입력으로 설정
  PORTC=0xff;   // 초기값 설정
  while(1){
  PORTC_Bit7=1;
  PORTC_Bit6=0;
  for(i=0;i<60000;i++) for(j=0;j<10;j++);
   PORTC_Bit7=0;
  PORTC_Bit6=1;
  for(i=0;i<60000;i++) for(j=0;j<10;j++);
  PORTC_Bit7=1;
  PORTC_Bit6=1;
  for(i=0;i<60000;i++) for(j=0;j<10;j++);
  }
}
```

(3) 출력 포트를 이용한 릴레이 제어

1) 회로의 구성

릴레이 회로는 그림 12.10과 같이 2개의 접점을 가지는 릴레이 4개로 구성되어 있다. 2개의 접점 중 하나는 a 접점이고 다른 하나는 b 접점을 가진다. 각 접점은 외부로 인출이 가능하도록 J2 연결 단자에 연결되어 있다. 그림 12.11에서와 같이 릴레이 ON/OFF 는 SW55에 의하여 결정되고 릴레이 제어 포트의 설정은 SW56에 의하여 결정된다. 릴레이는 제어 포트 설정 스위치를 통하여 설정된 출력 포트의 0~3번 비트에 연결되므로 이들 비트를 이용하면 릴레이의 ON/OFF 제어가 가능하다. 즉, 제어신호가 1이면 릴레이 코일이 여자되어 동작 상태가 되고,

0이면 릴레이 코일의 여자가 해제되어 릴레이 동작이 정지된다. 릴레이의 동작 상태는 상태표시 LED를 통하여 확인할 수 있다.

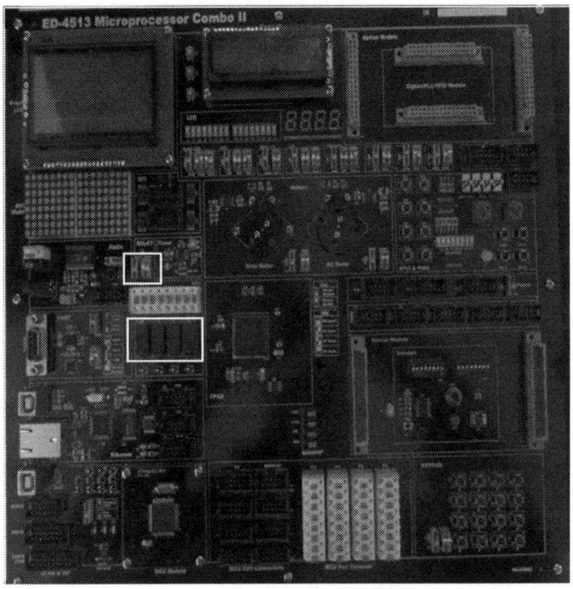

그림 12.9 릴레이 출력

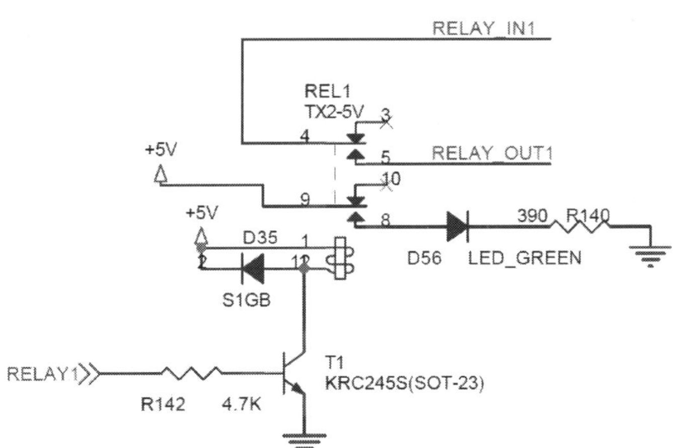

그림 12.10 릴레이 스위치 회로

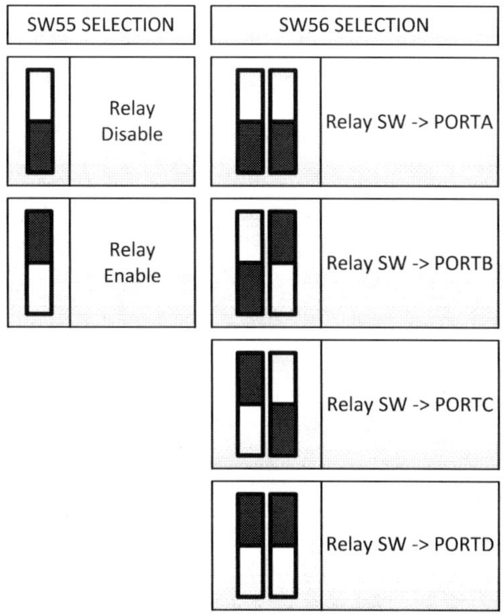

그림 12.11 릴레이 ON/OFF 스위치와 포트 선택 스위치

예제 12.1.8

포트 B의 0번 비트를 이용하여 1개의 릴레이를 주기적으로 ON/OFF 한다.

```
#include<iom128.h>
#include<ina90.h>
//Relay control
void main(void)
{
  unsigned int i,j;
  DDRB=0xff;  // C 포트를 입력으로 설정
  PORTB=0xff;
  while(1){
  PORTB_Bit0=0;
  for(i=0;i<60000;i++) for(j=0;j<100;j++);
 PORTB_Bit0=1;
  for(i=0;i<60000;i++) for(j=0;j<100;j++);
  }
}
```

12.2 외부 인터럽트 실습

ED-4513 마이크로프로세서 콤보 II에서 외부 인터럽트는 그림 12.13과 같은 회로로 구성되어 있으며 2개의 인터럽트 신호 스위치 INT0와 INT1은 MCU의 외부 INT4, INT5 핀에 각각 연결되어 있다.

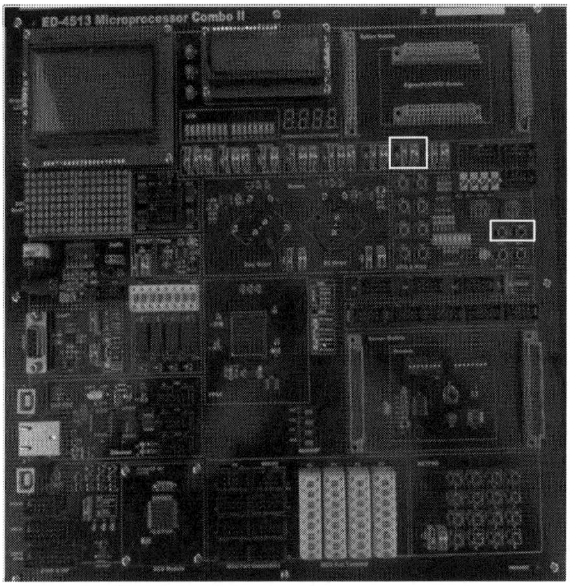

그림 12.12 외부 인터럽트

그림 12.13과 같이 스위치 INT0, INT1은 풀업 저항에 연결되어 있다. 따라서 스위치가 눌러지지 않은 상태에서는 SW_INT0, SW_INT1의 신호가 "HIGH"이고, 스위치가 눌러지면 이 신호는 "LOW"가 된다.

그리고 ED-4513 마이크로프로세서 콤보 II에서 인터럽트 기능을 활성화하기 위해서는 SW28을 ON 하여야 한다. 그림 12.14는 외부 인터럽트 신호와 스위치 상태를 보여준다.

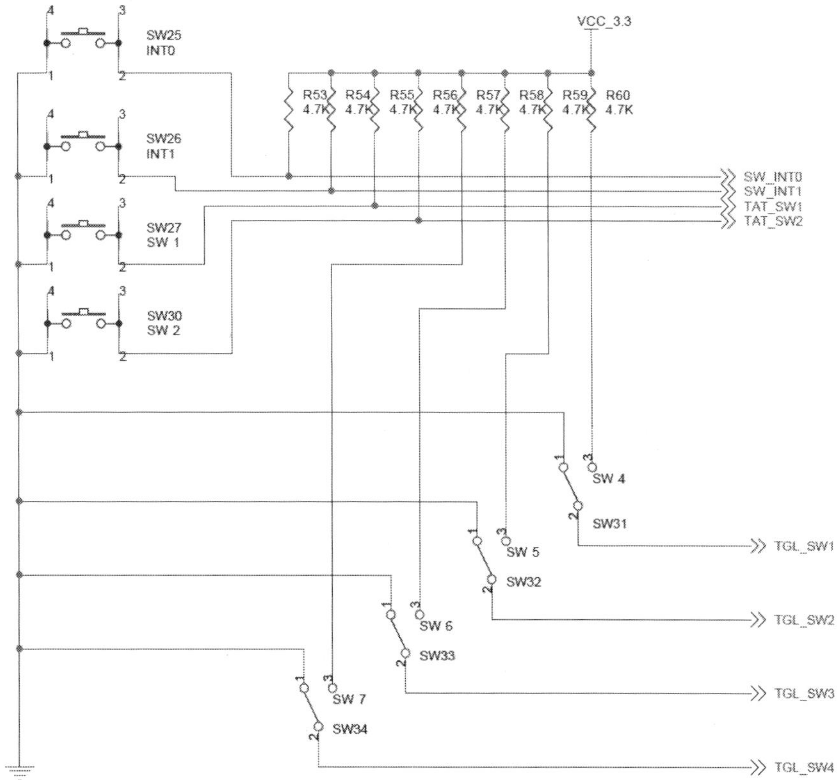

그림 12.13 외부 인터럽트 실험 회로

그림 12.14 외부 인터럽트 신호와 스위치 상태

예제 12.2.1

INT4 핀에 연결된 스위치(INT0)를 누를 때마다 포트 B의 LED가 하나 씩 이동한다.(하강에지 인터럽트로 설정)

```
#include<iom128.h>
#include<ina90.h>
unsigned char i;
void init_system(void);
main(){
init_system();
while(1){
PORTB=~i;        // 신호 출력
}
}
void init_system(void){
DDRE &= ~0x10;
DDRB=0xff;       // 포트 방향 설정(출력)
PORTB=0x1;       // 포트 출력 초기값
EIMSK=0x10;      // INT4 개별 인터럽트 인에이블
EICRB=0x02;      // INT4 하강에지 인터럽트 설정
EIFR=0x10;       // 인터럽트 플래그 래지스터 클리어
__enable_interrupt();  // 전체 인터럽트 인에이블
i=0x01;
}
#pragma vector=INT4_vect      // 인터럽트 벡터 지정
__interrupt void ex4_int_ser(void){   // 인터럽트 서비스 함수
i=i<<1;
if(i>0x80) i=0x01;
}
```

예제 12.2.2

INT4 핀에 연결된 스위치(INT0)를 누를 때마다 포트B의 LED가 하나씩 왼쪽으로 이동하고 INT5 핀에 연결된 스위치(INT1)를 누를 때마다 포트 B의 LED가 하나씩 오른쪽으로 이동하는 프로그램(INT4,INT5 모두 하강에지 인터럽트로 설정)을 작성하시오.

```
#include<iom128.h>
#include<ina90.h>
int i;
void init_system(void);
main(){
init_system();
while(1){
PORTB=~i;
}
}
void init_system(void){
DDRE &= ~0x30;
DDRB=0xff;
PORTB=0x1;
i=0x01;
EIMSK=0x30;     // INT4,INT5 개별 인터럽트 인에이블
EICRB=0x0a;     // INT4,5 하강에지 인터럽트 설정
EIFR=0x30;      // INT4,INT5 인터럽트 플래그 클리어
__enable_interrupt();
}
#pragma vector=INT4_vect
__interrupt void ex4_int_ser(void){
i=i<<1;
if(i>0x80) i=0x01;
}
#pragma vector=INT5_vect
__interrupt void ex5_int_ser(void){
i=i>>1;
if(i<1) i=0x80;
}
```

12.3 타이머/카운터 실습

타이머/카운터 실습은 LED와 내부 타이머를 이용하여 설정된 주기마다 주어진 동작을 해볼 수 있도록 하였다. 또한 직류전동기와 스텝모터에서 사용되는 옵토 커플러를 통하여 카운터 동작을 실습해 볼 수 있도록 하였다. ED-4513 마이크로프로세서 콤보II의 ATmega128 시스템 클럭은 7.3728MHz이고 주기는 0.1356μs가 된다. 만약 1024 내부 분주기를 사용하여 시스템 클럭을 1024 분주한다면 클럭 1개의 주기는 약 139μs가 된다. 따라서 8비트 해상도를 가지는 타이머/카운터0,2의 최대 인터럽트 시간은 139μs×256=35.6ms가 되고, 16비트 해상도를 가지는 타이머/카운터1,3의 최대 인터럽트 시간은 139μs×65536=9.1s가 된다.

예제 12.3.1 일반 모드

TOV0 인터럽트를 이용하여 1s 마다 B 포트의 각 비트에 연결된 LED를 점멸하는 동작을 수행한다.(단, 주파수는 7.3728MHz, 프리스케일은 1024 분주)

```
//timer0 interrupt test
#include<iom128.h>
#include<ina90.h>
void init_system();
unsigned int i,out_data;
main(){
init_system();
while(1) PORTB=out_data;

void init_system(void){
DDRB=0xff;
PORTB=0xff;
out_data=0x00;
i=0;
TCCR0=0x07;      // normal mode,1024 prescaler
TCNT0=0xb8;
TIMSK=0x01;
TIFR=0x01;       // timer0 overflow flag clear
__enable_interrupt();
```

```
}
#pragma vector=TIMER0_OVF_vect
__interrupt void timer0_ser(void){
TCNT0=0xb8;     // 10ms
__disable_interrupt();
i++;
if(i>=100){
  i=0;
  out_data=~out_data;
}
__enable_interrupt();
}
```

예제 12.3.2 CTC 모드

Timer0의 비교일치 기능을 이용하여 B 포트의 각 비트에 연결된 LED를 1초마다 점멸하는 동작을 수행한다.(단, 주파수는 7.3728MHz, 프리스케일은 1024 분주)

```
// timer0 CTC interrupt test
#include<iom128.h>
#include<ina90.h>
void init_system();
unsigned int i,out_data;
main(){
init_system();
while(1) PORTB=out_data;
}
void init_system(void){
DDRB=0xff;
PORTB=0xff;
out_data=0x00;
i=0;
TCCR0=0x0f;     // CTC mode,normal port,1024 prescaler
TCNT0=0x0;
```

```
TIMSK=0x02;
TIFR=0x02;         // timer0 overflow flag clear
PORTB=0x00;
OCR0=0x48;         // 10ms
__enable_interrupt();
}
#pragma vector=TIMER0_COMP_vect
__interrupt void timer0_ser(void){
__disable_interrupt();
i++;
if(i>=100){
  i=0;
  out_data=~out_data;
}
__enable_interrupt();
}
```

예제 12.3.3 Timer/Counter0의 CTC Toggle 모드

타이머/카운터0의 CTC0 Toggle 모드를 사용하여 OC0핀(PORTB.4)을 통하여 토글 신호가 출력되는 프로그램을 작성하시오.(단, 주파수는 7.3728MHz, 프리스케일은 1024 분주)

```
//timer0 CTC toggle mode test
#include<iom128.h>
#include<ina90.h>
void init_system();
main(){
init_system();
while(1);
}
void init_system(void){
DDRB=0xff;
PORTB=0xff;
TCCR0=0x1f;        // CTC mode,toggle,1024 prescaler
```

```
TCNT0=0x00;
TIMSK=0x02;
TIFR=0x02;        // timer0 overflow flag clear
OCR0=0x80;
__enable_interrupt();
}
#pragma vector=TIMER0_COMP_vect
__interrupt void timer0_ser(void){
}
```

예제 12.3.4 Timer/Counter0의 고속 PWM 모드

타이머/카운터0의 고속 PWM 모드를 사용하여 OC0핀(PORTB.4) 핀에 연결된 LED의 밝기를 제어하는 프로그램을 작성하시오.(비반전 PWM 모드) (단, 주파수는 7.3728MHz, 프리스케일은 1024 분주)

```
//timer0 fast PWM mode test
#include<iom128.h>
#include<ina90.h>
unsigned int out_data;
void init_system();
main(){
init_system();
while(1);
}
void init_system(void){
DDRB=0xff;
PORTB=0xff;
TCCR0=0x6f;       // (01101111) fast PWM mode,noninverter,1024 prescaler
TCNT0=0x00;
TIMSK=0x02;
TIFR=0x02;        // timer0 overflow flag clear
OCR0=0x01;
out_data=0;
```

```
__enable_interrupt();
}
#pragma vector=TIMER0_COMP_vect
__interrupt void timer0_ser(void){
__disable_interrupt();
  out_data++;
OCR0=out_data;
if(out_data>=0x0fe){
OCR0=0x01;
out_data=0;
}
__enable_interrupt();
  }
```

예제 12.3.5 Timer/Counter0의 Phase Collect PWM 모드

위상 보정 PWM 기능을 이용하여 OC0핀(PORTB.4) 핀에 연결된 LED의 밝기를 제어하는 동작을 수행한다.(단, 주파수는 7.3728MHz, 프리스케일은 1024 분주)

```
//timer0 phase collect PWM interrupt test
#include<iom128.h>
#include<ina90.h>
unsigned int out_data;
unsigned updn_flg;
void init_system();
main(){
init_system();
while(1);
}
void init_system(void){
DDRB=0xff;
PORTB=0xff;
TCCR0=0x67;     // (01100111) phase PWM mode,noninverter,1024 prescaler
TCNT0=0x00;
```

```
TIMSK=0x02;
TIFR=0x02;        // timer0 overflow flag clear
OCR0=0x0;
out_data=0;
updn_flg=0;
__enable_interrupt();
}
#pragma vector=TIMER0_COMP_vect
__interrupt void timer0_ser(void){
__disable_interrupt();
if(updn_flg==1){
out_data--;
OCR0=out_data;
if(out_data==0x00) updn_flg=0;
}
if(updn_flg==0){
out_data++;
OCR0=out_data;
if(out_data==0xff) updn_flg=1;
}
__enable_interrupt();
  }
```

예제 12.3.6 **타이머/카운터2의 카운터 기능**

카운터 기능을 이용하여 외부핀(T2)로부터 입력되는 펄스의 개수를 포트B로 출력하는 동작을 수행한다.

* 스텝모터 on/off 스위치 : ON, PORT : PORTD

```
#include<iom128.h>
#include<ina90.h>
void init_system(void);
main(){
init_system();
```

```
while(1){
PORTB=~TCNT2;
}
   }
void init_system(void){
DDRA=0xff;
DDRB=0xff;
DDRD_Bit7=0;
TCCR2=0x07;
TCNT2=0x0;
}
```

예제 12.3.7 타이머/카운터2의 카운터 기능

카운터 기능을 이용하여 외부핀(T2)로부터 입력되는 펄스의 개수가 2개가 될 때마다 타이머/카운터2 인터럽트가 발생되고 이때마다 포트B의 LED가 점멸을 반복하는 동작을 수행한다.(스텝모터의 옵토 커플러 사용)

* 스텝모터 on/off 스위치 : ON, PORT : PORTD

```
#include<iom128.h>
#include<ina90.h>
unsigned int i,out_data;
void init_system(void);
main(){
init_system();
while(1){
PORTB=out_data;
}
}
void init_system(void){
DDRA=0xff;
DDRB=0xff;
DDRD_Bit7=0;
TCCR2=0x07;
```

```
TCNT2=0xfe;
TIMSK=0x40;
TIFR=0x40;        // timer2 overflow flag clear
out_data=0x0ff;
__enable_interrupt();
}
#pragma vector=TIMER2_OVF_vect
__interrupt void timer2_ser(void){
TCNT2=0xfe;
__disable_interrupt();
  out_data=~out_data;
__enable_interrupt();
}
```

예제 12.3.8 타이머/카운터 1 일반 모드(16 비트 타이머 모드)

타이머/카운터1을 이용하여 1s마다 포트B의 LED가 주기적으로 점멸하도록 하는 프로그램을 작성하시오.(단, 주파수는 7.3728MHz, 프리스케일은 1024 분주)

```
//timer1 interrupt test(normal mode)
#include<iom128.h>
#include<ina90.h>
void init_system();
unsigned int i,out_data;
main(){
init_system();
while(1) PORTB=out_data;
}
void init_system(void){
DDRB=0xff;
PORTB=0xff;
out_data=0x00;
i=0;
TCCR1A=0x00;   // normal mode(000000),
```

```
TCCR1B=0x05;   // 1024 prescaler
TCCR1C=0x00;
TCNT1=0xe3e6;  // 1sec
TIMSK=0x04;    // timer1 overflow interrupt enable
ETIMSK=0x00;
TIFR=0x04;     // timer1 overflow flag clear
ETIFR=0x00;
__enable_interrupt();
}
#pragma vector=TIMER1_OVF_vect
__interrupt void timer1_ser(void){
  __disable_interrupt();
TCNT1=0xe3e6; //1sec
  out_data=~out_data;
__enable_interrupt();
}
```

예제 12.3.9 타이머/카운터1 CTC 모드(CTC1A toggle mode)

```
//timer1 CTC1A interrupt test
#include<iom128.h>
#include<ina90.h>
void init_system();
main(){
init_system();
while(1);
}
void init_system(void){
DDRB=0xff;
PORTB=0xff;
TCCR1A=0x40;   // CTC toggle mode(01000000)
TCCR1B=0x0d;   // (00001101),1024 prescaler
TCCR1C=0x00;
TCNT1H=0x00;
```

```
TCNT1L=0x00;
TIMSK=0x10;
ETIMSK=0x00;
TIFR=0x10;          // timer0 overflow flag clear
ETIFR=0x00;
OCR1AH=0x05;
OCR1AL=0xff;
__enable_interrupt();
}
#pragma vector=TIMER1_COMPA_vect
__interrupt void timer1_ser(void){
}
```

예제 12.3.10 타이머/카운터 1 고속 PWM 모드

```
//timer1 fast PWM interrupt test
#include<iom128.h>
#include<ina90.h>
unsigned int out_data;
void init_system();
main(){
init_system();
while(1);
}
void init_system(void){
DDRB=0xff;
PORTB=0xff;
TCCR1A=0x83;    // fast pwm 10bit mode(10000011)
TCCR1B=0x0d;    // (00001101),1024 prescaler
TCCR1C=0x00;
TCNT1=0x00;
TIMSK=0x10;
ETIMSK=0x00;
TIFR=0x10;          // timer1 overflow flag clear
```

```
ETIFR=0x00;
OCR1A=0x0001;
out_data=0;
__enable_interrupt();
}

#pragma vector=TIMER1_COMPA_vect
__interrupt void timer1_ser(void){
__disable_interrupt();
  out_data++;
OCR1A=out_data;
if(out_data>=0x03fe){
OCR1A=0x01;
out_data=0;
}
__enable_interrupt();
  }
```

예제 12.3.11 타이머/카운터 1 위상 보정 PWM MODE

```
//timer1 phase collect PWM interrupt test
#include<iom128.h>
#include<ina90.h>
unsigned int out_data;
unsigned char updn_flg;
void init_system();
main(){
init_system();
while(1);
}
void init_system(void){
DDRB=0xff;
PORTB=0xff;
TCCR1A=0x83;   // phase pwm 10bit mode(10000011)
```

```
TCCR1B=0x04;    // (00000100),256 prescaler
TCCR1C=0x00;
TCNT1H=0x00;
TCNT1L=0x00;
TIMSK=0x10;
ETIMSK=0x00;
TIFR=0x10;      // timer1 overflow flag clear
ETIFR=0x00;
OCR1AH=0x00;
OCR1AL=0x01;
out_data=0;
__enable_interrupt();
}
#pragma vector=TIMER1_COMPA_vect
__interrupt void timer1_ser(void){
__disable_interrupt();
if(updn_flg==1){
out_data--;
OCR1A=out_data;
if(out_data==0x00) updn_flg=0;
}
if(updn_flg==0){
out_data++;
OCR1A=out_data;
if(out_data==0x3ff) updn_flg=1;
}
__enable_interrupt();
  }
```

예제 12.3.12 타이머/카운터 1 위상과 주파수 보정 PWM MODE(MODE9)

* MODE9에서는 OCR1A가 TOP 값으로 사용되고 OCR1B가 비교값으로 사용된다. 그리고 PWM 신호는 OC1B(PB.6)로 출력된다.

```
//timer1 phase frequency collect PWM test(비반전 Mode)
//TOP 값으로 OCR1A 사용
#include<iom128.h>
#include<ina90.h>
void init_system();
main(){
init_system();
while(1);
}
void init_system(void){
DDRA=0xff;
DDRB=0xff;
PORTA=0xff;
PORTB=0xff;
SFIOR=0x00;
TCCR1A=0xa1;  // phase frequency  pwm mode(10100001):mode 9(비반전 Mode)
TCCR1B=0x15;  // (00010100),1024 prescaler
TCCR1C=0x00;
TCNT1=0x00;
TIMSK=0x0;
ETIMSK=0x00;
TIFR=0x0;        // timer1 COMPA flag clear
ETIFR=0x00;
OCR1A=0xfff;
OCR1B=0x3ff;
__enable_interrupt();
}
```

예제 12.3.13 타이머/카운터 1 위상과 주파수 보정 PWM MODE(MODE8) X

*MODE8에서는 ICR1가 TOP 값으로 사용되고 OCR1A가 비교값으로 사용된다. 그리고 PWM 신호는 OC1A(PB.5)로 출력된다.

```
//timer1 phase frequency collect PWM test(비반전 Mode)
//TOP 값으로 ICR1 사용
#include<iom128.h>
#include<ina90.h>
void init_system();
main(){
init_system();
while(1);
}
void init_system(void){
DDRA=0xff;
DDRB=0xff;
PORTA=0xff;
PORTB=0xff;
SFIOR=0x00;
TCCR1A=0x80    // phase frequency  pwm mode(10000000):mode 8(비반전 Mode)
TCCR1B=0x15;   // (00010100),1024 prescaler
TCCR1C=0x00;
TCNT1=0x00;
TIMSK=0x0;
ETIMSK=0x00;
TIFR=0x0;      // timer1 COMPA flag clear
ETIFR=0x00;
ICR1=0xfff;
OCR1A=0x3ff;
__enable_interrupt();
}
```

12.4 직렬통신 실습

직렬통신 모듈은 RS-232, USB 그리고 외부 Zig-Bee/PLC 통신이 가능하도록 구성되어 있다. 직렬통신 모듈을 사용하기 위해서는 먼저 케이블 선택 스위치(SW65)를 이용하여 연결 케이블의 종류(Cross Cable/Non Cross Cable)를 선택한 후, 통신종류 선택 스위치(SW66)을 이용하여 사용할 직렬통신 방식(RS-232, USB, 외부 Zig-Bee /PLC 통신)을 선택하면 된다.

그림 12.15 직렬통신

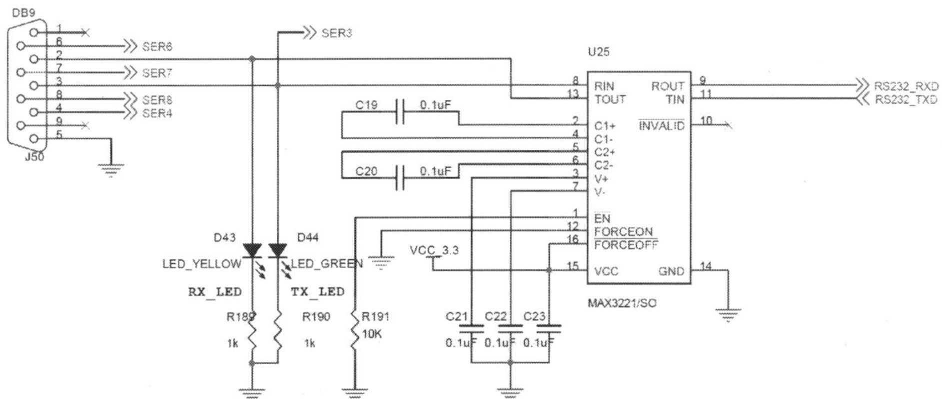

그림 12.16 RS-232 통신 회로

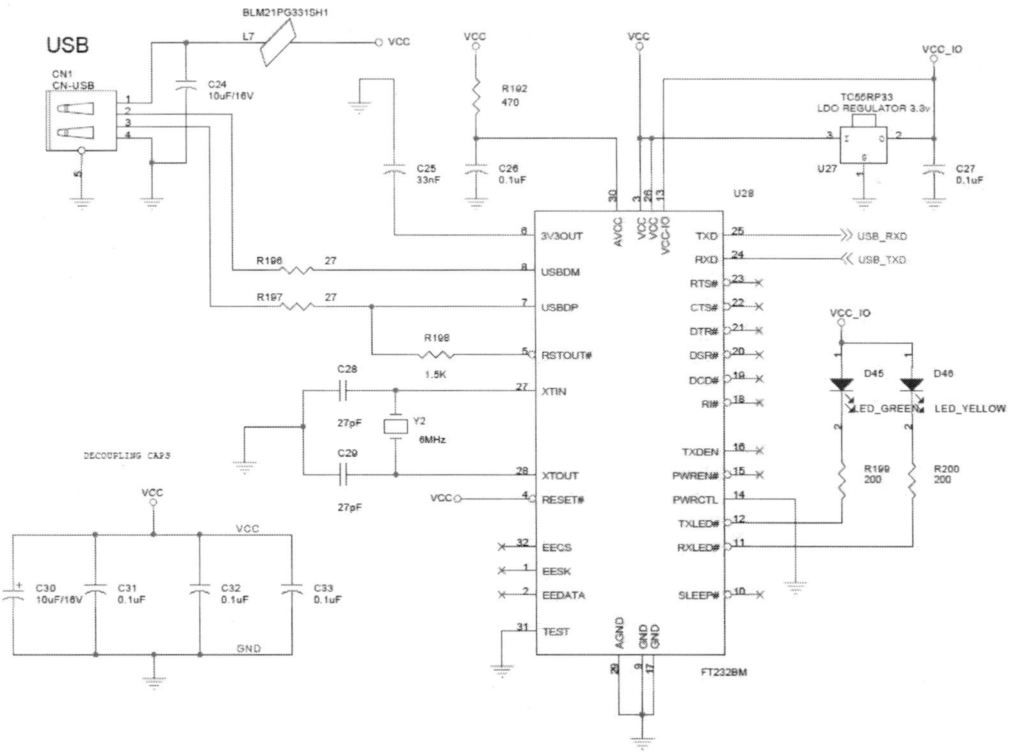

그림 12.17 USB 통신 회로

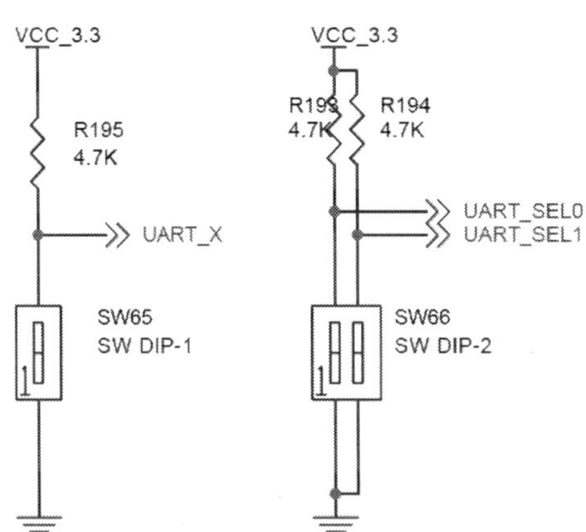

그림 12.18 직렬통신 ON/OFF 스위치와 포트 선택 스위치

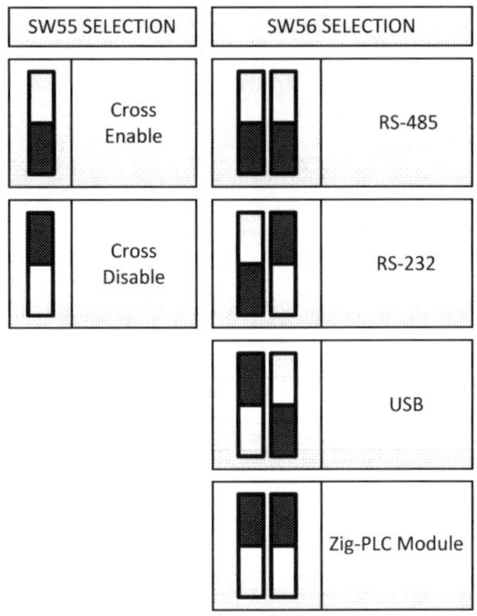

그림 12.19 직렬통신 ON/OFF 스위치 설정과 포트 선택

예제 12.4.1 RS-232 직렬통신 : 폴링 방식(송신)

0~255의 아스키 코드를 가지는 문자를 PC로 전송한다.

```
//Serial Communication test
//polling method
#include<iom128.h>
#include<ina90.h>
unsigned int j;
unsigned int i;
void init_serial(void){
  DDRE=0xFE;       // PE1(TXD) :output, PE0(Rxd):input
  UCSR0A=0x00;
  UCSR0B=0x18;   // Receive enable, Txd enable
  UCSR0C=0x06;   // unsyn,no parity,1 stop bit
  UBRR0H=0x00;
  UBRR0L=0x47;   // 9600bps(at 7.3728MHz)
}
// send a char
void putch(unsigned char s_data){
 while(!(UCSR0A&0x20));
```

```
UDR0=s_data;
UCSR0A|=0x20; // clear Txd complete flag
}
void main(void){
DDRB=0xff;
PORTB=0xff;
init_serial();
while(1){
i++;
PORTB=i;
if(i>=255) i=0;
putch(i);
for(j=0;j<=30000;j++);
}
  }
```

예제 12.4.2 RS-232 직렬통신 : 폴링 방식(수신)

PC로부터 수신한 데이터를 포트 B로 출력하고 아스키 코드값을 확인한다.

```
//Serial Communication test
//polling method
#include<iom128.h>
#include<ina90.h>
unsigned int j;
unsigned int i;
void init_serial(void){
  DDRE=0xFE;      // PE1(TXD) :output, PE0(Rxd):input
  UCSR0A=0x00;
  UCSR0B=0x18;    // Receive enable, Txd enable
  UCSR0C=0x06;    // unsyn,no parity,1 stop bit
  UBRR0H=0x00;
  UBRR0L=0x47;    // 9600bps(at 7.3728MHz)
}
```

```
// send a char
void putch(unsigned char s_data){
 while(!(UCSR0A&0x20));
UDR0=s_data;
UCSR0A|=0x20;  // clear Txd complete flag
}
char getch(void){
unsigned char r_data;
while(!(UCSR0A&0x80));
r_data=UDR0;
UCSR0A|=0x80;  // clear Rxd complete flag
return(r_data);
}
void main(void){
DDRB=0xff;
PORTB=0xff;
init_serial();
while(1){
PORTB=getch();
}
  }
```

예제 12.4.3 RS-232 직렬통신 : 인터럽트 방식 방식(수신 인터럽트)

직렬통신 수신 인터럽트를 이용하여 데이터를 수신하고 그 값을 포트 B에 출력하여 아스키 코드를 확인한다.

```
#include<iom128.h>
#include<ina90.h>
unsigned char r_data, s_data;
unsigned int i;
void init_serial(void){
  unsigned char dump;
  DDRB=0xff;
```

```
    PORTB=0xff;
    DDRE=0xFE;       // PE1(TXD) :output, PE0(Rxd):input
    UCSR0A=0x00;  // asynch. normal mode
    UCSR0B=0x98;  // Rxd interrupt enable
    UCSR0C=0x06;  // no parity,1 stop bit,8bit data
    UBRR0H=0x00;
    UBRR0L=0x47;  // 9600bps(at 7.3728MHz)
    dump=UDR0;
__enable_interrupt();
}
main(){
init_serial();
while(1)PORTB=r_data;
}
#pragma vector=USART0_RXC_vect
__interrupt void usart0_rxd_ser(void){
r_data=UDR0;
}
```

12.5 A/D 변환기 실습

ED-4513 마이크로프로세서 콤보II는 ATmega128과 같이 내장 ADC를 가지고 있는 마이크로프로세스 뿐 만 아니라, ADC를 내장하고 있지 않는 마이크로프로세서를 사용하여 각종 아날로그 센서를 실습할 수 있도록 별도의 외장 ADC MAX117을 가지고 있다. 따라서 ATmega128과 같이 내장 ADC를 가지고 있는 경우는 내장 ADC를 사용하면 되고, 8051과 같이 내장 ADC를 가지고 있지 않는 마이크로프로세서의 경우는 외장 ADC를 사용하여 온도센서(LM35), 모션센서(D203S), 광센서(CDS), 써미스터(RT1), 가변저항(VR) 등을 실습 할 수 있다.

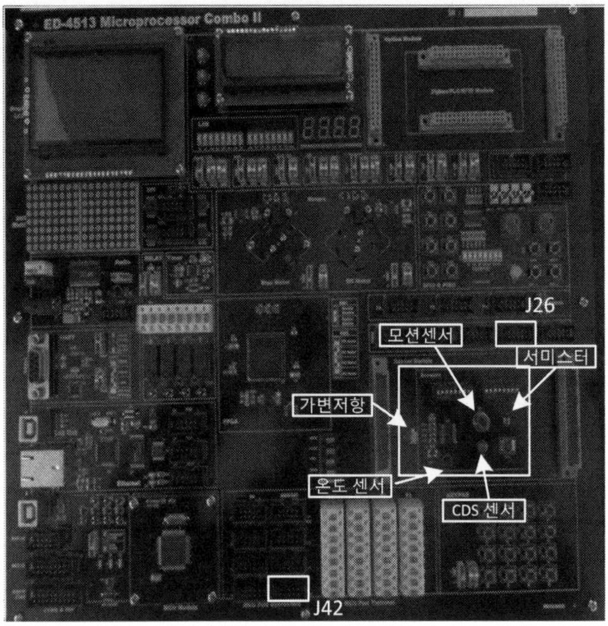

그림 12.20 AD 변환기

ED-4513 마이크로프로세서 콤보II와 ATmega128를 이용하여 ADC를 실습하기 위해서는, 먼저 제공되는 10핀 연결 케이블을 이용하여 J42와 J26을 연결하여야 한다.

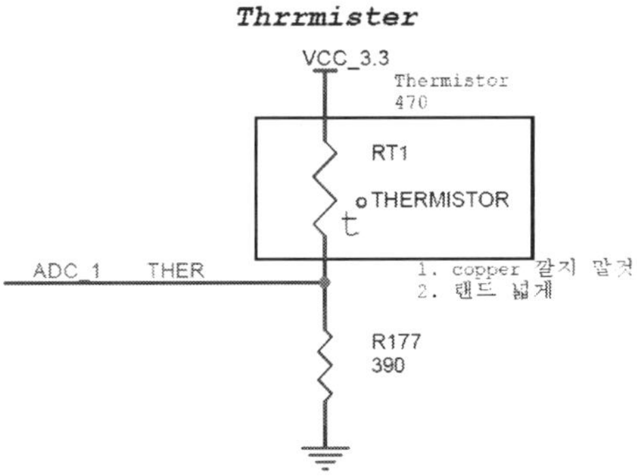

(a) 써미스터

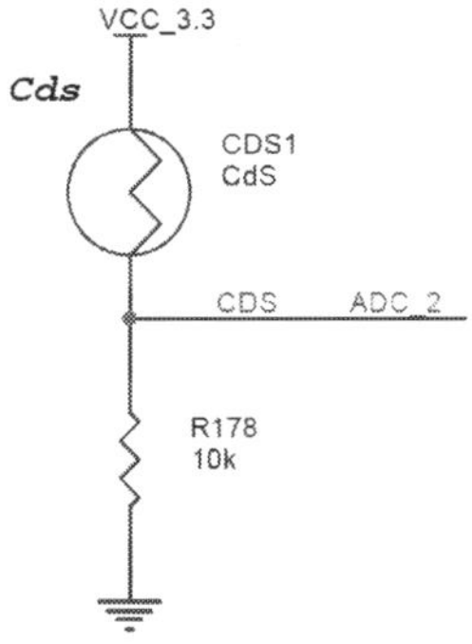

(b) 광센서

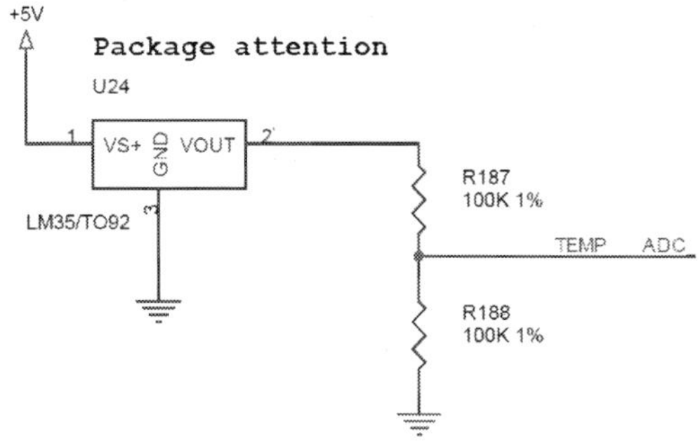

(c) 온도센서

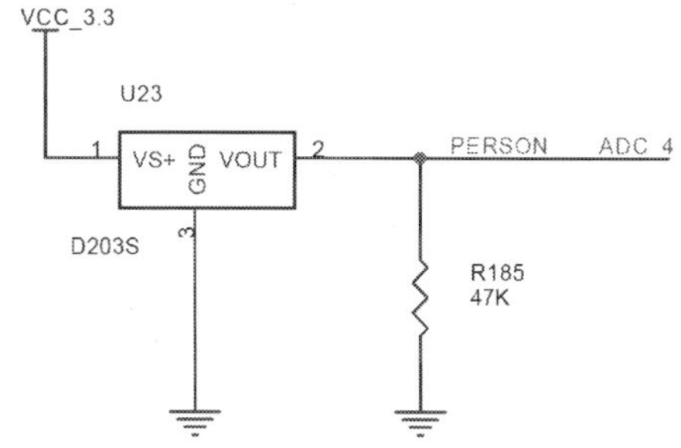

(d) 모션센서

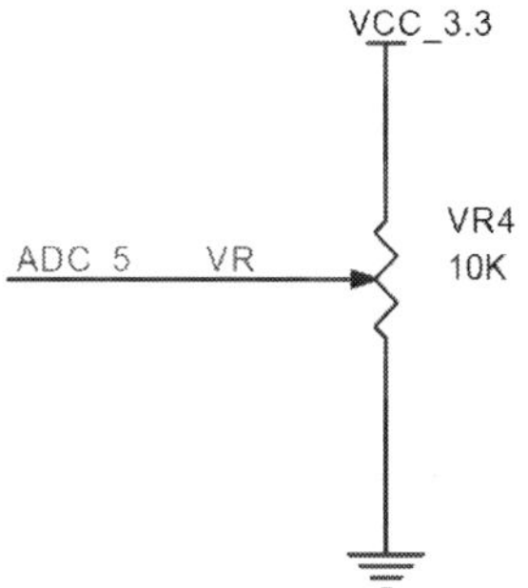

(e) 가변센서

그림 12.21 AD 변환기

메인보드에 있는 센서는 모두 5개이며, ATmega128의 ADC 연결 채널과 다음과 같이 연결되어 있다.

순번	센서의 종류	ADC 연결 채널
1	써미스터	채널 0
2	CDs	채널 1
3	온도센서(LM35)	채널 2
4	모션 센서(DS203S)	채널 3
5	가변저항	채널 4

예제 12.5.1

ADC1에 연결된 CDS로부터 아날로그 값을 입력 받아 이 값을 문자형 LCD로 출력한다.(단극성, 인터럽트 이용)

```
#include<iom128.h>
#include<ina90.h>
#define CDS          0X41
void sys_init(void);
void ADC_PROCESS(unsigned char);
void adc_CAL(void);
unsigned int AD_L,AD_H,adc_chk;
unsigned char adc_flagg,f1,f2,f3,cnt;
unsigned char FND_DATA[16] = {0x3f,0x06,0x5b,0x4f,
                              0x66,0x6d,0x7d,0x07,
                              0x7f,0x6f,0x77,0x7c,
                              0x39,0x5e,0x79,0x71};
// ADC interrupt service routine
#pragma vector=ADC_vect
__interrupt void adc_isr(void){
// Read the AD conversion result
AD_L = ADCL;
AD_H = ADCH;
adc_flagg=1;
}
#pragma vector=TIMER0_OVF_vect
__interrupt void timer0_ser(void){
TCNT0=0xf4;
__disable_interrupt();
cnt++;
if(cnt==4) cnt=1;
if(cnt==1){
PORTB=0;
PORTB_Bit0=1;
PORTA=FND_DATA[f1]|0x80;
```

```
}
if(cnt==2){
PORTB=0;
PORTB_Bit1=1;
PORTA=FND_DATA[f2];
}
if(cnt==3){
PORTB=0;
PORTB_Bit2=1;
PORTA=FND_DATA[f3];
}
__enable_interrupt();
}
void main(void){
sys_init();
while (1){
ADC_PROCESS(CDS);
adc_CAL();
};
}
void sys_init(void){
DDRF=0x00;      // PORTF는 ADC 입력 채널, 모두 입력으로 설정
PORTF=0x00;
DDRA=0xff;
PORTA=0x00;
DDRB=0xff;
PORTB=0xff;
TCCR0=0x07;     // normal mode,1024 prescaler
TCNT0=0x64;
TIMSK=0x01;
TIFR=0x01;      // timer0 overflow flag clear

ADCSRA = 0x00;  // disable adc, adc stop
ADMUX = 0x00;   // channel 0, external reference voltage AREF, right align
ADCSRA = 0x00;
```

```
__enable_interrupt();
}
void ADC_PROCESS(unsigned char ch_SELE){
// adc free scaler : 64 div, adc interrupt enable, adc enable, adc stop
ADCSRA = 0x9E;
ADMUX = ch_SELE;
adc_flagg=0;
ADCSRA|=0x40;     // adc start
while(!(adc_flagg));
ADCSRA = 0x00;
__enable_interrupt();
}
void adc_CAL(void){
 float ADC_VALUE;
unsigned int ADC_RESULT,volt,rem1;
ADC_RESULT=(AD_H<<8)|AD_L;
ADC_VALUE=((float)ADC_RESULT*1024)/5.0;
ADC_VALUE=(5.0/1024.)*(float)ADC_RESULT*100;  // (0-1024) -->(0-5V)
volt=(unsigned int)(ADC_VALUE);
f1=volt/100;          // find digit1
rem1=volt%100;
f2=rem1/10;           // find digit2
f3=rem1%10;           // find digit3
}
```

저자와의
협의에 의해
인지 생략

ED-4513 마이크로프로세서 콤보II를 이용한

AVR ATmega128
프로그래밍 기초실습

1판 1쇄 2015년 8월 25일

저 자	김세찬, 이한석
발행인	송광헌
발행처	복두출판사
주 소	서울특별시 영등포구 경인로82길 3-4 센터플러스 807호 (우) 07371
전 화	(02) 2164-2580
FAX	(02) 2164-2584
등 록	1993. 11. 22. 제 10-902 호

정가 : 25,000원

ISBN : 979-11-86541-86-9 93560